VITAL ISSUES IN CHINESE LAW

要説
中 国 法

高見澤 磨・鈴木 賢——［編］

東京大学出版会

VITAL ISSUES IN CHINESE LAW
Osamu TAKAMIZAWA and Ken SUZUKI, Editors
University of Tokyo Press, 2017
ISBN978-4-13-031190-8

はしがき

　本書は，すでに法学及び現代中国法の基礎 (中国語学習を含む) を学んだ大学院生・実務家や中国法に関心ある実定法研究者にとって論点を体系的に知る手引きとなることを目指している。現代中国法研究の到達点と課題とを示しつつ，それを通じて，中国における立法・法務・法学の到達点と課題とを示す。

　西村幸次郎編『現代中国法講義〔第3版〕』(法律文化社，2008年)，小口彦太・田中信行『現代中国法〔第2版〕』(成文堂，2012年)，高見澤磨・鈴木賢・宇田川幸則『現代中国法入門〔第7版〕』(有斐閣，2016年) をすでに読んでいることを前提としている。これら3書は，中国法の動向をとりいれ，また，教室での学生の反応や読者からの意見などをもとに版を重ねたものである。そのうえで自らの研究への準備や実務上遭遇した問題点の体系的整理のために本書が読まれることを期待している。

　全体で14の章からなっている。各章は，それぞれのテーマごとに中国語・日本語・英語などで書かれた先行研究を紹介し，世界の学界の基本的な到達点を示している。また，改革開放が始まったとされる1970年代末以降や市場メカニズムを全面的に導入し始めた1990年代以降だけではなく，中華人民共和国成立以来 (必要に応じてそれ以前を含む) の現代中国法史をふまえて議論を行っている。但し，各章のテーマによってその書き方は一様ではない。

　本書の構成は以下のとおりである。

　　　第Ⅰ部　　法と国家
　　　　　第1章　法源 (高見澤 磨)
　　　　　第2章　中国共産党と法 (鈴木 賢)
　　　第Ⅱ部　　憲法・行政法
　　　　　第3章　人権 (石塚 迅)
　　　　　第4章　統治機構 (高見澤 磨)
　　　　　第5章　行政法 (但見 亮)

第Ⅲ部　民商法
　　　　　第6章　民事財産法 (王　晨)
　　　　　第7章　家族法 (國谷知史)
　　　　　第8章　企業法 (周　劍龍)
第Ⅳ部　司法制度
　　　　　第9章　民事訴訟法 (徐　行)
　　　　　第10章　紛争解決 (宇田川幸則)
第Ⅴ部　刑事法
　　　　　第11章　刑法 (坂口一成)
　　　　　第12章　刑事訴訟法 (坂口一成)
第Ⅵ部　社会問題と法
　　　　　第13章　環境法 (片岡直樹)
　　　　　第14章　労働法 (山下　昇)
　　研究の手引き

　第Ⅰ部は，中国において何が法なのか，ということについて，中国共産党 (以下，党と記す) が国家を領導するという政治過程を意識しつついかに描き込むかという課題を論じる。

　第1章は，中華人民共和国における法源について論じるが，全国人民代表大会が制定する「法律」，国務院が制定する「行政法規」，中央軍事委員会が制定する「軍事法規」などの上位の法令ではなく，それよりも下位の法令や慣習，案例などに重点をおいて，文書行政を軸に立法過程や法の執行過程に着目して整理を試みている。

　第2章は，政策決定や政策執行過程における党の役割の大きさをとくに突出して描いている。分野によって描き方は異なるであろうが，現代中国法研究において党の存在を無視しての研究はありえない。なお，描き方は，法分野の特性のほかに，研究者自身の研究方法によっても異なる。本書はこの点については特段の統一をはかってはいない。読者には描き方の違い自体を味わって欲しい。

　第Ⅱ部は，公民 (または市民もしくは国民) と国家との関係を憲法・行政法の角度から論じる。

　第3章は，憲法学の観点から，人権について中国法を論じることの困難さ

を述べる。このことは中国の憲法学者にとっての苦悩であり，その結果として外国人にとっての中国法研究（とくに憲法学的研究や人権研究）のもどかしさにつながる。

第4章は，統治機構の章であるが，ここでも党の指導という原理を憲法内在の原理として読み込むことの意味が論じられる。党を憲法の外側の権力とし，政治学に傾斜することも説得力ある方法である。それが許されるならば，他方では，中国近現代史のうちに市民社会の萌芽を読み込み，それと憲法との接近（またはその困難）を論じることも頭の体操としては許される。

第5章は，中国における行政法の形成と課題とを論じる。党による政策決定が，個別具体的に法の衣装をまとうことが必要となっていることは成果であるが，他面では，その内実，とくに政府の活動を抑制するための原理が，法そのものだけではなく，党の指導や徳を備えた指導者による指導の物語に頼る姿も見ることができる。

第Ⅲ部は，民商法を扱う。1990年代に市場メカニズムが全面的に導入されるようになり，財産，家族，企業などは少なくとも表面的には欧米や日本・台湾・韓国・香港などと比較可能な法体系を示しつつある。市民の権利の体系が形成されつつあるかのように見えるものの，しかし，中国の現実に即し，また，立法における政治過程を見るときに，一貫した説明が困難な場面に遭遇する。これこそが研究の端緒となる。

第6章は，民法典編纂の努力が描かれる。民法総則が2017年3月15日に公布された。これにより民法典の主要なパーツはそろった。今後それらをあわせて民法典が編纂される。我々は立法技術上の巧拙だけではなく，全体を貫く理念をも検討しなければなならない。

第7章は，家族法の論点を検討する。民法から独立した家族法という概念から，民法典の一部としての親族法への転換という大きな流れの中で，現実に起こる家族の問題について，法学以外の分野の研究とあわせて秩序形成が行われつつあることが示される。

第8章は，企業法と題している。1990年代に市場メカニズムが全面的に導入されたことの象徴は会社法（「公司法」）の制定である。ここにいう会社とは有限責任のそれであり，市場において出資者を獲得することを理念的前提としている。他方，1950年代中期に急速な社会主義化が行われ，1980年代初期までは，国営企業と協同組合型企業（「合作社」）とが計画メカニズムのもとで

国民経済を支えてきた。国営企業は1980年代の改革において企業自主権を得て国有企業となった。こうした歴史的背景を理解しつつ，会社法をやや詳細に概観し，さらに競争法に議論を及ばせている。

第Ⅳ部は司法制度であり，民事訴訟制度及びそれ以外の紛争解決（主として調解と信訪）を見る。第Ⅲ部でかいまみることができる権利の体系性も，権利の実現の観点からは幾重もの考察を要する場面に遭遇する。これもまた研究の端緒となる。

第9章は，民事訴訟法を論じる。財産上の，または，家族法上の権利を侵害された者は裁判によってその権利を守ることができる，という構造は中国においても同様である。当事者主義的な方向へと転換がはかられつつあり，このことは当事者の訴訟法上の権利の尊重を示すものだが，法院の負担の軽減という側面もある。紛争を解決することで統治の正当性を示すという要請は民事訴訟制度だけでは満たすことはできない。

第10章は，紛争解決を論じる。ここでは民事事件における裁判外紛争解決が概観される。中国語で「調解」と表される調停的紛争解決と「信訪」と表される苦情・相談などの申立とに重点が置かれる。なお，「調解」については「第14章　労働法」で，「信訪」については「第5章　行政法」でも触れられる。裁判・強制執行を軸とする司法の力量不足を補いつつ，統治の正当性を示すことが論じられる。

第Ⅴ部は刑事法であり，刑法及び刑事訴訟法が論じられる。被疑者・被告人の権利を守りつつ犯罪者にしかるべき手続を以てしかるべき罰を与える，という国家的正義の理論付けと現実におけるゆらぎを見ることになる。

第11章は，刑法を社会的危害性を軸に論じている。社会的危害性論は，近代刑法の大原則である罪刑法定主義と緊張する関係にある。この点への理解を進めることが現代中国刑法において最も肝要なところである。また，それと強く関連するのが，量刑の妥当性へのこだわりである。

第12章は，刑事訴訟法を審判の独立，調書中心主義，被疑者・被告人の権利保障および自白の4点から論じている。刑事訴訟法（捜査段階を含む）の条文やそれを紹介する講学と刑事司法実務との乖離が大きいことの典型として扱う。

第Ⅵ部は，社会問題への対処としての法を論じる。本書は，環境法と労働法をとりあげる。環境問題への対処は1970年代以降，市場メカニズムを前提

とする労働問題への対処は 1950 年代前半を除けば，1990 年代以降である。

第 13 章は，環境法である。環境法は 1970 年代末以降の新しい領域である。狭義の環境問題への対処から，資源・エネルギー問題への対処まで含む体系へと進みつつある姿が描かれる。他面では，その実効性について批判の対象となることもあり，運用実態の検討が必要である。また，環境問題は国際問題でもあり，国際的な協力が法制度にどのように反映するかについての検討の必要性も論じられる。

第 14 章は，労働法である。1950 年代中期の急速な社会主義化は，少なくとも形式的には，労働者を国家・社会の主人公とし，解放された者として扱うことになった。労使対立を前提とする労働法自体が枠組としてなくなり，退職後を含む福利厚生を軸とする待遇の制度へと転換した。このことは 1990 年代の市場メカニズム全面導入後にも影響を与え，組合が労働者を代表して企業と対峙する構造となっていないことの一因となっている。個別的労働法の分野での立法の進展との対比は明瞭である。

以上のように本書が示す現代中国法の姿は，一方では，市民の権利の体系としての法の萌芽を示しつつも，党によるよき統治の道具でも有り続けているというものである。前者に軸足を置くならば，欧米との比較が可能であり，日本の法学部で学んだ各分野の法からの接近も可能である。他方，後者に軸足を置くならば，政治学・経済学・歴史学・社会学などの隣接領域の智恵も動員しての社会全体の研究とならざるを得ない。現代中国法研究の醍醐味と困難さとはここに由来する。

本書はこのような難物への対処としてはまだ十全ではないことを告白しなければならない。

人々の規範意識についてはさらなる研究を要する課題である。安易な法文化論や国民性論まで含めれば，先行研究は少なくないが，より高い学術的水準を以ての研究は本書にとって現段階では及ばないところである。本書執筆者の課題であるとともに，読者の今後の成果を期待したい。

また，とりあげるべき領域であって本書で扱うことができなかった事柄も少なくない。知的財産や法学教育・法曹制度については初期の計画では章を設ける予定であったが，かなわなかった。実務にとっては，租税法や各種の仲裁制度も重要であるが，前者は当初より計画になく，後者は，第 9 章・10

章では触れられず，第14章で若干触れられている。社会問題への対処としては社会保障法も重要な分野であるが，これも当初からの計画に組み込むことができなかった。

　本書企画の発端は，1950年代から今世紀に至るまで日本の現代中国法研究を支えた浅井敦先生 (1931年〜2012年) の喜寿記念出版の企図であった。但し，縁ある研究者による論文集とはしないで，ひとつの趣旨によって貫かれた一冊の書物とすることとし，書名としても浅井敦先生の名は冠しないこととした。より高いものを目指すことで学恩に報いるためである。出版が遅れ生前に本書を届けることができなくなったことは編者の責任である。本文の後に「研究の手引き」をつけ，これに浅井敦先生の業績を加えることとした。

目　　次

はしがき　i

凡　例　xi

第Ⅰ部　法と国家

第1章　法　源 ……………………………………………… 高見澤 磨　3

　序　3

　第1節　文書行政と法源　4

　第2節　立法法が定める法源の体系 (法律・行政法規・軍事法規を除く)　5

　第3節　法の執行過程と法源　9

　第4節　慣習・国際私法・条約　13

　結　17

第2章　中国共産党と法 ……………………………………… 鈴木 賢　25

　序　25

　第1節　党国体制から党天下体制へ　26

　第2節　法形成と党の指導　30

　第3節　司法に対する党の指導　34

　第4節　法の実効性を阻害する要因　41

第Ⅱ部　憲法・行政法

第3章　人　権 ……………………………………………… 石塚 迅　55

　序　55

　第1節　中国「人権」への研究アプローチ　57

　第2節　「人権」概念と中国憲法学　62

　第3節　「憲法的権利」の可能性　68

　結　74

viii   目　次

第4章　統治機構………………………………………高見澤　磨　81

　　序　81

　　第1節　「中国特色社会主義法律体系」なるものの原則　82

　　第2節　市民社会（公民社会）論的研究　91

　　結　94

第5章　行政法……………………………………………但見　亮　97

　　序　97

　　第1節　行政法の構造と機能　98

　　第2節　運用上の諸問題　107

　　第3節　変化と発展　113

　　結　116

第III部　民商法

第6章　民事財産法………………………………………王　　晨　123

　　序──中国における民法典編纂　123

　　第1節　改革開放後の民法典編纂　124

　　第2節　民事財産法の構築　128

　　第3節　民法典草案の制定過程における論争　136

　　第4節　民法典編纂の再開と総則編立法　142

　　結　145

第7章　家族法……………………………………………國谷知史　151

　　序　151

　　第1節　概　要　152

　　第2節　婚姻［結婚］　157

　　第3節　家族関係　158

　　第4節　離　婚　163

　　第5節　相　続　165

　　第6節　渉外家族　167

　　結　169

目　次　　　ix

第8章　企業法 ……………………………………………… 周　剣龍　176

　序　176

　第1節　企業の概念，企業の形態と企業法の体系　176

　第2節　会社法　182

　第3節　競争法　196

　結　199

第IV部　司法制度

第9章　民事訴訟法 ………………………………………… 徐　行　207

　序　207

　第1節　民事訴訟法の歴史と理論　207

　第2節　訴訟手続　218

　結　226

第10章　紛争解決 ………………………………………… 宇田川幸則　230

　序　230

　第1節　私人間紛争を解決するための制度　231

　第2節　人民調解　235

　第3節　行政調解　239

　第4節　信　訪　241

　第5節　大調解　246

　結　248

第V部　刑事法

第11章　刑　法 …………………………………………… 坂口一成　255

　序　255

　第1節　基本原則　258

　第2節　犯罪論の基本構造　263

　第3節　刑罰・量刑の仕組み　269

　結　274

x   目　次

第 12 章　刑事訴訟法……………………………………坂口一成　282

　　序　282

　　第 1 節　審判の独立　284

　　第 2 節　被疑者・被告人の権利保障　288

　　第 3 節　調書中心主義——中国版「調書裁判」　292

　　第 4 節　自　白　293

　　結　301

第 VI 部　社会問題と法

第 13 章　環境法………………………………………………片岡直樹　311

　　序　311

　　第 1 節　環境法の形成と展開　311

　　第 2 節　環境保護と法制度　317

　　第 3 節　環境問題の被害・紛争と司法　322

　　結　326

第 14 章　労働法…………………………………………………山下　昇　334

　　序　334

　　第 1 節　労働法の整備と雇用システムの変容　336

　　第 2 節　労働保護法制　339

　　第 3 節　労働契約法制　344

　　第 4 節　集団的労働関係法制　350

　　第 5 節　労働紛争解決手続法　351

　　結　353

研究の手引き　359

索　引　362

執筆者一覧　374

凡　　例

1. 小口彦太・田中信行『現代中国法〔第 2 版〕』(成文堂, 2012 年) は, 小口・田中 2012, 高見澤磨・鈴木賢・宇田川幸則『現代中国法入門〔第 7 版〕』(有斐閣, 2016 年) は, 高見澤・鈴木・宇田川 2016, 西村幸次郎編『現代中国法講義〔第 3 版〕』(法律文化社, 2008 年) は, 西村 2008 として, 各章冒頭で関連箇所を示した。
2. 本文中で文献を示す場合も 1. と同様の記載方式とし, 各章末に参考文献一覧をつけた。
3. 参考文献一覧においては, 原則として, 日本語文献は著者 50 音順, 中国語文献は著者ピンインアルファベット順, 欧文文献はアルファベット順とした。
4. 法令や中国法上の概念を中国語で示す場合には, 〔　〕で括った。読者に中国語学習歴があることを想定しているため, 日本語訳は必ずしもつけていない。
5. 法律等には, 正式名称としては, 中華人民共和国の国号を冠するものもあるが, 原則として省略した。
6. 法令, 国家機関, 団体の名称の略称は本書全体では統一していない。必要に応じて各章で示す。
7. 主要な法令には採択, 公布, 施行, 改正などの日付けを示したが, 行論上必ずしも詳細な情報を必要としない場合には, 省略した。

第 I 部

法と国家

第1章

法　源

高見澤　磨

序

　中国法研究における法源研究とは，中国においては何が法なのかを明らかにすること（明らかにできない領域を抽出することを含めて）である。法源研究は一定の蓄積がある分野である（高見澤・西 2004，高見澤 2014）。

　高見澤・鈴木・宇田川 2016 は「第3章　憲法」において（部分的には第1章，第2章及び第4章においても），小口・田中 2012 は「II　法構造」において，法源について論じている。小口・田中は国家機関と共産党機関との間の緊張関係に傾斜して説明している。西村 2008 は法源に関する専章を置いていない。

　中国においては，憲法を頂点とする国家制定法体系を描くことと裁判規範の体系を描くこととは必ずしも一致しない。また，共産党という要素を加えて国家機構を考察した場合にどこまでが法学の枠内で議論が可能で，どこからが政治学的研究に足を踏み込むことになるのかは，問題ごとに検討しなければならない（von Senger 1994）。さらに，国家と社会と法といった問題を立てるとなれば，法史学とも関わる。法文化論的研究や本章に述べる慣習を考える場合には，近代法史を含む法史学的研究も概観しておくことは有益であり，ときに必要でもある[1]。

　本章は，第1節で国家機関や共産党の文書が発受されて秩序が形成される姿を概観し，第2節では，立法法の定める法源の体系をごく簡単に整理した上で，法律・法規以外のものについて検討する。第3節では，解釈と案例について論点を抽出する。第4節では，慣習，慣習法，国際私法，条約について概観する。

本章では，立法法に定めのある法律・法規・規章だけではなく，各種の文書に示される決定や規則の類を含めて広く法令ということばを用いることがある。

意思表示や契約その他の合意自体の法的意義については，本章では触れない。但し，団体の規約たる「章程」には，本章第2節4で若干触れる。また，外国判決や仲裁の承認についても本章では触れない。

第1節　文書行政と法源

1949年2月22日の「関於廃除国民党〈六法全書〉和確定解放区司法原則的指示」により，当時現行法であった中華民国法を全廃したこと，現行法を全廃したことは比較法的に見ても数少ない例であること，解放区においては，人民解放軍の軍政期には軍政当局の，民政に移管されれば人民政府の法令が適用されること（その限りで成文法主義が採られること），法令がない場合には「新民主主義の政策」に従うこと，が定められた。これらのことは多くの教科書や論文で述べられている。1950年代前半には立法が一定程度進捗したものの，1950年代中期の急速な社会主義化（都市商工業企業の国営化と農村の協同組合型農場化（「合作社」））により起草活動の仕切り直しがあって立法が停滞した。共産党による政策定立及び遂行と国家法の定立及び執行との混在が生じ，実質的には共産党の政策が主で，国家機関を通した場合の特殊な形態が法であるかのような体制となった。このことは，1970年代までの，また少なからぬ場面では今日でも，中国法の特徴のひとつとなっている（李歩雲・汪永清1998，何勤華2009，郭定年2009）。このようなあり方においては，共産党や国家機関の政策または判断を示す文書行政からの接近が有効である[2]。

共産党と法との関係についての詳細は，本書「第2章　中国共産党と法」を参照されたい。

「規範性文件」と表現される範疇の文書がある。1989年制定時の行政訴訟法53条は，適用すべきものとして「法律」「法規」を挙げ，参照すべきものに「規章」を挙げていた。その後，2000年に最高人民法院から示された「関於執行〈中華人民共和国行政訴訟法〉若干問題的解釈」の62条は「裁判文書において合法的で有効な規章及びその他の規範性文件を引用することができる」とした。ここにいう「その他の規範性文件」が規章といかなる意味形式

において別の範疇なのかは，この文言だけでは判然としない。姚鋭敏 2008 は，「規範性文件」は，行政処罰法 (1996 年 3 月 17 日公布，同年 10 月 1 日施行。その後 2009 年 8 月 27 日改正・公布・施行) で「法律」上の用語となったとする。

立法法により法令の制定や名称・形式や効力関係が一定程度整理されたとは言え，そこからこぼれるものもあり，それらは，「規範性文件」の名で総称される。

最高人民法院の「関於裁判文書引用法律，法規等規範性法律文件的規定」(2009 年 10 月 26 日公布，同年 11 月 4 日施行) では，6 条で「その他の規範性文件」を挙げ，合法的で有効なときには裁判理由 (「裁判説理的依拠」の語を用いている) とすることができる旨定めている。上記規定では，「規範性法律文件」の語も用いられている。「紅頭文件」という言い方もあるが，これは通俗的な言い方であって共産党機関や政府の文書の頭部分が朱文字であることから来ている[3]。国務院の各部門においても「規範性文件」の制定や管理につき規則を制定している[4]。

中国法制出版社の『中華人民共和国新法規彙編』には「法規性文件」という分類があり，例えば，2007 年 7 号には，「中共中央，国務院関於全面加強人口和計劃生育工作統籌解決人工問題的決定」(2006 年 12 月 17 日) が収められている。中共中央と国務院との連名の場合には「法規」としての性質，即ち，国務院の行政法規と同じく裁判において適用される規範となる性質があるということであろうか。

以上とは別に，「党内法規」と呼ばれる規範がある。「中国共産党党内法規制定条例」，「中国共産党党内法規和規範性文件備案規定」が 2013 年に「公開公布」されている (『法制日報』2013 年 5 月 28 日 1,2 面が新華社 5 月 27 日として伝える記事の表現。「党内法規」は，1990 年の「中国共産党党内法規制定程序暫行条例」に始まるとする)[5]。

第 2 節　立法法が定める法源の体系 (法律・行政法規・軍事法規を除く)

立法法は，2000 年 3 月 15 日に公布され，同年 7 月 1 日に施行された (その後 2015 年 3 月 15 日に改正・公布・施行)。1980 年代以降今日に至るまで，立法制度についてのあり方は，「立法学」として論じられてきた。立法法に至るまでの立法学や法源の状況については，高見澤 1991a，高見澤 1991b，高見澤

1993, 高見澤 1994, 高見澤 2000, 高見澤 2014 を参照されたい。以下では「規章」(「国務院部門規章」と「地方政府規章」), その他の法令や団体の規約類, 憲法の法源性を概観した後, 立法過程や改廃について触れる。民族自治区域の立法は本書「第4章 統治機構」で触れる。

1 「規章」(「国務院部門規章」と「地方政府規章」)

国務院所属の部または同級の部門が制定する「国務院部門規章」と, 「地方性法規」制定権のある, 省・自治区・直轄市及び自治区・直轄市人民政府所在都市並びに国務院が定める大都市の人民政府が制定する「地方政府規章」などの規章が重要な論点になるのは, 行政訴訟法により「参照」するものと定められたことによる。法律などの上位の法令に根拠があるか, 抵触していないか, という「合法性審査」を経て裁判において「参照」される。もし「合法性審査」で問題ありとなれば, 裁判官は, 参照しない, という選択肢を有する。さらに「司法建議」でその問題点を指摘するかもしれない。法律や「法規」は「依拠」するものであり, 裁判官はそれを適用しなければならない (羅豪才 1993, 沈栄華・周伝銘 1999)。行政訴訟法起草課程での知恵とも言える。また, 現行の行政訴訟法 (1989 年 4 月 4 日公布, 同年 10 月 1 日施行。2014 年 11 月 1 日改正・公布, 2015 年 5 月 1 日施行) においては, 1989 年制定当時には「具体行政行為」のみが対象であり, 「抽象行政行為」の違法性や不合理性を争うことはできないとされ, 「規章」の制定は「抽象行政行為」にあたるとされていた。しかし, 2014 年の改正により, 「抽象行政行為」に代わって「行政行為」と文言が修正された。13 条 2 号は依然として行政機関が定める普遍的拘束力を有する決定・命令に関しては受理しないことを定めているが, 53 条 1 項で, 行政行為が根拠としている「規範性文件」については争うことができる旨定めている (2 項で規範性文件には規章を含まない旨定めている)。第 1 節で見たように, 両者の形式的または実質的ちがいについては今後研究すべきことがらである。

なお, 法律・法規は当前に裁判規範となり, 「規章」は「合法性審査」を経て「参照」されるべきものとして裁判規範となるというあり方は, 日本の法規と規則との関係にやや似たところがある。但し, 留意すべきは, 日本の規則の名宛て人は国民ではなく, 当該事項を扱う機関や機関内部の関係者である点である。故に, 公布ではなく, 通達を以てなされ, 市民生活と関係が深

い分野については，情報公開制度や広報活動によって知られていく。それに対し中国の「規章」の場合は，機関内部の執務についてだけではなく，市民が名宛て人となる場合も多い。

2 その他の法令 (立法法に定めのないもの) や規約 (「章程」など)

県レベル以下での人民代表大会や人民政府の決定・命令その他の規則制定は，立法法においては扱われていない。これらは第 1 節で見た「規範性文件」の中の一部として扱われているように見えるが，県レベル以下に限定して法源の観点から規範性文件を論じた研究については未見である。行政許可や行政処罰といった具体的な行政行為の中から実証的に検討する必要があろう。

また，政府ではなく，自治的または自律的な要素を有する団体は規約として「章程」その他の規約類を制定する。会社の定款も「章程」と呼ばれる (公司法)。大学の憲章・基本規則の類いも章程と呼ばれる (教育部「高等学校章程制定暫行辦法」2011 年 11 月 28 日発布，2012 年 1 月 1 日施行)。村民委員会組織法 (1998 年 11 月 4 日公布・施行，2010 年 10 月 28 日改正・公布・施行) 25 条 3 項には，「村民自治章程」，「村規民約」，「村民会議或村民代表会議討論決定」といった文言が見られる。これらは，第一義的には団体に属する人々の団体内での権利・義務を定めるが，その内容が裁判で争われる場合や人々の日々の生活と規範といったことを考えるときには，法源の外延にある。

3 憲法の法源性

第 1 節で触れた最高人民法院の「関於裁判文書引用法律，法規等規範性法律文件的規定」は，裁判において引用すべき法源として憲法を挙げていない。この規定に至るまでの憲法の私人間適用とその否定に関しては，高見澤・鈴木・宇田川 2016「第 3 章 憲法」，高見澤・鈴木 2010「第 6 章 現代中国における立憲主義」を参照されたい。この規定は正面から憲法を引くことを否定しているのではなく，リストからはずすという書き方で，妥協をはかっている。翟小波 2009 は憲法の実施者としては裁判官・法院よりも全国人民代表大会 (とくに専門委員会) に期待するという立場を採る。他方，裁判における直接適用の主張も見られる (謝維雁 2011)。

現行憲法は，計画経済を主としつつ市場メカニズムを部分的に導入して経済を活性化するという制定時の基本政策を前提に設計されている。その後市

8　　　　　　　　　　　第 I 部　法と国家

場メカニズムの導入が拡大され，1992 年以降は全面的に導入されていく。しかし憲法はその都度の部分改正でしのいでいる (劉政 2008)。直接の裁判規範となるか否かは別として，何らかの整合的な憲法解釈が必要なはずであるが，それも形成過程である (韓大元 2012)。

4　立法過程

　立法過程や法の執行過程は，広義には政治過程でもある。法の執行過程については，次節で論じる。立法を求める背景や制定までの利害調整などについてのほかに，議事規則，草案段階での意見聴取や情報公開，制定手続の整備などは，重要な着眼点となる。

　議事規則については，1987 年 11 月 24 日の全国人民代表大会常務委員会議事規則がある (2009 年 4 月 24 日改正・公布・施行)。今日では，各レベルの人民代表大会や常務委員会においてはそれなりの議論がなされ，また，インターネット環境を利用して市民に意見を求めている。

　規章については，立法法に基づき，規章制定程序条例が定められている。国務院各部でもこの条例に基づき規定を制定し，立項―起草―審査―審議―公布―解釈，修改，廃止，立法後評估 (評価) といった過程が定められている (例えば，海関総署の「海関立法工作管理規定」(2009 年 1 月 4 日公布，同年 3 月 1 日施行。2005 年規定を廃した新たな規定))。

　立法の過程で，伝統的な紙媒体やインターネット環境を利用して，草案を公開し，意見を求めることも行われる場合がある。公聴会を開催することもある。市民や関連企業・団体からの意見や公聴会での意見聴取がどの程度草案に影響を与えているのか，公聴会がどのような形態で行われているのか，といったことは，個別に調査しなければならないが，最初の草案から最終的に公布される法令までの変化を追っての研究がある程度可能となっている[6]。

5　改　廃

　法令の改正全体を指す用語としては「修改」があり，部分的修改は「修正」，全体的修改は「修訂」という言い方がある (呉恩玉 2010)。但し，全ての改正にこの用語法が貫徹しているか否かは未確認である。

　最近では法令一件ごとに改正を公布するのではなく，まとめて改正を決定し，公布・施行する場合が見られる。2009 年 8 月 27 日の全国人民代表大会

常務委員会の「関於修改部分法律的決定」は同日公布・施行された。「社会主義市場経済和社会発展要求」に「不適応」な条項を5法にわたって改廃したり，「徴用」の語を「徴収，徴用」に改めるために関連する法律の関連箇所をまとめて挙げたりといった方法を採っている。劉風景2012は，上記「決定」が，用語調整のための小規模改正を59法にわたって行ったことにつき，わたる範囲が広く煩瑣であり，全体としての改正目的がわかりにくく，該当箇所を確認するのに手間がかかる点を問題とする。さらにこうした手法は，それにふさわしい場合に限るべきであるとする。しかしその後もこの方式はなされている[7]。従来の法令を見直す作業が「清理工作」と呼ばれて行われている。このような場合には，廃止となるもののリストがまとめて発表される（信春鷹2013）。

　ある法令を改正すると，関連する他の法令も改正が必要となる場合は日本でも少なくない。このような場合，日本では，衆参両院及び内閣の法制局が法の整合性を維持する仕事をしている。全国人民代表大会の法律委員会，その常務委員会の法制工作委員会，国務院法制辦公室や国務院各部の法規司・条法司，中央軍事委員会の法制局，最高人民法院や最高人民検察院の規則や解釈の制定部門などはこのような仕事をしているのか否か，整合性の維持にどの程度気をつかっているのか，といったことは，今後研究すべき課題である。

第3節　法の執行過程と法源

　法の執行過程においては，解釈や先例の扱いが重要である。さらに政治過程として見るならば，中国の場合，請示・批示（上級者に伺いを立て，それに対し上級者が指示を与えること）を検討しなければならない。本節では，まず請示・批示について検討し，その後「司法解釈」について論じ，また，「案例」について論じる。

1　請示・批示と裁量・解釈

　請示とは指示を請うこと，批示とは指示を示すことである。
　民主集中制（共産党の指導，下級は上級に従う，地方は中央に従うといった政治原則）と人事評価とが結びつくと請示・批示が行われやすい。大平2011，大平

2013 が示すような江戸時代の伺い・指令型の裁判のありようなどは，中国の現在を考える上でも参考になる。

　個別の事件ごとに指示を求めることを「案件請示」「個案請示」などという。訴訟法が定める審理期間制限が背景にあり，また，法院内に審判委員会が置かれ，指示を求めやすい制度設計となっている。裁判官の裁量自体を積極的にはとらえないという文化的要因も指摘されている (侯猛 2010)。学界においては案件請示に対して批判的であるが，他面，裁判官からは一定程度支持されている (四川省高級人民法院課題組 2012, 呉如玉・黄金波 2013)。検察院に関しては，「人民検察院案件請示辦理工作規定 (試行)」(2015 年 12 月 16 日通過，12 月 30 日印発。24 条で発布の日に「施行」(試行ではない) となっている) が定められている。関連記事を含めて『検察日報』2016 年 1 月 8 日 3 面を参照されたい。

　あたかも公理を適用したかのような統一的な司法判断を望ましいと考えるならば，解釈者の判断は肯定されず，反法治とさえとらえられてしまう (範進学 2008)。一方，個別の事件における判断から法理を抽出し，それを積み重ねることでの法形成に肯定的な見解もある (熊静波 2010)。最高人民法院からは「関於在審判執行工作中切実規範自由裁量権行使保障法律統一適用的指導意見」が 2012 年 2 月 28 日に発されている。ここにいう裁量には解釈が含まれている。

　ここから先は裁判官の質や人事制度 (評価，待遇など) についての実証的な研究が必要であり，研究の余地の大きな分野である[8]。また，法学における解釈学の定位も重視すべき論点である[9]。

　1979 年刑法において認められていた「比照」については，これを類推解釈と訳してよいか否か，また，清代法制における「比附」と比較してどのように考察すべきかについても検討すべき点である[10]。

2　「司法解釈」

　最高人民法院の司法解釈については「関於司法解釈工作的規定」(2007 年 3 月 9 日印発，同年 4 月 1 日施行) があり，最高人民検察院の司法解釈については「司法解釈工作規定」(2006 年 4 月 18 日通過，5 月 10 日印発。2015 年 12 月 16 日改正，12 月 31 日印発) がある。最高人民法院・最高人民検察院連名の「関於地方人民法院，人民検察院不得制定司法解釈性質文件的通知」(2012 年 1 月 18 日)

では，地方の法院・検察院が「指導意見」や「規定」などの形式を以て解釈の指針を示すような文書を発しても根拠として援引してはならないと定め，清理工作を行うとともに，必要なものについては，高級人民法院や省級の検察院を通じて最高人民法院または最高人民検察院に建議または請示し，その回答を待つように定めている。この通知からは，地方においても解釈の指針を示すことが行われ，清理が必要なほど蓄積されていることをうかがい知ることができる。

　個別の事件において，判断に至る法的理由付けを明らかにすることが今日では強く求められている。第1節で触れた最高人民法院の「関於裁判文書引用法律、法規等規範性法律文件的規定」では「説理」という表現が用いられている。また，最高人民検察院も「関於加強検察法律文書説理工作的意見 (試行)」(2011年8月9日印発) を発している。これらが謂う「理」とは，法的判断の理由である。個別の判決書の構成や論理展開などを今後注視する必要がある。このことは次に述べる「案例」についても同様である。

3　「案例」

　中国では，先例拘束性の原理は存在せず，したがってそれに基づく判例法もない。また，二審制であり，第二審は法律審ではないので，上訴理由という意味においても判例はない。司法解釈や請示制度の存在とあいまって実務家や研究者が判決の中から法理を抽出するという営為はほとんど行われてこなかった。しかし，近年，最高人民法院や最高人民検察院が「指導性案例」(「指導案例」や「案例指導制」の用語もある) の制度を設けたことにより案例の法源性が注目されている (「司法解釈」及び案例を用いた裁判については，徐行 2010 及び徐行 2011-2013 が，日本語文献としては最初に切り込んだ検討を行っている)。但し，裁判実務や研究にどのように用いるのかについては，いまだ定位の過程にある。

　なお，中国語の「指導」とは情報提供によりある方向に誘導することであって，上級の命令に下級が従うという意味での「領導」とは区別される。中国共産党の指導は中国語で表現すれば「領導」である。

　1999年に最高人民法院は「人民法院改革綱要」を定め，法律適用の問題について指導する典型案例を公布して，下級法院が類似の事件を審理・判決するときの参考とすることをリストに挙げていた。しかしこの最初の5年の改

革綱要の時期には指導性案例は実現しなかった。2005 年に最高人民法院は「第二箇五年改革綱要」を定め，その改革リストの中にも指導性案例が含まれていた。その後 2010 年 11 月 26 日に最高人民法院は「関於案例指導工作的規定」を定め，2011 年 12 月 20 日に最初の指導性案例 4 件を公布し，2012 年 1 月 10 日には「関於編写報送指導性案例体例的意見」を発した。最高人民検察院においては，2010 年 7 月 30 日に「関於案例指導工作的規定」を定め，同年 12 月 31 日には最初の指導性案例 3 件を公布した（同規定は 2015 年 12 月 9 日に改正され，12 月 30 日に印発されている。公布の日に施行とされている）。以降公布された指導制案例はかなりの数にのぼる。また，事件に整理番号を附すために最高人民法院は「関於人民法院案件案号的若干規定」を 2015 年 5 月 13 日に印発し，2016 年 1 月 1 日より施行している（関連記事を含めて『人民法院報』2015 年 7 月 11 日 3 面を参照されたい）。

　これらの指導性案例は，「参照」するものとされている。法院においては，「裁判依拠」としたり，「援引」したりすることはできない。指導性案例を判決等の根拠として引用し，適用することはできない，の意であろう。但し，法的判断の理由を論ずるときに用いることができるとされている。「応当参照」とされていて，直訳すれば「参照しなければならない」となるが，参照しない場合にその理由を述べることは求められていない。理由付けの根拠のひとつとして検討するところまでが求められている。検察院においては，「可以参照」とされ，直訳すれば「参照することができる」となるが，参照しない場合には書面で意見を提出することとなっているので，日本人の語感からすれば，「応当」と「可以」とが逆の方が理解しやすい。なお，公安においても指導性案例が導入されていて，上級が下級の業務を指導する手段として用いられる（廬傑 2012）。もし直接に判断の根拠として引用して用いることができるならば，「判例」となるのであって，そうではないので「法律文書説理」の「参考」と位置づけられている（李娜 2011）。「釈法説理根拠」という表現が用いられる場合もある。これらのことは，判決書に理由を書くことが強く求められるようになっていることと表裏をなしている。

　「参照」を求められる度合いとしては，指導性案例が第一であり，次が『公報』掲載の案例やそれらの編纂物であり，それらの周辺に学習用教材や教育研究用資料として出版社が企画する編纂物があるという構造のように見えるが，近年では，これらとは別にさらに最高人民法院から，分野ごとに「典型

案例」として公布されることがある。事実の概要と裁判結果が簡単に示されているが，法的判断の理由付けについては詳細な説明はないので，いかなる位置づけなのかはわからない[11]。

最高人民法院からの刊行物としては，最高人民法院民事審判第一庭編『民事審判指導与参考』が人民法院出版社の中国審判指導叢書として出版され，『人民司法』誌においては，最高人民法院案例指導工作辦公室が個々の指導性案例について解説を行っている。各法院が『最高人民法院公報』『人民法院報』『人民司法』や上記叢書を定期購入し，裁判官がそれを閲覧し，また，学習会・案例研究会のようなものを定期的に行っているならば，指導性案例やその他の案例は一定の機能を果たすはずである。しかし劉慶偉2013によれば必ずしもそうではなく，参考になるものが必要になるとその都度インターネットで調べるということが一般的であって，上記のような作法自体が根付いていないようである。

但し，学界においては，判例制度の比較法的研究や指導性案例について日本の判例評釈に通じるような方法で行われる判例研究の成果も見られる[12]。

第4節　慣習・国際私法・条約

慣習（中国語では「習慣」）は，中国においては一般的な法源ではなかった。しかし，近年法律や司法解釈に，法令や契約に明文の定めがない場合に慣習に依る旨の規定（多くは「交易習慣」「当地習慣」の表現）や「習俗」といった語が見られるようになった[13]。さらに2017年3月15日公布，同年10月1日施行の民法総則においては，慣習が一般原則として正面から法源として認められるに至った。その10条は，法の定めがない場合であって，公序良俗に反しない場合には，慣習を適用することができる旨定める。但し，従来，事実たる慣習と慣習法との用語上の区別が必ずしも厳格にはなされてこなかったので（劉作翔2011），慣習に関してはこの点を留意する必要がある。本節では，慣習，国際私法上の原則，条約の法源としての性質について概観する。

1　慣習と慣習法

中国において慣習または慣習法についての体系的な議論が始まるのは，1990年代である。高其才1995，梁治平1996，蘇力1996，朱勇1998などがこの時

代を代表するものである。それぞれ議論の対象や方法は異なるが，鍵となる概念は，「習慣」「習慣法」「民間」「民間法」「民間秩序」「本土」「本土化」「本土資源」である。ときに「市民社会」「公民社会」も関連する場合がある。これに Bernhardt and Huang 1994 及び Huang 1996 などのフィリップ・ホアンの作品や滋賀等 1998 所収の日本の研究者の作品が加わって法制史学，法社会学を中心に法学上の重要な論点となり，今日に続く[14]。人類学的方法を採る論者は「法」を広く用いる傾向がある。高はその代表である。また，国家の裁判以外に地縁・血縁・同業などの人的ネットワークの中で紛争が解決されてきたり，国家の裁判においても民間の慣習がある程度考慮されてきたであろうことは想像できるが，それを実証するのは容易ではない。その場合でも民間法という言い方が広くなされている。論者の用語法に注意するとともに，自ら論じる場合も用語法に留意する必要がある。

　今世紀にはいると，民間法についての議論は，『山東大学学報哲社版』の「民間法専欄」や『甘粛政法学院学報』の「民間法，民族習慣法専欄」を中心として行われ，2010 年には中国政法大学出版社から謝暉を主編として『民間法文叢』なるシリーズものとして出版され，理論的な議論や実証的調査に基づく研究成果が世にでている。

　学術的側面だけではなく，裁判実務における慣習または慣習法の扱いもまた検討されている。2004 年 4 月 1 日には注 13 で挙げたように最高人民法院の「関於適用中華人民共和国婚姻法若干問題的解釈（二）」がその 10 条で「習俗」に基づいて与えた彩礼の返還請求について定め，江蘇省姜堰市人民法院はそれを受けて同年に「婚約返還彩礼糾紛案件裁判規範指導意見」で日本の結納に似た彩礼につき受領者に対し返還を求めることができる場合の返還分の基準を定めた。その前提となるのは彩礼の贈与自体が習俗に基づくこと，その習俗とは善良なる民俗習慣であることである。その判断が裁判官にゆだねられることとなった。2007 年 2 月 26 日に同法院は「関於将善良風俗引入民事審判工作的指導意見（試行）」を定めて指針を示した。また江蘇省高級人民法院は，最高人民法院の 2007 年の「重点調研課題」として「民俗習慣的司法適用」の研究を行う課題組を設けた（趙陽 2007，劉作翔 2008，江蘇省高級人民法院課題組 2008，呉暁峰 2008，賈煥銀 2010）。

　実務上の検討課題となるに及んで，事実たる慣習なのか（「習慣」，「慣例」），慣習法（「習慣法」）なのかを区別することの重要性が認識されるようになって

きている。事実たる慣習であれば，第一義的には当事者の主張，立証の責任
となる。しかし，慣習法であれば，法的確信の問題となり，裁判官がそれを
「法」として認めるかどうかの判断をしなければならない。請示によって指示
を仰ぐとしても，集合体としての裁判官が判断しなければならないことには
かわりはない（但し，この場合には，司法解釈という名の立法として位置づけること
が可能となる）。事実たる慣習と区別される慣習法の核心を法的確信とする点
では概ね論者の傾向は一致しているが，主張・立証・認定・調査などをどの
ようにするのか，という点に至ると検討すべき課題として認識されていると
いう段階である（暦尽国 2009，王林敏 2009，楊建軍 2009，姜世波 2010，孫育瑋・張
善根 2010，呉傑・劉璐 2010，王林敏 2011）[15]。

　最高人民法院中国応用法学研究所編『人民法院案例選』2010 年 1 輯は，特
別企画として「交易習慣」の民商事裁判での認定・運用の案例について特集
し，6 件の案例を紹介している。このうち 3 件は当該当事者間で「習慣」と
なっているものであり，必ずしも，その業界，その地域での「習慣」とまで
は言及していない（本節 3 を参照されたい）。他の 3 件のうち 2 件は当地の「習
慣」であり，1 件は明示的に「習慣」に言及はされていないものである。

　財産法・取引法関連では，典については，言及する文献が多い（例えば，呉
向紅 2007，李軒甫・談星余・郭艶華 2013）。1984 年 9 月 8 日の最高人民法院の
「関於貫徹執行民事政策法律若干問題的意見」の 58 で建物の「典」は認めら
れている。典は，慣習由来であって物権法には定めはないものの，「政策」で
認められ，「司法解釈」で一定の定めが置かれているので，この限りでは成文
法に根拠を有し，慣習や慣習法そのものではないという記述の仕方も可能で
ある[16]。

　家族や農村などの分野では慣習や慣習法を論じやすい。この面では高其才
による研究が目立つ（郷規民約・村規民約につき高其才 2008，広西壮族自治区金秀
瑶族自治県六巷郷における荒地開発または無主物先占による権利取得たる「打茅標」慣
行につき曹義蓀・高其才 2010，農村の互助的金融につき羅昶・高其才 2010，各種婚姻
慣行につき高其才 2012）。但し，前述のように高の作品においては，慣習と慣
習法とが必ずしも明確に分けられておらず，また，当事者間，裁判外紛争解
決，裁判などそれぞれの場面での適用・参照の情況も不明である。

2 少数民族の慣習と慣習法

この分野は法学と人類学・民族学とが交錯するので，少数民族の行為規範が広く「民族習慣法」の概念で用いられる傾向がある。王学輝 1998 は，国家の存在を前提としない「民族法」概念は 1980 年代の産物とする。鄒淵 1997 は，国家認可説では狭すぎ，伝統道徳説では「習慣」と「習慣法」との区別がつかず，民間強制規範説を採るべきであるとする。張冠梓 2000 も，権威 (Authority)，普遍的適用の意図 (Intension of Universal Application)，当事者の権利義務関係 (Obligation)，制裁 (Sanction or Punishment) を核として定義する。

国家機関における適用または参照の場面としては，刑事法では，量刑 (「賠命価」のような賠償による殺人事件処理慣習がある場合の量刑上の配慮 (呂志祥 2007 は 1983 年の殺人事件の例を挙げる)) が挙げられる。鄒淵 1997 や蘇永生 2012 が示すように，1984 年に中共中央の文件として「対於少数民族中的犯罪分子，要堅持"少捕少殺"，在処理上一般要従寛」といういわゆる「両少従寛」政策があり，定罪 (いかなる犯罪かを定める) の場面ではなく，量刑の場面で慣習上の賠償・謝罪がなされているか否かが重要になる。民事事件や軽微な刑事事件は，人民調解や郷での行政的処理 (調解を含む) で処理が図られ，法院においても訴訟上の調解において解決が図られ，これらの過程で慣習が適用または参照されるとする (高其才 2003)。しかし，法院が判決をしなければならない場面での国家法と「民族習慣法」との関係は，明確には示されていない。

3 国際商事慣習・国際私法・条約

国際商事慣習については，国際統一私法協会の 1994 年版の国際商事契約通則 (Principles of International Commercial Contracts) が中国語に翻訳されている (対外貿易経済合作部条約法律司 1996)。この中で Usage には「慣例」の訳語が，Practice (s) には「習慣做法」の訳語が与えられている。確立された慣例，当事者が合意した慣例，当事者がこれまで繰り返してきた「習慣做法」などは，上記通則に優位する旨通則自体が定めている。上記を含む国際商事慣習の効力や適用に関しては陳亜芹 2008a，陳亜芹 2008b があり，補充説 (契約・国内法・条約などに明文の規定がなく，かつ，国内法が認める範囲において補充的に適用されるとの説) を軸に論じている。

国際私法の分野では，渉外民事関係法律適用法が 2010 年 10 月 28 日に公布

され，2011 年 4 月 1 日から施行されている。その 10 条は，当事者が外国法の適用を選択した場合には当事者が当該法律の情報を提供しなければならないが，そうでない場合には，法院，仲裁機構，行政機関など法適用の責任のある機関が調査することとしている（調べられない場合や当該外国法がそもそもないという場合は中国法が用いられる）。これについて焦燕 2013 は，法院・仲裁機構・行政機関などの負担が重いことを問題として指摘する。

　条約の国内法体系上の地位については，憲法が最上位にあり，条約がそれに次ぎ，法律が条約に次ぐということで概ね一致しているかのようである。趙建文 2010 は法院としては条約を直接適用することもできるし，中国国内法の解釈において参照することで間接的に適用することも可能であるとする。また，廖艶嬪 2011 は，国際商事条約につき，国内法にしかるべき規定がない場合には，国際商事慣例を用いることができるとする（上記の補充説を前提とするのであろうか）。

　外国仲裁の承認については，敖穎婕 2016 がシンガポール国際仲裁センターの仲裁裁決を承認した事件を紹介している。

結

　形式的意義における法律を軸に法源を考える場合には，本章第 1 節で見た「文件」「党内法規」などは法と政治との境界線に位置づけられることになる。他方，共産党の政策決定を軸に国家規範を理解して，全体を政治過程としてとらえるならば，裁判官による解釈行為や憲法の裁判法源性は秩序の辺境へと追いやられることになる。本章第 2 節，第 3 節で検討したことがらは，その中間にあって浮動するものである。

　東アジアは国家制定法の長い歴史を有するためか，慣習が法的確信を得て慣習法となり，法体系の中核となる，という発想には乏しい。限られた特定の業界や地域や集団の規範としてとらえられがちである。しかし，近年では，一定の法源性が与えられている。国際要因としては，ビジネスや家族関係の面で国際私法の役割が重要である。条約の国内適用も論点となっている。国の内と外から国家制定法や共産党による秩序形成に別の視角を与える可能性がある。第 4 節ではその一端を示した。

　本章は，裁判規範としての法源にやや傾斜した記述を行っている。したがっ

て全国人民代表大会やその常務委員会の判断を要すること（その前提として中国共産党中央における判断を要する）については，第2節の4で触れた以上に政治過程としてとらえる必要がある。調停的な紛争解決ではどのような規範がどのように用いられているのかについては別に検討を要する。

　法務にたずさわる人々の任務が，法の定める手続きにしたがって事実を認定し，認定された事実に法を適用することで正義を実現することであれば，法理を示すことによって「説理」（理を説くこと）をしたことになる。「案結・事了・人和」（訴訟事件として事件は終結し，社会的事件としても解決し，関係者の人間関係が修復される）という表現で修復的司法が強く求められる場合には，法理だけでは理を説くことにならない。事了・人和に至るには，経済的資源が必要な場合もあり，それが十分にない場合に納得してもらうためには徳が必要になる。しかし誰にでも徳が備わっているわけではないので，請示・批示や「文件」によって補おうとする（その背後には「関係」や「面子」と表現される人間関係があるかもしれない）。こうした現象全体を研究するためには，狭義の法学のみならず，隣接する各種の方法及び先行研究の成果を利用することが求められる。

注

1)　法制史的観点からは，清代につき，何勤華2001，張晋藩2001，近代につき何勤華1998，肖周録・馬京平2009などを参照されたい。また中国法制史全般に関しては，滋賀2003を参照されたい。

2)　中共中央辦公庁・国務院辦公庁「党政機関公文処理工作条例」（2012年7月1日施行），国務院「国務院工作規則」（2013年3月23日印発），最高人民法院「人民法院公文処理辦法」（2012年11月16日公布，2013年1月1日施行）やこれらによって廃止となった以前のものを参照されたい。

3)　李立2008は，省，省内の市や州，市の下の区，県，郷，鎮などの行政機関について湖南省が大規模な規範性文件の見直しを行ったことを報じ，規範性文件を「紅頭文件」と表現している。陳麗平2014も行政訴訟法の改正の方向性の報道につき，同様の言葉使いをしている。

4)　例えば，国家工商行政管理総局「工商行政管理規章制定程序規定」（2008年9月1日公布，同年10月1日施行），国家税務総局「税収規範性文件制定管理辦法」（2010年2月10日公布，同年7月1日施行），「国家宗教事務局規章和規範性文件制定程序規定」（2010年8月11日公布・施行），「国家旅游局規章和規範性文件制定程序規定」（2011年4月6日公布・施行），「民政部規範性文件制定与審査辦法」（2011年6月10日公布，8月1日施行），「農業部規範性文件管理規定」（2012年1月12日公布，2月15日施行）など。2016年1月

第 1 章　法　源　　19

1 日の国家発展和改革委員会決定では「廃止的規章目録」と「廃止的規範性文件目録」と
が出されている（『国務院公報』2016 年 11 号 26–27 頁）が，一覧したのみでは規章と規範
性文件とを分ける基準を見いだしがたい。第 2 節で触れる「行政行為」との関連では，王
万華 2015 及び程琥 2015 が論じている。

5)　『中央党内法規制定工作五年規劃綱要（2013–2017）』（人民出版社 2013 年）は，2013 年か
らの 5 年の制定計画を示している。王振民・施新州 2016 は，党内法規についての最初の
まとまった研究書である。1990 年 7 月 31 日の「中国共産党党内法規制定程序暫行条例」
に始まり，2012 年の中国共産党党内法規制定条例及び中国共産党党内法規和規範性文件備
案規定を経て，2013 年 5 月からは外部に対して公布するようになったとする。

6)　馬利民 2010 は 2009 年から 2010 年前半にかけての四川省についての報道である。

7)　例えば，「農業部関於修訂部分規章和規範性文件的決定」（2011 年 12 月 31 日公布，2012
年 1 月 1 日施行），「国務院関於廃止和修改部分行政法規的決定」（2013 年 7 月 18 日公布・
施行）などがある。

8)　郭華成 1993 は，解釈についての体系書であるが，個々の裁判官による解釈行為や学説
の意義についてはとくに論じられていない。

9)　段匡 2005 は日本の民法学の発展を解釈学の観点から概観した成果である。王利明 2014
は解釈の不可欠さを論じている。梁慧星 2015 もまた民法解釈学について体系的に論じて
いる（初版 1995 年，2 版 2000 年。ともに中国政法大学出版社。3 版 2009 年は法律出版社）。

10)　「比照」の規定は 1997 年の刑法改正で削除された。「比照」について検討するには，清
末以前の「比附」を理解することが有益である。両者の相似性については滋賀 2003（第 4
章）を参照されたい。また，比附と類推との異同については，中村 1973，滋賀 2006 を参
照されたい。中国法制史上の「比」，「比事」，「故事」，「例」などについては，楊一凡・劉
篤才 2012 を参照されたい。

11)　例えば「危害食品安全犯罪典型案例」（『最高人民法院公報』2013 年 10 号），「知識産権
司法保護典型案例」（『人民法院報』2013 年 10 月 23 日 2，3 面），「性侵害児童犯罪典型案
例」（『人民法院報』2014 年 1 月 4 日 4 面），「食品薬品糾紛典型案例」（『人民法院報』2014
年 1 月 11 日 3 面），「渉家庭暴力典型案例」（『人民法院報』2014 年 2 月 28 日 3 面），「維護
消費者権益典型案例」（『人民法院報』2014 年 3 月 16 日 3 面）など（最高人民法院による公
布日は省略）。

12)　中国近代において現れる「判例」の用語については王志強 2010，日本の判例制度につ
いては于佳佳 2013 がある。日本風判例評釈としては，王亜新 2012 がある。

13)　例としては，民法通則 142 条（「国際慣例」），合同法 60 条，61 条，125 条（「交易習慣」），
物権法 85 条（「当地習慣」），116 条（「交易習慣」），最高人民法院の「関於適用中華人民共
和国婚姻法若干問題的解釈（二）」10 条（「習俗」に基づいて与えた彩礼の返還請求）など
がある。

14)　これと関わる分野において，日本の研究者で数多く中国で講演をしたり，その作品が
中国語に翻訳されたのは寺田浩明である。寺田の論文はインターネット上で自ら公開して
いる（http://www.terada.law.kyoto-u.ac.jp/mywork/mywork.htm）。このうち主要なもの
は，寺田 2012 として中国語に翻訳されている。今世紀初頭において議論の動向を示すも
のとしては，朱景文 2001 がある。また，梁治平 1996 に続くものとして梁治平 2015 があ
る。

15) 『清華法学』6巻2号 (2012年) は「制定法時代的習慣法」を特集としている。必ずしも網羅的ではなく，また，特段に先端的でもないが，慣習及び慣習法についての一定の論点における到達点及び課題がある程度示されている。

16) イングランド法における慣習，慣習法，先例，コモンロー，エクィティ，議会制定法などの関係はこうした問題を考える上で参考になる。当面田中 1980，北村 2004 を参照されたい。「民間」の議論は，歴史と現状との対話という側面も有している。Bourgon 2004, 徐忠明 2005, 邱澎生 2008, 西 2009, 李学蘭 2010 などを一読されたい。

参考文献

日本語

大平祐一 2011『近世の非合法的訴訟』創文社。

大平祐一 2013『近世日本の訴訟と法』創文社。

北村一郎編 2004『アクセスガイド外国法』東京大学出版会。

滋賀秀三 2003『中国法制史論集——法典と刑罰』創文社。

滋賀秀三 2006「比附と類推」『東洋法制史研究会通信』15 号。

徐行 2010「現代中国における司法解釈と案例」『社会体制と法』11 号。

徐行 2011–2013「現代中国における訴訟と裁判規範のダイナミックス——司法解釈と指導性案例を中心に (1)～(5・完)」『北大法学論集』62 巻 4 号・6 号 (2011 年)，63 巻 6 号 (2012 年)，64 巻 2 号・3 号 (2013 年)。

高見澤磨 1991a「法規彙編編輯出版管理規定について」『東方』120 号。

高見澤磨 1991b「中華人民共和国における法源」『法制史研究』40 号。

高見澤磨 1993「中華人民共和国法制資料」滋賀秀三編『中国法制史——基本資料の研究』東京大学出版会。

高見澤磨 1994「中華人民共和国における法源と法制資料に関する補論」『東京大学教養学部外国語科研究紀要』41 巻 5 号。

高見澤磨 2000「立法法及び立法に関する若干の資料の紹介」『東方』234 号。

高見澤磨 2014「中国における法形成」長谷部恭男・佐伯仁志・荒木尚志・道垣内弘人・大村敦志・亀本洋編『岩波講座　現代法の動態 1　法の生成／創設』岩波書店。

高見澤磨・西英昭 2004「中国法」北村一郎編『アクセスガイド外国法』東京大学出版会。

高見澤磨・鈴木賢 2010『中国にとって法とは何か——統治の道具から市民の権利へ』岩波書店。

田中英夫 1980『英米法総論 (上) (下)』東京大学出版会。

中村茂夫 1973『清代刑法研究』東京大学出版会。

西英昭 2009『『臺灣私法』の成立過程——テキストの層位学的分析を中心に』九州大学出版会。

第 1 章　法　源　　21

中国語

敖穎婕 2016「自貿区首例申請承認与執行外国仲裁案一槌定音——上海一中院突破固有
　　渉外因素識別限制——確認外国裁決効力」『人民法院報』2016 年 1 月 1 日 3 面。

曹義蓀・高其才 2010「当代中国物権習慣法——広西金秀六巷瑶族 "打茅標" 考察報告」
　　『政法論壇』2010 年 1 号。

陳麗平 2014「行政訴訟法修正案草案新増規範性文件付帯審査制度　常委委員建議　紅
　　頭文件納入行政訴訟受理範囲」『法制日報』2014 年 3 月 20 日 3 面。

陳亜芹 2008a「国際商事慣例独立調整合同的理論与実践」『法学論壇』2008 年 1 号。

陳亜芹 2008b「国際商業慣例的効力基礎及其適用模式」『中国国際法年刊 2007』世界知
　　識出版社。

程琥 2015「新《行政訴訟法》中規範性文件附帯審査制度研究」『複印報刊資料 D415 訴
　　訟法学，司法制度』2015 年 10 号 (原載は『法律適用』2015 年 7 号)。

翟小波 2009『論我国憲法的実施制度』中国法制出版社。

段匡 2005『日本的民法解釈学』復旦大学出版社。

対外貿易経済合作部条約法律司編訳 1996『国際統一私法協会　国際商事合同通則 (中
　　英文対照)』法律出版社。

範進学 2008「"法治反対解釈" 嗎？——与陳金釗教授商権」『複印報刊資料 D410 法理
　　学・法史学』2008 年 4 号 (原載は『法制与社会発展』2008 年 1 号。またいずれに
　　も陳からの応答が掲載されている)。

高其才 1995『中国習慣法論』湖南出版社。

高其才 2003『中国少数民族習慣法研究』清華大学出版社。

高其才 2008「試論農村習慣法与国家制定法的関係」『現代法学』2008 年 3 期。

高其才主編 2012『当代中国婚姻家庭習慣法』法律出版社。

郭定年「当代中国政党与国家機関模式的重構——比較的視野」『社会科学研究』2009 年
　　1 号。

郭華成 1993『法律解釈比較研究』中国人民大学出版社。

韓大元主編 2012『中国憲法学説史研究 (上)(下)』中国人民大学出版社。

何勤華 1998「《華洋訴訟判決録》与中国近代社会」『中外法学』1998 年 1 号。

何勤華 2001「清代法律淵源考」『中国社会科学』2001 年 2 号。

何勤華 2009「論新中国法和法学的起歩——以 "廃除国民党六法全書" 与 "司法改革運動"
　　為線索」『中国法学』2009 年 4 号。

侯猛 2010「案件請示制度合理的一面——従最高人民法院角度展開的思考」『法学』2010
　　年 8 号。

賈煥銀 2010『民間規範的司法運用——基於漏洞補充与民家規範関聯性的分析』中国政
　　法大学出版社・民間法文叢。

姜世波 2010「司法過程中的習慣法査明——基於非洲和普通法的啓示」『複印報刊資料
　　D410 法理学・法史学』2010 年 7 号 (原載は『山東大学哲学社会科学版』2010 年 2

号）。

江蘇省高級人民法院課題組 2008「民俗習慣司法適用的価値与可能性」『複印報刊資料 D415 訴訟法学』2008 年 8 号（原載は『法律適用』2008 年 5 号）。

焦燕 2013「我国外国法查明新規之検視——評《渉外民事関係法律適用法》第 10 条」『清華法学』2013 年 2 号。

李歩雲・汪永清主編 1998『中国立法的基本理論和制度』中国法制出版社。

李軒甫・談星余・郭艶華 2013「1937 年的典終回房主手中」『法制日報』2013 年 3 月 27 日 8 面。

李立 2008「3,5 万多份"紅頭文件"被廃止——湖南省徹底查清全省規範性文件"家底"」『法制日報』2008 年 12 月 23 日 7 面。

李娜 2011「中国特色案例指導制度絶非司法造法　最高検有関負責称指導性案例各級検察院可以参照　如不執行応書面提出意見」『法制日報』2011 年 5 月 19 日 5 面。

李学蘭 2010『中国商人団体習慣法研究』中国社会科学出版社。

暦尽国 2009「習慣法制度化的歴史経験与現実選択」『複印報刊資料 D410 法理学・法史学』2009 年 4 号（原載は『甘粛政法学院学報』2009 年 1 号）。

梁慧星 2015『民法解釈学』法律出版社。

梁治平 1996『清代習慣法——社会与国家』中国政法大学出版社。

梁治平 2015『清代習慣法』広西師範大学出版社。

廖艶嬪 2011「国際商事条約在我国私法実践中的適用」『複印報刊資料 D416 国際法学』2011 年 5 号（原載は『河北法学』2011 年 1 号）。

劉風景 2012「包裹立法的原理与技術」『複印報刊資料 D410 法理学・法史学』2012 年 6 号（原載は『井岡山大学学報』2012 年 1 号）。

劉慶偉 2013「完善中基層法院案例指導工作的建議」『人民法院報』2013 年 8 月 21 日 8 面。

劉政 2008『人民代表大会制度的歴史足跡』中国民主法制出版社。

劉作翔 2008「習慣的価値及其在中国司法中面臨的問題」『複印報刊資料 D415 訴訟法学』2008 年 8 号（原載は『法律適用』2008 年 5 号）。

劉作翔 2011「伝統的延続——習慣在現代中国法制中的地位和作用」『法学研究』2011 年 1 号。

盧傑 2012「首批指導性案例普遍被基層参照適用」『法制日報』2012 年 2 月 4 日 5 面。

羅昶・高其才 2010「当代中国捐会習慣法与関係——浙江省慈渓市附海鎮蒋家丁自然村為対象的考察」『現代法学』2010 年 1 号。

羅豪才主編 1993『中国司法審査制度』北京大学出版社。

呂志祥 2007『蔵族習慣法——伝統与転型』民族出版社。

馬利民 2010「召開立法論証会聴証会網上公布草案徴求意見——四川 20 件地方立法件件聴取民意」『法制日報』2010 年 8 月 14 日 3 面。

邱澎生 2008『当法律遇上経済——明清中国的商業法律』五南図書出版公司。

第1章 法源

沈栄華・周伝銘 1999『中国地方政府規章研究』上海三聯書店。

寺田浩明著／王亜新等訳 2012『権利与冤抑——寺田浩明中国法史論集』清華大学出版
　　社。

四川省高級人民法院課題組 2012「指導性案例的応用障碍及克服」『複印報刊資料 D415
　　訴訟法学』2012 年 8 号 (原載は『法律適用』2012 年 5 号)。

蘇力 1996『法治及其本土資源』中国政法大学出版社。

蘇永生 2012『刑法与民族習慣法的互動関係研究』科学出版社。

孫育瑋・張善根 2010「習慣権利的基本問題探析——対馬克思一箇重要法律思想的解読
　　和運用」『政治与法律』2010 年 5 号。

王利明 2014「論法律解釈之必要性」『複印報刊資料 D410』2015 年 1 号 (原載は『中国
　　法律評論』2014 年 2 号)。

王林敏 2009「論習慣的合法性検験標準」『複印報刊資料 D410 法理学・法史学』2010 年
　　3 号 (原載は『山東大学学報哲学社会科学版』2009 年 5 号)。

王林敏 2011「論習慣法中的"法的確信"」『複印報刊資料 D410 法理学・法史学』2011
　　年 5 号 (原載は『甘粛政法学院学報』2011 年 1 号)。

王学輝 1998『従禁忌習慣到法起源運動』法律出版社。

王亜新 2012「一審判決効力和二審中的訴訟外和解協議——最高人民法院公布的 2 号指
　　導案例評析」『法学研究』2012 年 4 号。

王志強 2010「中国法律史叙事中的"判例"」『複印報刊資料 D410 法理学，法史学』2011
　　年 3 号 (原載は『中国社会科学』2010 年 5 号)。

王万華 2015「新行政訴訟法中"行政行為"辨析——兼論我国応加快制定行政程序法」『複
　　印報刊資料 D415　訴訟法学，司法制度』2015 年 10 号 (原載は『国家検察官学院
　　学報』2015 年 4 号)。

王振民・施新州 2016『中国共産党党内法規研究』人民出版社。

呉恩玉 2010「修正与修訂的界分及相関法律適用問題」『人民法院報』2010 年 1 月 13 日
　　8 面。

呉傑・劉璐 2010「交易習慣対証明責任分配的影響」『法制日報』2010 年 10 月 28 日 7
　　面。

呉如玉・黄金波 2013「案件請示制度的利弊与出路」『人民法院報』2013 年 8 月 30 日 7
　　面。

呉向紅 2007「典制中成文法和習慣法的整合」『法商研究』2007 年 4 号。

呉暁峰 2008「中国民事審判開始重視運用善良風俗」『法制日報』2008 年 10 月 12 日 1,
　　2 面。

肖周録・馬京平 2009「陝甘寧辺区民事法律的幾箇問題」『法学研究』2009 年 3 号。

謝維雁 2011「"憲法間接適用論"質疑」『法商研究』2011 年 2 号。

信春鷹 (全国人大常委会法工委副主任) 2013 (4 月 23 日)「関於司法解釈集中清理工作
　　情况的報告」『全国人民代表大会常務委員会公報』2013 年 3 号。

熊静波 2010「理解中国法解釈論的三箇分析框架」『法商研究』2010 年 5 号。

徐忠明 2005「明清刑事訴訟 "依法判決" 之辧正」『法商研究』2005 年 4 号。

楊建軍 2009「慣例的法律適用——基於最高人民法院公報案例的考察」『複印報刊資料 D410 法理学・法史学』2009 年 7 号（原載は『法制与社会発展』2009 年 2 号）。

楊一凡・劉篤才 2012『歴代例考』社会科学文献出版社。

姚鋭敏 2008「関於規章和其他規範性文件在合法性審査中的地位和作用的思考」『政法論壇』2008 年 6 号。

于佳佳 2013「日本判例的先例約束力」『複印報刊資料 D415 訴訟法学』2013 年 10 号（原載は『華東政法大学学報』2013 年 3 号）。

張冠梓 2000『論法的成長——来自中国南方山地法律民族誌的詮釈』社会科学文献出版社。

張晋藩 2001「《戸部則例》与清代民事法律探源」『比較法研究』2001 年 1 号。

趙建文 2010「国際条約在中国法律体系中的地位」『法学研究』2010 年 6 号。

趙陽 2007「将民俗習慣引入司法審判」『法制日報』2007 年 11 月 8 日 5 面。

朱景文 2001『比較法社会学的框架和方法——法制化，本土化和全球化』中国人民大学出版社。

朱勇 1998『清代宗族法研究』湖南教育出版社。

滋賀秀三等著／梁治平・王亜新編 1998『明清時期的民間契約和民事審判』法律出版社。

鄒淵 1997「習慣法与少数民族習慣法」『複印報刊資料 D410 法理学・法史学』1998 年 3 号（原載は『貴州民族研究』1997 年 4 号）。

最高人民法院中国応用法学研究所編 2010『人民法院案例選』2010 年 1 輯。

2012『清華法学』6 巻 2 号（2012 年 3 月）「[専題] 制定法時代的習慣法」。

2013『中央党内法規制定工作五年規劃綱要（2013–2017）』人民出版社。

英　語

Bernhardt, Kathryn and Huang, Philip C. C., eds., 1994, *Civil Law in Qing and Republican China*, Stanford University Press.

Bourgon, Jerome, 2004, Rights, Freedoms and Customes in the Making of Chinese Civil Law, 1900–1936, in William C. Kirby ed., *Realms of Freedom in Modern China*, Stanford University Press.

Huang, Philip C. C., 1996, *Civil Justice in China: Representation and Practice in the Qing*, Stanford University Press.

その他

von Senger, Harro, 1994, Einführung in das chinesische Recht, Beck.

第2章

中国共産党と法

鈴木 賢

序

　中国共産党 (以下，党と略) の存在を抜きに，中国法について何も語ること
ができない。法の形成 (政策立案，立法計画，法案起草，審議・採択)，法の実現
過程 (行政や司法)，法の研究・教育・宣伝，法律家の養成・統制など，あら
ゆる法現象を党が実質的に差配し，コントロールしているからである。法と
党とのかかわりについては，西村 2008 の第1章第5節，小口・田中 2012 の
「第2章Ⅰ　党・国家体制」，高見澤・鈴木・宇田川 2016 では「第3章1　基
本原理」において論じられているほか，随所で言及されてきた。

　党と法のかかわりの程度，態様は，他国における政権党と法との関係とは，
まったく様相を異にする。党が法に優先するのか，法が党に優先するのかが，
終始，議論され続けてきたほどである (劉建武 2015，高見澤・鈴木 2010)。共産
党研究は，政治学研究ではメインのテーマと言ってよいが (小嶋・加茂 2015)，
法学でも国の法 [国法] ([　] は原語，以下，同様) と党の規則 [党規] による二
元構造や裁判に対する党の指導のあり方などを中心に，日本では長年取り組
まれてきた (近時のものとして，鈴木 2007，坂口 2009，高見澤・鈴木 2010 など)。

　党による指導 [領導] は，現行憲法の前文で「4つの基本原則」のひとつと
して明記され，党の地位は永遠の [執政党] とされる。憲法は共産党以外の政
党との政権交代の可能性を最初から想定せず，党の指導の論理的前提である
人民民主主義独裁政権，中国的特色ある社会主義システムの防衛は，「国家の
安全」と同視されている (国家安全法1条)。党の指導は社会主義法治国家，[依
法治国] (法による国の統治) と矛盾するどころか，党の指導が貫徹されてこそ，

社会主義法治が実現するとさえ言われる (紅旗東方編輯部 2015)。習近平が総書記に就任して以後，［依法治国］がことさら繰り返し唱えられ，党の第 18 期4 中全会では「中共中央関於全面推進依法治国若干重大問題的決定」(2014 年10 月) を公にした。ここでも中国的特色ある社会主義法治原則の筆頭に「党の指導の堅持」を挙げる。

　本書の各章でも各法領域で党による指導に言及されることになるであろう。本章では中国法理解の入り口にして，法秩序全体に通底する根本問題でもある党について取り上げる。

第 1 節　党国体制から党天下体制へ

1　党国体制の成立

　党国体制，党と国家の癒着，党と国家の一体化，党の国家化，党による代行主義，［以党代政］などと呼ばれる現象は，程度の差こそあれ，ソ連型社会主義国にほぼ共通してみられた (国分・西村 2009)。もっとも，ソ連などでは，党と国家は内面的・実質的には一体化していたとしても，表面的・形式的には分離されているという建前があった (田中 2013)。そのため党の指導とはいわば隠された裏の世界の話であり，それゆえ法学的には正面から扱いにくいテーマであった。

　中国でも社会主義化を指向し始めた 1954 年以降，観客に顔を向けている国に，二人羽織のように，党が背後から張り付いて，目の前の国を操縦する仕組みがとられてきた。時期によって［党政分工］(分業)，［党政不分］(一体化)，［党政分開］(分離) と，党と国の関係，相互の距離感には微妙な偏差はあったものの，基本的な構造に変化はない (毛里 2016)。総じて，中国では他の旧社会主義国に比して，二人羽織の可視性が高く，本来，後ろに隠れているべき党がしばしば表に露見する傾向がある。

　建国当初のごく一時期は別として，文化大革命が終わって，改革開放の時代に入るまでの 30 年間，国家はこの国の領域内のすべてを包摂していた。生産単位である工場，商店，事業所は，いずれも国営ないし集団所有の社会主義セクターであり，農地・農業は集団化されて，合作社を経て［政社合一］，すなわち行政と生産組織を合体した人民公社へと編成された。学校や病院，研究所などの［事業単位］，新聞社，出版社や放送局などのメディアも，すべ

第 2 章　中国共産党と法　　　　　　　　　27

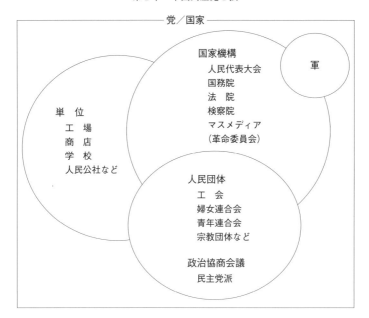

図 2-1　党国体制

て国の権限と予算によって運営される国の出先機関となった。市場はほとんど存在せず，ほぼすべての生産活動が国によって統制，運営された。

　また，人民団体と呼ばれる［工会］(労働組合)，［婦連］(婦女連合会)，共産主義青年団，青年連合会，工商連合会，科学技術協会などの社会団体も，人員管理，経費とも国の機関のごとく運営された。職業作家など芸術家は中国文学芸術界連合会（[文連]）に所属，仏教の僧侶やカトリックの神父，プロテスタントの牧師，イスラームのアホン，道教の道士などの聖職者も，国が運営する 8 つの公認宗教団体に所属して，国から給与を支給される［国家工作人員］であった。国から自立した「社会」はおよそ存在せず，すべてが国に吸収されていた。

　このように経済，社会にわたる諸機能を包括的に統合して，国は全能政府となった。そのうえで党がその背後から覆い被さるように国を統制，支配する体制が，党国体制と呼ばれる構造である（図 2-1 参照）。国家の内側に包摂された経済体も「社会」も，国家もろとも裏から党が統制する仕組みがとられたのである。各職場は［単位］と称され，国の出先機関のようにその構成員

を管理・統制した。

しかもこの体制は，ほとんど法によって媒介されることがなかった。つまり，党は超法規的存在であり，党国体制は法外的制度として存在した。形式的には党も憲法と法律を超える特権をもたないとされるが（現行憲法5条5項），法には実質的に党の活動に枠をはめる力はない。

2　市場と「社会」の析出と党国体制の弛緩

文革が終結し，党の11期3中全会（1978年12月）の開催を経て，改革開放路線へと転換したことで，この体制に変化が生じる。まずは市場メカニズムの部分的な導入により，国から経営的に自立した独立採算の企業が誕生した（[政企分開]）。社会主義セクターは国営企業や集団所有制企業として自立を迫られたほか，私的な所有に属する経営体や企業，外資系企業など，営利を目的とする企業も存在を許された。中国型社会主義のシンボルだった人民公社は解体され，行政機能と経済組織は分離された。

メディアは[事業単位]として国から自立し，しだいにおもに広告収入により経費を完全に自らで賄う独立採算の企業となることを迫られた。国の財政支出に頼っていた他の機関，組織も，非営利性事業体や企業へと改組された。こうして市場を通じた資源分配が比重を増し，企業は市場のアクターとなって，しだいに国から分離していった。

他方，宗教団体や社会組織も漸次，国庫からの補助を減らされ，自主財源をもつようになり，場合によっては[断奶]，すなわち完全に補助金が打ち切られることもあった。また，文革以前には存在しなかった学術団体，[商会]，[行業団体]などの経営者による団体，公益的な活動を担う団体，趣味や同好の士によるサークルなどの非政府組織が生まれていった。弁護士制度が約20年ぶりに復活し，法律顧問処，国営弁護士事務所が設置された。1986年からは法曹のなかでは唯一，弁護士の国家試験制度が始まり，弁護士の層も厚みを増していった。独立採算化された集団所有の[合作制]事務所を経て，私的経営体としての[合夥制]（パートナーシップ）事務所が普及するようになり，弁護士はこの国では珍しく党や国による統制が弱い比較的自立したプロフェッショナル集団となった（高見澤・鈴木2010）。

このように80年代には党国から一定程度自律した「社会」と呼びうる領域が，控えめながら存在を許された。党の側でも胡耀邦，趙紫陽のリーダーシッ

プのもと，［党政分開］（党と政府の分離），［政企分開］（政府と企業の分離）を目
指す政治システム改革構想が打ち出され（1987 年の第 13 回党大会），この動き
を後押しした。政法機関（警察，法院，検察院，司法行政部門，国家安全部門など）
に対して［対口管理］を行う党側組織であり，党による司法機関に対する指導
機関である政法委員会は，1988 年にいったん廃止された（林中梁 2004）。

　今から振り返れば，80 年代は中華人民共和国の歴史のなかで国が相対的に
収縮し，「民間」が最も厚みをなし，政治的緊張も緩み，希望に満ちた時代で
あった。しかし，結果としては，胡耀邦の死に対する追悼活動に端を発して，
こうした体制の「弛緩」が天安門事件へと連なる学生らによる大規模な民主
化運動を誘発する。周知のように，1989 年 6 月 4 日未明には，鄧小平ら党中
央は，市民による平和的な民主化要求に正規軍による発砲をもって応じ，血
の弾圧を決行，一党独裁体制を死守した。

3　党天下体制への移行

　六四天安門事件を経験した党は，一党独裁体制の維持にとって，党の指導
を緩めることは得策ではないことを学んだようである。事件後，一転して趙
紫陽式の政治システム改革は放棄され，再び党国体制を強化する方向へと回
帰した。1990 年には政法委員会が復活し，「中共中央政法委員会関於加強各
級党委政法委工作的通知」（1995 年 6 月 7 日）が出されて，「政法工作を必ず党
の指導のもとに置かなければならない。これは中国共産党の執政地位が決定
づけたものである」とした。このように法院をはじめ，国家機関への党によ
る指導はすべて旧に復した。

　加えて，表面的・形式的にであれ，党国が分離されているかのように取り
繕うのを止め，一体化していることを隠さなくなっていく。各地方のナンバー
ワン［一把手］が党委員会の書記であり，省長や市長などの首長は二番手であ
ることは，常識になって久しい。国家機関の公式サイトでは，通常，その機
関のリーダーのプロフィールなどの紹介欄があるが，国家機関内の肩書きよ
り前に，当該機関の党組の書記，副書記，組メンバーであることを記す例が
多い。たとえば，最高人民法院の現院長・周強の肩書きは，中共第 18 期中央
委員，最高法院党組書記，院長，主席大法官となっている[1]。また，北京大
学では党委員会書記・朱喜露が，学長の林建華より上位に紹介される[2]といっ
た具合である。各機関，組織が党に操られていることは，すでに裏の世界の

ことではなくなっている。

いったん国家の外へ張り出してしまった市場や社会については，新たな方策がとられている。90 年代までは外資系企業や私営企業の拡大が経済発展を牽引したが，2006 年くらいから［国進民退］，国有経済の再評価へと転換し，政治権力と結びついた巨大国有企業が躍進している。市場における国有企業のプレゼンスが拡大し，国有寡占企業が世界トップ企業に名を連ねるようになっている。巨大国有企業，国有銀行の経営トップの人事は，党の人事権に服しており，法律上のコーポレート・ガバナンス規範は形骸化している（毛里 2016）。当然，国有企業には党国の意向が強く反映する。

もうひとつが［党建］と言われ，従来，党組織が設置されていなかった各種の企業（国有企業はもちろん，外資系企業や私営企業を含む）や社会団体，NGO，弁護士協会，弁護士事務所，学校など，あらゆる（半）民間的組織，機関に，基層の党組織のネットワークを張り巡らせることである。党員数が 100 人以上では党委員会，50 人から 100 人未満では総支部，3 人以上 50 人未満では党支部，3 人に満たない場合にはいくつかの組織を統合して連合支部を設けることで，党の指導を末端まで徹底させることとした。2016 年にはついに，家族のなかにも党支部（［家庭党支部］）を設立することまで喧伝しはじめた[3]。

こうして 80 年代には一定の自律性を確保していた市場や「社会」にも，再び党の指導の網が被せられるようになっている（図 2-2 参照）。もはや党の指導が直接及ばないのは，アンダーグラウンドの組織くらいになっている。このように党が国家の枠を超えて一切を指導するようになり，党国体制は党が市場や「社会」をも統制する史上類を見ない「党天下体制」へと変容したと言うべきであろう。この仕組みが，中国法の実効性を著しく阻害していることは第 4 節で説明する。

第 2 節　法形成と党の指導

1　国法の形成と党

全国人民代表大会（以下，人大と略）およびその常務委員会が制定する法律，国務院が制定する行政法規，地方人民代表大会（およびその常務委員会）が制定する地方性法規，少数民族自治地方の自治立法（自治条例，単行条例）は，法的拘束力を有する国法である。これらに加えて最高人民法院が制定する司法解

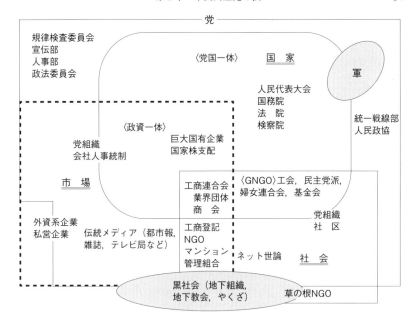

図 2-2　党天下体制

釈が，裁判の際の直接的な法的根拠とされる (最高人民法院「司法解釈業務に関する規定」2007 年)。

　人大常務委員会，国務院辦公庁では，5 年の期毎，年度毎に立法活動計画を策定し，計画的に立法作業を進めている (立法法 52 条)。これら国法の制定計画策定の段階にはじまり，法案の起草，審議，修正，採択までの全過程に，党が直接関与し，法条を精査していることは，当然である。立法はまさに政治プロセスそのものであり，そこに政権党が政治的影響力を行使するのは，中国でも同様である。2017 年 3 月 15 日に採択された民法典編纂についても，「正しい政治的方向性を堅持すべき」であるとされていた (李建国・人大常務委員会副委員長談)[4]。

　通常の民主主義国と異なるのは，中国には反対党があるわけでも，立法に利害関係をもつステークホルダーとの交渉，調整が必要なわけでもないことである。自己の利害にかかわる具体的な立法をめぐって，多様な主体が政党や議員に対してロビー活動を繰り広げることもない。党内の合意さえ調達できれば，いかなる立法も可能となる。たとえば外国法を大胆に取り入れた先

進的な立法も可能であり，実際にそうした例はしばしば見られる。

　国の立法は党の意思そのものの反映である。最高法院の司法解釈について
も同様である。

2　党による法形成

　党国体制の成立以来，党のさまざまな機関が，決定，通知，規則，意見，
辦法などの［文件］政策文書を制定し，法形成に大きな役割を果たしてきた。
これら党の政策に法源性を認めるのは，建国直前に中華民国法をすべて廃棄
することを宣言した「中共中央関於廃除国民党《六法全書》和確定解放区司法
原則的指示」（1949年2月）で，党の政策を司法の根拠とすることを認めたこ
とに源流を発する。そのため党の政策と法がいかなる関係にあるかは，文革
以前から日本の中国法研究では終始，関心の的となってきた（浅井1973，幼方
1973）。「政策は法の魂」であり，政策が法に代わる役目を担うものとか（浅井
敦），法に優位する政策の存在を容認，政策指導型の法秩序（土岐1989）などと
説明されてきた。このテーマは古くから議論されながら，今日的問題でもあ
り続けている。

　党の文件のなかでも，とくに中央文件とされる中共中央文件と中央辦公庁
文件が，重みをもち，発布順に番号をふって「中央×号文件」などとして整
理されている（「中共中央辦公庁関於中央文件印発，閲読和管理辦法」1985年）。文
件によっては閲読範囲が限定された機密扱いのものもあり，すべてが公開さ
れているわけではない（秘密法体質）。新たな改革措置は多くの場合，こうし
た党の文件を拠り所とする。また，これらの文件には国務院との連名で出さ
れるものも少なくなく，党の政策は国家のそれと重なり合う。表紙が赤い文
字で印刷されているので俗に［紅頭文件］を称される。以下，最近の例を取り
上げて，党による法形成とはいかなるものかを示す。

　文革が終わった70年代末から，いわゆる計画出産政策と称される産児制限
が始まった。80年代初めからは，一組の夫婦に子どもは一人に限るという厳
格な［一胎化］（一人っ子）政策となった。建国以降，急速に人口が増加したた
め，同じペースで増加を許せば，社会経済の発展にマイナスの影響を与える
と考えられたからである。この政策を最近まで継続したことにより，人口増
加の抑制には成功したものの，国民の所得が先進国レベルに達する前に，高
齢化社会への入り口に至った。

一人っ子政策への転換の端緒となったのは，「中共中央関於控制我国人口増長問題致全体共産党員，共青団員的公開信」(1980年9月)という党内向けの公開書簡であった。その後，「中共中央国務院関於加強計画生育工作厳格控制人口増長的決定」(1990年)，「中共中央国務院関於加強人口与計画生育穏定低生育水平的決定」(2000年)，「中共中央国務院関於全面加強人口与計画生育工作統籌解決人口問題的決定」(2007年)と，党と国務院連名の決定が相次いで出された。一人っ子政策は各地方指導者にとって経済建設と同程度に重要な業務と位置づけられ，超過出産した者には高額の社会扶養費[5]の徴収など厳しい制裁が科された。一人っ子政策が正式の法的制度となるには，人口および計画出産法(2001年)，行政法規である社会扶養費徴収管理辦法(2002年)の制定を待たなければならなかった。法制化後も，後者の辦法には肝心の社会扶養費の金額は明記されておらず，省レベルの規定に委ねている。子どもを産む権利を厳しく制限する一人っ子政策は，このようにおもに中央文件および地方の党や政府の文件に依拠して進められた。

一人っ子政策の長年の継続により，人口高齢化が深刻な問題として浮上し，ついに党は第18期3中全会の決定(2013年)で政策の緩和を決断した。同決定後，まもなく「中共中央国務院関於調整完善生育政策的意見」(2013年12月)を発し，夫婦の一方が一人っ子である場合，二人まで産める［単独両孩政策］(条件付き二人政策)への転換へと舵を切った。その後，2015年末にようやく人口および計画出産法を改正し，「国は一組の夫婦が二人の子どもを産むことを提唱する」(18条)と規定した。さらに，「中共中央国務院関於実施全面両孩政策　改革完善計画生育服務管理的決定」(2016年1月)を発し，［単独両孩政策］から［全面両孩政策］(無条件二人政策)へといっそうの緩和を明確にした。

このように基本国策[6]とまで言われた一人っ子政策は，実は終始，党と国務院の合同文件を根拠として強力に推進されたのであり，国法は限定的な役割しか果たしていない。出産管理の実施，出産許可証の発給，強制的堕胎，社会扶養費徴収などの制裁の発動にかかわる規範を，党が直接，策定し，実施してきたのである。

こうした国民の切実な権利や利益にかかわる施策を，党規によって推進するのは，今なお日常的である。最近の例では，「中共中央辦公庁国務院辦公庁関於完善国家統一法律職業資格制度的意見」(2016年6月)が通達され，2018

年度から司法試験制度が「国家統一法律職業資格試験」へと改められること
になった。「党に忠実、国に忠実、法律に忠実な社会主義法制業務隊伍の養成
を目的」に掲げて[7]，今後，裁判官，検察官，弁護士，公証人，法律顧問，仲
裁委員，行政部門での行政処罰の決定審査，行政不服審査，行政裁決の業務
に従事する者には，この試験による資格の取得を条件とする。さらに，法案
起草を行う立法機関のスタッフ，その他の法執行にかかわる人員，法学研究
教育者にも本資格取得を奨励するとしている。また，新試験では中国的特色
ある社会主義法治理論に関する内容を増やし，試験合格後には各採用機関に
おいて実務修習を行うことを義務づけるという。今後，国務院や司法部など
が行政法規，行政規則を制定して，制度の細部を詰めていくものと想像され
るが，制度改革の大枠は党と国の連名文件により決定された。

　以上見たのは，ごくわずかな例に過ぎないが，党による事実上の法形成は，
普遍的に見られる現象であり，これは法形成における党の指導の具体的体現
にほかならない。

第3節　司法に対する党の指導

1　政法委員会による対口指導

　党の指導が裁判を含む司法にも及ぶことは当然とされる。いまや党の指導
は国家機構の枠を超えて，市場や「社会」へ及んでいる時代であり，国家機
関の一翼を占める司法機関が党の指導を受けないはずがない。80年代初め以
降，たびたび展開された［厳打闘争］と呼ばれる法院をも巻き込んだ犯罪撲滅
運動を詳細に跡づけた坂口一成は，「裁判は政策課題の実現を目的とした作
用」[8]，「法は権力の目的達成のための一手段であり続けるため，結局，裁判
も権力の道具となる」[9]と指摘する。国の事務のうち裁判だけを，党の政治的
指導の外におくという論理は，どこにも見当たらない。

　法院を含む，公安，検察，司法行政部門，国家安全部門などの［政法機関］
に対する党の指導は，地域の党委員会内の政法委員会によって行われる。政
法委員会によって指導される業務を［政法工作］と総称し，それは「党委員会
およびその政法委員会による統一的指導のもと，公安，検察，法院，司法行
政，国家安全などの部門が分業協力しあって，ともに国の刑事，民事，訴訟，
国家安全などの基本的法律にかかわる業務を執行する」[10]とされる。これら政

法機関は，人民民主主義独裁の専属的機構として，共産党の執政地位を打ち固め，国の長治久安を保持し，人民が安んじて生活し，楽しく仕事に励むことを保障するという重大な政治的，社会的責任を担っているとされる。

政法委員会は中央から省，市，県クラスまで4つのレベルに設けられ，当該地域の党委員会の指揮のもとで活動する［職能部門］［工作部門］とされる（林中梁 2004）。各国家機関に対して指導を行う党側の担当組織を［対口部］というが，政法委員会は政法関連の各機関を指導する対口部である（毛里 2012）。党委員会副書記ないし常務委員が政法委員会書記を兼務し，公安，検察院，法院，国家安全部門，司法行政部門のトップ，人民解放軍の責任者などがその委員となる。政法委員会は傘下の政法機関を上から指導［領導］する関係にあり，両者は上下の指揮命令関係をなす。

少し前までは［公安局長］(警察局長)が政法委員会書記を兼務することが多く，その場合は，法院長は党内においては公安局長の部下ということになる。最近は地元党委員会の副書記が政法委員会書記を兼務するなど，公安局長が政法委員会書記を兼務するケースは減っているようである。しかし，中央政治局常務委員と中央政法委員会書記という最高レベルの指導者を務めた周永康[11]は，公安部長兼政法委員会副書記のポストを経て，同書記に就いている。周の後継政法委員会書記の孟建柱も，公安部長，政法委員会副書記を歴任している。各地方の［公検法司］(公安，検察，法院，司法行政部門)の政法機関のなかで，なお公安トップの序列が党内においては最も高い。

法院の院長は通常，法院党組では書記を兼務し，当該地方の政法委員会の構成員ともなる。したがって，むしろ法院は党内の機関となっていると言うべきで，政法委員会から法院への指導(個別事件の判決内容に関する［協調］を含む)について，法院側は外部から介入を受けているという自覚はないのかも知れない。政法委員会も法院も，しょせんは同じ［政法系統］に属す［一家人］(身内)であり，［政法系統］内での人事交流・異動も頻繁である。

2 政法委員会による個別事件への指導

各クラスの政法委員会の重要な業務のひとつにいわゆる「重大疑難事件の研究協調」がある。ルーティーンの事件については各司法機関が独自に処理するとされるが，少数とはいえ，重大事件については政法委員会が音頭をとって［党内案件協調会］を召集し，公安，検察，法院などの間での見解を統一

し，協力し合って妥当な処理に導くという（林中梁 2004）。社会的影響の特別
に大きな重要事件については，政法委員会が専門の文書を起草し，事件処理
に関して明確で具体的な指示を出す場合もある。これは法にもとづく事件処
理にプラスになるのであり，けっして不当な介入ではないとされる。判決内
容が法院外の者によって事実上，決定されていることを意味する。

　政法委員会が［研究協調］する事件には以下のような類型がある。① 国内
外に重大な影響を及ぼし，広く関心をもたれているとくに重大な刑事事件。
無差別大量殺人などの事件であり，政法部門が統一的に事実関係の究明につ
とめることで，より重くより速く極悪犯罪者を処罰できるという。② 国内外
で重大な影響を及ぼしているか，影響が重大になりやすい政治性のある事件
や渉外事件，たとえば国家安全にかかわるような犯罪事件。③ 一部の内外に
衝撃を与えた悪い影響を及ぼしそうな悪質な巨大事故にかかわる犯罪事件。
これは処理を誤ると民の憤りをかい，大きな議論を巻き起こしかねない。政
法委員会が早めに研究協調することにより，法にもとづき迅速，的確に処理
することで，最良の法的効果と社会効果が得られるという。④ 事件の事実関
係が複雑で，射程の広い事件，とくに党や政府の指導的幹部にかかわり，す
でに抵抗に遭ったか，遭う可能性のある事件。たとえば反社会的勢力，重大
な犯罪集団にかかわる事件。⑤ 新たに出現したタイプの犯罪事件ないし経済
紛争，民事事件。法輪功[12]事件などのカルト犯罪，法規定が簡略すぎる場合，
改正したばかりの法条にかかわる事件。⑥ 政法部門の間で見解が分かれる事
件。公安，検察，法院の間で見解が分かれる場合には，政法委員会による協
調により，見解を統一させるという。⑦ 下級の政法委員会の間で見解が分か
れる事件。ふたつ以上の地域にまたがる事件では，異なる地域の政法委員会
間が対立することがあるようで，その場合には上級にある政法委員会による
協調介入が行われる。⑧ 下級の政法委員会と上級のいずれかの政法部門との
間で見解が分かれる事件。⑨ 上級の党委員会および政法委員会，同級の党委
員会ないしその主要な指導者から協調するよう廻されてきた事件。上級機関，
特定の指導者個人が協調を命じた事件については，協調工作が一段落したら，
状況を報告すべしとされる。

　改革開放期以前は党委員会による判決事前審査制なるものがあり，法院の
判決は言い渡し前に党委員会の審査を受けることとなっていた。1979 年に建
国後はじめて刑法と刑事訴訟法が採択され，刑事裁判が「法律化」[13]される

と，中共中央から「刑法・刑事訴訟法の適切な実施を断固保障することについての指示」(1979 年 9 月) が出されて，各クラス党委員会による事件審査承認制度を廃止するとした。さらに，最近，中共中央辦公庁，国務院辦公庁の連名で「領導幹部干預司法活動，挿手具体案件処理的記録，通報和責任追究規定」(2015 年 3 月 31 日) が通達された。これは党や政府の特定の指導者個人が，具体的な事件の捜査，起訴，裁判に介入し，あれこれ指示を出すことを記録にとどめ，不適切な介入に歯止めをかけようとするものである。ただし，上位組織としての党委員会や政法委員会からの働きかけは，真っ当な党の指導の一環であり，これらの規定の対象からは外されている。

　このように全面的な事前審査制や指導者個人による個別事件への介入については，廃止ないし抑制がかけられながら，現実にはなくなってはいない。とくに法院院長，庭長[14]や法院内の裁判委員会[15]を経由させて，外部の者が事実上の影響力を行使することは日常茶飯事である。ましてや上記のような政法委員会による［研究協調］，法院側から政法委員会への自主的な［請示滙報］(報告や指示伺い) は，いまも営々と続いている。「政法部門は進んで党委員会およびその政法委員会の指導と支持を受け入れ，服従し，それらを取り付けなければならず，法にもとづいて国を治めるからといって，法に依拠して事を処理し，厳格に法に従いさえすればよく，党の指導は必要ないと考えることはできない」[16]とされる。もちろん法院も例外ではない。

　法院が扱う大多数の民事，刑事の訴訟事件は，政治性の希薄なルーティーン業務であり，党による直接的コントロールが普遍的に行われているわけではなかろう。しかし，肝心の重要事件になれば党が，少なくとも事実上は，裁判的決定の核心にかかわることになる。また，逆に党の側がいざ具体的事件の処理に影響力を行使しようとすれば，いかなる事件であれ，利用可能なルートがいくつも開かれていて，容易に裁判結果を左右できる。これらを総合すれば，具体的な裁判は，今日も党の指導によって支配されているのである。にもかかわらず，これが［依法治国］(法による国の統治) の方針とは，対立も矛盾もないという。中国の［依法治国］を法の支配や法治国家と同視することは，根本的な誤りであることが分かる。

3　法院の政治的役割

1950 年代以来，政法機関は階級敵に向けられたプロレタリアート独裁の

［刀把子］(ナイフの柄) に喩えられた。法院も政法機関の一角として，同様に政権維持のための用具と見なされ，それに貢献することを露骨に期待されてきた (滕彪 2002)。80 年代に入り，いったん刀把子論は下火になっていたが，習近平体制下で再びこれが復活している ([死灰復燃])。2014 年 1 月開催の中央政法会議で習近平は演説し，久しぶりに刀把子論を公式に蒸し返した。いわく政法機関は，「党と人民が握りしめるナイフの柄であり，必ず党の絶対的指導の下に置かなければならない」。

1930 年代の馬錫五の裁判方式 (武鴻雁 2005) 以来，裁判は一貫して政治的任務を担わされてきた。現行の人民法院組織法でも，明文でその任務を「プロレタリアート独裁制度を保衛」すること，「国の社会主義革命および社会主義建設事業の順調な推進」にあると規定する (3 条)。党にとっては法院を含む政法機関もまた，歴史的には政権の正統性獲得のルートであり，政治的正統性再生の場となってきた。今日もこの位置づけには変化がない。

法院については，大局に奉仕し，法律効果とともに社会効果にも配慮して活動すべきであるとか，3 つの至上 (党の事業至上，人民の利益至上，憲法法律至上) をモットーとすべきであるとされる (徐振博 2010)。すなわち，法院は法に内在する価値を実現するだけでは不十分であり，さらにそれを超えた社会効果なる法外的価値のくみ上げをも期待されている。法内部の論理に拘泥する態度は，好ましいものとはされず，むしろ柔軟に民意に配慮し，権力への凝集力を高めるよう努めることが奨励される (鈴木 2013)。

法院の具体的な事件処理の善し悪しは，政権に対するイメージに直結すると考えられている。つまり，大方の国民の期待に背く判決を続けるようでは，共産党政権の正統性を揺るがしかねないと考えられている。国民は裁判が政治から独立せず，それに従属し，操られていることを熟知しているし，裁判は共産党政権への支持獲得のためのルートとなっているからである。

紛争の当事者，権利や利益を侵害された者が，法院に訴えを提起しても，なかなか取り上げてもらえない [立案難] [受理難] という現象が問題になって久しい。何らの理由の説明もなく訴えを係属してもらえないことも多く，本案審理のための根拠となる法の欠缺 [無法可依] を理由に受理されないこともある。中国憲法では国民に裁判を受ける権利は保障していないので，訴訟を受理するか否かは事実上，法院の広い裁量に委ねられている。2008 年に世間を騒がせた毒ミルク事件で三鹿ブランドの粉ミルクを飲んで命を落とした

乳児の親たちや，同年の四川省汶川大地震で授業中に校舎の下敷きになって命を落とした児童の親たちは，だれも訴訟を受け付けてもらえなかった。当局から法院に対してこれらの訴えを受け付けないように通達がでていたと言われる（「四川法院拒絶地震死難学生家長訴訟」2008.12.23 BBC CHINESE.com）。2003年には広西壮族自治区高級法院が違法な資金集めなど13種類の事件については，暫時受理しないよう管轄の法院に内部通達を出している（桂高法〔2003〕180号通知）。

　身長，容貌，疾病（B型肝炎，HIV陽性など），性別，戸口，心身の障害，遺伝子，性的指向，性自認など，近年，人のさまざまな属性による差別問題が浮上している。就業や就学に当たって，これらの属性のある者を差別的に扱うことを，法的に問題化し，法院に訴えを提起する者が現れている。以前からさまざまな差別問題は存在していたが，2000年以降，被差別者はそうした不利な取り扱いを，徐々に不当な「差別」であると認識し，法的にそれを問題化するようになっている。就業促進法などの制定により，差別を明文で禁ずる法規定が現れていることもあり，差別問題に取り組むNGOや人権派弁護士の支援を受けた当事者のなかには，訴えが受理される者も出てきている。そしてごく稀ではあるが，原告が勝訴する事例も現れている。しかし，なお，なんらの理由の説明もなく，受理してもらえない当事者も多く，各地の法院の対応にはバラツキがみられる。他方，少数民族や宗教差別など，政治的にデリケートな差別問題は，いっこうに法律化しない（させない）。

　このように訴訟は入り口から出口まで政治化され，法的理屈づけにはこれを突破する力はない。何を法的問題とするか，どの程度法的な処理を許すかも，政治的に選別，加減されているのである。

4　政治と法のグラデーション

　以上のように法形成（＝立法），法の実現（＝司法），いずれの過程においても，法は政治と渾然一体となっており，自立した独自の空間をなしていない。「法律は総体的にはやはり政治の構成部分であり，法律の外延は政治の外延よりもはるかに小さい」（鍾金燕2016）。政治とかかわりなく，もっぱら法技術的に淡々と処理されるケースがないわけではない。しかし，社会的注目度が高く，重要度の高い問題になればなるほど，党が介入し，法を差し置いて，政治的に処理される傾向がある。すなわち，法と政治の境界は曖昧で，両者

はグラデーション状に連続しているのである。政法機関，政法委員会，政法大学，政法戦線，政法幹部など，法の頭には常に「政」がつきまとい，法は政に従属することを余儀なくされる。

　社会主義法治理念なる公式テーゼは，まさにこれを正面から肯定し，集大成する「理論」にほかならない。2018 年度からはじまる統一法律職業試験では，社会主義法治理念に関する出題の比重が高められることになっており，「政治化された法」という性格がますます鮮明になっている。これは一切を党が取り仕切るという党天下体制の必然的な帰結にほかならない。

　党と法，どちらが優越するかというテーマが長い間，議論されてきたことは先述した。これと関連して，果たして党は訴訟において原告ないし被告となりうるであろうか。管見の限り，党の組織，委員会，支部などが，民事，行政訴訟において原告となった例は確認できない。被告になったわずかな例としては，陝西省鎮坪県華坪郷党委員会が元党書記とともに，組織ぐるみの森林盗伐罪で起訴された事例 (2002 年)，広東省梅州市中級法院において梅県水車鎮党委員会の web サイト上に公開した文書により会社の名誉権が侵害されたとして，党委員会を民事訴訟の被告として訴えを提起した事例 (2006 年)が確認できる。後者では，広東省高級法院が「党委員会は国家機関に比照して，民事訴訟主体としての資格を有する」，「党委員会が民事訴訟の主体となるという特殊性に鑑み，関係する事件については大いに説得に努め，調停による決着を目指すべきである。判決が必要な場合には，必ず 1 つ上の党委員会に報告し，理解と支持を得るべきである」と批復を下している (2006 年 8 月16 日)。

　行政の行為は実質的には党によって背後から操られているにもかかわらず，党組織はけっして行政訴訟の被告となることはない。党が個別の行為に関して，訴訟によって民事，刑事，行政上の法的責任を問われることはほとんどない。裁判は実質上，党によって牛耳られているのであり，その党を訴訟の当事者とするなら，自己裁判になってしまい，それでは意味をなさないからでもあろう。まさに党は法の及ばぬところにあり，法的答責性を免除された法を超越した存在なのである。

第4節　法の実効性を阻害する要因

1　市場経済のひずみと法整備

　改革開放のはじまりとともに法整備に乗り出してから，すでに40年近い年月が経ち，2011年には中国的特色ある社会主義法律体系が整ったことが宣言された。この間，各分野で精力的に立法が行われ，かつての「依るべき法がない」［無法可依］という状況は，基本的には解消された。しかし，なお「法があってもそれに依拠しない」［有法不依］とか，選択的にしか法を用いない［選択性執法］という現象が広く見られる。第18期4中全会での「中共中央・全面的に依法治国を推進する若干の重要問題に関する決定」(2014年10月)では，［有法不依，執法不厳，違法不究］現象が比較的深刻であり，［選択性執法］が依然としてなくなっていないと指摘する。中国の法はとかく［高標準，低落実］（レベルは高いが，実効性は低い）と言われる。要するに法に実効性がない，いわゆるザル法なのである。

　とくに権力の都合に合わせて選択的に法を動員する選択的法執行は，中国法の特徴として重要である。法を政治的なキャンペーンの道具として利用することは，これまでもしばしば行われてきた。たとえば，1953年の婚姻法貫徹運動にはじまり，80年代以来の犯罪撲滅運動［厳打闘争］，社会組織NGOに活動停止，解散を迫る［清理整頓］，性的サービス業の取り締まりを行う［掃黄］，猥褻・違法出版物を取り締まる［掃黄打非］などである。習近平が進めてきた「虎もハエも叩く」汚職摘発キャンペーンも，上から下への政治運動である。法が実効性をもち始めているとも言えるが，権力の発動を恣意的に正当化する手段として，都合よく利用されているのである。

　市場経済化が進むなかでさまざまな社会問題が，そのひずみとして吹き出している。緊張度を高める労使関係，あらゆる公職者に蔓延する汚職・腐敗，深刻化する環境汚染，脅かされる食品や薬品の安全問題，偽物・パクリ・コピー天国など，どれをとっても問題は深刻である。もちろん党もけっして手をこまねいているわけではなく，さまざまな法律を制定し，対策を講じている。労働関係法（労働法，労働契約法，就業促進法，労働紛争調停仲裁法，社会保険法など），刑法など汚職処罰関連の法律，環境保護関連諸法（環境保護法，水汚染防治法，大気汚染防治法，海洋環境保護法，環境影響評価法，個体廃棄物環境汚染

防治法など），食品・薬品安全関連法（食品安全法，薬品管理法），知的財産法（特
許法，商標法，著作権法，各種国際条約への加盟など）など，実に多くの法を整備
している。しかもこれらのなかには相当先進的な規定や制度も含まれている。
にもかかわらず，これらの問題が解決に向かう気配は一向にない。これらの
法によっては関係者をして行為態様を変更させることに成功していないので
ある。

2 実効性欠如の原因

なぜ法は期待された効果を発揮しないのか。それは法動員が党の意思と能
力にだけ依存しているからであろう。古く孟子がその《離婁上》で［徒法不足
以自行］（法があるだけでは，自然には実行されない）と言っている通り，法は自
動的に作動して，期待された効果を発揮するものではない。法をとりまく環
境が，諸々の法主体にその使用，遵守を促す仕組みをもたない限り，法の効
果は限定的にならざるを得ない。しかし，中国の現状では以下のように法の
実効性を奪う条件がそろっている。

(1) 権力に操られる政治的司法

法が最終的には裁判によって実現を担保される以上，法の実効性にとって，
裁判が政治権力から独立しているかどうかは決定的な意味をもつ。しかし，
中国では裁判が党に操られ，著しく独立性を欠いていることは，先述の通り
である。訴えの受理から訴訟の進行，最終的な判決やその後の執行まで，党
はどの段階へも介入が可能である。裁判が権力から独立していないのでは，
裁判に党権力とは違った意思による決着を期待することはできない。裁判に
対する党の指導が当然視される状況に変化はなく，裁判も政治過程の一環の
ままであり続けている。

(2) 権力に統制されるメディア

活字，放送，フィルムなどの伝統メディアは党の［喉舌］と言われ，［党管
媒体］（党がメディアを管理する）体制がとられてきた。具体的には党の宣伝部
が直接，ないし国家新聞出版広電総局を通じてメディアに対して対口指導を
行う。現在，中央宣伝部長は中央政治局委員を兼ねる劉奇葆であり，中央宣
伝部副部長の聶辰席が国家新聞出版広電総局長，および同党組長，中央電視

台長を兼ねている。

　新聞社，出版社，放送局などのマスコミは，計画経済時代には完全に国家予算により運営される［事業単位］であった。改革開放後はマスコミも独立採算の企業となり，売り上げや広告収入に依存する経営体へと移行し，消費者や広告主の意向に沿った情報提供に配慮せざるを得なくなった。こうしたなかでマスコミ各社間での競争も生まれ，より売れるコンテンツを競い合い，限定的ながらも報道内容や姿勢にも多様化の傾向が現れていた。一時期規制が緩み，南方系など都市報と呼ばれるタブロイド紙が活性化した時代もあった。しかし，重大事件や外交に関する報道などでは，国営通信社の新華社電をソースに報道するのが通例で，権力を根本的に批判するマスコミの存在は許されていない。伝統メディアには党や行政機関による法使用のあり方を批判的に伝えることには大きな限界がある。

　マスコミの活動は，新聞社，雑誌，書籍などの出版社，ラジオ，テレビ放送局，映画配給会社の設立，出資，報道，番組内容に対する事前，事後の規制などにわたって，細やかに統制されている。とはいえ，法律のレベルにメディアに対する統制を根拠づけるものはほとんどない。メディア統制は，法律よりも位階レベルが下位にある行政法規や行政規則，党の文件に依拠する政策規制体制がとられる (鈴木 2011)。

　メディア統制にかかわる行政法規としては，出版管理条例，印刷業管理条例，新聞管理暫定規定，ラジオ・テレビ管理条例，有線テレビ管理暫定辦法，ラジオ・テレビ広告放送管理辦法，映画管理条例などがある。しかし，これらの法規には簡単な規定しかなく，具体的にはさらに下位にある［規範性文件］や［部門規章］に委ねられている。さらに，時期や事件の種類によっては，法的根拠を問うこともなく，党の宣伝部や新聞総局などによりアドホックに報道規制がしかれることがある。しかも，ほとんどの場合，こうした当局による報道規制について，事後的に司法に訴えて，その法的妥当性を問うことはできない[17]。衛星放送の NHK ニュースで中国に関する報道の最中に，中国国内ではテレビ画面がしばしば突然真っ黒になって見えなくなることがある。これが誰によって，いかなる根拠にもとづいてなされているかなど，すべてが闇に包まれているし，主体を特定して裁判に訴えるような糸口すら見いだせない。このように規制が果たしてどこから来るのかを確定することすら，しばしば容易ではない。

伝統メディアでコンテンツを生産する記者にも，新聞総局が発行する記者証の更新を義務づけ，更新拒否をちらつかせて日常的な自己抑制を余儀なくさせている。2013 年以降，更新の際には研修の受講と，記者証統一国家試験にパスすることが必要となっている。記者証のないフリーランスの記者は，報道の世界から駆逐されようとしている。

メディアがこのような状況にある現状では，当局や資本の法使用 (ないし不使用，不適切使用) を公表，論評，批判したりして，それを促進したり，ブレーキをかけたりすることを期待することは難しい。しかし，インターネットの普及はこうしたメディア環境を一変させた面がある。誰もが情報の発信者になれ，縦横に情報が流通する新メディアでは，権力による統制には困難がともなう。とはいえ，中国のネット空間は，やはり党国によって厳格に管理・規制されている。党には中共中央インターネット安全および情報化領導小組辦公室が，国側には国家インターネット情報辦公室が設けられ，両者は表裏一体となって，ネット規制を行っている。現在，中央宣伝部副部長の徐麟が，両辦公室主任を兼務している。

全国人大常務委員会は「インターネットの安全維持に関する決定」(2000 年)，「インターネット情報保護強化に関する決定」(2012 年) などを，国務院はコンピュータ情報ネットワーク国際ネットワーク管理暫定規定 (1997 年改正)，コンピュータ情報システム安全保護条例 (2011 年改正)，コンピュータ情報ネットワーク安全保護管理辦法 (2011 年改正)，インターネット情報サービス管理辦法 (2011 年改正) などを制定し，ネット規制を行ってきた。2016 年 11 月にはインターネット安全法が制定され，ネット規制を法律化した。同法は国の安全，社会公共の秩序維持，重大な突発的事件への対処の必要のために，国務院は特定の地域のネット通信を制限するなどの臨時措置を取ることができるとした (58 条)。これまでも新疆などではしばしば行われてきたネット封鎖 [封網] に法的根拠を与えたのである。

中国のインターネット空間での言論検閲は，きわめて広範に行われているが，隠された部分が多く，全貌を把握するのは困難である (渡辺 2011)。これらの法令を遥かに超える範囲で，多様な主体による，多様な手法による規制が存在する。その代表的なものとして，党のインターネット安全および情報化領導小組辦公室を頂点に，公安部系統には網監警察，国家安全部系統にはネット安全部門があり，いわゆるグレート・ファイアウォール [金盾工程] を

立ち上げ，中国国内のインターネット通信に対する接続規制，遮断を行っている。ドメイン・アクセス妨害，検索キーワード制限，IPアドレス封鎖，情報削除などにより，体制に批判的な情報の排除にやっきになっている。今日，中国国外からも多くの中国語サイトが多様な発信をしているが，その多くは中国国内からはアクセスが遮断されている。検閲が困難な国外のSNS（Facebook，Twitter，LINEなど），検索システム（Google）は，中国内では利用が制限され，監視下においた微博，微信，百度など独自のシステムを立ち上げている。一般利用者にも告発を奨励し，有償でやらせの書き込みをさせる［五毛党］を大量にネット空間を泳がせている。

　ネット運営会社のほとんどは民間会社であるが，これらの会社にも党組織が設立されており，社内でもコンテンツ規制を自主的に行っている。中国の言論規制は国家機関がメディアの外からさまざまなチャンネルを通じて行うほか，伝統メディアやネットメディアを問わず，内部にも党組織が設けられていて，中からも党の意向を忖度した自主規制が働いており，両者は複雑に錯綜し，渾然一体となっている。

　このような制約がありながらも，インターネットは時として法の実現に少なからぬポジティブな役割を果たしている。影響性訴訟運動，2003年の孫志剛事件，2008年の劉暁波らの零八憲章（高見澤・鈴木2010），2009年の鄧玉嬌事件，2016年の雷洋事件，聶樹斌への逆転無罪判決など，法に関連した重大事件は，ことごとくネット世論の盛り上がりが背景にある。こうしたことは言論の自由が大きく規制されていることが，どれだけ法の実現を妨げているかを逆方向から裏付けている。

(3)　権力に統制される教育と学術

　権力者および資本による法使用を，日常的に監視，評価，批判，提言するもうひとつの有力なアクターが大学を中心とする学術界である。法学を含む人文・社会諸科学，自然科学をはじめとする各分野に権力や資本に支配されない学術研究，およびそうしたディシプリンを身につけた大量の学生がいることが，法使用に緊張感をもたらし，側面から法の実効性を担保する。しかし，中国の大学は教育行政部門および学内に組織された党委員会，共産主義青年団によって，きめ細かに管理，統制されている。それは大学幹部の人事，教員人事，学科・専攻設置や学生定員，カリキュラム，研究費の配分など，

あらゆる分野に及ぶ。各教員の講義にも監視カメラが目を光らせている。大学にとって党書記こそがトップリーダー［一把手］であり，学長は書記の指導のもとに置かれている。

論文発表や書籍の出版には，メディアに対する統制と同様の検閲システムにより，規制がかけられ，学問の自由は大きく制約される。学術界においては総じて権力や資本に迎合的な「研究」をする者が，高く評価され，優遇され，学内外で昇進する。体制に批判的な研究者は成果を公表する場すら制限され，昇進の機会を奪われ，ひどい場合には教壇から追放されることを覚悟しなければならない。

2013 年には党中央から学内における「7 つの語るべからず」が，各大学の教員に通達されたと言われる（及川 2014）。語ってはならないとされた 7 つとは，普遍的価値，報道の自由，市民社会，市民の権利，党の歴史的過ち，権力と結びついたブルジョアジー，司法の独立である。さらに，2015 年 1 月には当時の教育部長・袁貴仁が，大学に対して西側の価値観を伝える教材を教室に持ち込むことを禁止する指示を発し，自由や民主主義について教えないように圧力をかけている（城山 2016）。2016 年 12 月には全国高校思想政治工作会議で習近平が，高等教育は「中国共産党の治国理政に奉仕しなければならない」，「大学を党の指導の堅強な陣地としなければならない」と述べるなど，党による大学支配はさらに強まる気配である。

このような学術環境では各種の法律問題，労資関係，環境，食品安全，差別など，社会に生じているひずみや弊害について，批判的視角から継続的に研究し，発信することは，きわめて困難である。結果として法の実効性を高める方向で，その運用に影響を与える知的な力は，必然的に弱くなってしまう。

(4)　権力に統制される弁護士集団

中国にも業界団体としての弁護士協会は中央レベルから地方まで存在するが，司法行政機関（司法部，司法庁，司法局など）による統制権限が強く，その自治性は限定的なままである。とくに弁護士の資格の付与，弁護士執務証の毎年の更新［年検］，資格剥奪を含む最終的懲戒権，事務所の開設許可，事務所許可更新などの監督を通じて，弁護士の活動は行政の厳しい統制下におかれている。人権にかかわる事件を扱う［維権律師］のなかには，年次更新が認

められず，弁護士業務を続けられない者も出ている[18]。また，司法行政機関
は弁護士協会の会長をはじめとする幹部の人事権を握り，協会の幹部は司法
行政機関の官僚が一部兼務するなど，弁護士協会自体が半官半民の組織となっ
ている。

　さらに，近年は各地の弁護士協会，弁護士事務所内にも党組織が設けられ
るようになっており，党による日常的な弁護士監視，統制の網の目が張り巡
らされている。弁護士層からも各レベルの人民代表大会の代表や政治協商会
議の委員といった名誉職に就く例が出ているほか，［公職律師］として行政機
関に雇用される公務員弁護士も増加している[19]。2016年9月には弁護士事務
所管理辦法（司法部）が改正になり，各事務所に所属弁護士が受任事件にかか
わって社会的な運動をしないように監視することを義務づけた（50条）。弁護
士は比較的自由なビジネスとして，当局の統制が緩んでいたが，このように
再度，体制への取り込みが進んでいる（再体制内化）。

　たとえば，現任の中華全国律師協会長の王俊峰は，最大手弁護士事務所と
して知られる金杜弁護士事務所の管理委員会主任であり，第11期，12期の
全国政治協商会議委員を務めている。同協会の日常業務を取り仕切る常勤秘
書長の何勇は，司法部で長年官僚を務めたのち，この職に就いている。事実
上，司法部から送り込まれているとみてよいであろう。党による律師協会支
配体制は，地方の律師協会ではより露骨である。長春市司法局で弁護士管理
を主管する副局長の王承偉は，長春市律師協会党委員会書記を兼任し，司法
局律師管理処長の米連軍が協会秘書長および協会党委員会の筆頭副書記を兼
務している。律師協会長の田大原は党委員会では第3副書記に過ぎない。こ
のように司法行政機関，律師協会，同党委員会の人事は，相互に複雑に入れ
子構造をなしている。

　弁護士に対する統制は，最近はより露骨な形をとるようになっている。す
なわち，当局から目を付けられた弁護士のなかには，警察に連行，拘束され
る者が続出している。ひどい場合は政権転覆扇動罪，騒動挑発罪などの名目
で刑事処罰を科されている。2014年5月には人権派弁護士として著名な浦志
強が，天安門事件25周年シンポジウムに参加したあと，長期間，警察に身柄
を拘束された。彼は2015年12月には，ミニブログへの書き込みによる民族
怨恨扇動罪，騒動挑発罪で執行猶予付きの有罪判決を受け，その後，北京市
司法局によって弁護士資格が剥奪された。2015年7月9日以後，全国で200

名以上の人権派弁護士が一斉に捕えられるなど，弁護士への弾圧はとどまるところを知らない。

このような状況下では弁護士に，権力や資本の法使用に対して牽制，制約作用を発揮することを期待するのはきわめて困難である。

(5) 脆弱で不安定な市民社会

メディア，学術界，弁護士とともに，さまざまな社会問題の存在を暴き，問題を批判的に法的アジェンダ化するには，NGO などの民間組織の役割は欠かすことができない。権力や資本から独立した立場から社会問題に長期的，専門的にかかわる組織的主体，すなわち市民社会の存在が，法の活用，効果発揮を背後から担保する。中国でも NGO は増加傾向にあり，正式に登記されて法的地位を得ている組織が合計で 66 万組織ほど (社会団体 32.9 万，基金会 4784，民営非企業組織が 32.9 万) を数える (2015 年末)[20]。しかし，人口 13 億を超える大国としては，かなり控えめな数にとどまっており，社会組織は権力により存在空間を厳しく制限され，その発展を抑制されるというのが基調となってきた (王名等 2014)。

党権力は社会組織が一党体制を脅かす存在になることを一貫して警戒しており，基本的には平穏維持 [維穏] を第一に，排斥と不寛容を基調とした抑制戦略をとってきた。社会組織の設立，監督などに関しては社会団体登記管理条例 (1998 年，2016 年改正)，民営非企業組織管理条例 (1998 年)，基金会条例 (2004 年) などの行政法規が規律する。その特徴は業務主管部門による設立審査にパスしたのちに，民政部門での登録によって設立が認められるという二重の管理体制をとっている点である。業務主管部門になってくれる機関をみつけるのは容易ではないため，実質的には NGO でありながら，営利企業として工商行政管理部門で登記し，法人格を取得する団体 (納税義務を負う)，大学などの機構の傘下に入り，その下部組織という形をとって活動する団体も多数に上っている。

もっとも，現実には団体の設立，存続は，必ずしもこれらの規定によって規律されているとは限らず，アドホックな政治的な審査こそが重要な意味をもつ。主宰者と当局との人的な関係や親疎の程度，信頼性の有無など，偶然的な要素がモノを言う世界である。違法団体として取り締まられるリスクに怯えながら，未登記，したがって法人格のないまま活動せざるを得ない団体

も多い（法外社会組織）。法的地位の不安定な団体，政府に協力的でない団体，ブルジョア自由化に染まっている団体，外国の敵対勢力と繋がっているとされた団体などには，随時，恣意的な取り締まりや整頓が繰り返されてきた。また，ひとつの分野には1地域1団体しか設立を認めないこと［一業一会］としており（社会団体登記管理条例13条2号），団体間の競争を制限する。特定のアイデンティティにもとづく当事者団体，宗教，気功団体などは承認が得られにくい。他方で，社会組織にも党組織が設立されるようになっており（中央組織部「社会団体における党建設業務を強化することに関する意見」（2000年）など），日常的な監視を強めている。

　社会団体に関しては近時，以下のように新たな動向が生じている。第1に，2013年から14年くらいにかけて公益慈善，科学技術，業界団体，コミュニティ・サービスの4類型については，業務主管部門による許可がなくても直接登記を認める［試行］を行う地域があった。法令を改正することなく一時的に行われる改革措置で恒久的な制度とはなっていない。第2に，政府が社会団体の提供するサービスを有償で買い取ること［政府購買服務］がはじまっている。実質的には行政サービスの民営化，民間団体への補助金提供に当たる。第3に，外国からの資金援助に対する規制強化である。これまで中国の多くのNGOは外国政府や外国の資金援助団体からの資金支援に依存してきたが，2016年には外国非政府組織国内活動管理法を制定し，外国からの資金の流れを抑制しようとしている。

　当局は社会組織を完全に絞め殺すつもりはなく，その有用性，重要性も認識している。しかし，政権への挑戦者となることを強く警戒し，権力に反抗しない，権力に従順な市民社会の育成に意を用いている。このような社会団体に，当局の意に反して法の実効性を高めるための活動を期待することは，きわめて困難である。

注

1)　最高人民法院 web サイト http://www.court.gov.cn/jigou-fayuanlingdao.html 参照。

2)　北京大学 web サイト http://www.pku.edu.cn/about/xrld/index.htm 参照。

3)　遼寧省盤錦の4世代同居の大家族に家庭党支部が設置されたとする報道。「"家庭党支部"利党利国利家」2016年9月22日中国網 http://media.china.com.cn/cmsp/2016-09-22/867246.html など参照。

4) 『人民日報』2016 年 10 月 14 日付。

5) 名目は社会扶養費であるが，実質は超過出産に対する罰金的意味をもつ金員徴収である。集められた社会扶養費の使途が不明朗であることが問題とされている。

6) 基本国策にはこのほか，環境保護，男女平等，耕地保護などがある。

7) 今次の改革は，一部の弁護士や法学者のなかには党に忠実とは言えない者が紛れ込んでいるとの認識のもと，そうした者が法律家にならないようにすることを意図しているかのごとくである。

8) 坂口 2009：336 頁。

9) 同上 378 頁。

10) 林中梁 2004：8 頁。

11) 周知のように周は，2015 年 6 月 11 日，天津市第一中級法院において収賄罪，職権乱用罪，国家機密漏洩罪で無期懲役の判決を受けて，服役している。

12) 法輪功信者による 1999 年春の北京・中南海（党中央所在地）取り囲み事件以後，当局は気功集団・法輪功に［邪教］（カルト）とレッテルを貼り，容赦なき弾圧を加え，撲滅を図ろうとしている。

13) これ以前も当然，刑事裁判があり，実際に科刑されていたが，それは法に依拠した法的プロセスではなく，純粋な政治プロセスだったことになる。

14) かつては判決を言い渡す前に，当該法院の院長（副院長を含む）や事件の類型毎に設置される法廷の責任者である庭長（副庭長を含む）による事前審査が行われていた。

15) 裁判委員会は，法院ごとに設けられた法院幹部やベテラン裁判官による会議体。裁判委員会には，判決の最終的な決定権限がある（刑事訴訟法 180 条）。

16) 林中梁 2004：23 頁。

17) 2007 年に董彦斌氏によって提起された映画「色・戒」検閲訴訟は，映画フィルムの一部カットを法的に問題にしたきわめて希有な事例である。鈴木 2012：275 頁以下参照。

18) 人権派弁護士として知られる江天勇は，HIV 感染者や法輪功信者の弁護を引き受け，当局の監視下に置かれていたが，2009 年に弁護士資格を剥奪された。2016 年 11 月には当局に身柄を拘束され，長期間行方不明となった。

19) 2014 年末で公職弁護士は 6800 名余りだという。中国司法行政年鑑編輯委員会編『中国司法行政年鑑 2015』（法律出版社，2016 年）128 頁参照。

20) 民政部「2015 年社会服務発展統計公報」http://www.mca.gov.cn/article/sj/tjgb/201607/20160700001136.shtml 参照。

参考文献

日本語

浅井敦 1973『現代中国法の理論』東京大学出版会。

幼方直吉 1973『現代中国法の基本構造』アジア経済研究所。

及川淳子 2014「『民主』をめぐる潮流と言論統制」美根慶樹編『習近平政権の言論統制』蒼蒼社。

国分良成・西村成雄 2009『党と国家——政治体制の軌跡』岩波書店。

小嶋華津子・加茂具樹 2015「中国共産党と中国政治」高橋伸夫編『現代中国政治研究ハンドブック』慶應義塾大学出版会。

坂口一成 2009『現代中国刑事裁判論——裁判をめぐる政治と法』北海道大学出版会。

城山英巳 2016『中国消し去られた記録』白水社。

鈴木賢 2007「中国における裁判の独立の実態と特徴的構造」『社会体制と法』8号。

鈴木賢 2011「中国の放送メディア法制——党／政府の喉舌とビジネス化のアンビバレンス」『比較法研究』73号。

鈴木賢 2012「中国における個別事例を通じた規範変革運動の展開とその意義」長谷川晃編『法のクレオール序説——異法融合の秩序学』北海道大学出版会。

鈴木賢 2013「中国的法観念の特殊性について——非ルール的法のゆくえ」『国際哲学研究 2013年』別冊2（東洋大学国際哲学研究センター）。

高見澤磨・鈴木賢 2010『中国にとって法とは何か——統治の道具から市民の権利へ』岩波書店。

田中信行編 2013『入門　中国法』弘文堂。

土岐茂 1989「中国社会主義法」社会主義法研究会編『アジアの社会主義法』法律文化社。

武鴻雁 2005「中国民事裁判の構造変容をめぐる一考察——『馬錫五裁判方式』からの離脱のプロセス」『北大法学研究科ジュニア・リサーチ・ジャーナル』11号。

毛里和子 2012『現代中国政治——グローバルパワーの肖像〔第3版〕』名古屋大学出版会。

毛里和子 2016『中国政治——習近平時代を読み解く』山川出版社。

渡辺浩平 2011『中国ネット最前線——「情報統制」と「民主化」』蒼蒼社。

中国語

紅旗東方編輯部 2015『法治中国——新常態下的大国法治』紅旗出版社。

林中梁 2004『各級党委政法委的職能及宏観政法工作』中国長安出版社（内部発行）。

滕彪 2002「"司法"的変遷」『中外法学』14巻6号。

徐振博 2010『三個至上——尋找中国特色敵司法体制改革之路』法律出版社。

劉建武 2015「為什麼説"党大還是法大"是一個偽命題？」『党的文献』6期。

王名等 2014『社会組織与社会治理』社会科学文献出版社。

鐘金燕 2016『政法委制度研究』中央編訳出版社。

周偉 2012「従身高到基因——中国反岐視的法律発展」『清華法学』6巻2号。

第 **II** 部

憲法・行政法

第3章

人　権

石塚 迅

序

　北京で最も規模が大きく品揃えがよい書店といえば，おそらく，北京（西単）図書大廈と王府井書店であろう。中国の「人権」についての専門書を入手すべく，この2軒の大型書店を訪ね，「憲法」の書棚に勇んで足を運んでみた時，私たちは日本の大型書店とは異なる光景を目にする。「憲法」の書棚に「人権」に関する専門書はほとんど置かれていない。わずかにあったとしても，中国のことを論じていないし，いずれも同じようなことしか書いていない。このような光景を目の当たりにして，中国法（中国憲法）をすでにそれなりに学習してきた人であれば，「やっぱり」と溜め息をつくであろうし，中国法初学者で，実定法としての憲法をしっかりと学習してきた人であれば，大きく困惑することになる。

　どうしてこのような状況が現出するのだろうか。中国において，「人権」研究は「憲法」研究の一環ではないのだろうか。

　実は，戦後日本の中国法研究において，「人権」の研究は長い間手薄な分野であった。福島正夫，針生誠吉，浅井敦といった戦後日本の中国法（中国憲法）研究を牽引した権威たちの古典に「人権」はほとんど登場しない。

　今日，現代中国法の代表的な入門テキストで「人権」はどう扱われているのだろうか。「最も基本的な分野に限定して」，「その分野については相当なスペースを割いて説明するという方法をとる」小口・田中2012では，「人権（公民の基本的権利）」はその重要性が意識されつつも取り上げられていない（まえがき4頁）[1]。高見澤・鈴木・宇田川2016では，「第2篇　各論」の「第3章

憲法」の中で,「3 市民の基本的権利と義務[2]」が概述されている (95-104 頁
(鈴木賢執筆部分))。「憲法」の一部分としての「人権 (公民の基本的権利)」であ
り,私たちになじみの深いスタイルである。西村 2008 では,「第 1 章 憲法」
とは別に独立して「第 2 章 人権法」が設けられている。「第 1 章 憲法」に
おいて,「国家の性質」や「政治制度」が説明されており,「第 1 章 憲法」
と「第 2 章 人権法」をあわせて中国憲法を理解する構成をとっている。筆
者 (石塚迅) が担当した「第 2 章 人権法」では,中国における人権に関する
法理論と法制度について概説し,個別的論点として西欧諸国と中国政府との
間の最大の論争点である言論の自由をめぐる諸問題を取り上げることにより,
中国人権法の構造と問題点についてより深い分析を試みた (21-38 頁)。中国憲
法の「公民の基本的権利および義務」のカタログについて逐条的に概述した
わけではない。今日でも,日本の中国法研究において,「人権」研究は今ひと
つすわりが悪いようだ。

　中国の大型書店において「人権」研究の専門書を見つけるのが困難である
ことの理由としてしばしば指摘されるのが,「人権」研究の「政治的敏感性」
である。中華人民共和国成立の前後に,中国共産党は,西欧的な近代立憲主
義との決別,中華民国の憲法体制との断絶を明言した[3]。西欧近代立憲主義
の核心たる「人権」も,当然に拒絶・否定の対象となった。その後,東西冷
戦の政治的環境の下で,長い間,「人権」は「ブルジョアジーの特権」とみな
され,その語自体が論じることを許されない「禁句 [禁区]」となった。幾多
の紆余曲折を経て,中国政府・共産党が「人権」を公式に容認したのは,国
務院報道辦公室が「中国の人権状況」(人権白書) を発表した 1991 年 11 月に
なってのことである。「人権」公認の経緯,およびその意義については,中国
と日本の双方においていくつかの先行成果があり,筆者もこれまで何度か論
及してきたので (石塚 2004,石塚 2006,石塚 2007),ここでは再論しない。確か
に,「人権白書」の公表以降,中国においても「人権」をめぐる学術的議論が
可能となり,その成果としての「人権」研究の専門書も少しずつ刊行される
ようになった。人権研究に関する専門のセンターを設ける大学・研究機構も
陸続と現れた。しかしながら,今日に至っても,「人権」研究の「政治的敏感
性」はなお完全には払拭されていない。むしろ,近年,「政治的敏感性」の度
合いは再び強まりつつある。その顕著な一例が,2013 年 4 月に中国共産党が
発布した,「目下のイデオロギー領域の状況に関する通達」(9 号文件) である。

同通達において，中国共産党は，普遍的価値，報道の自由，市民社会，公民の権利，司法の独立等，いくつかの語を高等教育の現場において語ってはならない [不要講]，と指示した (石塚 2013b: 97 頁)。実際に，立憲主義や人権を専門に研究しそれらの実現を強く訴える研究者に対して，様々な圧力や嫌がらせが「当局」や「当局」の意向を受けた (あるいは忖度した) 職場から加えられるという話を筆者自身もしばしば耳にする。

「なぜ，中国において『人権』研究の専門書が少ないのか」という問いに対する答えとして，「政治的敏感性」の指摘は一定の説得力を有している。ただ，「なぜ，その数少ない『人権』研究の専門書が『憲法』の書棚に置かれていないのか」という問いには十分に答えていない。西欧近代実定法優位の法学教育を受けた私たちがイメージしている「人権」研究とは，「憲法」研究の一環としてのそれである。本書でも，その構成において「第 II 部　憲法・行政法」の中に「第 3 章　人権」が配置されており，本書の編者・企画者が「人権」研究を「憲法 (公法)」研究の一環として意識していることは明らかである。とすれば，もしかしたら，私たちがイメージしている「人権」研究と中国における「人権」研究との間には，何かしら「ズレのようなもの」があるのかもしれない。

本章では，そうした「ズレのようなもの」について，認識と実践の両面における位相，それが生じる背景と要因，それに対する中国の憲法学者たちの認識および理論的対応を考えてみたい。具体的には，中国の「人権」研究には様々なアプローチがあることを確認した上で (第 1 節)，「公民の基本的権利」，「人権」，「憲法的権利」の概念の狭間で揺れる中国の憲法学を素描する (第 2 節)。最後に，「憲法的権利」の今後の可能性を展望する意味で，個別的論点として，包括的基本権 (「人権」条項) と憲法保障を取り上げそれぞれ検討を加える (第 3 節)。

第 1 節　中国「人権」への研究アプローチ

では，北京 (西単) 図書大廈や王府井書店でどの書棚に行けば，「人権」研究の専門書にめぐりあえるのだろうか。

1 歴史から

まず,「中国近代史」の書棚に行けば,「人権」と概念的・内容的に密接に関連する「自由」や「民主」を論じた専門書がいくつかみつかるはずである。「アヘン戦争」(1840年)以降の「西洋の衝撃」の中で,中国の政治的指導者や知識人の多くにとって,その中心的課題は,いかにして中国の「危亡」を救い「自存」を図るか(救亡図存)にあった。「帝国主義」とほぼ同時に中国に流入してきた「西学(西欧の思想)」の中でも,「天賦人権論」は「進化論」と並んで当時の中国思想界に大きな衝撃を与えたといわれる(「救亡図存」の人権論について,土屋の一連の研究を参照(後掲))。「救亡図存」のために,西欧的な「人権」をどのように受容し自国の近代化・制度化に結びつけるか。とりわけ,19世紀末から20世紀の初めにかけては,自由主義,民主主義,民族主義(ナショナリズム),社会主義といった思潮が複雑に交叉した。そこには,確かに,政治的指導者や知識人の多種多様な思想的営為が存在した。

しかしながら,そうした思想的営為は,中華人民共和国成立以降の「革命中心史観」の下で,長期にわたり,かなりの部分が注目されることなく,意識的・無意識的に無視あるいは軽視されてきた。「革命中心史観」とは,中国共産党による1949年の解放・革命・建国を正統とみなす歴史観のことであり,この歴史観に基づけば,1949年以前の中国国民党の思想と統治が「暗黒」として,1949年以降(およびその前史)の中国共産党の思想と統治が「光明」として描かれることになる。歴史学も法学(とりわけ憲法学)も,その内容が時の政権の統治の正統性(正当性)の所在と深く関わるために,「革命中心史観」という政権によるイデオロギー支配が学問の射程を厳しく制約したのである。そして,法学(憲法学)についていえば,そうした中国の憲法学研究にいわば「引きずられる」形で,日本における中国の「人権」研究も,1949年以前の研究対象については,中国共産党およびその指導者の人権観,中国共産党支配地域(革命根拠地,辺区,解放区)の人権立法に限定された。

歴史学は,法学よりも一足先に「革命中心史観」の克服へと歩みを進めつつある。「文化大革命」が終息し「改革開放」政策が進展する中で,歴史学研究者は新たな中国近代史像を探り始め,中国近代とりわけ中華民国期を近代国民国家建設期として捉え直そうという研究潮流が生まれた(中村2004: 19-20頁)。これまで「暗黒」とされてきた部分に光が当てられ始めたのである。「人

権」関連の研究についても，例えば，取り上げる人物だけみても，従来は，毛沢東や孫文といった「中華人民共和国憲法」の前文の歴史的叙述に登場する人物，つまりは中国共産党が「正統」と評価する歴史に沿う人物に限定されていた。しかし，近年では，それにとどまらず，沈家本，厳復，康有為，梁啓超，陳独秀，李大釗，蔡元培，張君勱，胡適ら，時代や党派を問わず，様々な人物の人権観（人権論）が研究の俎上に上っている（野村 2007，水羽 2007，久保・嵯峨 2011，村田 2011，原 2012 等）。

この点において，法学（憲法学）は立ち遅れている。研究者の内省がなお不十分なのか，学問分野への政治的圧力がなお峻厳なのか，現時点でその要因について即断はできないが，いずれにしても，中国近代の人権思想について，中国の憲法研究者が論じることはきわめて少ない[4]。

それでも，中国・日本の双方において，この分野に着目している憲法研究者（日本の場合はさらに中国法研究者）がまったくいなかったというわけではない。中国では，杜鋼建が著した『中国近百年人権思想』がその数少ない一例である（杜鋼建 2004）[5]。日本では，土屋英雄のほぼ独壇場である。土屋は，早くからこの分野の研究をスタートさせ編著・単著を公刊してきた（土屋 1996，土屋 1998，土屋 2012）。近現代の中国の人権思想の顕著な特徴は「群」優先の論理であり，それは清末，中華民国期，中華人民共和国期を問わずかなりの程度通底しており，「国権」の優位とともに今日の中国政府・共産党の人権観の核心を構成している，という土屋の結論は，中国の「人権」を時間軸から考察するにあたって必ず押さえておかなければならない指摘である。

2　国際関係から

次に，「国際政治／国際関係」の書棚をみてみることを勧める。

すでに述べたように，中国政府・共産党が「人権」を公式に容認したのは，1991 年 11 月の「人権白書」の発表においてである。「改革開放」政策の進展の中でしばしば顕在化した民主化運動（「北京の春」（1978 年），「学潮」（1986 年），「天安門事件」（1989 年））における民主活動家や民主派知識人の人権要求，および民主化運動武力弾圧に対する西欧諸国や国際的な人権 NGO の激しい批判に対抗・反駁する過程において，中国政府・共産党は，一度は拒絶・否定した「人権」という語を再び使用し始める。その一連の反駁の理論的集大成ともいえるのが，「人権白書」であった。「人権白書」において，中国政府・共

産党は，① 人権に対する主権の優位，②「生存権」最優先および「発展権」
重視，③「中国共産党の指導」の堅持を主要な特徴とする「中国的人権観」を
国内外に提示した。

　もちろん，こうした「弁明」の文書が公表されたからといって，中国の人
権状況および人権政策に対する西欧諸国や国際的な人権 NGO の批判が沈静
化するわけではない。1997 年頃まで，国際連合人権委員会では，西欧諸国が
提出する「『中国の人権状況』改善を求める決議案」の扱いをめぐって，毎
年，激しい政治的攻防が展開された。とりわけ，当時のアメリカにとっては，
中国に対する最恵国待遇更新の見直しの検討と国連人権委員会における「中
国人権非難決議案」の採択の試みが，対中国人権外交の主要戦略であった (阿
部 1997，山岸 2009: 243, 245 頁)。

　このような経緯および展開から，中国政府・共産党の「人権」の公認・主
張は，体制防御的な色彩がきわめて濃いことがみてとれよう。それは，時と
して強硬な対抗であったり，時として宥和・妥協であったり，まさに硬軟両
様の対外戦略が構想・実行された。例えば，二つの国際人権規約への署名 (社
会権規約については 1997 年 10 月，自由権規約については 1998 年 10 月) は，政治的
にみれば，「人権」の改善を国際社会にアピールする重要な宥和カードの 1 枚
であった (石塚 2009: 34-38 頁)。そうした政治的環境の下で，国際政治・国際
関係論の研究者が，自ら率先して政府・共産党の理論的「代弁者」を担うケー
ス，政府・共産党に動員されてその理論的「代弁者」の役割を強いられるケー
ス，政府・共産党から距離をおいて自らの問題関心に基づき学術研究を進め
るケース等々，動機や状況は様々ではあるが，「人権」の「研究」について相
応の位置を占めることは自然な流れといえた。彼 (女) らの手による研究成果
は，とりわけ 1990 年代から 2000 年代前半に一定数公刊されている[6]。そし
て，日本においても，この時期，こうした中国の政治動向，およびそれを取
り巻く政治状況に，中国政治研究者の一定の注目が集まった (毛里 1997，三船
2003)。

　ここで確認しておかなければならないのは，中国においては，政府・共産
党の公式見解が圧倒的な重みをもつということである。確かに，日本でも，
昨今の安全保障関連法制の審議の中で，集団的自衛権の憲法適合性について
の政府の解釈が示され，マスコミ・メディアはこれを大きく報じた。この政
府解釈をめぐり，国会では与野党の激しい論戦が展開され，憲法学者の多く

は批判的・否定的な見解を表明した。現在の中国では，こうしたことはありえない。政府・共産党が発する公式見解は，学者たちの様々な学術的見解と同格に存在するわけではなく，それらを超越する「権威」であり，学者たちの学術的研究およびその表明に外枠を設定する。政治と密接に連関する「憲法」においては，その傾向は他の法分野に比べてとりわけ強い。「人権」についていえば，日本で政府が体系的・総合的な「人権観」を提示することはほとんどない[7]。せいぜい，国際人権条約の実施状況に関する国際連合の勧告等に対して，個別的事項ごとに釈明・反論する場合においてぐらいである。そして，そうした日本政府の釈明・反論は，やはりしばしばメディア，学者，人権 NGO の激しい批判にさらされる。これに対して，中国では，人権観の対外的発信を政府・共産党が独占している。換言すれば，「中国流の正義」を政府・共産党が掌握しているのである（石塚 2007: 142-145 頁，155-157 頁）。中国の「人権」を研究するにあたり，政府・共産党の公式見解の把握・分析は不可欠である。

3　法哲学から

「法律」の書棚にも「人権」の専門書はあるにはある。

中国の法学者たちの「人権」研究にとっても，「人権白書」公表前後は 1 つの大きな分岐点であった。中国の法学者たちも，当初は，体制対反体制という政治的対抗の中で，政府・共産党の理論的「代弁者」として，「人権」について発言・「研究」をスタートさせた。それが，「人権白書」公表による政府・共産党の「人権」概念容認を境にして，体制内部において，依然として様々な制限はあるものの一定の学術的研究が可能となった。

1980 年代から 1990 年代にかけて，「人権」研究をリードしたのは法哲学界であった。法哲学者たちの研究は，そのスタートにおいてこそ，政府・共産党の公式見解や憲法に規定された「公民の基本的権利」の「解説」，西欧人権思想（史）の紹介およびその限界性の指摘等，現体制維持に資する内容にとどまっていたが，やがて，法学界の，体制からの相対的自立と並行して，徐々にその論じる内容を拡大し豊富なものにしていった[8]。この時期，郭道暉，李歩雲，夏勇，李林，張文顕，徐顕明らが議論を先導し，人権の概念，人権の生成と発展，人権の普遍性と特殊性，個人的人権と集団的人権，マルクス主義と人権，社会主義と人権，主権と人権等々，様々な論点が研究の対象となっ

た[9]。

それから20年以上経った現在，本の紙質や装丁が格段によくなったことも手伝って，当時の論文を収録した論集や復刻本もいくつか刊行されている。これら書籍は，新刊本とともに，「憲法」の書棚のとなりの「法学理論」といういわゆる法理学や法制史等，基礎法の専門書が並ぶ書棚にわずかに置かれている[10]。

第2節　「人権」概念と中国憲法学

1　「公民の基本的権利」と「人権」

前節でみてきたように，中国における「人権」研究は多様な視点・方法からなされており，憲法学的な方法論はその影が薄い。学術界，とりわけ法学界が，政府・共産党の強い影響下におかれ，時として，政府・共産党の国内外に向けた戦略・宣伝に組み込まれることがあるにしても，高等教育テキストで『人権法学』といったテキストが『憲法(学)』とは別に編まれたり(李歩雲2005)，一部の大学法学部で「人権法」の講座・授業科目が開講されたりする等，「人権」の研究・教育は，憲法学の一部門にとどまるものではなさそうである。もとより，日本においても「人権」研究は憲法学が独占するものではないが，それでも中国の状況は日本とはかなりの程度異なっているといえる。

こうした「人権」研究の中国的特徴の背景には，すでに述べたような「人権」研究をめぐる政治的環境の峻厳性があるが，もう1つ，学術的な理由として，憲法テキストおよび憲法理論において，「人権」概念の位置づけがなかなか定まらなかったことが挙げられる。

西欧的な近代立憲主義との決別からスタートした中華人民共和国は，1954年9月に初めての憲法を制定したが，そこでは，「人権」ではなく「公民の基本的権利」という表現が用いられた。そして，この「公民の基本的権利」という表現は，その後，1975年，1978年，1982年の各憲法にも引き継がれていく。この点について，当時，憲法学者の董成美は「一定の意義からいえば人権とは公民権である」としながらも，「わが国の人民民主主義独裁の条件のもとで，われわれはブルジョア民主主義的性格の人権スローガンをもはや使用しない。なぜなら，それは社会主義的民主主義とブルジョア的民主主義の

境界をあいまいにし，思想上・政治上の混乱を引き起こしやすいからである」と説明していた (董成美 1984: 133-134 頁)。1978 年秋から 1979 年春にかけて顕在化した民主化運動「北京の春」において，このような「公民の基本的権利」という法的枠組みに対して，民主活動家や民主派知識人が「天賦人権」の主張という形で異論を提起するが，政府・共産党に動員された中国法学界・哲学界はこれら主張をはねつけた。例えば，法思想史学者の谷春徳は，「『天賦人権』とは，実質的にブルジョア階級の特権である」と断じた上で，「人の権利」について次のようにまとめている。「要するに，人の権利は『天賦』ではなく，国家・法律が賦与し規定したものである。人の権利は普遍的ではなく，鮮明な階級性を有するものである。人の権利は抽象的ではなく，具体的なものである。人の権利は絶対的ではなく，法律と道徳により制限を受ける。人の権利は永久的，固定不変のものではなく，人々の物質生産条件における作用と地位の変化に伴い，その性質と適用範囲を変化させる。異なる社会・政治制度の国家は異なる階級的性質の権利を有する。これがマルクス・レーニン主義の人の権利に関する基本的観点であり，それはブルジョア階級の『天賦人権』説とは根本的に対立するものである」。それゆえ，「我々は，より科学的・真実的な概念，すなわち公民の権利という概念を用いて，我が国の人権観を解明すべきである」(谷春徳 1982: 33-36 頁)。

　ところが，「人権白書」の公表に至る一連の「人権」概念の容認で，少なくとも，中国政府・共産党レベルでは，「人権」と「公民の基本的権利」とがいつの間にか等号で結ばれてしまった。その証左として，「人権白書」においては，中国の「人権」の 3 つの特徴として，「広範性」(人権の享有主体，内容・種類が広範であること)，「公平性」(搾取階級の消滅に伴い，人権の享有主体が平等であること)，「真実性」(憲法・法律の中で規定された権利と現実に享有される権利とが一致していること) が掲げられているが，この 3 つの特徴は従来「公民の基本的権利」の特徴として憲法教科書・憲法概説書で説明されてきたものであった。

　2004 年 3 月，現行「1982 年憲法」の 4 度目の部分改正が行われ，33 条 3 項に「国家は，人権を尊重し保障する」という条項が新設された。中華人民共和国成立以降，初めて憲法に「人権」という二文字が明定されたこの改正は，「人権」入憲と称され，中国内外で高く評価されているものの，中国政府・共産党は，「人権」概念に内包される「天賦性」，「前国家性」に対してな

お強い警戒感を抱いている。そのことは，「人権」条項の位置からみてとれる。「国家は，人権を尊重し保障する」という文言は国家の責務を宣言したものであり，そうである以上，本来ならばそれは憲法の「前文」または「第1章　総綱」の中に配置するのが自然であろう。そうであるにもかかわらず，結果として，「人権」条項は「第2章　公民の基本的権利および義務」の33条に配置された。このことは，中国政府・共産党が，上述したように「人権」と「公民の基本的権利」を同等視するという基本的立場をなお堅持しているばかりでなく，ひいては，「人権」を「公民の基本的権利」の枠内に封じ込めようとしていることを示すものであるとさえいえる。「人権」条項が配置された33条においては，1項で「公民の定義」が，2項で「法の下の平等」がそれぞれ述べられているほか，4項では「いかなる公民も，憲法および法律が規定する権利を享有すると同時に，憲法および法律が規定する義務を履行しなければならない」という「権利と義務の一致の原則」が規定されている。33条3項の「人権」条項は，これらと総合して把握・解釈されることになる（詳細については，石塚 2006: 347-350 頁）。

　「人権」イコール「公民の基本的権利」という論法は，過去の社会主義イデオロギーをひきずり，なおかつ現体制維持のための政治的考慮をたぶんに内包している。中国政府・共産党の内部でどれほどの議論がなされたか，中国政府・共産党にどれほどの深遠な洞察があるのかを知ることはなかなか難しいが，この論法は，法理論的にはさすがに粗放感を否めない。かなり早い時期から，一部の法学者たちは，慎重に言葉を選びながらも中国政府・共産党の「人権」イコール「公民の基本的権利」という論法に異論を提起してきた。

2　人権の3つの存在形態

　法哲学者の李歩雲による代表的な論文「人権の3つの存在形態を論ず」が示唆に富む。「人権白書」公表の直前に発表されたこの論文の中で，李歩雲は，人権の実現と存在形態という角度から，人権は「あるべき権利［応有権利］」，「法に定められた権利［法定権利］」，「現にある権利［現有権利］」に区別されると論じた。そして，憲法に規定された「公民の基本的権利」以外の権利（公民の非基本的権利）の重要性，個人的権利の保障の重視から集団的権利の保障の重視への発展，国際的な人権保障の枠組みの出現等を理由に，人権の主体を「公民」に限定するべきではなく，また，人権の客体を「基本的権

利」に限定するべきではない，と主張した (李歩雲 1991: 11-13 頁)。

　この李歩雲の主張は，中国政府・共産党のかつての見解であった「人権」否定説，さらには，「人権白書」公表を境に中国政府・共産党が採用するようになった「人権」イコール「公民の基本的権利」という論法のいずれをも乗り越えるものとして，中国内外で注目を集めた[11]。加えて，人権の「3つの存在形態」論が法哲学者から提起されたという事実は，当時の「人権」研究における憲法学の「居場所のなさ」をいみじくも表していた。

　つまり，憲法学界は，それまで，「あるべき権利」の理論的探究・思索については，法哲学や歴史学の守備範囲であるとしてほとんど手をつけなかった。さらに，「現にある権利」の考察・現状告発についても意識的・無意識的に目を背けてきた。現在に至っても，この分野は，社会学あるいは弁護士やジャーナリストの研究や実践に丸投げしているという感がある。もちろん，この背景には，これまで繰り返し言及した憲法学を取り巻く政治的環境の厳しさや中国政府・共産党の公的見解の存在があるし，また，後述するような違憲審査制の未確立も大きく関係している。

　憲法学が長い間研究の対象としてきたのは，「法に定められた権利」の如何であった。どのような権利がどのような法に規定されているか，ある権利をなぜ憲法 (法) は規定しあるいは規定しなかったのか，について「解説」を行ったり，今後どのように憲法を改正しあるいは新法を制定することで権利を新設すべきか，について「提言」を行ったりすることに研究の主眼がおかれた。あたかも，権利が法 (憲法) で規定されていれば，それが現実にも保障されているとするかのような論法は，本来，錯覚あるいは単なる期待にすぎないはずであるが，これこそが中国政府・共産党の人権論であり，「人権白書」もこの論調で記述されていた。憲法学では，こうした憲法政策的・立法論的研究が少なくとも 1990 年代後半まで主流を占めていたのである[12]。

3　憲法解釈論の浮上

　1990 年代後半あたりから，憲法学界の「公民の基本的権利」，「人権」の研究に少しずつ変化が生じ始めた。すなわち，上述したような憲法改正論・立法論に依拠する権利研究が漸次影を潜め，代わって憲法解釈論に依拠する権利研究が浮上してきたのである。

　憲法解釈論の重視を唱える中心的人物が，中国憲法学界の主流派と目され

る韓大元である。韓大元は，憲法解釈の重要性について，次のように述べる。「思うに，憲法テクストが既に存在し，社会メンバーによって公認され，社会共同体の基本的価値が『合法的』に憲法テクストの中に入り込んである以上，学者は，憲法テクストについての研究を通じて，憲法が含意する価値を発見し，憲法の解釈を通して社会発展における問題を解決すべきである。もしわれわれ学者が憲法問題において，改革，革命，急進的な学術的傾向を強調しすぎると，憲法テクストの存在の社会的基礎が非常に脆弱になると思う」(韓大元 2008: 351 頁)。また，同様に，若手憲法学者の翟国強も，「もし，体制内の観点からみたならば，『現存する憲法の不備を批判し，かつ完全無欠な憲法を制定することを願う』ような学説は，憲法の権威を樹立するのに不利であり，その上，憲法解釈を運用して，憲法の権利条項それ自体の瑕疵を解消することを軽視してしまっている」(翟国強 2010: 31 頁) と，憲法改正に傾斜したこれまでの憲法研究方法論を批判していた。

現行「1982 年憲法」は，これまで 4 度の部分改正を経ているが，いずれもその前年または前々年に開催された中国共産党全国代表大会における政策方針の決定を受けてなされたものである。中国において，憲法は「政治」そのものなのである。そこで象徴的に示されているのは，「法 (憲法)」に対する「政治 (中国共産党)」の優位であり，憲法の「軽さ」である。従来の憲法改正論に依拠する研究は憲法改正を通じて憲法の権威を確立することを追求しようとした。これに対して，韓大元，翟国強らは，頻繁な憲法改正は憲法の権威の向上，憲法の「軽さ」の克服にかえってマイナスになると考えたのである (詳細については，石塚 2013a: 169–171 頁)[13]。

2000 年代に入り，憲法学の「人権」研究に大きな影響を与える事件が立て続けに発生した。1 つは，2001 年 6 月に最高人民法院が「斉玉苓案件」に関して発した司法解釈 (批復) である。斉玉苓本人が気づかないうちに，ある者が，斉玉苓の名前を騙って専門学校に入学・就学・卒業し銀行に就職までしていたことが発覚したため，斉玉苓が名前を騙っていた相手方や学校等を被告として民事賠償を請求したという本案件に対して，その処理について照会を受けた最高人民法院は，憲法 46 条 1 項に規定された教育を受ける権利を援用して損害賠償請求を認容するよう係属中の山東省高級人民法院に対して指示した。憲法学でなじみの深い私人間効力の論点が，司法審査制を欠く中国において突如出現したわけである。もう 1 つは，2003 年の「孫志剛事件」で

ある。同年3月に，孫志剛という名の出稼ぎ青年が広州市で暫住証不携帯のために警察に身柄を拘束され，収容・送還施設で繰り返し殴打された末に死亡した。当初，当局が情報を隠蔽し虚偽の発表をしていたのをメディアが真相暴露したことも手伝って，事件は社会に大きな反響をもたらした。当局の法的・政治的責任が厳しく問われる中で，同年6月に，法学者数名が，「立法法」90条2項[14]に基づき，孫志剛の拘束の根拠となった行政法規「都市における浮浪者物乞い収容遣送辦法［城市流浪乞討人員收容遣送辦法］」に対する憲法・法律適合性審査を全国人民代表大会常務委員会に申請・建議したのである。

憲法解釈論の浮上と軌を一にして一部の憲法学者によって唱道されたのが，「憲法的権利」という概念である。翟国強によれば，「憲法的権利」とは，「憲法によって確認され，憲法の保障を受ける権利」である（翟国強2010：27頁）。夏正林は，従来の「公民の基本的権利」という概念の「基本的（基本性）」があいまいである点を問題視し，「『基本性』は，憲法制定者や憲法解釈者が，自らの憲法制定や憲法解釈の結論の正当性を探究するために使用するツールにすぎず，権利そのものが『基本性』を具えているわけではない」と指摘する。それゆえに，「基本性」は憲法上の権利を理解するカギとはなりえず，「公民の基本的権利」に代えて「憲法的権利」を分析のツールとして用いるべきであると提案している（夏正林2007：129-131頁）。

中国の「人権」研究において，「公民の基本的権利」という概念に代えて「憲法的権利」という概念を用いることにどれほどの意味があるのか，筆者にはよくわからない。確かに，日本でも，芦部信喜が，「人権」「基本的人権」「基本権（基本的権利）」をそれほど区別せずに使っていたのに対して，奥平康弘は，「憲法が保障する権利」を「人権」と区別して用いることにこだわりをみせていた（奥平1993）。また，日本では，近年，ドイツの違憲審査の手法が大きな注目を集めているが，そこではしばしば「憲法上の権利」という概念が持ち出される（例えば，小山2009等）。もちろん，中国でも，ドイツの違憲審査制およびその中国への導入に関心をもつ憲法学者は少なくないが，現段階で，「憲法的権利」という概念の提起とドイツ憲法学への傾斜との間に深い関連性を見出すことはできない。「憲法的権利」という概念の提起は，原理的あるいは実践的な理由に根ざしているというよりも，むしろ，憲法解釈論の勃興に平仄をあわせたシンボリックな意味合いをもつものと考えた方がよい

のかもしれない。

いずれにしても，長い間，「人権」研究において「居場所」のなかった中国憲法学がようやく探し当ててたどりついたのが，方法としての憲法解釈論と対象としての「憲法的権利」であったのである。

第3節　「憲法的権利」の可能性

その呼称を「基本的権利」とするか「憲法的権利」とするかはともかくとして，現行憲法の「第2章　公民の基本的権利および義務」の規定を概観すると以下のとおりである。

まず，基本的権利について。① 平等権 (33条2項)，② 政治的権利および自由 (34条～35条)，③ 宗教信仰の自由 (36条)，④ 人身の自由 (37条～40条)，⑤ 監督の権利および国家賠償を受ける権利 (41条)，⑥ 社会的・経済的権利 (42条～45条)，⑦ 文化的・教育的権利および自由 (46条～47条)，⑧ 女性の権利および自由 (48条)，⑨ 婚姻，家庭，老人，母親および児童に関する権利 (49条)，⑩ 華僑，帰国華僑および国内に居住する華僑家族の権利 (50条)。

次に，基本的義務について。① 国家の統一および民族の団結の擁護の義務 (52条)，② 憲法と法律の遵守，国家機密の保守，公共財産の愛護，労働規律の遵守，公共秩序の遵守，社会公徳の尊重の義務 (53条)，③ 祖国の安全，栄誉および利益の擁護の義務 (54条)，④ 祖国の防衛および兵役の義務 (55条)，⑤ 納税の義務 (56条)，⑥ その他の義務 (労働の義務：42条1項，教育の義務：46条，計画生育および扶養・扶助の義務：49条2項，3項)。

憲法のカタログだけをみれば，中国の「公民の基本的権利」の規定は相当に広範・豊富で，諸外国の憲法に決してひけをとらない。しかしながら，いうまでもないことであるが，問われるべきは，それら権利の保障の実質，すなわち，李歩雲が提示した「人権の3つの存在形態」のうちの「現にある権利」の保障如何である。憲法解釈論や「憲法的権利」論には，「法に定められた権利」と「現にある権利」との間の距離を埋める役割が期待される。

1　「人権」条項

2004年3月の憲法部分改正における「人権」条項の新設 (33条3項) が，中国政府・共産党の従来の人権観・人権政策の変更を意味するわけではないこ

と，「人権」条項の位置から，中国政府・共産党が西欧的な人権に対する防御的姿勢をより強めていることがみてとれることをすでに指摘した。

その一方で，一部の憲法学者や法哲学者は，「人権」条項に大きな期待を寄せた。例えば，法哲学者の郭道暉は，「人権」条項の新設について，「憲法の中のこの一カ条は，曖昧・漠然としたものであるが，我が国憲法の権利に対する保護の範囲と質が大きく発展するように解釈・理解すべきである」と述べた上で，「人権」条項新設の意義として，① 人権侵犯立法に対する違憲審査制度の確立，② 全国人民の人権意識の向上，③ 弱者・マイノリティの権利の保障，④ 非法定の人権・「剰余の人権」の保障，⑤ 国際人権条約の義務の履行，という5点を挙げている。この中でも，「人権」条項が非法定の人権・「剰余の人権」の保障の根拠条文となるという解釈 (④) は，日本国憲法13条の包括的基本権あるいは「新しい人権」をめぐる議論を容易に想起させ，きわめて興味深い。「人権」条項は，「原則的・抽象的すぎるが，それが，かえって『人権の推定』に大きな空間をとどめおいているのである。今後は，この条項に基づき，法律の手続に照らして，その他の黙示的・あるべき・非法定の人権および新生・派生・遺漏の権利を推定することができる」というのが，郭道暉の希望的な解釈である (郭道暉 2004: 19-20 頁)。

憲法学者の焦洪昌も，郭道暉に近接した主張を展開する。焦洪昌も，「人権は，公民の基本的権利の淵源であり，公民の基本的権利は，人権に対する憲法化である」と述べ，「人権」と「公民の基本的権利」を異なる概念として把握する。その前提に立ち，彼は，「公民の基本的権利体系の開放性と包容性」をキーワードにして，「人権」条項新設の意義を次のように説明する。「……憲法とは，特定の歴史的段階において，その時の政治的・経済的形勢により生成されるものである。ただし，歴史は発展しており，享有すべき ([応然] のレベルの) 人権もまた発展している。したがって，憲法の公民の基本的権利体系についての確立は，開放性を伴うべきであり，社会・経済・文化の発展に伴い，積極的に新しい人権を法定の権利として取りこむべきである。この時，人権保障条項の入憲は，公民の基本的権利体系が開放性を保持するために，憲法上の根拠と制度的保障を提供するのである」。「他方において，憲法の高次法としての特性は，それが相対的安定性を保持することをも要求する。しかしながら，憲法の安定性そのものは，憲法の人権保障の足枷にはなりえない。それは一種の包容性を要求する。すなわち，憲法と法律に書きこまれた

人権が尊重され保護されるだけでなく，憲法に書かれていない人権も尊重され保護されるべきである。……この時，人権保障条項の入憲は，公民の基本的権利体系が包容性を保持するために，憲法上の根拠と制度的保障を提供するのである」(焦洪昌 2004: 45 頁)。焦洪昌のキーワードである「開放性」と「包容性」の区別がいささか不明確であるが，「開放性」は，「新しい人権」を憲法に法定の権利として規定すること，「包容性」は，「剰余の人権」を憲法に規定はしないが解釈により憲法上の権利として認めること，をそれぞれ意味していると思われる。

　これまで，中国憲法には，日本国憲法 13 条に相当する条項は存在しなかったといってよい。現行憲法は，中華人民共和国成立以降の憲法で初めて，「中華人民共和国公民の人格の尊厳は，侵されない」(38 条) という規定をおいた。この明記の背景には「文化大革命」の期間に人格がいささかも保障されなかったという痛ましい教訓がある。ある憲法概説書によれば，「人格」とは公民が人として具えるべき資格であり，人格権には姓名，名誉，肖像および人身等の権利が含まれる，とされていた (魏定仁 1994: 185 頁)。これは中国憲法が個人的権利に着目し始めたという点で，確かに一歩前進であるといえた。しかし，これに対しては，浅井敦が，この「人格の尊厳」は「中華人民共和国公民の人身の自由は，侵されない」(37 条) という「人身の自由」に内包される概念にすぎず，思想的あるいは原理的に，西欧近代憲法の根底にある個人主義原理に基づく個人人格の尊厳の理念とは異なる，と指摘していた (浅井 1985: 141–142 頁)。

　人権は人の人たる所以から由来するのではなく国家・法律により賦与されるという，いわば「国賦人権」ともいえるのが，中国政府・共産党の人権観である。この立場では，人権・権利について，制限が原則で保障が例外となる。それゆえ，憲法 38 条の「人格の尊厳の不可侵」は，あくまでも国家・憲法で賦与された「人身の自由」の一部分にすぎないとする浅井の理解は的を射ている。これに対して，郭道暉や焦洪昌の立場では，人権・権利について，保障が原則で制限が例外となる。それは，中国政府・共産党の人権観とはまったく正反対のものといえる。

　どのような権利や利益を「憲法的権利」として認めるか。その判断の基準はどういうものであるべきか。まさに，憲法解釈論の出番である。憲法 33 条3 項の「人権」条項を包括的基本権として基軸に据えて把握し，37 条の人身

の自由，38 条の人格の尊厳をそれとあわせ理解すれば，今日，中国で生起している，あるいは，今後生起するであろう様々な人権問題に憲法解釈をもってアプローチしていくことが可能となる。「孫志剛事件」の直後になされた，一部法学者による関連の行政法規に対する憲法・法律適合性審査の建議は，その嚆矢といえる試みであった。

今後の「人権」条項の解釈の展開を見通すにあたり，次の 2 点に着目しておきたい。

1 つは，「自己決定権」との関わりである。死刑，尊厳死・安楽死，生殖補助医療，クローン技術，プライバシー等々は，日本と同様に中国でもホットイシューとなっている。中国政府・共産党の人権観に立てば，これらは人権の問題ではなく，あくまでも社会・経済政策の問題にすぎない。しかしながら，個人の尊重を核心的価値とする近代立憲主義からすれば，生命・身体の処分，リプロダクション，家族の形成・維持といった問題で問われるのは，個人の「自己決定権」をどこまで認めるかであるはずである[15]。中国の憲法学者は，憲法 33 条 3 項，37 条，38 条の解釈を通じて，これらを人権問題として立法・行政・司法関係者，および一般大衆に意識させ，あわせて，具体的な案件についてその解決方法を思索し提示できるだろうか。近年，中国の憲法学界では，「生命権」というカテゴリーでの研究が始められており，その進展が注目される（上官丕亮 2010，韓大元 2012 等）。

もう 1 つは，「生存権」との関わりである。1991 年 11 月の「人権白書」は，「1 つの国家と民族にとって，人権とは何よりもまず人民の生存権である。生存権がなければ，その他の一切の人権はもう話にならない」と宣明した。ここでいう「生存権」とは，社会権の範疇に属する西欧流の生存権と概念的に異なり，個人と集団（国家，民族）の双方をその享有主体とした「生きる」という次元での「生存の権利」である。すなわち，「単に個人の生命，安全が不法に奪われず，侵されないといった権利だけでなく，そこに 1 つの民族の生存権，発展権とか生活が保障される権利なども含まれている」（王叔文 1994：62 頁）と説明されていた[16]。「人権白書」公表の当初は，この「生存権」の概念，および「生存権」を最優先の人権として位置づけることの当否等について，法哲学者・憲法学者たちは，それなりの議論を展開した。しかしながら，この中国政府・共産党が公的に提起した「生存権」が帯びるイデオロギー性を敬遠したのか，やがて憲法学界の議論は下火となり，現在に至っては，ほ

ぼ棚上げ・無視に近い状況である[17]。もしも，憲法33条3項の解釈によって「生命権」を導出しようとするのであれば，「生存権」の再定位は不可欠の理論的検討課題であろう。

2　憲法保障

　中国憲法を少しでもかじったことがある人であれば，「中国には違憲審査制が存在しない」ということを知っていよう。中国において，「人権」研究がなかなか「憲法」研究の一環として認知されないのは，権利救済メカニズムの著しい不備にその最大の要因を見出すことができるといってよい。権利救済メカニズムの著しい不備，あるいは違憲審査制の機能不全は，憲法解釈論に依拠した「憲法的権利」研究の発展に暗い影を落としている。

　「中国には違憲審査制が存在しない」という表現は正確さを欠くので，もう少していねいに説明しておきたい。

　現行の中国憲法体制下では，憲法解釈の主体としてその中心的役割を担うことが期待される司法権には，違憲審査権が付与されていない。憲法実施の監督権限は全国人民代表大会およびその常務委員会に，憲法の解釈権限は全国人民代表大会常務委員会にそれぞれ付与されている（62条2号，67条1号）。司法による違憲審査制（司法審査制）の否定は，人民代表大会制度（2条）および「民主集中制の原則」（3条）からの当然の帰結とされる。問題は，全国人民代表大会およびその常務委員会が，現行憲法制定以来，これらの権限を真に行使して公民の基本的権利の事後的救済を図ったことが一度もないという事実である[18]。司法的救済について付言すれば，1989年4月に制定された「行政訴訟法」（2014年11月部分改正）は，行政訴訟の出訴事項について概括的列記主義をとっている（12条）。そこでは，財産権や人身の自由の制限に対してのみ行政訴訟の提起が認められているにすぎず，憲法が規定するその他の「公民の基本的権利」，例えば，言論，出版，集会，結社の自由（35条），宗教信仰の自由（36条），労働の権利（42条），教育を受ける権利（46条）等はすべて出訴事項から除外されている。つまり，財産権や人身の自由以外の権利が侵害・制限された場合，一般の個人は行政機関に対する不服申立しかなしえず，当該規制立法や行政行為の違憲性・違法性を司法の場で争うことはできないのである。

　違憲審査制の導入を含む憲法保障・憲法監督の問題は，現行「1982年憲法」

の起草・制定当初から今日に至るまで，憲法学界において熱心に議論され，現行制度およびその運用の改善，あるいは新たな制度の創設等をめぐって，多種多様な提案がなされてきた。違憲審査の制度構想について，現在，憲法学界の学説は，① 全国人民代表大会あるいはその常務委員会の下に何らかの憲法監督委員会を設置する説，② 人民法院に違憲審査権を付与する説，③ 専門の憲法法院を新設する説に三分されており，3つの学説は論者によってさらにそれぞれ細分化される[19]。すでに，議論はほぼ出尽くした感がある。専門の憲法法院（憲法裁判所）の新設を主張する憲法学者は少なくないが（例えば，杜鋼建 1993: 20-21 頁，周永坤 2006: 120-127 頁等），第2・第3の提案は，憲法改正を必然的に伴うため，中国政府・共産党によって採用される可能性はもともときわめて低かった。それゆえ，憲法改正を伴わない第1の提案を中国政府・共産党が採用するかどうかがこれまで注目されてきたところであるが，中国政府・共産党の動きはやはり相当に鈍いものであった。

　上述した「斉玉苓事件」と「孫志剛事件」は「憲法の司法化」と喧伝され，憲法保障・憲法監督制度の進展が期待されたが，両事件のその後の顛末も憲法学者たちを大いに失望させた。「斉玉苓事件」で出された最高人民法院の司法解釈は，2008 年 12 月に最高人民法院によって廃止決定がなされ失効した。2009 年 10 月に最高人民法院が公布した「裁判文書において法律・法規等の規範的法律文書を引用することに関する規定［最高人民法院関於裁判文書引用法律、法規等規範性法律文件的規定］」では，裁判所が判決書等の裁判文書において引用できる法的根拠が列挙されているが，そこに「憲法」の二文字はない。憲法を裁判で用いることはできないということがあらためて確認されたわけである。「孫志剛事件」の直後に，法学者数名が申請・建議した孫志剛拘束の根拠となった行政法規「都市における浮浪者物乞い収容遣送辦法」に対する憲法・法律適合性審査について，全国人民代表大会常務委員会が回答することは結局なかった。というのも，行政法規の制定機関である国務院が，「孫志剛事件」の後，同行政法規を廃止し，新たな行政法規「都市における生活困窮浮浪者物乞い救助管理辦法［城市生活無着的流浪乞討人員救助管理辦法］」を制定しなおしたからである。法学者たちの働きかけの結果，違憲・違法の疑いが濃い行政法規が廃止されたことは，社会運動としては大きな成功を収めたと評価しうる。しかしながら，国家当局のこの一連の対応に対して，憲法学者たちの心境は複雑なものであっただろう。行政法規に対す

る憲法・法律適合性審査の最初のモデルケースが生まれる機会を逸してしまったからである。

今日，憲法学者たちの焦燥感・無力感は募るばかりである。違憲審査制が機能不全であるという状況の下で，憲法学界がいくら憲法解釈論の精緻化，「憲法的権利」の研究の深化につとめても，それら学説は抽象的さらには空理空談的なものとなってしまう。

こうした現状を少しでも打破すべく，近年，一部の憲法学者は，「できるところから始めよう」的な制度改革を提起し始めた。例えば，韓大元は，「憲法解釈手続法」の制定を提言し，「専門家建議稿」を公表している（韓大元 2009: 15-22頁）。林来梵は，法規の「審査」を活性化・透明化する方途を模索する。憲法や「立法法」は，下級機関が制定した法規（行政法規，地方的法規，自治条例，単行条例等）の中で憲法等上位法に抵触するものについて，上級機関に取り消す権限があることを明言しているし（「立法法」97条等），上で言及した「立法法」99条（旧法の90条）は，法規の内容についての審査要求・建議の主体を規定している。また，「審査」の具体的な手続規定もないわけではない[20]。問題は，かかる「審査」がそもそもなされているのか，どのような「審査」がなされているのか，について，憲法学者である林来梵自身もまったく知る術がないことである（林来梵 2010: 36-39頁）。翟国強は，より明快に，憲法の実施と権利の保障のために，司法中心的な解釈理論から超越し，多元的で非司法中心的な基本的権利解釈学を構築すべきと説く（翟国強 2015: 32-33頁）。立法や行政機関による権利保障の重要性を強調しようとする見解は，現在の司法への絶望の裏返しであるともいえる。

結

本章では，「なぜ，中国において『人権』研究の専門書が少ないのか」と「なぜ，その数少ない『人権』研究の専門書が『憲法』の書棚に置かれていないのか」という2つの問いに対する答えを探ることで，中国の「人権」および「人権」研究の特色と課題を析出してきた。

2014年10月，中国共産党第18期中央委員会第4回全体会議（第18期4中全会）が開催された。中心となった議題は「法治」であり，会議の最後に，「中共中央の法律に基づく国家統治を全面的に推進することに関する若干の重大

問題についての決定 [中共中央関於全面推進依法治国若干重大問題的決定]」という文書が採択された。同文書については，肯定否定様々な評価がすでに加えられている。「全国人民代表大会およびその常務委員会の憲法監督制度を改善し，憲法解釈手続のメカニズムを健全なものとする」という記述が入ったことは，憲法学者たちを一定程度勇気づけたことであろう。その一方で，「我が国の憲法は，中国共産党の指導的地位を確立した」，「社会主義法治は党の指導を堅持しなければならない」等，依然として「中国共産党の指導」がしつこいぐらいに強調されている。筆者が注目したのは，キーワードの登場頻度をめぐる明暗である。「法治」は「依法治国 (法に基づいて国を治める)」も含めれば実に 166 回も登場する。「憲法」の登場回数も 38 回を数える。これに対して，「人権」の登場回数はわずか 2 回であり，「憲政」に至っては一度も登場しない。この事実から，「何のために憲法権威を確立するのか」という問題において，今なお，中国共産党の認識が，憲法学者たちのそれとは大きく異なっていることを再確認できる。中国の「人権」および「人権」研究にとっての最大の不幸は，中国共産党の思考方法において，「憲法」が「憲政 (立憲主義)」や「人権」とは分断されて把握されている点にあるといってよい。

　今後も，北京 (西単) 図書大厦と王府井書店の「憲法」の書棚に「人権」に関する専門書が充実することはないであろう。理由のいくつかは，本論で指摘したとおりである。政治的環境の峻厳性，政府・共産党の公式見解の存在，違憲審査制の機能不全等，様々な要因によって，「人権」研究を縦横に展開できない憲法学者の苦悩，忸怩たる思いは察するに余りあるものがある。「人権」研究の不自由さは，それ自体が「人権」問題であると同時に，実際に社会に存在する様々な「人権」問題が法的に解決されず放置され続けることを助長する。

　このような中国の状況を前にして，中国国外にいる私たちがどのように中国の「人権」を研究しうるか，あるいは研究すべきか，について，現時点で筆者にはっきりとした解答があるわけではない。ただ，おそらく，憲法学のアプローチだけでは不十分で，李歩雲がいうような「人権」の多様な存在形態を意識しつつ，複数のアプローチによる多角的な研究が必要なのであろう。学際的・国際的な対話はもちろんのこと，法曹実務者，NGO，人権問題当事者等との対話も研究に有用であろう。その場合，研究にとどまらず，中国の

人権状況改善のために苦闘する憲法学者，弁護士，NGO に声援を送ったり，さらには自らもそうした社会運動にコミットしていくかどうかは，個々の研究者の選択に委ねられるべきである。

※本稿は，日本学術振興会科学研究費補助金（基盤研究 (C)）「権威主義体制下の憲法観——中国憲法と近代立憲主義との「距離」」（課題番号：15K03105）(2015–17 年度) に基づく研究成果の一部である。

注

1) 田中信行のもう 1 冊の現代中国法テキストである田中 2013 では，「第 2 章 憲法」の中で「第 2 節 人権」がおかれ，ごく簡単な記述がなされている (24–27 頁)。

2) 中国語の原語は，「公民的基本権利」である。高見澤・鈴木・宇田川 2016 では，初版以来一貫して「公民」を「市民」と訳出している。「政治社会の一員であることによって権利・義務の主体となる，という中国憲法の発想」を意識しているのであろう（高見澤 2012: 523 頁）。他方で，西村幸次郎は，中国語の「市民」は都市住民の意味で使われており，「『公民』は『国籍』の有無を問題とし，『市民』よりも広い概念であり，日本語の『国民』に近い」と指摘している（西村 1995: 194–195 頁）。「公民」が「市民」よりも概念的に広いかどうかはともかくとして，筆者も中国語の「公民」を「市民」と訳出することに違和感を拭い去れず，自身の研究ではそのまま「公民」という語を使用し続けてきた。

3) 中国共産党中央の「国民党の六法全書を廃棄し解放区の司法原則を確定することに関する指示」(1949 年 2 月 22 日)，「論人民民主専政 (1949 年 6 月 30 日)」（毛沢東 1991: 1470–1471 頁）等。

4) 例えば，高橋 2014 は，日本と中国の憲法学者による立憲主義の継受と受容についての共同研究の成果であるが，統治機構の論点に終始し，立憲主義の核心ともいえる「人権」を扱った論考は収録されていない。

5) 沈家本，康有為，厳復，孫中山，梁啓超，陳独秀，李大釗，馬叙倫，胡適，銭端升，馬哲民の人権思想を取り上げている。同書が，中国大陸ではなく香港の出版社から刊行されていることに留意されたい。

6) すべてを網羅することはできないが，さしあたり，国際政治学者の著作の代表的なものとして，朱鋒 2000 と劉傑 2004 を挙げておく。

7) ただし，自由民主党の「日本国憲法改正草案」(2012 年 4 月決定) は，かなりの程度，西欧立憲主義とは異なる憲法観に立脚しており，日本においても，今後の憲法改正論議の展開の中で，各政党がそれぞれの「人権観」を披瀝する場面が増えることが予想される。

8) 本章と扱っている内容は異なるが，鈴木賢は，「『法理学』の誕生」という角度から 1980 年代半ば以降の「法理論の転換」を描き出している（鈴木 1999: 327–331 頁）。

9) 鈴木 1997 が，彼（女）らの論文を翻訳し解説を加えている。

10) そもそも，最近では，書店において「憲法」の書棚自体がほとんどみられなくなった。「憲法」の書棚は「法学理論」の書棚にまとめられてしまった。

第 3 章　人　権　　　　77

11)　法哲学者の張文顕も同じ時期に同じ趣旨の論を展開している（張文顕 1991：28 頁（邦訳として，鈴木 1997：21 頁））。現在，少なくとも，中国の法哲学界・憲法学界においては，李歩雲の見解は幅広いコンセンサスを得ているようである。

12)　1990 年代後半までのこうした憲法学の研究の潮流は，今日，中国において，一部の憲法学者も批判的に回顧している（例えば，翟国強 2010：30–32 頁等）。

13)　中国においては，憲法改正の主張自体が憲法学者たちにとって「危ない橋」である。憲法擁護・遵守の義務が，国家権力だけでなくすべての公民に課されているために，積極的で大胆な憲法改正の提言は，一歩間違えれば，憲法に反対する行為と認定される恐れがある。どこまでが大胆な憲法改正の提言で，どこからが憲法に反対する行為であるのか，その境界はきわめてあいまいで，恣意的な政治的判断・配慮が働く余地を多く残している（石塚 2006：351–353 頁）。

14)　「立法法」90 条は，次のように規定していた。

1 項：国務院，中央軍事委員会，最高人民法院，最高人民検察院，および各省・自治区・直轄市の人民代表大会常務委員会は，行政法規，地方的法規，自治条例および単行条例が憲法または法律に抵触すると判断した場合，全国人民代表大会常務委員会に書面で審査を行うよう要求することができる。常務委員会工作機構は，関連の各専門委員会にそれぞれ審査させ，意見を提出させる。

2 項：前項の規定以外のその他の国家機関および社会団体，企業・事業組織および公民は，行政法規，地方的法規，自治条例および単行条例が憲法または法律に抵触すると考えた場合，全国人民代表大会常務委員会に書面で審査を行うよう建議を提出することができる。常務委員会工作機構は，研究を行い，必要な際には，関連の専門委員会に審査させ，意見を提出させる。

　なお，「立法法」は 2015 年 3 月に比較的大きな改正がなされ，同規定は 99 条に移されている。

15)　中国政府は，2015 年 12 月に「人口・計画生育法」を改正し，これまでの「一人っ子政策」を転換・終止したが，その背景・理由・意義を説明した中共中央・国務院「全面的に二人っ子政策を実施し，計画生育サービス・管理を改革・改善することに関する規定」（2015 年 12 月 31 日）の中で，女性の自己決定権（リプロダクションの権利）には一切触れられていない。それでも，「人口・計画生育法」改正案の審議過程において，「生育権は基本的人権の 1 つであり，生育方式の選択権は生育権の基本的内容の 1 つである。生育権の視点から論じれば，不妊夫妻が代理出産技術を用いて子を得る権利を剥奪すべきでない」と述べた委員もおり興味深い（「晩婚晩育假等引熱議，禁止代孕損害公民生育権？」『中国青年網』2015 年 12 月 26 日（http://finance.youth.cn/finance_gdxw/201512/t20151226_7465015.htm））。

16)　同趣旨の論述として，徐崇温 1993：141 頁等。

17)　現在，ほとんどの憲法教科書・憲法概説書は，「生存権」に言及さえしていない。660 頁におよぶ張千帆の『憲法学導論』が，「第 8 章　権利の憲法的保障」の中で「第 5 節　集団的権利——生存権と発展権」という項目を設けてごく簡単に概説しているにすぎない。国際人権条約の内容を中心とするわずか 2 頁の概説の中に，「人権白書」という語は登場しない（張千帆 2008：654–655 頁）。

18)　1990 年代後半以降，全国人民代表大会常務委員会は，憲法 67 条 4 号に基づき，何度

か，香港・マカオにおける諸問題に関して，「香港特別行政区基本法」と「マカオ特別行政区基本法」の解釈を行っているが，これら法律解釈は，厳密な意味での憲法解釈ではない（王菁・張正 2012: 182-184 頁）。

19) 憲法監督について論じた研究成果は，中国においてはもちろんのこと，日本においても数多く公表されており，枚挙にいとまがない。さしあたり，中国語文献として，王振民 2004，莫紀宏 2006，李忠 2002 を，日本語文献として，鹿嶋 2004a: 1-25 頁，鹿嶋 2004b: 1-18 頁，胡錦光・韓大元 1996: 107-119 頁（第 6 章），121-141 頁（第 7 章），143-180 頁（第 8 章）等を参照。

20) 例えば，2000 年 10 月に全国人民代表大会常務委員会は，「行政法規，地方的法規，自治条例および単行条例，経済特区法規記録審査工作手続」を定めている。

参考文献

日本語

浅井敦 1985『中国憲法の論点』法律文化社。

阿部浩己 1997「アジアの人権——地域人権機構への道」『国際問題』449 号。

石塚迅 2004『中国における言論の自由——その法思想，法理論および法制度』明石書店。

石塚迅 2006「「人権」条項新設をめぐる「同床異夢」——中国政府・共産党の政策意図，法学者の理論的試み」アジア法学会編『アジア法研究の新たな地平』成文堂。

石塚迅 2007「中国からみた国際秩序と正義——「中国的人権観」の 15 年」『思想』993 号。

石塚迅 2009「国際人権条約への中国的対応」西村幸次郎編『グローバル化のなかの現代中国法〔第 2 版〕』成文堂。

石塚迅 2013a「中国憲法の改正，解釈，変遷」北川秀樹・石塚迅・三村光弘・廣江倫子編集委員『現代中国法の発展と変容——西村幸次郎先生古稀記念論文集』成文堂。

石塚迅 2013b「憲法に埋め込まれた個人抑圧の論理」『中央公論』2013 年 12 月号。

王叔文 1994「社会主義人権」王叔文・畑中和夫・山下健次・西村幸次郎編著／土肥道子・林来梵・永井美佐子訳『現代中国憲法論』法律文化社。

奥平康弘 1993『憲法 III——憲法が保障する権利』有斐閣。

鹿嶋瑛 2004a「中国における憲法保障——現行 82 年憲法下における憲法監督制度を中心に（一）」『法学研究論集』20 号。

鹿嶋瑛 2004b「中国における憲法保障——現行 82 年憲法下における憲法監督制度を中心に（二・完）」『法学研究論集』21 号。

韓大元著／洪英訳 2008「中国の最近の憲法学の動向について（2007 年 11 月 19 日）」『早稲田大学比較法研究所講演記録集』10 号。

久保亨・嵯峨隆編著 2011『中華民国の憲政と独裁 1912-1949』慶應義塾大学出版会。

胡錦光・韓大元 1996『中国憲法の理論と実際』成文堂。

第 3 章 人 権　　79

小山剛 2009『「憲法上の権利」の作法』尚学社。

鈴木敬夫編訳 1997『中国の人権論と相対主義』成文堂。

鈴木賢 1999「ポスト『文革期』中国における変法理論の転換――『法制』と『法治』の
　　あいだ」今井弘道・森際康友・井上達夫編『変容するアジアの法と哲学』有斐閣。

高橋和之編 2014『日中における西欧立憲主義の継受と変容』岩波書店。

高見澤磨 2012「中国」高橋和之編『新版世界憲法集〔第 2 版〕』岩波文庫。

田中信行編 2013『入門　中国法』弘文堂。

土屋英雄編著 1996『現代中国の人権――研究と資料』信山社。

土屋英雄編著／季衛東・王雲海・王晨・林来梵 1998『中国の人権と法――歴史，現在
　　そして展望』明石書店。

土屋英雄 2012『中国「人権」考――歴史と当代』日本評論社。

董成美編著／西村幸次郎監訳 1984『中国憲法概論』成文堂。

中村元哉 2004『戦後中国の憲政実施と言論の自由 1945-49』東京大学出版会。

西村幸次郎 1995『現代中国の法と社会』法律文化社。

野村浩一 2007『近代中国の政治文化――民権・立憲・皇権』岩波書店。

原正人 2012『近代中国の知識人とメディア，権力――研究系の行動と思想，1912～
　　1929』研文出版。

水羽信男 2007『中国近代のリベラリズム』東方書店。

三船恵美 2003「米中関係における人権外交」『現代中国研究』12 号。

村田雄二郎編 2011『リベラリズムの中国』有志舎。

毛里和子 1997「中国の人権――強まる国権主義の中で」『国際問題』449 号。

山岸健太郎 2009「国連における中国の人権問題」『愛知大学国際問題研究所紀要』134
　　号。

中国語

杜鋼建 1993「新憲政主義与政治体制改革」『浙江学刊』1993 年 1 期。

杜鋼建 2004『中国近百年人権思想』香港中文大学出版社。

谷春徳 1982「略論 “天賦人権” 説」『紅旗』1982 年 7 期。

郭道暉 2004「人権概念与人権入憲」『法学』2004 年 4 期。

韓大元 2009「《憲法解釈程序法》的意義，思路与框架」『浙江社会科学』2009 年 9 期。

韓大元 2012『生命権的憲法邏輯』譯林出版社。

焦洪昌 2004「“国家尊重和保障人権” 的憲法分析」『中国法学』2004 年 3 期。

李歩雲 1991「論人権的三種存在形態」『法学研究』1991 年 4 期。

李歩雲主編 2005『人権法学』高等教育出版社。

李忠 2002『憲法監督論〔第 2 版〕』社会科学文献出版社。

林来梵 2010「中国的 “違憲審査”：特色及生成実態――従三個有関用語的変化策略来看」
　　『浙江社会科学』2010 年 5 期。

劉傑 2004『人権与国家主権』上海人民出版社。

毛沢東 1991『毛沢東選集〔第 2 版〕』第 4 巻，人民出版社。

莫紀宏主編 2006『違憲審査的理論与実践』法律出版社。

上官丕亮 2010『憲法与生命——生命権的憲法保障研究』法律出版社。

王菁・張正 2012「在進与退的辺縁——我国憲法解釈之反思」『河北法学』2012 年 8 期。

王振民 2004『中国違憲審査制度』中国政法大学出版社。

魏定仁主編 1994『憲法学〔第 2 版〕』北京大学出版社。

夏正林 2007「従基本権利到憲法権利」『法学研究』2007 年 6 期。

徐崇温 1993「人民的生存権是首要的人権」黄楠森・陳志尚・董雲虎編『当代中国人権論』当代中国出版社。

翟国強 2010「新中国憲法権利理論発展評述——以方法論為視角」『北方法学』2010 年 3 期。

翟国強 2015「基本権利釈義学的困境与出路」『当代法学』2015 年 6 期。

張千帆 2008『憲法学導論——原理与応用〔第 2 版〕』法律出版社。

張文顕 1991「論人権的主体与主体的人権」『中国法学』1991 年 5 期。

周永坤 2006「試論人民代表大会制度下的違憲審査」『江蘇社会科学』2006 年 3 期。

朱鋒 2000『人権与国際関係』北京大学出版社。

第4章

統治機構

高見澤 磨

序

　本章の標題は統治機構であって国家機構ではない。憲法が定める国家機構については，西村 2008 第 1 章，高見澤・鈴木・宇田川 2016 第 2 章・第 3 章，小口・田中 2012 第 2 章 II などにおいて，全国人民代表大会を頂点とし，国務院が行政を，最高人民法院が裁判を，最高人民検察院が検察活動（刑事訴追及び裁判監督）を，国家主席が国家元首としての多くの任務を，中央軍事委員会が軍の統帥を担うという権力集中民主主義の構造を有しているものとして概観されている。第一級行政区たる省・自治区・直轄市から県級（県及び県級の市並びに大きな市のもとにある区を含む）に至るまで，人民代表大会，人民政府，人民法院，人民検察院によって広義の政府が形成され，郷・鎮において人民代表大会と人民政府とによって広義の政府が形成されるという構造によって貫かれている。地方自治は憲法上存在せず，下級政府は上級政府に従う構造となっている。自治としては，特別行政区の高度な自治，民族自治区域の民族自治，基層住民自治の 3 種類のみが憲法上認められている。

　しかし，このような構造を描いただけでは中国の統治のあり方を描いたことにはならない。これに共産党による領導（以下「党の指導」と表現する）を加えて描くことによってはじめて統治の基本を論じたことになる。但し，法学的研究としては，国家機構を軸としつつ，これに党の指導を加味して描くことが多い。他方，政治学的研究としては，党の指導を中核とし，それを国家の意思として示す道具または正当化の経路として国家機構を描くことが多い。西村 2008 第 1 章第 5 節，高見澤・鈴木・宇田川 2016: 43-44 頁，55 頁，66-69

頁，137頁，331-332頁，小口・田中 2012 第 2 章 I において党の指導が論じられ，とくに小口・田中はこの点で比較的詳細である。

党の指導についての憲法上の根拠としては，1949 年の中国人民政治協商会議共同綱領 (以下，共同綱領) や 1954 年憲法以来の第 1 条の「労働者階級が指導し」の文言の解釈として労働者階級の前衛たる党の指導を導いたり，1975 年憲法 (2 条，13 条，15 条，16 条，17 条，26 条) のように党の指導を明示したり，1982 年憲法前文で示される 4 つの基本原則のひとつとして党の指導が掲げられるなどの表現形式がある。但し，こうした憲法上の根拠があるので党の指導が形成的に認められている，という法理的解釈よりは，党の指導という政治的実態とそれを継続しようとする党の政治的意思とがあってそのある部分が憲法上の文言となっていると考える方が中国を理解しやすいかもしれない。このことは一方では理論上の問題でもあり，他方では描き方の問題でもある。こうした枠組そのものについても，今後中国の政治改革を目指す動き (それを妨げようとする動きを含む) と関連させつつ，また，政治学的成果を参照しつつ研究する必要がある。政治学的成果としての概説としては，毛里 2012 をまずは参照されたい。

本書においては，各章において直接または間接に統治機構と関連する記載があるが，「第 1 章　法源」，「第 2 章　中国共産党と法」はとくに関連する。

以下，第 1 節においては，今日の法の基本である党の指導・権力集中型民主主義 (民主集中制)・単一制に関する論点を概観し，第 2 節においては，こうした枠組に揺らぎを与える可能性のある市民社会論的動向を概観する。

上記の論点のほかに，憲法 (共同綱領を含む) の起草・立法過程 (各種の憲法的立法論や制定後の宣伝・学習活動や教科書作成過程などを含む) を歴史的に研究することもまた重要であり，いまだ解明されていない点が多い。とくに 1954 年憲法起草過程においては 2 カ月，1982 年憲法起草過程においては 4 カ月，草案に対して人々に意見を求めたが，こうした意見を集約した資料もまた利用可能である[1]。

第 1 節　「中国特色社会主義法律体系」なるものの原則

2011 年 3 月 10 日，全国人民代表大会常務委員会委員長呉邦国は，全国人民代表大会における工作報告において「中国特色社会主義法律体系」(中国的

特色ある社会主義法体系)が基本的に確立され，今後もより情況に併せて完成度を高めていく旨の報告を行った。1997年の中国共産党第15回全国大会において2010年までに中国的特色ある社会主義法体系を確立することを目標として掲げたことを承けたものである。その中の「形成中国特色社会主義法律体系的重大意義和基本経験」(中国的特色ある社会主義法体系を形成することの重大な意義及び基本的経験)において，以下のような表現がある。

「従中国国情出発，鄭重表明我們不搞多党輪流執政，不搞指導思想多元化，不搞"三権鼎立"和両院制，不搞聯邦制，不搞私有化。」(中国の国情から出発し，我々は複数政党制を行わず，思想の多元化を指導することを行わず，「三権分立」や二院制を行わず，連邦制を行わず，私有化を行わないことを厳粛に表明する。)

　すなわち，共産党の指導(複数政党制の否定)，全国人民代表大会を頂点とする権力集中型民主主義(権力分立の否定)，単一制(連邦制の否定)を統治機構の基本として表明したのである(私有を含む所有の問題は，「第III部　民商法」の第6章，第8章で触れる)。こうした中で憲政または立憲主義を語ることの意義は常に問われなければならない。韓2012は法統，公民，人民，国体などの基本概念から論じている。これに権利，人権，自治などの概念をも含めて，当代を論じる場合には，中国の論者にとってはときに政治的制約を感じながらの営為となる。他方，歴史として論じる場合には自由度が広がるので，清末から民国期についての研究成果にも目を配る必要がある。また，近代立憲主義の問題は日本の法学徒にとっても重要である[2]。

　本節では，党の指導，全国人民代表大会を頂点とする権力集中型民主主義，単一制の順でそれぞれの論点を概観する。

1　党の指導

　中国共産党を統治機構の中でどのように位置づけるかということと，それを法的にどのように説明するか(説明困難という場合を含めて)ということとはともに重要な問題である。基本的なこと，とくに後者については，序で述べたように「第2章　中国共産党と法」を参照されたい。また共産党組織の基本については中国共産党章程を参照されたい(党の全国代表大会において改正されることがあるので，調べたい時代の章程のテキストを参照すること)。

　ある県の統治の最高責任者は当該県の共産党委員会の書記であり，党中央から派遣される。県人民代表大会常務委員会委員長，県人民政府の県長，県

人民法院の院長，県人民検察院の検察長や県政治協商会議委員会主席は，それぞれの立場で書記を支え，かつ党員である。副長に民主党派や無党派人士が任じられる場合もあるが，これは統一戦線の具体的な表現でもあり，また，長が共産党中央の人事政策によって任命されるので，必ずしも職業的専門性を有しない場合の専門家配置措置ともなる場合がある。こうした形態は県以上中央に至るまで基本的に同じである。

　県の下にある農村部の政府たる郷・鎮においては基層委員会が置かれる。その書記が当該郷鎮の統治の責任者であり，県以上と同様に人民代表大会や人民政府の責任者は書記を支える立場となる。都市部（県級の市や大きな市のもとにある区）の政府の派出機関たる街道弁事処（その管轄区域が街道）にも同様に基層委員会が置かれ，書記が統治行為の責任者となる。実際の住民サービスや住民管理は街道派出所が行う。

　全国レベルで見れば全国人民代表大会を頂点とする権力集中型民主主義（と地方自治の欠如）や各地方レベルでも当該地域の人民代表大会を頂点とする権力集中型民主主義のほかに党委員会（及びその書記）による領導という面での集中型のシステムを見て取ることができる。

　郷の下には基層住民自治組織としての「村」があり，村民大会・村民代表大会のもとに村民委員会が置かれ，その主任が責任者となっている。都市部（鎮を含む）はいくつかの住民自治の単位に分かれ，今日では「社区」と呼ばれている。そこでは居民委員会が置かれ，その主任が責任者となっている。こうした村や社区の場合には，当地の党員の人数や活動上の必要性などにより，基層委員会，総支部委員会，支部委員会などが置かれる。これらを総称して「党的基層組織」（党の基層組織）という。党員が3名以上いる場合には何らかの基層組織が置かれ，その書記が責任者となる。このことは，企業，公共事業体，研究・教育機関，各種の社会組織・団体，人民解放軍の中隊規模の部隊などで同様である。これら党の基層組織は自ら書記を選び，上級組織に報告して許可を得ることとなっている。

　一方，党中央の機構としては，最高の意思決定機関は全国代表大会であり，5年に一度開催される。全国代表大会は中央委員会の委員及び「候補委員」（委員に欠員が生じた場合に備える補欠要員）を選ぶ。中央委員会は少なくとも年1回開催される。中央委員会は，中央政治局及び中央政治局常務委員会の各委員と中央委員会総書記を選ぶ。さらに，「党の中央軍事委員会」の委員を選

ぶ。

　通常，党大会は北京の最もよい季節である秋に開催され，その直後に最初の中央委員会が開かれる。そこで決まった「党の中央軍事委員会」の委員は，年が明けた春に開催される全国人民代表大会で国家の中央軍事委員会の委員として選出されるので，半年のずれはあるものの最終的には同じ顔ぶれとなる。このことで人民解放軍は党の軍隊か国家の軍隊かという問題が生じることを回避している。なお，人民解放軍において「党の中央軍事委員会」が担う政治活動を具体的に行うのは，政治工作部（かつての総政治部）である。

　中央軍事委員会委員人事に見られるように，党の政策決定があっても，国家の政策決定ではなく，しかるべき国家機関に提案し，それが認められて国家的な意思決定となる。また，国家機関や企業その他の組織においては，それらの意思決定やその執行において党組織や党員が率先し，または，監督する役回りとなるというのが共産党の統治行為の基本的な姿であろう。

　複数政党制が否定されているので，民主党派は統一戦線における協力者の立場にある。民主党派や無党派人士の人民代表大会や政治協商会議における提案がどの程度活発で，また重視されているのかについての実証的な研究成果はない。市場メカニズム導入後，経済・環境・価値観など多様な要求が交錯するようになると，共産党内部での調整機能や従来型統一戦線組織を用いての調整機能だけで利害対立を収集できるとは限らない局面も想定しなければならない。また，インターネット環境による新たなメディアや既存のメディアの新たな試みなども社会問題の存在の提示や解決に重要な役割を果たしつつあるが，他面では，その限界や党からの制約もある。

　経済的側面では，市場に委ねる方向が見られ，許認可事項の削減を中心とする国家の後退が見られる。市場に委ねるということは工商業聯合会のような統一戦線組織を通じた財界・業界指導もまた改める傾向にあるということでもある。

　2013年3月26日付けの「国務院辦公庁関於実施《国務院機構改革和職能転変方案》任務分工的通知」（国務院機構改革及び職能転換構想の任務分担を実施することに関する国務印辦公庁通知。以下，通知）は，経済的側面を中心に国家の機能の後退を目指している。各種の活動は市場における企業活動や民間組織に委ねられ，その設立や活動をより自由に行わせる方向を見て取ることができる。通知の2013年完成任務第23は，業界団体，科学技術，地域社会サービスな

どの社会組織は民政部門に直接登記することを挙げ，従来のような業務主管部門での認可も要する二重管理をやめることとしている。また，2014 年完成任務第 23 及び 2015 年完成任務第 6 は業界団体につき，一業種に複数の業界団体を認めることを挙げている。業界団体以外にも公益を担おうとする民間組織が多くある。近年では地域末端の行政については，その一部を企業や民間組織に外注することもあり「購買服務」と呼ばれる。国家以外に公共を担う組織が多くなれば，その分だけ，国家機関を通じて共産党が統治を行うというあり方も変わる。但し，企業や各種の業界・職業団体や民間組織の重要性が増していることを背景として，これらに対する党の指導を従来より強化しようとする動きも見られる。

　上記通知について言えば，業界団体以外の団体については，社会団体登記条例が定める一地域・一目的・一団体のしばりがはずれるか否かは不明である。しばりがはずれなければ，その限りで結社の自由の制限が依然として残ることになる。

　近年では，民間組織に対して共産党組織を設けることを要求する動きがある。2009 年 11 月 5 日には「中共中央組織部・中央深入学習実践科学発展観活動領導小組印発《関於深入学習実践活動中進一歩推動建立健全非公有制経済組織党組織的意見》的通知」（学習実践活動において非公有制経済組織が党組織を設置することをさらに推進することに関する意見を印刷発布する中国共産党組織部・中央学習実践科学発展観深化指導小組通知），同 8 日には「中共中央組織部・中央深入学習実践科学発展観活動領導小組印発《関於深入学習実践活動中進一歩推動建立健全新社会組織党組織的意見》」（上記非公有制経済組織の部分が新社会組織となっている）が発された。前者は，私有・私営の企業に 3 名の党員がいる場合には党組織を，3 名に満たない場合には近隣で業態が近いところと聯合して党組織を形成することを求めている。後者は，社会団体・基金会・NPO の「専職工作人員」（専従者）のうちに 3 名の党員がいれば党組織を，3 名に満たなければ他と聯合して党組織を設けよとする。基本的には党の章程の定めるとおりではあるが，それを徹底させようという意図が見られる（高見澤 2013，高見澤 2014）。但し，そうした党員が当該事業に熱心で事務局活動，とくに政府との連絡役を担っている場合もあるので，党組織の設置が民間組織の活動を阻害する側面だけではない。他面で，党や政府への連絡役がいることで活動に益するところがあるというあり方や大きな制度枠組自体もまた議論すべ

きことがらであり，現地調査を含む実地調査を行ったり，そうした研究の成果に留意する必要がある。 なお，こうした民間組織を通じて人々が公共を担うということは市民社会論とも通じる。このことは第2節において論じる。

2 全国人民代表大会を頂点とする権力集中型民主主義

人民の代表機関が権力機関となり，他の機関はその手足としての執行機関となるという政体は，パリ・コンミューンから旧ソ連のソビエト制度（ソビエトとは会議体の意である）を経て中国の人民代表大会へと継受されたものである。中華民国期の国民党政権期において憲政として目指された政体における国民大会もその系譜にある。しかし，全国人民代表大会（以下，その常務委員会を含む。県以上の人民代表大会においても同様）や地方性法規制定権のある省・自治区・直轄市や省政府・自治区政府所在都市その他国務院が定めた大都市の人民代表大会の立法活動や政府に対する監督や全国人民代表大会の憲法監督機能がその高い地位にふさわしい形で行使されているか否かは別の問題である。とは言いながらも，人民代表大会は今日ではかつてよりも長く開催し，また，インターネット上での広報や意見募集などもあり，一定の機能も果たしている。常務委員会やそのもとにある工作委員会や各種委員会の活動を含む実証的研究が望まれる（権威主義体制においても人民の代表として行動する実態についての調査としては Manion 2014 がある）。

司法の独立がしばしば中国においても論じられるが，権力分立を前提とするものではなく，人民代表大会の監督下にあるものとしての独立であり，主としては行政からの独立または有力者の干渉からの独立を意味する。「第1章 法源」で見たように伺い・指示の体系を有するので，独立して法令の解釈・適用を個々の裁判官が行うという意味でもない[3]。党との関係については「第2章 共産党と法」を参照されたい。

国家機構については，憲法に規定があるほか，全国人民代表大会組織法（1954年9月20日通過・公布・施行。1982年12月10日改正・公布・施行），国務院組織法（1954年9月21日通過・公布・施行。1982年12月10日改正・公布・施行），人民法院組織法（1954年9月21日通過・公布・施行。1979年7月1日改正，同年7月5日公布，1980年1月1日施行。1983年9月2日改正・公布・施行。1986年12月2日改正・公布・施行。2006年10月31日改正・公布，2007年1月1日施行），人民検察院組織法（1954年9月21日通過・公布・施行。1979年7月1日改正，同年7月

5 日公布，1980 年 1 月 1 日施行。1983 年 9 月 2 日改正・公布・施行。1986 年 12 月 2 日改正・公布・施行），国防法（1997 年 3 月 14 日公布・施行，2009 年 8 月 27 日改正・公布・施行），地方各級人民代表大会和地方各級人民政府組織法（1979 年 7 月 1 日通過公布，1980 年 1 月 1 日施行。1982 年 12 月 10 日改正・公布・施行。1986 年 12 月 2 日改正・公布・施行。1995 年 2 月 28 日改正・公布施行。2004 年 10 月 27 日改正・公布・施行（但し，3 条は新たな期の常務委員選出のときから施行）。）などがある。国務院組織法 8 条は，国務院所属の部門の設置につき，総理が全国人民代表大会（閉会中はその常務委員会）に提案し，その決定による旨定めるが，そのための法律の制定を要する旨は定められておらず，何々部設置法のような法律は無い（「国務院行政機構設置和編制管理条例」（1997 年 8 月 5 日公布・施行）も同旨）。財務についての規則としては「行政単位財務規則」（2012 年 12 月 6 日公布，2013 年 1 月 1 日施行）がある。

3 単一制（連邦制の否定）と自治

国政上の 3 つめの原則は単一制であり，これは連邦や国家連合の形態を否定するものである。いずれのかの地域が国家となることを目指して独立する場合だけではなく，連邦や国家連合の形で中国の内にとどまることを提唱したとしても，国家分裂罪（刑法 103 条及び「反分裂国家法」（2005 年 3 月 14 日公布・施行））となりうる。

民族自決の主体たる民族（Nation）となることができるのは「中華民族」という集合体（憲法上の用語としては「我国各族人民」）であり，漢族と 55 の少数民族とから成り，各少数民族は民族区域自治の主体であって，国家を形成する Nation とはならない，というのが中国における憲法・国際法上の基本となっている。また，香港・マカオについては特別行政区（中国側の願望としては将来的には台湾も）の高度な自治の主体である（憲法 31 条，香港特別行政区基本法，マカオ特別行政区基本法。但し，憲法 31 条には「高度の自治」という文言は無い）。このほかに憲法上の自治が認められているのは基層住民自治である。本節 1 で触れたように，また，2 で見たように全国人民代表大会を頂点とする国制であるので，憲法上の原理としては地方自治はない。

憲法，民族区域自治法（1984 年 5 月 31 日公布，同年 10 月 1 日施行。2001 年 2 月 28 日改正・公布・施行），立法法（2000 年 3 月 15 日公布，同年 7 月 1 日施行）などにより，民族自治区域においては，当該区域の基本法たる自治条例と個別の

問題ごとの単行条例との立法が認められている。しかし，自治州及び自治県のかなりが自治条例を有しているのに比して，5つある自治区はいまだ自治条例を有していない（芒来夫2006。国務院との権限調整の困難につき，また，民族自治区域の立法一般につき，康耀坤・馬洪雨・梁亜民2007）。宗教においても信仰の自由を定めつつ，他面で外国勢力の支配を受けないという原則のもとにある。こうした問題にまで至ると，統治機構の問題としてのみならず，人権概念にまで立ち入る必要が生じる（「第3章　人権」を参照されたい。）。

　香港・マカオの両特別行政区については「高度な自治」が認められている。

　1980年代にはいると香港返還交渉が具体的な外交日程にのぼるようになってきた。高度の自治権を有し，資本主義的な香港の現行制度を残したままでの返還を認めるという「一国両制」を原則とし，中華人民共和国法たる香港特別行政区基本法の起草が開始され，1990年4月4日全国人民代表大会を通過した（西村2008は「第12章　香港基本法」として専門の章を置いている）。同法2条は「高度の自治」（行政管理権，立法権，司法権＝終審権）を定め，5条では社会主義を実施せず，もとの制度を50年間継続することを定めている。8条で本法と抵触するものや特別行政区立法機関による修正があるものを除き，法制度はそのまま保たれるとしている（また160条も同旨）。但し，外交権は中華人民共和国国務院外交部にあり（13条。但し，その一部が香港当局に授権されることがある），軍事も中央に属し（14条。但し，軍は香港の地方事務には不干渉とし，香港の治安は香港の当局が担当する），本法の解釈権は全国人民代表大会常務委員会に（158条），改正権は全国人民代表大会にある（159条）。

　1997年7月1日に香港（香港島，九龍，新界）は中国に返還され，この日に上記基本法は施行された。返還後は，中央（北京）と香港との間では自治事項の内容をめぐってしばしば緊張関係が生じている。何が自治事項であるかを解釈する権限は全国人民代表大会常務委員会にあるのか，それとも香港終審裁判所で決定が行われるのか，仮に全国人民代表大会常務委員会だとしてもその解釈には自治の実質を守るために一定の制限があるのか，という基本法解釈論争の形をとって政治的かけひきが行われている。こうした政治過程と法の形成過程（運用・解釈を含む）との緊張関係は今後も香港法研究の軸となっていくであろう。

　マカオは明代，1553年にポルトガル人が来航し居住を開始したと言われ，1572年から1849年までは地租を納めていたので必ずしもポルトガルが領有

を意識していたのではなかったと思われる。地租の支払いを止めたことが領有を意識し始めたことを意味する。1887年の北京条約によってポルトガル人による永駐管理が認められた。

1979年には返還交渉が始まり，1993年3月31日に中華人民共和国澳門特別行政区基本法が制定され，1999年12月20日に中国に返還され，基本法が施行された。

返還後は従来のマカオ法（ポルトガル法やポルトガル統治時代の現地当局の定めた法令）は，基本法に抵触せず，マカオ立法会による改廃がなければ，そのまま保たれる。こうした構造は前述の香港法と同様だが，マカオの場合，本国であったポルトガルが上記基本法制定時に死刑を廃止していたため（香港の場合にはイギリスは廃止ではなく停止），死刑廃止を明定するか否かの議論があった。結局基本法28条で人身権の規定を置きつつ死刑廃止には明文では言及せず，実際にはその条文に死刑制度を置かないという意味を持たせている。

台湾に対しては，独自の軍隊を有することを含めて特別行政区としての中国への復帰を求めている。

本節1で触れたように都市部においては城市居民委員会組織法に基づき居民委員会が，農村部においては村民委員会組織法に基づき村民委員会が基層の住民自治組織として置かれている。そのもとには人民調解[4]委員会，治安保衛委員会，公共衛生委員会などの委員会が置かれている。

憲法10条の規定により都市の土地は国有，農村部の土地は集団所有と定められている。この点，憲法上の文言としては1982年憲法が初めてである。それ以前には都市の土地は国有とする文言はなかった。農村部の土地については，1954年憲法は農民の土地所有権を保護する旨を定めていた（8条）。1975年憲法及び1978年憲法においては人民公社による生産手段の集団所有が定められてはいたが，1982年憲法10条のように一律に都市の土地は国有，農村の土地は集団所有とするような規定はなかった。人民公社制度は，早い地域では1970年代末に実質的には解体しはじめ，1980年代中頃には全国的になくなった。人民公社解体後の農村部土地の集団所有主体については，憲法にも物権法や土地管理法にも一義的かつ明示的な規定はないが，多くの場合，「村」がその主体となっているように思われる。

ここでは統治機構の観点から「村」についての実態研究の重要性のみを述べる。土地の具体的な管理主体としては村民委員会なのか，別途設けられた

経済合作社なのか，あるいは別の形態なのか，また，村民委員会委員や主任の選出の形態はどのようなものなのか，村民大会や村民代表大会といった村民全体の意思を代表するような意思決定機関の実際の監督作用はどの程度のものなのか，は各地域によって異なる。土地の所有主体・管理主体，それらに対する村民の参与などについては，多くの地域についての実証研究が望まれる。「村」は，土地の管理のほかに水利その他の農村の公共施設の管理を行っている。また，農地を非農業用に転換して開発事業を行うために土地をいったん国有地として建設用地使用権を設定するというような場合には，政府が村の土地を有償で収用するので，村内意思決定の透明性や村民の参加は極めて重要であり，これを欠く場合には往々にして深刻な集団的紛争となる。

　法が定める自治の強さにおいては，特別行政区の高度な自治＞民族区域自治＞基層住民自治の順となる。中国には憲法上地方自治はない，とは言っても，経済力を有する地方は，上記体制と抵触しない範囲において，事実としてかなり広範な政策決定の権限を有している。故に抽象的規範にとどまらず地域ごとの実証的研究によって実態を見る必要がある。

第2節　市民社会 (公民社会) 論的研究

　近年比較的盛んに行われているのは，「市民社会」または「公民社会」という概念を用いて中国社会を描こうとする試みである (以下，本節の用語としては「市民社会」で統一する)。

　「公民」は訳しにくい中国語のひとつである。憲法 31 条は「およそ中華人民共和国国籍を有する人は，中華人民共和国『公民』である」と定めているので，国民という訳語でもよいように思われる。また憲法上の権利の主体としても描かれ，それはロシア語の гражданин (複数形) にもあたり，その訳語としては市民でもよいように思われる。当面は，ある政治社会の一員であることによって権利の主体となる (原理的には天賦人権の考え方はとらない) ということを前提として市民の語を用いて訳語とする (憲法用語の日本語訳につき高見澤 2012 を参照されたい)。

　市民社会についても論者によってその理解は異なる。近年の市民社会論的研究や言論活動において大きなきっかけとなったのは，学林出版社の「欧洲思想系列」 (第一批) として出版されたハバーマス (Jürgen Habebas 〔哈貝馬斯〕)

の三書の影響が大きいように思われる。哈貝馬斯 1999a，哈貝馬斯 1999b，哈貝馬斯 1999c によって，中国の論者も体系的に自らの議論のよりどころのひとつを得た。

　翻訳活動のほかに，団体の社会的意義やそれと関連する概念についての議論のフォーラムも，シリーズものを中心とした出版活動の中で見られるようになっている。生活・読書・新知三聯書店の『公共論叢』，三聯書店（香港）による王寧主編『現代政治透視叢書』，中国社会科学出版社による『政治思潮叢書』，山東人民出版社の『当代中国非政府公共組織研究叢書』などを挙げることができる。人々が，国家機構とは別に団体を形成し，そのことで公共を担うような社会を市民社会とし，また，その主体となるものを市民と位置づける方向が見られる。馬長山 2002 や馬長山 2006 は法哲学の面における研究成果である。市民社会を法の支配や法治主義の側面から論じ，人権保障と権力の制約とが現代法治の基本であるとし，民主政治と市場経済とに適応する自由と理性とによる自律があるべき市民社会とする。また，こうした価値を前提に民間社会組織の重要性と結社の自由の重要性とを強調している。

　憲法 35 条は結社の自由を明定している。しかし，公益または非営利で公共を担う団体結成については規制のもとにある。基金会管理条例（2004 年 3 月 8 日公布，同年 6 月 1 日施行。その施行以前は，1988 年 9 月 27 日公布・施行の基金会管理辦法）に基づいて設立される基金会は，その事業目的を管轄する国務院の部門またはその授権を受けた組織（「業務主管単位」という）が同意した後，民政部門が審査・登記するという手順を要する。「社会団体」については，社会団体登記管理条例（1998 年 10 月 25 日公布・施行。1989 年 10 月 25 日公布・施行の社会団体管理登記条例に代わるものであり，さらにそれ以前は，1950 年 10 月 19 日公布・施行の社会団体登記暫行辦法があった）に基づいて設立される。「社団」と略称されることもある。こちらも業務主管部門と登記機関たる民政部門との双方の審査を要し，また，同条例 13 条 2 号で，同一行政区内に業務範囲が同一または類似する社会団体がすでに存在する場合を，設立が認められない場合として挙げている。「民辦非企業単位」は，1998 年 10 月 25 日公布・施行の民辦非企業単位管理暫行条例に基づいて設立される。これも業務主管部門と登記機関たる民政部門との二者の審査を要し，また，同条例 10 条 3 号は，社会団体登記管理条例 13 条 2 号と同様の定めとなっている。

　主管業務部門と民政部門との二重チェックもさることながら，一地域，一

目的，一団体の規制は新団体の設立に困難をもたらす。よほど新たな社会問題でもないかぎり，政府や中国共産党の外郭団体的なものがすでにあり，その場合には，既存の団体の下部団体となるか，「工商登記」を行い形式的には企業として設立するか，登記をせず活動するか，設立をあきらめるか，という選択をしなければならない。また，中国には，日本の任意団体または権利能力なき社団という考え方はない。中国の場合，契約法（「合同法」）や，民事訴訟法には，法主体として自然人・法人・「その他の組織」が定められるものの，ここにいう「その他の組織」とは，法人ではないが政府に登記を求められるもの，または法制度上，登記を要しないものをいう。故に，任意団体が認められているのではない。強いて例外を挙げれば設立準備中の会社である。登記をしないで活動するという選択は，地下活動を意味する。目こぼしを受けている間はよいが，何かのキャンペーンにひっかかれば取り締まりの対象となるリスクを負う。こうした規制が公共を担う団体形成を妨げている。

本節 1 で触れた 2013 年 3 月 26 日付けの「国務院辦公庁関於実施《国務院機構改革和職能転変方案》任務分工的通知」の 2013 年完成任務第 23 は，業界団体，科学技術，地域社会サービスなどの社会組織は民政部門に直接登記できるようにすることを目標に掲げている。また，2014 年完成任務第 23 及び 2015 年完成任務第 6 は業界団体につき，一業種に複数の業界団体を認めることを掲げている。業界団体以外の団体について一地域・一目的・一団体のしばりがはずれるか否かは不明であり，業界団体についての規定の仕方から反対解釈するならば，このしばりははずれないように読める。業務主管部門と民政部門との二重審査の手間だけははぶかれることになりそうである。こうした規制緩和の動きは一定程度あるものの，団体規制が大幅に緩和されるわけではない[5]。

結社の自由を中核とする市民社会論にとって団体規制を内包する統治機構は改革の対象ではあるが，それだけに市民社会論自体が規制の対象となりやすい（言論規制については「第 2 章　中国共産党と法」及び「第 3 章　人権」を参照されたい）。

なお，個人としての市民間平等や市民の権利を強調することは，民族という属性を淡化する方向にも働く。那仁朝格図 2014 は，そうした方向での「市民の地位の強化」を批判し，少数民族に対して少数民族としての権利及び自由が認められ，それが人権を構成する一部となるべきであるとする。

94 　第Ⅱ部　憲法・行政法

結

　本章では，2011 年に全国人民代表大会常務委員会委員長により示された
「中国特色社会主義法律体系」なるものに基づき，統治機構の基本を党の指導
（複数政党制の否定），全国人民代表大会を頂点とする国制（権力分立の否定と地
方自治の欠如），単一制（連邦制・国家連合の否定）を軸に論じた。また，他面で
は人々が自ら団体を形成して公共を担うという意味での市民社会論の一部を
概観した。こうした市民社会論的な動きは現実の活動において，言論活動に
おいても，上記の「中国特色社会主義法律体系」と緊張を生じるものである。
しかしそれと融合・妥協しつつ一定の成果を挙げつつあることも否定できな
い。今後研究を要する分野である。

　本章では，伝統的な地縁・血縁・同業といった組織やネットワークの位置
づけに言及することはできなかった。これらと同系列のこととしては学校の
同窓，宗教上の教徒間の互助などもあり，社会の秩序形成において重要な一
部となっているはずである。学校や宗教施設・団体が公共を担う局面につい
ても同様である。儒家思想については近年では「国学」と呼ばれて重視され，
書院と呼ばれる伝統的な学問の場で講じられることもある（あるいは孔子廟が
その役割を果たす場合もある）。これらは，憲法上は 35 条（言論・出版・集会・結
社・示威などの自由），36 条（信教の自由）などの問題であり，下位法令の運用に
おいてどの程度まで許容され，どの程度からは取り締まられるのか，という
問題設定となりやすい。他面では，これらの活動自体が社会秩序そのもので
あり，広義には統治機構研究と関わる。これらのことを憲法上の統治機構の
議論としてどのようにとらえるべきかは今後の課題としたい。

注

1)　1954 年憲法起草段階における意見集約資料としては，中華人民共和国憲法起草委員会辦
　公室印『憲法草案初稿討論意見彙輯』がある。筆者は，1998 年に北京大学法学院図書室に
　おいて閲覧した。また，それ以前，1987 年にも北京大学図書館において閲覧した。大学図
　書館のものには馬寅初からの寄贈である旨の記載が表紙にあった。1982 年憲法起草段階に
　おける同種の資料は未見。但し，起草段階での意見の若干は新聞などで見ることも可能で
　ある。憲法判断機関を全国人民代表大会常務委員会の下に設ける立法論は 1970 年代末以

降の学術雑誌において少なからず見かけるが，どの程度の実現可能性を意識しての立法論
かは不明である。
2) 2011 年は辛亥革命 100 周年であり，法学関係の学術誌においても特集が組まれた。その
うち『中外法学』の郭紹敏 2011，李啓成 2011 は清帝退位詔書や資政院について憲政の観
点から論じている。民国期法学者であって人民共和国においても活動した人々や市場メカ
ニズム導入の時代にあってもマルクス主義法学を貫いた人々の学術活動史にも着目すべき
である。前者については楊 2005 を挙げる。後者としては張光博の名を挙げておく。
3) 高一飛 2015 は欧州司法委員会連盟（European Network of Councils for the Judiciary）
の調査の紹介という形式をとりながら，裁判の独立を考察するための資料提供を行ってい
る。
4) 人民調解については，1990 年代までの情況については高見澤 1998（または高見澤 2003）
を参照されたい。
5) 但し，業界団体以外についても弾力化の動きがないわけではない。張維 2012 は，深圳
における慈善組織につきまず慈善事業の実行に着手しその後登記すればよい，という方向
での地方立法（「深圳経済特区慈善事業促進条例」）が検討中である旨伝えている。但し，慈
善事業団体の資産運営規制につき議論がある旨も伝える。現状については未確認である。

参考文献

日本語

高見澤磨 1998『現代中国の紛争と法』東京大学出版会。

高見澤磨 2009「近代法制の形成過程」飯島渉・久保亨・村田雄二郎編『シリーズ 20 世
紀中国史 3 グローバル化と中国』東京大学出版会。

高見澤磨 2012「中国」（解説・中華人民共和国憲法）高橋和之編『新版世界憲法集〔第
2 版〕』岩波文庫。

高見澤磨 2013「市民社会形成過程の観点から見た最近の中国法の動向――結社の自由
と無罪の推定とを中心に」『季刊中国』No. 115（2013 年冬季号）。

高見澤磨 2014「中国における法形成」長谷部恭男・佐伯仁志・荒木尚志・道垣内弘人・
大村敦志・亀本洋編『岩波講座 現代法の動態 1 法の生成／創設』岩波書店。

高見澤磨・鈴木賢 2010『中国にとって法とは何か――統治の道具から市民の権利へ』
岩波書店。

芒来夫 2006「中国における民族自治地方の立法自治権の現状と課題――内モンゴル自
治区を中心に」『一橋法学』5 巻 3 号。

毛里和子 2012『現代中国政治――グローバルパワーの肖像〔第 3 版〕』名古屋大学出版
会。

中国語

中華人民共和国憲法起草委員会辦公室印『憲法草案初稿討論意見彙輯』（「内部文件会
後収回」と表紙にある）。

高一飛訳 2015「独立審判与司法問責的欧洲標準和国際標準」『人民法院報』2015 年 11
　　月 27 日 8 面。

郭紹敏 2011「大変局——帝制，共和与近代中国国家転型　《清帝退位詔書》的憲政意涵」
　　『中外法学』2011 年 5 号。

韓大元編 2012『中国憲法学説史研究（上）（下）』中国人民大学出版社。

哈貝馬斯著／曹衛東・王暁珏・劉北城・宋偉傑訳 1999a『公共領域的結構転型』学林出
　　版社，欧洲思想系列（*Strukturwandel der Öffentlichkeit* の 1990 年版の訳）。

哈貝馬斯著／郭官義・李黎訳 1999b『認識與興趣』学林出版社，欧洲思想系列（*Erken-*
　　ntnis und Interesse の訳であり，1993 年 11 月 23 日付けの「致中国読者」という
　　中国版向けの序を有する。また，「訳者前言」にはハバーマスの経歴，作品，本書
　　の解題があり，附記では 1980 年代の中国におけるフランクフルト学派研究の一端
　　が紹介されている）。

哈貝馬斯著／李黎・郭官義訳 1999c『作為 "意識形態" 的技術與科学』学林出版社，欧
　　洲思想系列（*Technik und Wissenschaft als "Ideologie"* の訳）。

康耀坤・馬洪雨・梁亜民 2007『中国民族自治地方立法研究』民族出版社。

李啓成 2011「君主立憲的一曲挽歌——晩清資政院第一次常年会百年祭」『中外法学』
　　2011 年 5 号。

馬長山 2002『国家，市民社会與法治』商務印書館。

馬長山 2006『法治進程中的「民間治理」——民間社会組織與法治秩序関係的研究』法律
　　出版社。

那仁朝格図 2014「民族区域自治是我国解決民族問題的正確制度選択」遼寧民族研究所
　　『満族研究』2014 年 2 期。（同論文は，2012 年 11 月 24-25 日西南民族大学開催の
　　中国民族法学研究会において主題報告として報告され，それを改めたものが「民
　　族区域自治是中国解決民族問題的制度選択」『中国民族報』2013 年 3 月 8 日として
　　公刊され，さらに同年 5 月 31 日に若干の修正を経て「民族区域自治——中国解決
　　民族問題的正確選択」として同報に再掲載されたものである旨，著者よりご教示
　　をいただいた。ここに記して謝意を表す）。

高見澤磨著／何勤華・李秀清・曲陽訳 2003『現代中国的糾紛與法（南京大学亜太法研
　　究所叢書）』法律出版社。

楊兆龍 2005『楊兆龍法学文集』法律出版社。

張維「深圳慈善事業促進条例有望年底前出台——事前組織可以先運作後登記」『法制日
　　報』2012 年 7 月 16 日 6 面。

英　語

Manion, Malanie, 2014, Authoritarian Parochialism: Local Congressional Representation
　　in China, *The China Quarterly*, vol. 218.

第5章

行 政 法

但見 亮

序

　中国の行政法に関する記述を見ると，例えば西村 2008「第3章　行政法」が，それが「長く未発達であった」とした上で，「実際の運用・執行」に疑義を投げかけるように，総じて懐疑的 (ないしは批判的) なスタンスがとられているように思われる (小口・田中 2012 には特に行政法を論ずる章はなく，高見澤・鈴木・宇田川 2016「第4章　行政と法」には客観的記述が目立つが，前者は第1・2章，後者は第3章で，それぞれ行政 (法) の問題について厳しい批判を行っている。また，北川 2012 は環境法及び関連政策についての著述であるが，序章の (2) で特に「政治・行政の問題」と題し，行政 (法) の問題について詳しく論じている)。

　実際に，行政法の現状は，行政手続法を始めとした重要立法の停滞，既存の法規の内容的不備または相互矛盾，そして訴訟など紛争解決の実効性の疑義など，問題山積ともいうべきものであり，それは党・政府自身により強調される「依法行政」(法による行政) という目標の実現を疑わせるものとなっている。

　その原因は，中国が伝統的に有してきた法制度に求めることもできよう。そこには，一面で儀礼と正論にあふれ，反面では威圧と懲戒に満ちた膨大な行政法規の下で，便宜的な適用や隠蔽が横行し，面従腹背の官僚が一族郎党を挙げて巨大な蓄財に精を出すなど，現在の状況と見まがうような様相が繰り広げられていた。

　さらに，建国期から文化大革命終了 (後) まで長く続いた革命的国家運営の影響を見ることもできるだろう。蓋し，そこでは共産党の指令や指導者の発

言に基づく大衆運動により政策を直接的かつ効果的に実現することが目指され，財産どころか身体ひいては生命すら，法的根拠なく容易に侵害される事態がしばしば出現するなど，「依法行政」とはかけ離れた国家運営が常態化していたからである。

とはいえ，改革開放のかけ声の下で法律の整備とその遵守が叫ばれて既に40年近く，その中で数多の立法がなされ，制度改革も不断に行われてきた。とりわけ，「依法行政」はしばしば強調され，多くの規定や制度が試みられている。そのような中，従来叫ばれてきた問題は解決へと向かっているのだろうか。そして，規定や制度の改革を阻む根本的な要素に変化は見られているのだろうか。

このような意識を持ちつつ，以下では，現在の行政法の構造について大まかに鳥瞰した上で，理論及び実務上の問題を検討するとともに，昨今の変化を紹介することを通じて，今後の可能性について若干の展望を示してみたいと思う。

第1節　行政法の構造と機能

1　法　　源

中華人民共和国においては，共産党（以下単に「党」とする）第11期3中全会（1978年）における「有法可依」の提唱が，「人治」から「法治」への転換の画期とされている[1]。しかし，行政法領域の主要な法整備の歩みは遅く，とりわけ行政関連の重要「法律」[2]の多くは，89年の行政訴訟法制定を契機とし，90年代以降に法整備が進められることとなっている。主要なものとしては，国家機関の人員に係る公務員法，許認可に係る行政許可法，処罰・強制に係る行政処罰法と行政強制法，そして紛争処理に関して行政不服審査法と国家賠償法などが挙げられる。

これら「法律」は，概ね近時の改正を経てその内容を大きく変えている。それらはいずれも，行政の組織・行為及び紛争処理に係る重要問題について，経済・社会状況や人々の意識の変化に合わせて規定を刷新しようとするものであり，「依法行政」の実現に向けた意思の発露，ということができよう。

ただ，上記の重要「法律」は，当該事項について全体的かつ包括的に規定するものであるから，その内容は原則的で漠然としたものになりがちである。

第 5 章　行政法　　99

そのため，日常的な行政事務における多様な問題の適切な管理の指針として，国務院の各部や地方政府などが，特定の範囲についてより専門的・具体的な規定を定めている。

このような下位法規での具体化という状況のために，行政法の領域では法規間の矛盾・抵触という問題が生じやすくなっている。例えば，行政処罰法により人身の自由を制限する処罰は「法律」のみそれを規定することができる（9条2項）とされながら，行政拘禁を処罰として規定する「治安管理処罰条例」（「行政法規」）は10年近くにわたってそのまま規定され，従来通り適用されていた。

さらに，刑事犯罪にまで至らない軽微な違法・非違行為者について，最長3年（延長も含めれば4年）の拘禁及び強制労働を科する労働矯正（原語は「労働教養」）すら，国務院制定の「行政法規」と公安部制定の「部門規則」を根拠とし，全国各地の「地方性法規」や「地方政府規則」の規定に基づいて行われていたのである[3]。

この点，治安管理処罰条例が，結果として「法律」に格上げされたことは，権利の制限または義務の賦課は人民の代表による同意が必要である，という「依法行政」意識の表れということもできる。さらに，上記の労働矯正は2013年初頭に突然停止され，その後廃止されている。たとえそれが制度の違法・違憲性を理由とするものではないとしても，結果的には「依法行政」に沿った法整備が行われた，ということになる[4]。

とはいえ，近時の状況を見ても，情報公開や陳情に関する法規が制定（または改正）される際，立法機関による「法律」として規定すべきとの主張が見られたにもかかわらず，いずれも国務院の制定による情報公開条例と陳情条例（原語は「信訪条例」）にとどまっている。

また，行政処罰と行政強制を日常的に行う組織である都市管理（原語は「城市管理」で「城管」と略称される）部門については，同部門の設置や権限授与について規定する「法律」も「行政法規」もないまま，各地の「地方性法規」さらには「地方政府規則」で様々な行政処罰・行政強制の権限が付与されている。このように，行政法領域の重要法規の法的地位の低さは，相変わらず懸案として残されている。

2 主 体

(1) 「行政機関」

中国の行政訴訟法は，訴訟において問題となる「行政行為」(事実行為なども含む)がどの「行政機関」によりなされたか，ということにより，当該訴訟の被告を決することとしている (26条1項)。これに関して法律及び司法解釈の規定を見ると，そこでは中央・地方の人民政府だけでなくその「業務部門」までが広く「行政機関」とされており，実際に訴訟では各級政府の業務部門が被告となっているケースが多い。

但し，訴訟上の被告 (一方主体) は，必ずしも「行政機関」に限らない。同様に規定及び司法解釈により，派出機構及び内部に設置した部署などについても，法律・行政法規・部門規則による「授権」がある場合 (及び「授権」範囲を踰越した場合) には，これら「組織」が被告となるとされており，実際にこのようなケースもしばしば見られる。

このような主体のとらえ方は，中国の現実に照らしたとき，ある意味合理的な面を持っている。蓋し，4級二審制をとる中国において，多くの行政事件は省の範囲を出ることなく，終審を迎えることになる。しかし，各地域には，党・政府機関が一体として所在地域の利益を守ろうとする「地方保護主義」があるとされ，その下で，一般に行政府より若干下に位置づけられる人民法院には，同級政府を被告とする訴訟において，その不当や違法を公正に判断することは難しい，と考えられるからである。

各地の規定を見ても，地方人民政府が被告となる事件について，(ほぼ) 同級となる人民法院を一審管轄とし，上級法院 (上訴した場合) による審理を確保しようとするものが見られている[5]。被告を業務部門 (さらにその部署や派出機構) とすることは，方向性は逆であるが，同様の機能を持つものと考えられる。

但し，中央集権の制度の下，地方の末端まですべてを国家機関とし，命令と執行の関係で貫くという体制において，「行政行為」及びその責任の所在は末端の各機関にある，とすることは，構造上論理的ではない。

逆に，このやり方は，「地方保護主義」に「部門保護主義」を組み合わせることになり，結果として，特定の利益を共にする集団がそれぞれの利益に固執し，行政の一体化を阻む原因となるだけでなく全体の利益を損なう，とい

第 5 章　行政法　　　　　　　101

う問題も指摘される[6]。

　加えて，賠償や補償を命ずる判決に対して，末端の国家機関が「財源不足」などを理由に支払いを拒むことが問題となっており，訴訟上の被告と行為主体たる「行政機関」を結び付ける理論そのものについて疑義・批判が呈されている[7]。

(2)　人員（公務員）

　中国では，一党独裁の体制の下で「党による幹部管理の原則」が貫かれ，公共的業務に従事する者を広く「党政幹部」として把握し，党が国家全体の人事コントロールを行ってきた。しかし，党の関わり方が直接的な統治から間接的な「指導」へとシフトし，司法を始め職能により異なる人員管理が目指される中で，「国家公務員」についてもその業務に応じた人事枠組みが試行されることとなった。その結果，1993 年制定の国家公務員暫定条例では，その適用対象が「各級国家行政機関の現業人員を除く職務従事者」とされ，その「総合的管理」については，「国務院の人事部門」がこれを行う，とされていた（85 条）。

　ところが，上記暫定条例に代わるものとして 2005 年に制定された公務員法は，「党による幹部管理の原則の堅持」を明文で規定するとともに（4 条），公務員の管理を行う機構は中央と地方の「公務員主管部門」（10 条）と改められた。さらに，「各種機関の幹部の全体的一致性を保持する」[8]ため，「公務員」の定義規定から「国家行政機関」の枠が外され，「法により公務を履行し，国家の行政編制に組み入れられ，その給与・福利が国家財政により負担される業務人員」（2 条）とされている。

　このような規定により，現在の公務員法は，中央から地方末端に至る各種国家機関に加え，党の各組織で「行政編制に組み入れられた」人員を広く含むとともに，党の組織部門による管理を許容するものになっている。実際に，党の各種組織に従事する人員の募集は，国家公務員試験における募集要項に掲載され，公務員の採用プロセスと統一されている。そして，公務員の採用・人事・職務等に係る規定は往々にして，制定者として党中央の関連組織（組織部または弁公庁など）の名を冠するもの（国務院の人事部門の名はその後に掲げられる）であるなど，いわば従来の「党による幹部管理の原則」に沿った制度が構築され，運営が行われている。

(3) 特殊な主体

このほかに，中国に特有のものとして，法律・法規に規定された「社会団体」がある。例えば，労働組合と共産主義青年団そして婦人連合は，それぞれについて定める法律の授権により，幅広く行政的事務に携わるものとされている。

また，公共性の高さや政策的重要性により国家の管理が強く及ぶ領域については，それが事業機関とされる場合であれ（教育機関や医療機関など），企業の体裁をとる場合であれ（塩やたばこなど専売制がとられているものなど），所管の法規により権限が授与される範囲について，「行政機関」に準じた扱いがなされる。

特殊な主体としては，都市の住民委員会及び農村の村民委員会などの被告適格がしばしば問題となっている。これら2つの主体は憲法上行政機関ではなく「自治組織」とされているが，実際には所在地域の政府またはその派出機関から多くの業務について下請けをする形で，行政事務の窓口としての役割を担っている[9]。その際，しばしばそれは法的な形式を踏まえず，通知や指示，そして誓約書さらにはノルマ設定などの形で行われており，委員会自身が行為主体であるように見える場合も多い。

このような現状に対応して，これら「自治組織」については，厳格に法的な意味での「授権」や「委託」の存否を問うのではなく，行為や事項の性質や状況ないし通例・慣行等に鑑み，末端政府機関の関わりが「委託」的な場合は同機関を主体とし，それが「授権」的である場合または実質的に村の判断で行われているような場合には，村民委員会等を主体とする，といったように実質的に判断するケースが見られる[10]。

但し，法律上同様に「自治組織」とされる両「委員会」は，現実の機能において大きく異なっている。都市部にある「住民委員会」は，末端の行政府からの財政的支持もわずかで，概ね「自治組織」として連絡などの協力事務を担当するより他に，大掛かりな管理や権限行使を担うことは困難である。

これに対して，農地や宅地，そして農業・工業生産に係る設備・機器など，村の運営に係る重要財産について管理・決定を行う「村民委員会」は，当該地域について村民の生殺与奪を左右しかねないほどの権限を有している。村民委員会の主任が党支部書記と結託して村を長くにわたって私物化する，という事態も各地で頻発しており，その統制は喫緊の課題となっている。

3 行為形式

(1) 行政行為

上述のように，2015 年の行政訴訟法改正により，従来訴訟の対象とされてきた「具体的行政行為」の記述が「行政行為」に改められるとともに，その内容についてより具体的で詳細な規定が置かれることになった。

この改正は，同時に，従来の定義上の混乱を整除するものでもあった。蓋し，旧法 11 条は，「以下の具体的行政行為に不服があるとき」としたうえで，訴訟を受理する事項を列挙していたが，そもそも「具体的行政行為」とは何かということが明らかでなく，実務上地域や裁判所によって異なる扱いが見られていたからである[11]。

これに対し，改正後の 12 条は「人民法院は……以下の訴訟を受理する」と規定し，「(具体的) 行政行為」であることを要件としていない。この点，改正法はその 2 条で「行政行為」を訴訟の対象として規定しているので，その定義ないし範囲の確定は依然として問題となりうるが，上記 12 条 1 項の規定は，給付や不作為，そして事実行為などを幅広く列挙した上で，「行政機関がその他の人身権，財産権等の合法的権益を侵害したとき」(12 号) と規定するなど，権益に対する侵害的な状況及び結果の不均衡の是正，という意識が顕著である。

このように，訴訟受理範囲の規定は，行政機関等の行為の法的性質ではなく，紛争の発生原因や領域，そして違法性または結果に重点を置くものであり，その具体的内容は，法文上の積極要件 (12 条) と消極要件 (13 条) に依ることとなる。それは結果として，「行政行為」概念確定の現実的必要性を低下させており，講学上の整理ツールとしての位置づけがより鮮明になったといえよう。

(2) 行政計画

中国では「国民経済と社会発展」に関する基本的な政策が依然として「5カ年計画」として示され，新しい「5 カ年」に入る際には公私を問わずあらゆる組織・団体において大々的に宣伝及び学習が行われる。

この「5 カ年計画」の制定は，党の「建議」を全国人民代表大会が承認する，というものであり，厳密な意味で「行政計画」ということはできないが，

国務院そして各部門は党の「5カ年計画」の内容に沿い，所管領域・事項に係る各自の「〜5カ年計画」を出すとともに，各レベルの政府及び関連機関に対してこれらの「5カ年計画」の「貫徹執行」を要求する。このような詳細化と執行要求は，各レベルで上から下に繰り返され，国家の末端まで及ぶ統一的な計画が網の目のように広がり，その実現が目指されるのである。

この「計画」という行為形式は，行政のあらゆる領域において広く行われているが，そこでは往々にして具体的な施策や数値が示され，その実現が要求されている。各レベルでは，少なくとも形式上その指令通りに実現されることが期待され，現実に目標数値に沿った成果報告がなされることになる。

このように重要に位置づけられ，しかも個人の権利義務と密接に関わるにもかかわらず，行政計画については，一般に行政訴訟の対象とはならないと考えられている。学説ではその原因を紛争の成熟性に求めるものなどが見られるが[12]，現実の問題として，網の目のように広がる各種の計画は，総じて党中央の計画・指示の詳細化・具体化という性格を有し，かつ下級の計画制定や変更は上級ひいては国務院に届出や確認が行われている，という点に鑑みれば，それが訴訟の対象とされ，裁判所により審理されることは事実上考えられない，というべきであろう。

（3）　行政指導

中国においても，行政目的の遂行は，必ずしも法規の制定や処分性のある「行政行為」によるわけではなく，程度・態様において様々な非権力的手段によって所期の目的を達成しようとするやり方が広く見られている。

例えば，工商管理部門がまとめた関連法規集[13]を見ると，そこに記載された文書の大半は，立法法の規定する法規のカテゴリーから外れた「意見」や「通知」そして「回答」などとなっている。そして，従来このような「強制力を持たない行政指導行為」については，「行政訴訟の受理範囲には属さない」[14]とされていた。

但し，強制力のない「通知」等であっても，それが文書化されている場合には，一定の拘束力を持つ「規範的文書」という扱いになる。とりわけ，2015年の行政訴訟法改正で，裁判所は行政行為の根拠となった「規範的文書」について審査できるとされたことから，所謂「行政指導」については，任意性という前提ゆえに訴訟になじみにくいものと，基準として定立され訴訟でそ

の当否が論じられるものとがある，ということになる[15]。

とはいえ，出版・メディアやネットなど，党または政府の管理が強力に行われ，かつその形式が非公開・不明確になりやすい領域においては，「面会」や「談話」など示唆的で遠回しな手段が目立っており，行政指導をいかに規律するか，という問題はむしろ深刻さを増しているように思われる[16]。

なお，行政機関の内部指示について，文書の形式をとらない電話や口頭での指示であっても，それが公民，法人等の権利義務に実際の影響を生じるものであれば訴訟の対象となる，とされた事件が最高人民法院公報等に広く掲載されている[17]。これに先例拘束性があるわけではないが，行為の類型よりもむしろその効果に重点を置く行政訴訟法のスタンスに即して考えれば，その射程は注目に値する。

(4)　契約的手法

計画経済体制下で何事も指令的手段によって行われていた時期とは異なり，現在は様々な領域において契約的手法が採用されている。それは，土地や国有企業など，国家機関がその財産の運用を指令的管理から生産 (経営) 請負へとシフトする領域で形成されてきたが，その後，教育や福祉など，従来行政が提供してきた市民サービス，そして地域の治安管理や軽犯罪者の矯正など，強制力の行使 (またはその可能性) を伴う領域においても，契約の形式で政府機関以外の組織体等に業務を委託する方法が広く行われている[18]。

この契約的手法は，双方の合意という形をとるものではあるが，当事者の地位ないし力量は著しく不均衡である。それは往々にして，契約交渉及びその内容の決定において，一方当事者に不利益な内容を強要する温床となる。さらに，契約的手法といってもその形式は様々で，外見上それが合意に基づく契約として行われたのか，または何らかの指針や意図を示すだけの行政指導なのかが明確でない場合もある[19]。

とりわけ，国家の管理下にある企業の請負や土地の使用権譲渡，そして「自治組織」たる村民委員会の管理する農村土地の経営請負などでは，経済的・政治的原因による不透明な取引がしばしば指摘されるとともに，政府や村などによる介入や回収など，契約的手法の趣旨に反する行為も散見されているが，これが契約の法理で処理されるかどうか明確ではない[20]。

これに加えて，契約的手法には，本来行政機関が負担すべき責任の回避，

ひいては違法性が疑われる行為の暗黙の依頼，といった側面も見られる。後述のように，行政強制・処罰権限を集中的に行使する都市管理機構や，紛争多発地域の陳情処理部門及び治安管理部門などは，しばしば関連の「自治組織」や民間組織などへの業務委託や，「行政編制外」臨時職員の雇用などにより，これらの者を処罰や強制に従事させている[21]。それにより，被拘束者の財産，身体ひいては生命の侵害など，重大な事件がしばしば発生しているが，その際，委託を受けた自治組織や民間組織の人員の行為が主に問題となり，行政機関（及び公務員）の関わりはうやむやになっている。

4 紛争処理

　紛争処理においては，行政機関の違法・不当に対する陳情（原語「信訪」）の件数の多さに比して，不服審査や訴訟の件数が少ないことが問題とされており，両制度の改善による望ましい紛争処理体制の構築が求められていた[22]。

　この意識は2015年施行の改正行政訴訟法にも顕著である。同改正では，訴訟の対象となる「行政行為」の範囲を拡大すると同時に，いわゆる「強制的受理義務」により，形式要件を具備した起訴状は必ず受理することとされた。さらに，行政機関や関係有力者による干渉を禁止し，部局長らの出廷を義務付けるなど，行政に関する紛争を幅広く捕捉し効果的に解決しようという意識が顕著に表れている。

　不服審査については，各部門の自己審査に対する信頼の低さや，手続的・実体的権利保障の不足が問題となっていた。これに対し，現在各地で行われている試行では，学者や実務家など，外部性・中立性・専門性の高い委員を含む審査委員会を置き，不服について公正な審査を行うことを主眼とした改革が進められており，その結果に基づいた立法が目指されている[23]。

　また，陳情については，申立ての放置による紛争の拡大，処理済案件の蒸し返し，そして苦情処理の恣意性ひいては陳情者に対する暴力，といった問題が指摘されており，これらについて対策が出されるとともに，2015年の刑法改正で過激な陳情行為に対応する内容が特に規定されるなど（291条3項及び4項），所謂「法治信訪（陳情）」の確立が強く意識されている。

　そして，陳情・不服・訴訟の受理件数における偏りとそれによる実効性の低下という状況を改善すべく，陳情窓口での問題把握と整理・分類を強化し，そこに含まれる問題の性質に応じて，紛争を適宜不服審査や訴訟に振り分け

ることが目指されている。

　これら行政に関わる紛争については，所謂「大調停」「大信訪」の提唱の下，全機関が一丸となって調停的かつ柔軟に解決することが求められている[24]。それは各担当機関の負担の軽減及び均衡とともに，当事者の納得のいく解決を迅速に得ることにより，紛争の拡大や衝突ひいては暴動的な騒ぎを防止しようとするものである。2015年の行政訴訟法改正にも，限定的ながら行政訴訟について調停を認める規定が置かれているが(60条)，2016年の「第13期5カ年計画」でも「相互協調の多元的紛争解決メカニズム」の改善が求められるなど，調停を中心とした融合的で協調的な紛争処理，という傾向には一層の強化が見られる。

　但し，その機能にかかわらず，行政・司法そして自治組織さらに民間組織などが一体として調停的な解決を目指すことには，各組織体の機能との抵触，とりわけ司法の中立性への影響が懸念される。また，これらの組織が党の方針の下に一丸となって解決を推進するため，そこには常に強要の疑いが生じうる。とりわけ，裁判所が行政訴訟における「自発的な取り下げ」を成果・業績という形で強調していることを見る限り[25]，その隠蔽的な方法も相まって，強要や利益供与の疑いは一層増すものと言わざるを得ない。

第2節　運用上の諸問題

1　行政の「鉄腕」と自主規制

　ここまでの記述において，中国における行政法の規定と理論について概観してきたが，その内容を考察する際には，中国において行政が持つ性質ないしそれが置かれた状況には，日本と大きく異なるところがある，という点に留意しなければならない。

　憲法に規定するように，中国においてすべての土地は公有であり，農村地域で農業及び特定の用途に供される土地以外は，基本的に各級政府の土地管理部門の管理下に置かれている。地方都市がその財政収入を土地使用権譲渡に依存しているということは再三指摘されていることであり，行政機関は巨大な土地所有者として直接土地に関する利益を得，損失を被ることになる。

　また，大規模な企業や重要な基幹産業は基本的に国有企業(本書第8章参照)で占められており，医療や教育など，公共性の高い「事業機関」についても，

その領域全体が指令的な行政管理に服するものとなっている。

このような状況のために，行政機関が行う土地管理や企業・事業管理は，土地・企業等の所有者または運営者自身が行うことになり，そこに中立性や公平性を期待するのは非現実的である。

さらに，このような「政府が所有者かつ管理者である」という構造のために，わざわざ法規や命令により強制するまでもなく，むしろ被管理者のほうが「自発的に」管理者の意図に従った行動をとることになる。例えば2015年夏の株価暴落の際には，大量の上場企業が一斉に「重要事項に関する公告未発表」を理由として上場を取り下げ，それによって株式の売買が「結果的に」ストップすることとなっている。

計画を排し，市場や競争のメカニズムを導入したと（自称）する領域において，行政側の介入が不透明なまま，被管理者が「自発的に」行政の目指す方向にまい進し，所期の目的が予定調和的に実現する，という事態は，一面において，自らも市場のプレーヤーたる行政機関が，同時に管理者として自らにとって有利なルール設定と不透明な管理を行っていることを，また他面において，他の市場参加者がこの特殊なプレーヤーに対して過剰な謙譲と配慮を以てふるまっていることを，改めて確認させるもの，と言ってよいだろう。

2　処罰・強制の遍在

中国の行政法についてはさらに，その法規に占める処罰及び強制の多さ及び重さが顕著である，ということを指摘することができる[26]。学生向けの法規集で「行政法」の項目を見ると，そこに掲げられた8つの「法律」の中に，処罰または強制に特化した法律が3つも掲載されている[27]。さらに，各種の行政法規にはほぼ必ずと言ってよいほど，その後半に「法律責任」や「処罰」といった項目が立てられ，違反行為に対する処罰の内容が詳細に規定されている。

このような規定のあり方が，「人民を主人」とする国家の理念に適合的かどうかはさておき，現実の問題として，処罰と強制が広く各部門・各領域において行われているために，その統制は著しく困難となり，いわゆる「乱罰款（金）」そして「暴力執行」という問題を招いている。行政処罰法や行政強制法の制定は，これらの状況の改善を掲げたものであり，とりわけ行政処罰法の規定に沿うべく，各地では一定の行政処罰・強制権限を専門の機関（都市管

理部門) に集中させ，地域・部門で独自に罰金を徴収したり，いたるところで
強制 (暴力) 的執行が行われる，という状況の改善が目指されたのである[28]。

　このやり方により，各部門による広範で重畳的な処罰，という状況はある
程度改善し，政府と人民との緊張が緩和した部分もあるかもしれない。しか
しこのような集中の結果，処罰権限の集中を受けた都市管理機構が，露天商
やバラック住民など所謂「弱者群体」に対して行う暴力や強制が新たな問題
となっている。それは，問題の核心が処罰・強制権限の行使主体にあるので
はなく，行政目的達成手段としての処罰・強制への依存とそれへの無感覚に
ある，ということを明確に示すものと言えよう。

　また，処罰・強制については，実体及び手続いずれについても，規定が明
確性や限定性に欠ける，という問題がある。行政管理規定には，違反に係る
物品や金銭等の差し押さえや凍結，そして没収を認めるものが少なからず見
られるのに対し，その手続や権利保障の規定は概ね原則的で，下級の行政機
関が必要に応じて行うことを広く認めるものとなっているのである。

　この点，「公安機関の行政事件処理手続規定」の 2013 年の改正では，差し
押さえに係る財物等についての規定が詳細化され，財物の台帳への記録や，
差し押さえ等強制措置の期限及び延長の手続など，従来見られなかった手続
も加えられており，このような問題の解決が意識されている (95 条)。

　とはいえ，差し押さえ等の承認権限は依然として低く，その範囲も裁量的
であり，要するに，捜査と決定の全てを行う公安機関が，「必要である」とき
に差し押さえ，「没収できる」ときに没収し，「返還しなければならない」と
きに返還する，という規定となっている (91 条，97 条など)。

　行政強制の現場では，しばしば過剰な暴力の発生が指摘されるだけでなく，
致傷・致死の結果も生じるなど，比例原則とかけ離れた極端な執行が散見さ
れる。この場合も，批判の高まりなどがなければ，それら行為者の訴追を期
待するのは難しいのが現状であるが，それは「民憤」を超えて「仇官」とも
言われる激しい憎悪をもたらしている。法原理や道徳の観点だけでなく，治
安・秩序の見地からも，対応は急務である。

3 「権威」と指標

　以上のように，行政の執行のシーンでは，過剰なほどの処罰と強制 (または
それによる威嚇) が氾濫しているのだが，こと行政目的の達成という視点から

見たとき，そこにはまた別の姿が浮かび上がる。それは，党の「権威」をよりどころとし，業績評価を手段としたノルマ達成メカニズムである。

上述の5カ年計画を見れば明らかなように，それは党中央の「建議」ひいては指導者の号令の下に打ち出されたからこそ，一般的な法律や政策より高い「権威」を持っている。まさに同計画がその結語において「習近平同志を総書記とする党中央の周囲により緊密に団結する」と述べるように，その決定・公布主体(国家の最高権力機関である全人代)は形式的なものでしかなく，その実質は「党中央の戦略と配置」なのであって，だからこそ「必ず真摯に貫徹しなければならない」のである[29]。

このような「権威」は，国家機関の範囲を遥かに超えた党組織の広がりにより，官民を超えて遍く拝戴される。中国では3人以上の党員がいる集団には，その性質を問わず党組織を置くことができ，同組織が関連単位の「先鋒」として「指導的役割」を果たすものとされており，国家機関や事業機関はもちろん，人民団体や宗教団体，さらに民間企業やNGO(及びそれらの支部や部局)においても，党組織の設置が徹底されている。

こうした構造の下で，重要な行政目的については，それを数値目標などで指標化したうえで，業績評価の基準として各組織に下達される。そして，これら各組織の責任者は「責任状」等といった書面を差し入れ，これらの指標の実現を誓約する。とりわけ，党が政策の重点としてその達成を強く要求する施策については，特にこれを「一票否決」(その数値等の目標が実現しない場合には，他の数値や業績が良くても帳消しになる)の対象として，その実現が迫られることとなっている[30]。

このように，政策はしばしば「権威」に依拠した「指標」によってその実現が目指される。これは(法的にはともかく)事実上非常に強い圧力を持つものであるが，「権威」の旗の下，法的根拠ないし法的思考を欠いたままひたすら「指標」実現を追求する，という姿には，既に党と国家の区別も，行政と立法または司法の区別も，さらには官民の区別もない，一元的かつ網羅的な指令と執行のメカニズムが浮かび上がっている。

4 構造的違法・脱法

このように，中国における政策目的の遂行は，処罰と強制によってその遵守を確保し，指標と業績評価により迅速かつ効果的な実現を目指す，という

様相を見せ，それが絶対的権威によって保障される，という構造を持っている。にもかかわらず，官吏と人民いずれについても，違法や脱法の問題は常に指摘され，その解決が叫ばれる。それは結果として，指標と業績評価，そして処罰と強制のさらなる強化を招くことになる。

これは，行政における運用のあり方が，文言や程度の上で変化するとしても，結局以前から変わらぬ一定のメカニズムの中で循環し続けていることに起因している。つまり，違法や脱法の問題は，むしろ，正に指標と業績評価（ひいては処罰と強制）によりもたらされ，その対策としての指標の強化は，結果としてさらなる違法・脱法を招くのである[31]。

もちろん，統治者の側も，違法・脱法への懲戒と法規制を強化するとともに，一人っ子政策や農民の都市戸籍取得要件の緩和など，暴力や非人道的行為の背景にある政策課題に取り組み，循環をもたらす根源的原因の除去を目指している。

とはいえ，党組織が網の目のように広がり，それが政府機関と混然一体化した構造の下で，党の「権威」を背景に数値目標の実現を求める，という方法を用いる限り，指標実現と現状隠蔽のために，違法・脱法が横行することは避けられないだろう。

この状況と対照的に映るのは，行政の不当や違法に対する批判・抗議に強い取締が行われ，訴訟活動を支援した弁護士の拘束や資格はく奪，さらには懲役なども大規模に行われていることである。これは所謂「法治」の虚偽性を浮かび上がらせるものであり，統治者が自らの違法・不当を十分に律しないまま，被治者の側の違法・不当には断固として接する様相には，人々と政府との間に生ずるかい離・亀裂を危ぶまずにおれない。

この点についても，2012年の指導部交代後まもなく「反腐敗」が強く叫ばれ，実際に最高レベルから末端に至るまで，党員・官吏の懲戒・処分ひいては処罰が幅広く行われている，とされるように，習近平の指導体制下において，統治者の側についても（一層）厳しく規律すべく，断固とした手段がとられていると指摘される。

とはいえ，それも結局処罰と強制（及び指標と業績評価）のさらなる強化に過ぎず，一層の違法・脱法を招く恐れは否定できない。何より，この「断固とした手段」を行使しているのは党の紀律検査委員会であるが，それは厳格な見地からみれば法に反する，ひいては法を破るものですらある，ということ

を考えれば，少なくとも原理的な改善は期待できないのである[32]。

5　理由と説明の不在

　上述のように，行政目的の達成手段と行為主体はますます多様化しているが，それは結果として，制約や侵害についての責任の所在を見えにくくしている。とりわけ中国においては，侵害的状況について理由もわからず説明も行われない，という事態がしばしば見られており，そのため責任追及と権利救済は一層困難になっている。

　例えば，土地回収・建物撤去など強制措置が行われる場合にも，その期日を知らせる張り紙が貼られるだけで，その理由ばかりか主体も開示されない，という事態がしばしば指摘され，そればかりか，建物に赤いペンキで大きく「撤去(拆)」と書くだけ，というのも日常茶飯事である。また，計画出産の指標遂行の場面でも，「堕胎しないときは家を壊し牛を持っていく」などの標語が掲げられるなど，根拠を示さないどころか，脅しや予告によって相手方の「自発的」な行為を引き出そうとすることも珍しくない。

　こういった極端な例だけでなく，より日常的な出来事においても，理由・説明の不在という状況は頻出する。裁判所は起訴に対して何の応答もせず，行政機関は情報公開請求を放置したまま，ネット上で批判すればブログが閉鎖され，抗議を行った者は突き飛ばされ，仕舞には身元不明の人々に連れ去られ……ことほど左様に，当事者は理由もわからず，説明もされないまま，行政にとって「望ましい」状況が実現することになる[33]。

　思うに，あいまいで裁量的な規定に事欠かない現状において，起訴を受理しないにせよ，情報公開請求に応じないにせよ，それは法的に十分正当化が可能なはずである。とりわけ，国家安全法に代表されるように，政策的に重要な事項については幅広い機関に必要な措置をとることが許され，捜査やそれに係る強制措置を秘密裡に行うことができる現状において，言論やネット管理はもちろん，失踪や連れ去りでさえ，どうしても法的に理由がつかないという状況は考えにくい。

　ここにはいくつかの原因が考えられる。俗に「多一事不如少一事」というように，余計な対応をして面倒が生じるのを避けたい，ということもあるだろうし，法的に（または政治的に）当然認められない（と担当者が考える）起訴や請求なのに，そんなことすら理解しない不届き者にいちいち対応していられ

ない，という意識もあるかもしれない。

　いずれにせよ，人々にとって重大な事項や深刻な侵害について，政府機関から何の説明もなされない，ということは，残念ながらしばしば生じている。それは「上から」の「恩賜」としてなされる「依法行政」が，最低限必要な精神すら伴わないことを露骨に示すものであるように思われる。

第3節　変化と発展

1　政策という限界

　2012年に発足した現指導部は「依法治国」（「法治」）の「全面推進」を掲げ，その実現のために具体的な施策を次々と打ち出している。この「依法治国」は既に長くにわたって「公式のスローガン」として強調されているものであり[34]，その具体化のための施策も決して新しいものとは言えないが，総書記の旗振りの下で，党中央委員全体会議の正式文書が特に「依法治国」を冠し，その実現に向けたプランを明確にしたことは注目すべきであろう。

　行政法の分野でも，上述のように行政訴訟法は大幅な改正が行われ，以前から問題とされていた「立案難」[35]は大きく改善されたとされている。また，地域の政府関係者らによる行政事件への介入・干渉を排するための手段も設けられ，その効果が強調されている。各地での試行により制度改革の模索が続けられている行政不服審査そして陳情制度と合わせ，紛争解決制度がより整除され合理的に配置されることも期待されよう。

　しかし，このような改革にはそれ自体一定の限界がある。まず，政策と法の実現方法の違いへの意識の低さが危惧される。リーマン・ショックによる不況の際には，各地で国家機関（司法を含む）を挙げて「大局への奉仕」（地域経済の安定及び不況に係る騒動などの発生防止）が強調され，党委員会の指示とそれへの報告を徹底し，各種経済問題に総合的に介入することが目指され，法的な見地からは首肯しがたい方法もしばしばとられていた[36]。

　何よりも，改革がそれ自体「政策」に依拠しなければならない，という体制的な構図は，結果として，その範囲ないし程度の如何を「政策」に係らしめることとなり，政策の側の重点の変化により，それ自体が骨抜きになり，放置ひいては否定され，あまつさえ逆行することすら十分考えられる。

　要するに，最高の「権威」を以て拝戴される政治的権力の下にあって，行

政権を如何にして制約するか，ということも，当の政治的権力の「恩賜」により行われるほかに道はない，ということになる。これを「中国特色」と呼ぶべきかはともかく，「法による行政」それ自体が法（憲法）にではなく，政策ひいてはその背後の具体的権力に依拠していること，それが中国の行政法の最大の特色であり，その限界なのである。

2　課題としての「公法」

　以上の考察から明らかなように，中国の行政法は，事実上公権力を行使する主体を包括することができていない。いわば，行政法が公法たりえていないのである。

　いうまでもなく，これは党とその機関の特殊な地位に起因する。国家に対して「指導」を行う党は，人民と一体の存在として「公」を代表し，政治・経済・社会のあらゆる事項について，指示・命令と評価・懲戒さらには広く政策運営に係る文書を作成し，以て各機関の運営及び関連事項の処理，そして人員の配置・任免を事実上決定している。にもかかわらず，党機関自体は「行政機関」とされず，その各種行為は「行政行為」とされないのである。

　つまり，中国の統治構造において，事実上突出した存在である「党」が，その「権威」または「権力」に基づいて行った所為は，形式上法の効力はなく，それゆえその法的効力を否定する方法もない，ということになる[37]。

　もちろん，いわゆる「腐敗」によって（国家機関の高官ではない）党の上層指導者が訴追されたり，懲戒処分を受けることはある。これは正に党が強大な権力を持っているという事実に基づくものであるが，それ自体何らかの「行政行為」や法的効力のある権限行使に基づくものではない。

　付言すれば，その「腐敗」の摘発に当たる紀律検査委員会については，手段の違法性や過誤による責任などがしばしば問題にされるものの，（党組織である）同委員会に対して行政訴訟が成立したという話はまったく耳にしない。

　ことほど左様に，党による「規範的文書」や，党組織による処分的行為により生じた侵害的な結果について，それを問う術はないのである。そして，現在の統治体制に鑑みれば，この状況が改善されることは考えにくい。しかし，それは中国においてどれだけ「依法行政」が改善されても，それが「公権力を制約するもの」ではなく，「行政権力（のみ）を制約するもの」にとどまる，ということを意味する。「公」に関わる権力全体を覆う「法」こそが，

現在求められている。

3 「中国特色」的「依法行政」

WTO への加盟を挙げるまでもなく，国際社会の基準への適応と，その批判への対応の必要性は，これまで行政法の改革に大きく影響を与えてきた。

このような状況には，しかし，大きな変化が見られている。従来，国外からの批判に対しては，発展途上という現状や改善の経過を主張し，今後の変化に期待させる，という姿勢が見られていたのに対し，昨今「国情に応じ，それぞれの国に適した異なる方法がある」として，「中国特色」論に基づく正当化を行うとともに，批判に対してはいずれも「内外の敵対勢力」による「隠された企みのある」ものとして，これを一概に非難する傾向が強く見られる。また，批判の具体的内容にかかわらず，「中国は法治国家であり，法に基づいて処理されている」として切り捨てる姿勢も顕著である。

これらの姿勢は，国際社会における経済的・政治的プレゼンスの高まりと，それにふさわしい扱いを求める国民感情とに支えられているものということができるが，こと「法治」に関しては，西洋的なスタンダードに拘泥することなく，中国に適した法規を整備し，それに従って粛々と処理すればよい，ということになる。それは情緒的な現状「礼賛」につながり，その背景に存在する問題の抜本的解決を遠ざけるように思われる。

もちろん，民衆の権利要求の高まりや政治腐敗等の状況への怒り，そして国際社会との関係の変化など，「依法行政」の内容ないし方向性を決する要素は多様である。そのような判断に基づいて，突然制度自体が廃止されたり，新しいやり方が始められることも，これまで生じてきたところではある。

但し，党と国家を運営する人々が，西側の「普遍的価値」を否定し，自らの問題とその原因について説明を拒む現状において，その思想の下で形成される「依法行政」が，西洋的な「法による行政」の理念によって改善される可能性は低く，むしろ一層「中国特色」を高めると考えるほうが自然だろう。

もちろん，それは人民を「主人」とする理論により支えられており，「中国特色」の高まりは，「人民の主人性」の高まり，ということになるのかもしれないが，当の人民は，本当にそのように感じているのだろうか。臨床的な面での様々な努力にかかわらず，その要素というべき部分には大きな変化が見られないばかりか，深層の問題はより深まっているのではないかとの懸念を，

覚えずにはいられない。

結

　現在党中央（または指導者）により強力に打ち出される「依法治国」において，「依法行政」の実現が強調されている。その根拠文書たる18期4中全会の「決定」の内容を見ても，高官による司法への介入排除や，各地の行政への監察強化など，「依法行政」実現への施策に具体化が見られ，従来の問題の解決も期待されている。

　とは言え，この「決定」も「依法治国」の原則として「以徳治国との結合」を掲げ，「中華伝統美徳の発揚」を求めているように，統治の理念型には，有徳の君主を理想とする王朝期を思わせるところがある。また，党と社会主義の位置づけに変化はなく，そもそも「依法治国」自体，党中央の文書によって進められ，党中央と指導者の下に「団結せよ！」との号令の下に推進されている。事ほど左様に，「権威」と指標による統制は強化されこそすれ，緩まる様相は見られない。

　「中華のルネッサンス」を掲げて「徳」を強調する現政権の下で，天子または毛沢東の位置づけを思わせる個人崇拝が広がる様相を見ると，「法による行政」に原理的な変化を期待することは難しい。それは各王朝が招いた必然的な循環を，いつか招くことにならないのか。もちろんこれは「杞人憂天」に過ぎないのかもしれないが。

※本稿の作成に当たり，科学研究費基盤Ａ「中国の環境政策・環境訴訟における公
　衆参加と環境保護組織に関する研究」の援助を受けて調査・考察を行った。とり
　わけ他の参加者，そしてそこで知己を得た実務家・研究者らから多くの啓発を得
　たことについて，ここに感謝を表しておきたい。

注

1)　何海波 2005: 1頁。但し当初提唱されたのは「法制」（整備）であり，「法制」から「法
　　治」への変更が顕著となるのは90年代以降である。その経緯及び意味合いについては，高
　　見澤・鈴木・宇田川 2016: 57頁参照。
2)　憲法及び立法法により，法規には制定機関による階層構造が設けられており，立法府の

制定による「法律」の下に，国務院の制定による「行政法規」，各地の人代による「地方性法規」，そして各部による「部門規則」そして特定の地方行政府による「地方政府規則」がある。

3) 「労働教養」の上記問題点については，但見 2004 参照。なお法源一般については本書第1章を参照されたい。

4) 但し，法規に基づいて行われていた制度が党の 18 期 3 中全会「改革の全面深化に関する重大問題についての決定」により「正式に廃止」された，とされる点には「法治」の見地から問題は残る。

5) 江蘇省高級人民法院「省人民政府を被告とする行政訴訟に関する若干の問題についての討論紀要」(2005 年) など。

6) 姜明安 2007: 120 頁脚注。

7) 章剣生 2014b (上) は，このような主体のとらえ方は「疑いなく各級人民政府の責任を弱める」として，その「再構築」を求める (193 頁以下)。

8) 国務院による公務員法草案審議請求議案に付された張柏林「中華人民共和国公務員法 (草案) の説明」(2004 年)。

9) 厳振書 庄立銘「我国社区建設存在的問題及発展趨向分析」(『中共太原市委党校学報』2010 年 2 期) 18 頁は，住民委員会が行政機関から 50 以上の任務を負わされ，各機関の窓口として標識も置かれている，と指摘する。

10) 章剣生 2014a: 383 頁は，村民委員会が持つ「行政性」により，法規による授権がなくとも村民委員会を被告とする事例を紹介している。

11) 莫于川 2015: 18 頁。

12) 成協中「城市規劃司法審査制度」(朱芒 2012: 上巻) 309 頁以下。

13) 国家工商行政管理総局法規司編『2012 工商行政管理法規匯編』2014 中国工商出版社。

14) 最高人民法院「行政訴訟法執行に関する若干の問題についての解釈」(改正前) 1 条 2 項 4 号。

15) 法 53 条。但しそれは特定の行政行為の合法性の根拠とならないだけで (同 64 条)，裁判所により無効とされるわけではない。

16) 国家インターネット情報弁公室は 2015 年 4 月に「インターネットニュース情報サービス業者面談業務規定」を公布し，問題業者に「面談」して訓戒や警告をする旨規定している。

17) 「建明食品公司訴泗洪県政府検疫行政命釹紛案」(最高人民法院公報 2006 年第 1 期掲載)。

18) 矯正分野での「政府購買契約」について，上海市司法局 2010: 69 頁以下，「治安請負」に係る問題点について，章志遠 2011: 160 頁以下を参照。

19) 章剣生 2014a は「目標責任書」なる名称の行政契約についての事例を紹介する (212 頁)。

20) 章剣生 2014a: 211 頁は，県国土資源局による土地使用権譲渡の取消通知を「民事訴訟により解決すべき」とする下級審の事例について，最高人民法院の判決と異なるとして批判している。

21) 2015 年の四川省人民政府弁公室「城市管理総合行政執法機制研究」によると，調査時の都市管理人員は正規の行政人員 1446 人に対し，臨時の雇用人員は 8635 人とされている (http://www.scfz.gov.cn/2015/02/18800.html)。

第Ⅱ部　憲法・行政法

22)　但見 2016 参照。

23)　但見 2012a 参照。

24)　四川省高級人民法院「構建大調解体系　促進社会和諧穏定」(最高人民法院編写組 2011: 501 頁以下) は, 「(党) 省常務委員, 政法委員会書記を組長とする……全省大調停業務指導小組」の下, 「各級, 各部門の『大調停』体系を打ち立てる」とする。

25)　張峰振「過度調解対行政訴訟的危害」(林莉紅 2014: 417 頁以下) には, 行政訴訟事件の取り下げ率 100% を誇る裁判所がいくつもあり, その背後に (当時法律上認められていなかった) 調停が存在することが紹介されている。

26)　明確な範囲を示さない「没収」規定が数多く見られるほか, 身体の拘禁についても行政処罰で行うことができる。

27)　「行政処罰法」と「治安管理処罰法」そして「行政強制法」。『2016 学生常用法律手冊 (全科通用版)』(法律出版社) 参照。

28)　この経緯については, 熊文釗 2012: 16 頁以下が詳しい。

29)　重要政策の実現を党の「権威」により頼むあり方はあらゆる領域で見られ, 例えば行政不服審査制度の改革など, 政治的というより技術的な様相の強いものについても, 党中央の指示を受けて, 国務院がその実現のための具体的施策・方針を示す, という形で進められている (但見 2012a 参照)。

30)　但見 2013 参照。

31)　計画出産や陳情など「一票否決」の対象として指標化と業績評価が強化される領域ほど, 強制や暴力が激しいように思われる。但見 2012b: 25 頁以下参照。

32)　現在党の「紀律検査委員会」を国家の「監査委員会」に改編する制度改革が試行されており, 立間間近とされる。しかしそれは問題山積の実質を変えぬまま形式のみ合法化するに過ぎず, むしろ人権侵害状況の広がり・深まりすら懸念される。

33)　趙正群 2013: 23 頁以下では, 情報公開請求に対して地方政府機関が何の対応もしない事例が豊富に紹介される。

34)　高見澤・鈴木・宇田川 2016: 57 頁。

35)　適法な起訴が受理されない, または起訴状を提出しても何らの反応もないこと。

36)　章志遠 2011: 76 頁以下には, 浙江省工商行政管理局が所謂「三不政策」を打ち出し, 「特殊時期」に企業を「助ける」ため, 処罰や営業・資格停止などを行わない, とする「意見」を出したことが紹介されている。

37)　最高人民法院の 1997 年の行政裁定書 ((1997) 行終字第 12 号) は, 「中共四川省委組織部は行政機関ではなく……行政訴訟の被告主体資格がない」と明確に述べる。新しい訴訟法の解説も「党の機関は含まない」としている。莫于川 2015: 18 頁。

参考文献

日本語

北川秀樹編 2012『中国の環境法政策とガバナンス——執行の現状と課題』晃洋書房。

但見亮 2004「中国の行政拘禁制度改革——労働教養制度改廃の議論に関連して」『比較法学』38 巻 1 号。

但見亮 2012a「中国の行政不服審査制度改革——上海市行政不服審査委員会の調査を中心に」『一橋法学』11 巻 3 号。

但見亮 2012b「『信訪』の二面性——制度と現実が示すもの」『マイノリティ研究』7 号。

但見亮 2013「『社会管理綜合治理』の構造と問題点」『一橋法学』12 巻 3 号。

但見亮 2016「中国における陳情制度の改革」『一橋法学』15 巻 1 号。

中国語

何海波編 2005『法治的脚歩声——中国行政法大事記 (1978–2004)』中国政法大学出版社。

姜明安編 2006『行政法与行政訴訟法教学案令』北京大学出版社。

姜明安 2007『行政法与行政訴訟法〔第 3 版〕』北京大学出版社。

上海市司法局編 2010『化解社会矛盾視閾下的司法行政工作』法律出版社。

章剣生 2014a『現代行政法総論』法律出版社。

章剣生 2014b『現代行政法基本理論〔第 2 版〕(上)(下)』法律出版社。

章志遠 2011『個案変遷中的行政法』法律出版社。

最高人民法院編写組 2011「当代中国能動司法」人民法院出版社。

熊文釗編 2012『城管論衡　綜合行政執法体制研究』法律出版社。

朱芒編 2012『現代法中的城市規劃 (上)(下)』法律出版社。

崔卓蘭 2013『計画生育　法律問題研究』中国法制出版社。

趙正群 2013「中国信息公開法制建設中的公衆参与論析」『哈爾浜工業大学学報』(社科版) 15 巻 5 期。

林莉紅編 2014『行政法治的理想与現実《行政訴訟法》実施状況実証研究報告』北京大学出版社。

莫于川編 2015『新行政訴訟法条文精釈及適用指引』中国人民大学出版社。

『中国共産党党内法規選編 (2007–2012)』2014 法律出版社。

第 **III** 部

民 商 法

第6章

民事財産法

王　晨

序——中国における民法典編纂

　中国において，近代的民法がはじめて導入されたのは，1911年清末の「大清民律草案」(総則，債権，物権，親族，相続)からのことである。中華民国民法典 (1929～1931年) は，中国初の近代的民法典である。この法典は，引き続き総則，債権，物権，親族，相続というドイツ式の編成をとっているが，民商法合一主義をとり，スイス民法による影響も受けている。また，内容的には，いち早く，男女平等の原則，権利濫用の禁止などの現代的法理が導入されている。1949年以後，中華民国政府の大陸における敗北により，この民法典は，反動的なものとして，「中国共産党」(「国民党の六法全書を廃棄し，解放区の司法原則を確立するについての指示」)，中華人民共和国の臨時憲法 (「共同綱領」17条) によって，破棄された。今日，台湾に限って引き続き効力を有するが，80年代になってから，この民法典及びそれに基づく民法学は，改革開放の中国大陸に再生され，中国民法に対して，絶大な影響力を持っている。

　現代中国における民法典編纂は，50年代 (1954～1956年)，60年代 (1962～1964年)，80年代 (1980～1982年)，90年代 (1998年～　) の4度にわたって行われてきた。その起草の編纂作業が今でも続いている (第5次民法典編纂，2014年～　)。民法典難産の理由は，伝統的社会主義と民法の相性の悪さに起因する。私有財産制度を否定し，商品経済，市場経済に対して，否定的な態度をとる社会主義体制 (計画経済体制) においては，民法の役割が限られていた。

　56年12月の民法典草案 (総則，所有権，債権，相続) においては，親族編が既になく，物権制度もより狭い概念の所有権制度によって置き換えられてい

た。1922年のロシア民法典及び民法学の影響の下で，婚姻法及び労働関係法は，民法典の外に排除された。また，いかなる「私的なもの」をも認めないという視点から，自然人の概念の代わりに公法上の公民の概念が使われていた。国有財産に対しては，特別に保護する規定が設けられていた。この民法典草案に対しては，資本主義法の代わりに旧ソビエト民法の影響が非常に強い。

60年代に作られた新中国民法第2次草案（1964年7月）は，ソ連民法モデルからの形式的脱却と資本主義民法との徹底的断絶を目的に作られた民法典草案である。総則，財産の所有，財産の流通という構成をとっており，全部で3編262条になっている。親族制度に続き，民法典から相続制度，不法行為制度が排除された。ここで民法から家族法が完全に除外された。また，この民法典草案においては，権利，義務，物権，債権，法律行為，契約，自然人，法人などの資本主義的民法の概念が一切使われていない。その代わりに資本主義民法にない制度が民法典に導入された。例えば，予算，税収，決済，物資配分，労働報酬・福利などである。いずれにしても，内容的には，ソ連邦民事立法の基本原則（1961年），ロシア共和国民法典（1964年）を克服することができなかったが，中国民法が私法的色彩を薄め，公法的にされたのである。当然，個人人格の平等，私的所有，私的自治・自己責任という近代民法の基本原則も認められなかった。

中国における民事財産法及びその法典編纂については，西村2008は「第5章　民法」において，小口・田中2012は「第6章　物権法」「第7章　契約法」「第8章　不法行為法」において，高見澤・鈴木・宇田川2016は「第5章　民法」において論じている。本章は，第5次民法典編纂（2014年〜）までを視野に入れて主に民法典の体系を中心にまとめたものである。

第1節　改革開放後の民法典編纂

1　第3次民法典編纂と民法通則

80年代に作られた新中国民法第3次草案（1982年5月）は，改革開放，市場メカニズムの導入という経済的，社会的背景の下で行われた。第3次民法草案は，1 民法の任務と基本原則，2 民事主体，3 財産所有権，4 契約，5 知的成果権，6 財産相続権，7 民事責任，8 その他の規定という8編で構成されており，条文数は465条である。これは，主に1964年のロシア共和国民法

典及び 1977 年のハンガリー民法典の編成を参考にして，作られたものである。親族編が民法典草案に回帰されていないが，国家財政，税務，労働及びその他の行政方法で規律すべき財産関係が民法の規律範囲から明確に排除された (1 条)。

　従って，この民法典草案は，50 年代，60 年代の民法典草案よりも，資本主義民法に近い存在といえるが，当時は，政治・経済改革が行われたばかりの時期であり，どういう政治体制，経済体制をとるかは選択中ということもあって，1982 年 5 月以後，中国の民事立法方針に重大な変化が生じた。即ち，まず，民事単行法を制定し，民法典編纂の条件が整った後に民法典を作るという重大な方向転換が行われたのである。現在まで，第 3 次民法典編纂の成果に基づいて，既に民事単行法として，経済契約法 (1981 年，1993 年改正)，渉外経済契約法 (1985 年)，相続法 (1985 年)，技術契約法 (1987 年)，製造物品質法 (1993 年)，担保法 (1995 年) などが制定されている。また，民事基本法である民法通則も 1986 年に新中国民法第 3 次草案に基づいて制定された。

　民法通則は，基本原則，公民 (自然人)，法人，法律行為及び代理，民事権利，民事責任，訴訟時効，渉外民事関係の法適用，附則という 9 章，156 条で構成されている。通常の民法総則編の内容のほかに各則編である民事権利 (財産所有権及び財産所有権に係る財産権，債権，知的財産権，人身権)，民事責任 (契約違反，不法行為) も列挙された。内容的には，民事基本法として貧弱な部分もあるが，一種のコンパクトな民法典といえる。基本原則として，平等，自願 (自由意思)，公平，信義誠実の原則が認められた。それ故に中国の権利宣言であるといわれた (第 5 章 民事権利)。民法通則において，社会主義体制の下で否定されていた私権が計画的商品経済時代の中国 (1986 年) で再生されたのである。中国民法の基本内容，原則及び基本制度が民法通則の制定によって確立された。

　また，民法通則は，民法・経済法論争 (1979〜1986 年) の到達点として民法の規律対象 (平等な主体である公民の間，法人の間，並びに公民と法人の間の財産関係及び人身関係) を確定し，民商統一の民法典の形成の先駆けとなった。民法・経済法論争は，社会主義社会において企業間取引について民法の出る幕があるかどうかの論争である。経済法論者は，社会主義計画経済の視点から企業間の取引関係を経済法で規制し，民法から分離すべきであると主張した。それに対して，民法論者は，企業間の取引関係が本質的に平等性あるいは等価

交換を特徴とする横の商品経済関係に属するゆえに，財産関係の基本法としての民法で規律すべきと主張した。民法通則は，改革開放時代の流れに沿って社会主義商品経済の将来性を視野に入れた民法論者の観点を取り入れた。これによって，社会主義商品経済関係を規律する民法の存在が認められた。それと共に私法の基本法としての民法—市民社会の法が計画的商品経済の中国において復活したのである。

　民法通則は，編成の面においても革新を行った。第5章 民事上の権利において，財産所有権，債権，知的財産権と共に「人身権」（人格権，身分権）を設けた（第4節）。財産所有権，債権，知的財産権と「人身権」とを並立的に並べた「民法通則」の立法スタイルは，各論的に人格権法を民法典の独立した編にするという民法草案の構想（2002年）へと繋がっていく。また，不法行為責任を債権に配置せず，第6章 民事責任の部分に入れた。これも未来の民法典草案に不法行為責任法を独立の編にする法的根拠を与えることになった。この方向は，第5次民法典編纂の編成に決定的な役割を果たすことになった。

2　第4次民法典編纂と民法草案 (2002年)

　90年代に始められた新中国民法典第4次編纂作業は，中国において，社会主義市場経済を実行することが確定された経済的，社会的背景の下で行われた。市場経済体制への移行，グローバリゼーションへの対応のために民法典の整備が不可欠になった。1998年3月に民法起草グループ（江平，王家福，魏振瀛，王保樹，梁慧星，王利明など）が編成され，第4次民法典の編纂が正式に始まった。

　民法起草グループの計画によると，民法典の成立は，3段階に分かれる。第一段階として，1999年までに統一的契約法典（経済契約法，渉外経済契約法，技術契約法を統一する）を制定し，市場取引ルールの完全化を図る。第二段階として，2003年までに物権法を起草し，財産帰属関係の基本ルールの完全化・統一を図る。第三段階として，2010年までに，民法典を制定し，最終的に社会主義市場経済の法律体系を完成する予定であった。第一段階の立法計画が1999年の統一的契約法典の制定により，達成された。物権法の編纂作業も当初は順調に進み，2002年の全人代常務委員会での審議を経て2003年に全人代で通過する予定であった。

　しかし，2001年12月に中国が世界貿易機関（WTO）に加盟した後，民法典

立法の動きが速くなり，2002年12月までに民法典草案を制定し，全人代常務委員会で審議をするようにという要請が李鵬全人代常務委員長から出された。2002年1月に民法典起草会議が正式に開かれ，全人代法制工作委員会の主導の下で6人の学者・裁判官（梁慧星，王利明，鄭成思，唐徳華，巫昌禎，費宗禕）による草案起草作業の分担が決まった。民法典草案の検討範囲として，総則編，人格権編，親族編，相続編，物権編，債権総則編，契約編，不法行為編，民事責任編，渉外民事関係の法律適用編が予定されていた。

　2002年4月16〜19日に出来上がった試案の内容と民法典の構成を検討するために民法典草案専門家討論会が開かれた。この会議で総則，物権，債権総則，契約，不法行為，親族，相続及び渉外民事関係の法律適用という8編の構成でとりあえず編纂することがほぼ確定された。ただし，人格権編，知的財産権編を独立な編として設けるかどうかは，合意に達しなかった。

　全人代法制工作委員会は，学者による試案及び法制工作委員会民法室の「室内稿」を基に5カ月をかけて，手を加え，民法典草案（9月稿）を完全な形で編纂した。それは総則，人格権，物権，知的財産権，契約，不法行為，親族，相続及び渉外民事関係の法律適用という9編の構成をとっている。4月会議の構想と比べると，人格権編，知的財産権編が組み入れられ，債権総則編が削除された。9月16〜25日に民法典草案専門家討論会が開かれて，債権総則編の存否，法律行為概念の採否，人格権法，不法行為法を独立の編にするかどうかなどについて，議論が紛糾した。

　2002年10月に現行の民事法律と物権法草案の基礎のうえに全人代法制工作委員会主任・顧昂然の主導の下で民法典草案が作られた。9月稿民法典草案にあった契約編，親族編，相続編，知的財産権編の各草案が廃棄され，現行法の「契約法」，「婚姻法」，「養子法」，「相続法」をそのままの形で民法典草案に編入することになった。その結果，正式の民法草案として，総則，物権法，「契約法」，人格権法，「婚姻法」，「養子法」，「相続法」，不法行為責任法及び渉外民事関係の法律適用法という9編の編成をとっている。債権総則編は内容が現行契約法の総則の大部分と重複したので，債権総則編としての編成を設けないことにした。債権の発生原因である事務管理，不当利得は，民法総則に入れることにした。「契約法」，不法行為責任法は，単独の編にした。また，知的財産権に関する一般的規定が総則の民事権利に入れられたが，単独の編として知的財産権編を設けないことにした。

このように民法典編纂は，法典編纂式から一転して法典編纂（民法総則）＋編集式（各論は民事単行法の集積という形式）へ転換した。民法典草案を政治的都合で急に作れと言われても作れないという法技術上の問題もあるが，外部に開かれた民法典を作るという英米式編纂モデル（顧昂然，費宗禕，江平の意見）が急に採用されたのである。個別立法積上主義（婚姻法，相続法，養子法，契約法の制定）をそれまでに採用していた結果，英米式編纂は，比較的短期間の立法方式として自然に浮かんできたのである。これに対して「中国民法典制定過程がパンデクテン体系から個別法域を統合するプラクマテックな民法に比重が移りつつある」という見方が日本の著名な民法学者（北川善太郎）から出された。これは，けっして偶然の出来事とは言えないが，その背後に体系から機能へ，という21世紀型の民法像の流れ（民法総則＋個別法域）が見え隠れている。その理論モデルについて，「多様性を残した統合」（北川）というキーワードでその法典編纂方式を表現することができる。ただし，多様性（個別法域）を残しつつうまく統合（民法通則）できるかは，これからの中国民法典立法の課題である。

第2節　民事財産法の構築

1980年代に入ってから，改革開放と市場経済化の近代化・現代化路線により，中国民法は，社会主義型民法から西欧型民法への復帰が図られている。まず，1981年に国内の法人間の契約関係を規制する「経済契約法」が制定され，契約制度の国民経済における役割が認められた。市場原理の部分的導入という当時の経済改革の状況を反映して，計画契約（統制契約）以外の経済契約も認められた（旧「経済契約法」11条，17条）。次に，1985年に国内の企業・組織と外国の企業・組織，個人との間に適用される「渉外経済契約法」が制定された。これは，中国が市場経済体制をとっている資本主義体制の国々と貿易するために，「国際動産売買契約に関する国連条約」をモデルとして作られた法律である。そして，1987年に国内の技術開発，技術移転，技術コンサルティング及び技術サービスの契約関係に適用される「技術契約法」が公布された。この3つの契約法の制定によって，中国契約法は，民事基本法である「民法通則」（1986年）の下で，いわゆる「三者鼎立」の契約法体系が形成されたのである。

しかし，計画的商品経済体制に基づく「三者鼎立」の契約法体系は，重大

な欠陥を含んでいた。旧ソ連の経済法理論から継受された「経済契約」という法概念の存在のゆえに，統一的な契約概念が認められていなかったため，多元的な契約法体系になっており，極めて複雑な構造になっている。しかも，3つの契約法が必ずしも整合性を取っておらず，重複的な契約立法も多い。それにもかかわらず，契約法の規律範囲の狭さや立法の遺漏が目立っており，社会主義市場経済体制の要請を満たすことができなかった。例えば，制定された「経済契約法」においては，申込，承諾，債権者代位権・取消権など基本的な契約制度が規定されていなかった。従って，社会主義市場経済における経済取引関係を規律するには，はなはだしく不十分である。このことは，契約当事者にとっても，人民法院にとっても法の利用または法の適用上，大きな困難を引き起こしている。

1　契約法

全国人民代表大会常務委員会は，1993年春，社会主義市場経済体制の改革モデルと合わなくなった「経済契約法」を部分的に改正した後に，すぐ統一的契約法典を制定するという立法方針を固めた。1995年1月に学者が起草した契約法建議草案が完成され，それに基づく契約法草案は，統一的契約法典として，1999年3月に全国人民代表大会第2回会議で圧倒的な多数で可決された。

契約法典は，総則 (1〜8章)，各則 (9〜23章)，附則に分かれており，かつての簡略的構成をとっていた中国民法と比べて，本格的な立法といえよう。社会主義市場経済体制を目指す経済改革の目標が明確になっている現在，契約立法の基礎にある価値判断の問題 (自由か統制か) がほぼ解決され，市場経済型の契約法典になった。

契約総則の構成は，第1章 一般規定，第2章 契約の締結，第3章 契約の効力，第4章 契約の履行，第5章 契約の変更と譲渡，第6章 契約の権利義務関係の終了，第7章 違約責任，第8章 その他の規定になっている。契約法典は，民法典編纂の一環として制定されたが，債権に関する民法通則の手薄さ，不足を補うために債権総則 (債権者代位権，債権者取消権など)，民法総則 (法律行為，代理) に属する内容も盛り込んだ。結果としては，契約制度を1つのまとまった法典体系として作り上げた。従って，民法典を編纂するにあたって，民法典体系の整合性から契約法総則と債権編 (債権総則)，契約法総則と

民法総則との調整がこれからの立法課題として残されている。

契約法各則は，298条からなり，典型契約として，以下のような15の契約の法律類型を規定している。即ち，第9章 売買契約，第10章 電力，水，熱エネルギー供給使用契約，第11章 贈与契約，第12章 貸金契約，第13章 賃貸借契約，第14章 ファイナンス・リース契約，第15章 請負契約，第16章 建設工事契約，第17章 運送契約，第18章 技術契約，第19章 寄託契約，第20章 倉庫保管契約，第21章 委任契約，第22章 取次契約，第23章 仲立契約となっている。契約各則の目立った特徴は，中華民国民法典(1931年)と同様に，民商一元主義を採っていることと，現代社会における新たな契約類型(ファイナンス・リース契約など)を規定したことである。ただ，旅行契約，預金契約，サービス契約などが最終的に典型契約から外されたことに批判的意見が見られる。第5次民法典編纂過程において，契約各則が改善・充実される予定である。

附則は，1カ条からなり，施行日と旧三法(経済契約法，渉外経済契約法，技術契約法)の廃止について規定をしている。

契約法の形式上の大きな特色として，契約問題を網羅的にまとめた契約法典であることを挙げることができる。従って，日本契約法と比べて自己完結の体系を持っていると思う。また，民商統一的契約法典であるゆえに商的色彩も強く持っている。これは，中国契約法典に対する「ウィーン売買条約」「ユニドロワ国際商事契約原則」の影響が強いことからも窺うことができる。

契約法典は，計画経済時代の経済契約法と異なり，任意法規としての契約法という性格を鮮明にした(61条，62条)。社会主義契約法の基本原則である計画原則を採用せず，契約自由の原則が導入された。締約の自由，契約相手方を選択する自由，契約内容を決定する自由，合意による契約解消の自由，方式の自由が認められた(4条，12条，77条，93条)。それと関連して，伝統的社会主義契約法における現実履行の原則[1]が廃止された(110条)。また，法律，行政法規の強行的規定に違反した契約のみを無効にし，取締法規論が導入された(52条)。当事者の意思自治を尊重するために詐欺・強迫によって締結された契約の法的効力を原則的に取消すという効果を与えた(52条，54条)。そして市場経済に馴染まない政府の行政関与をできるだけ排除し，行政部門による契約の管理を限定した(127条)。従って，契約法典は，統制の法から自由の法へ，商品取引関係を規律する私法に転換した。

契約法典は，このように近代的契約法の再生を図ると同時に現代的契約法の構築にも取り組んだ。信義誠実という一般条項 (6 条) を通じて契約正義を実現するという現代法の課題は，契約法典の制定によって一気に解決することができた。契約法典では，信義誠実の原則がさらに具体化され，体系化した規定が置かれることになった。契約法典によると，当事者には，契約締結前の協力・説明義務 (42 条)，契約履行時の配慮義務 (60 条)，契約消滅後の秘密保持義務 (92 条) などが信義誠実の原則により，課されるようになった。

社会主義市場経済における経済的弱者 (消費者，労働者・中小企業) を保護するために契約法典は定式約款を規制した。定式約款が公平かつ合理的に使用されるように定式約款の個別的契約への組み入れ段階で約款提供者に注意喚起義務，説明義務などを課した (39 条)。また，契約締結過程のほかに不当条項の内容規制も行った。定式約款の提供者が自己の責任を免除し，相手方の主な権利を排除する条項は，無効にされた (40 条)。そして違約金条項に対する規制も行った。違約金が発生した損害より過大な場合，当事者は，それを適切に減額することを要求することができるようになった (114 条)。

2 物権法

中国においては，1979 年以降，漸進的な所有制改革が行われて非公有制経済が飛躍的に発展した。1986 年の民法通則は，民事基本法としてはじめて中国の物権法体系を実質的に提示した。しかし，当時のイデオロギー上の制約から物権概念は使われていなかった。「財産所有権と財産所有権に係わる財産権」(民法通則 第 5 章第 1 節) という表現で物権制度を規定した。ただ，民法通則の物権規定は，生産手段所有制の分類に基づき，所有権を三分する社会主義民法の伝統を固持することにより，依然，社会主義民法の枠内にとどまる改革であった。また，担保物権という概念も，民法通則において認められていなかった。抵当権 (89 条 2 項)，留置権 (89 条 4 項) は，債権の担保として，債権 (民法通則 第 5 章第 2 節) に規定されている。

1988 年の憲法改正により，「土地使用権は法の定めるところにより譲渡することができる」という条項が憲法 10 条に加えられ，土地使用権の商品化・近代化への道が開かれた。憲法改正による不動産市場の確立は，物権制度の復活にとっては，大きな追い風になった。1998 年 3 月に梁慧星をリーダーとする中国社会科学院法学研究所グループと王利明をリーダーとする中国人民

大学法学院グループによる物権法起草が法制工作委員会から委託された。法制工作委員会は，梁案と王案を基礎に「物権法草案意見徴収稿」(2001年12月) を制定し，「民法草案」(2002年12月) の第2編に編入させた。ここではじめて私権としての物権概念が現代中国で再生し，私有財産制度に基づく新たな物権体系が再発見されたのである。

物権法草案は，その後，「憲法及び社会主義の基本原則に反する草案」として伝統的な社会主義的発想を持つ左派グループからの攻撃にさらされたが，それに妥協しながら財産所有権平等保護の市場経済の原則を守り，2007年3月の全人代を通過した。その構造は，中華民国期民法典に倣い，パンデクテン体系を採用した。物権法は，総則，所有権，用益物権，担保物権，占有という5つの部分に分かれている。

第一の総則の部分 (第1章〜第3章) は，主に物権法の基本原則，物権変動の規則 (不動産登記制度) 及び物権的請求権などを規定した。このように豊富な規定を中国物権法総則編に含むことは，比較法的に特徴的である。物権法の基本原則として，物権法定主義 (5条)，公示の原則 (6条) などが宣言された。不動産の物権変動については，日本民法と違って，原則として登記効力要件主義をとっている (9条)。また，統一的な不動産登記制度を整備することになった (10条)。動産の物権変動については，引渡しの時からその効力が生じる (23条)。物権的請求権も日本民法と違って整備することになった (34条, 35条)。

第二の部分 (第4章〜第9章) は，主に所有権即ち財産の帰属問題を規定した。物権法によると，一般的・抽象的所有権の規定 (39条) のほかに所有形態に基づいて国家所有，集団所有及び私人所有という社会主義民法にある固有の三分法を維持している。従って，国，集団及び私人の所有権を一体的に取り扱っていない構造が残されている。例えば，中国において，重要な財産である土地は，国家所有と集団所有のほかに私有の対象には，なれない。ただし，物権法は，市場経済法として，社会主義民法固有の公有財産の特殊保護の原則を放棄し，合法財産に対する一体保護の原則を採用した (4条)。また，注目すべき制度として，収用・徴用規定の整備 (42条, 44条) による私権保護，善意取得制度による取引安全の保護 (106条)，建物区分所有権制度 (第6章) を挙げることができる。

第三の用益物権の部分 (第10章〜第14章) は，主に財産 (土地) の利用問題を規定している。即ち，他人所有の財産のうえに財産用益の権利を設定する

ことができるようになった。物権法は，土地請負経営権，建設用地使用権，宅地使用権，地役権という用益物権を規定した。言い換えれば，公有土地の上に土地請負経営権，建設用地使用権，宅地使用権，地役権を設定することができるようになった。このように中国の用益物権は，土地の私的所有が認められないゆえに機能的に土地所有権の役割を果たしている。公有地の上に用益物権を設定することは，公的所有から私的利用への転換を意味しており，一種の社会主義公有制の脱構築ともいえる。従って，日本民法と違い，中国物権法においては私人が土地を所有することができないために土地の用益物権は，経済的により重要である。土地用益物権の設定によって中国の土地が取引市場に入ることができるようになった。用益物権によって公有制土地の利用価値を十分に発揮する構図になる。ただ，農村土地使用権の商品化・近代化が都市部ほど進んでいないという課題が残されており，農村土地請負経営権，宅地使用権の流通問題などが改革の途上にある。

　第四の部分（第15章～第18章）は，担保物権である。担保物権は，財産価値の利用の問題であるが，主に財産を利用して債権に担保を与えることである。物権法は，現行の担保法を基礎に抵当権，質権，留置権という担保物権を規定した。また，新たな担保物権として，集合動産抵当権 (181条) が認められた。現代中国においては，土地所有権自体が担保物になれないために担保物の範囲を拡大する必要がある[2]。それゆえに特定物，権利以外に財産集合，一括抵当 (180条2項) にも抵当権の設定が認められた。さらに多くの担保制度を創設した。根抵当権（第16章第2節），売掛金債権の質入れ (228条) も認められた。これらは，物権類型の多様化によって，現代市場経済における物に対する担保方式の多様化に対応しようとするものである。また，担保実行方法も簡素化され (195条，219条，236条)，担保権実行の時間とコストを節約することができるようになった。

　第五の部分（第19章）においては，占有という事実状態に対して新中国の民法史上はじめて規定がなされた。物権法草案には権利の推定 (260条) や善意占有の推定 (261条) もあったが，国有財産の流失に繋がるというイデオロギー上の問題で削除されることになった。ただ，占有保護請求権が認められている (245条)。即ち，占有者は，返還請求権，妨害排除請求権及び妨害予防請求権を有する。また，占有は，日本民法典，ドイツ民法典と違い，物権法の最後に位置づけられているという特徴がある。

3 不法行為責任法

2009年12月26日に第11期全国人民代表大会常務委員会第12回会議において，不法行為責任法典（権利侵害責任法，92ヵ条）が民法典編纂の一環として採択された。中国の不法行為責任法は，民事権益が侵害を受けた際に救済を与える法律であり，私権を全面的に保護する法律である。

不法行為責任法典は，総則（第1章～第3章）と各則（第4章～第11章），附則（第12章）という構造をとっている。第1章 一般規定，第2章 責任構成及び責任方式，第3章 責任免除及び責任軽減事由，第4章 責任主体に関する特別規定，第5章 製造物責任，第6章 自動車交通事故責任，第7章 医療損害責任，第8章 環境汚染責任，第9章 高度危険責任，第10章 飼育動物損害責任，第11章 物による損害責任，第12章 附則という12章で92条から構成されている。総則の規定では，過失責任原則の一般条項（6条1項）を置き，各則では，現代社会生活における主要かつ頻出の不法行為類型（製造物責任，自動車交通事故責任，医療損害責任，環境汚染責任，高度な危険に伴う責任など）を特別に列挙した。中国における産業化に伴う事故・事件の増大に対する不法行為責任法という民事基本法による対処は，国際的に見ても斬新である。

不法行為責任法典の目的は，「民事主体の合法的な権益を保護し，不法行為責任を明確にし，不法行為を予防・制裁」（1条）することにある。それは私権を救済し，不法行為を予防し，不法行為を制裁するという3つの社会的機能を持っている。そのうち，民事権益を救済することは，不法行為責任法の中核の機能であり，主たる目的である。被害者の救済を強化するために不法行為責任法典においては，不法行為法よりも不法行為責任法（権利侵害責任法）という名称をつけることになった。また，単一の損害賠償ではなく，多様な責任負担方式（15条）で被害者の救済を果たしている。その中で特に注目すべき点は，民事主体の合法的権益を保護するために差止一般の根拠規定を置いていることである（21条）。また，不法行為を制裁するために限定的ではあるが，懲罰的損害賠償制度を導入した（製造物責任，47条）。

不法行為責任法典2条は，不法行為責任法の保護範囲を明確にし，その保護客体を全面的に列挙した。具体的な保護対象には，「生命権，健康権，氏名権，名誉権，肖像権，プライバシー権，婚姻自主権，監護権，所有権，用益物権，担保物権，著作権，特許権，商標専用権，発現権，株主権及び相続権

等の人身・財産権益」がある。ここで注目すべきところとして，プライバシー権は，法律上，はじめて明文化された。また，18項目の民事権利以外に合法的な利益まで不法行為責任法の適用範囲にしており，その適用範囲は，開放的で極めて広いということがいえる。

不法行為責任法典は，被害者の権益保護と行為者の合理的自由の維持を協調するために民法通則 (106条2項) と同様，基本的帰責原理として過失責任原則を定めた。即ち「行為者は，故意または過失により他人の民事権益を侵害したときは，不法行為責任を負わなければならない」とされる (6条1項)。加害者に故意・過失がなければ，原則として責任を負わない。被害者は，加害者の故意又は過失を証明しなければならない。

また，不法行為責任法典は，伝統的過失責任原則の発展・修正として過失推定責任の原則を明文で定めた。「法律の規定により行為者に故意または過失が推定されるときは，行為者は，自己に故意または過失がないことを証明できないとき，不法行為責任を負わなければならない」とされる (6条2項)。これにより民法通則の規定 (民法通則126条，建築物等の倒壊，落下による損害責任) と比べて，その適用範囲が拡大された。例えば，行為無能力者に対する幼稚園，学校等の責任 (38条)，医療機構に対する過失推定 (58条)，高度な危険物を不法に占有した場合の責任 (75条)，動物園の加害責任 (81条)，置物，掛物の脱落等による損害責任 (85条)，堆積物の倒壊による損害責任 (88条)，地下施設による加害責任 (91条2項) などがある。これらの規定は，主張・立証面での被害者の負担を軽減することによって，被害者救済に努めている。

不法行為責任法典は，近代の過失責任の原則に並んで無過失責任の原則を規定し，「行為者が他人の民事権益を侵害し，行為者に故意または過失があるかどうかにかかわらず，法律の規定により不法行為責任を負うべきときは，その規定に従う」と定めた (7条)。即ち，近代的・一元的な帰責原則ではなく現代的・二元的帰責原則を導入した。また，民法通則の規定と比べて，無過失責任原則の適用範囲も拡大された (69条〜75条など)。その中で高度な危険作業について無過失責任の一般規定を設けたのは，注目すべきところである (69条)。それによると，「高度な危険作業に従事し，他人に損害を与えたときは，不法行為責任を負うべきである」とされる。即ち，現代社会においては，危険な活動の増加に伴って，不法行為責任法における無過失責任の比重がより高まったことを受けたものである。その他の無過失責任原則の適用

類型として，監護人責任 (32条)，使用者責任 (34条)，生産者の製造物責任 (41条)，環境汚染責任 (65条)，危険動物の加害責任 (80条) などがある。

不法行為責任法草案は，民法通則の公平責任の精神及び内容 (132条) を受け継いだが，不法行為責任法典は，最終的に帰責原理としての公平責任を否定し，損失の公平分担というルールにした。即ち「被害者及び行為者が損害の発生に故意・過失がないとき，双方が実際の状況に基づき，損失を分担することができる」(24条) とされた。公平責任という帰責原則から損失の公平分担というソフトな規範への転換である。また，損失の公平分担ルールの関連規定として，他人を保護するために損害を受けた場合の責任 (23条)，一時的心神喪失者による加害責任 (33条1項)，不明な墜落物等による損害責任 (87条) などがある。不法行為責任法の主な立法目的は，「民事主体の合法的な権益を保護」するところにあり，ここにおいて，不法行為責任法は，伝統的不法行為法の私法的属性を超え，損失の公平分担枠組みの導入により社会政策的役割も果たしている。

不法行為責任法典は，「大陸法系を主体とし，英米法系を実用とする。中国本土の司法経験を広く吸収する」という立法の指導方針 (学界) を参考にして，中国不法行為責任法の法典化・現代化を図った。立法形式において，大陸法系の成文法伝統を維持しながら英米法系不法行為法の独立的形式を参考にし，不法行為責任法典を制定した。立法モデルにおいては，大陸法系の一般的不法行為主義を維持しながら，英米法系の個別的類型化主義を導入した。

立法の内容において，適用範囲の拡大 (2条)，帰責原理の二元化 (6条，7条)，救済方法の多様化 (15条，21条)，複数行為者による不法行為の体系化 (8条～12条)，特殊不法行為の拡大化 (自動車交通事故責任，医療損害責任，環境汚染責任) 等で中国不法行為責任法の現代化を実現した。また，不法行為責任法典は，不法行為責任法の自力的な展開を促すために民法典における独立した編として，開放性・完全性・実用性を備えるようになった。

第3節　民法典草案の制定過程における論争

1　中国民法典の編成

中国民法典の体系について，パンデクテン式編纂 (ドイツ式)，「邦連式」(英米式) 編纂，ローマ式 (フランス式) 編纂という3つの構想がある。それぞれ，

第 6 章　民事財産法　　137

完全な形ではないが，中国民法典草案建議稿 (2002 年，中国社会科学院法学研究所・梁慧星が代表)・中国民法典草案建議稿 (2003 年，中国人民大学・王利明が代表)，中国民法典草案 (2002 年，人大法制工作委員会)[3]，緑色民法典草案 (2004年，厦門大学・徐国棟が代表) という形に結実している。3 つの民法典構想の共通の特徴は，「民商合一」の立法モデルが採用され，消費者保護のルールを民法典に取り込んでいる点にある。また，パンデクテン方式の痕跡が濃淡ありながらも，4 つの草案に残されている。

(1)　パンデクテン式編纂 (ドイツ式)

その中でパンデクテン体系にもっとも忠実なのは，社会科学院法学研究所の梁建議稿である。第 1 編　総則，第 2 編　物権，第 3 編　債権総則，第 4 編　契約，第 5 編　不法行為，第 6 編　親族，第 7 編　相続という構成をとっている。梁建議稿は，総則・各則の構成，物権と債権の峻別などパンデクテン体系の原理を忠実に守っている。ただ，市場経済及び科学技術の発展によりもたらされた債権法の膨張問題などに対応するために，オランダ新民法典などの経験を参考にして，債権編を債権総則，契約，不法行為という 3 編に分けた。人格権については，その重要性を認めながら，民事主体の資格との密接な関連性から民法総則の自然人のところに規定した。中国民法典の伝統としてのパンデクテン体系に基づく梁建議稿の構想は，中国学界において，広く支持されている。

(2)　「邦連式」(英米式) 編纂

「邦連式」(英米式) 編纂の具体的構想は，既に制定されている民法通則，契約法，担保法，相続法，婚姻法及び物権法を合わせて，1 つの法典とする発想である。それぞれの法の間に相対的な独立性を保つのは，「邦連式」編纂の特徴である。

「邦連式」(英米式) 編纂においては，民法通則の再編纂部分を除くと，周辺の個別法域は，むしろ民事単行法の「匯編」という反法典主義的性格を持っており，現代における脱法典化・再法典化の動きに通じるものがある。中国政法大学・江平が開放的な民法を作るという英米式編纂の代表的論者であり，その発想を持っているのは，英米留学組，イタリア留学組が多い。21 世紀に入った後，21 世紀型の民法典を創る国際的な流れの影響もあって，一部の若手学者の中でこの考え方が広がった。ただ，現段階において，ルーズリーフ

式の編纂は，学界では少数説にとどまっているが，民法典の体系性，階層的論理構造よりも民法の機能的な一体性を評価する法制官僚の評価は，高い。

その構想に近い形で実現したものとして，「パンデクテン体系から個別法域を統合するプラグマティックな民法典」としての中国民法典草案 (2002年) を挙げることができる。編別は，第1編 総則 (117条)，第2編 物権法 (329条)，第3編 契約法 (454条)，第4編 人格権法 (29条)，第5編 婚姻法 (50条)，第6編 養子法 (33条)，第7編 相続法 (35条)，第8編 不法行為責任法 (68条)，第9編 渉外民事関係の法律適用法 (94条) という9編である。その法的構成は，内容・編別によって問題がないこともない。例えば，批判的な論者によれば，債権総則編がなくなり，不法行為責任法が編として，独立した地位を与えられたが，同じ債権に属しながら，第3編契約法と第8編不法行為責任法の遠い距離感が気になる。また，人格権保護の重視という視点から，人格権法を独立した編にしたが，第4編人格権法の位置づけは，財産権法の後にあり，物より人を重視する視点から見ると，中途半端な感じがする。

中国人民大学の王民法典草案建議稿は，パンデクテン体系を基礎にしながら英米法系の法学的伝統も参照して以下のような構成をとっている。第1編 総則，第2編 人格権，第3編 婚姻家庭，第4編 相続，第5編 物権，第6編 債権総則，第7編 契約，第8編 不法行為。この編成を見ると，人の法が物の法より前に配置されていること，人格権編が独立に設けられていること[4)]，債権総則が維持されていること，不法行為法を最終的で包括的な権利の救済規範にしたことなどを特徴として挙げることができる。王民法典草案建議稿は，パンデクテン方式に拘ることがなく英米式編纂との融合も図っているゆえに今後の民法典編纂に大きな影響力があると思う。

(3) ローマ式 (フランス式) 編纂

ローマ式 (フランス式) 編纂とは，原則として，人，財産及び財産取得の方法という三分法の編成を，民法典の構成とすることである。それを改良した緑色民法典草案の具体的構想を見ると，序編 (予備的規定，人，客体，法律事実及び法律行為，代理，民事世界における時間，基本概念の定義)，第1編 人身関係法 (第一分編 自然人法，第二分篇 法人法，第三分編 婚姻家庭法，第四分編 相続法)，第2編 財産関係法 (第五分編 物権法，第六分編 知的財産権法[5)]，第七分編 債権総論，第八分編 債権各論)，附編・国際私法[6)] という編成をとっている。緑色民法典草

案は，民法総則を止め，基本原理と基本概念などを定める序編にしたこと，人の法と物の法に分けるというローマ法の伝統に帰るという特徴を持っている。

　緑色民法典草案は，フランス式編纂であると強調されているが，序編の構造と概念，分編の構成と内容には，パンデクテン体系の痕跡が色濃く残っている。例えば，法律行為などの抽象的な概念の採用，物権と債権の峻別，親族編と相続編の分化などがある。従って，緑色民法典草案は，インスティチューション方式とパンデクテン方式の合成ということができる。この民法典草案では，人の法が物の法の前に置かれ，人間を尊重する理想的な民法典とうたっているが，中国民法立法史のパンデクテン式（ドイツ式）の伝統から外れているので，学界，法曹界では，支持は少数説にとどまっている。

　ただ，インスティチューション方式とパンデクテン方式の融合は，21世紀の再法典化時代において有力な選択肢（オランダ新民法典，ケベック新民法典など）になっている。日本民法（債権法）改正の過程においても非パンデクテン式の視点からの民法典構成の改造言説（大村2010a）が見られた。例えば，① 総則を縮減すること（通則化），② 人と家族とを同じ編にまとめること，③ 法律行為の規定の大部分を債権編に移すこと，④ 消滅時効と取得時効とを債権編・物権編に振り分けること，⑤ 債権編には総則を置かないことなどが提案されている。

2　民法総則を制定するか，民法の序編を制定するか

　民法の編成に関する論争の帰結として民法総則の存否問題が浮かんできた。パンデクテン方式をとるか，インスティチューション方式をとるかの問題は，民法総則を制定するか，民法の序編を制定するかの論争に繋がった。大多数の意見は，中国民法のドイツ法的伝統に鑑み，民法総則の制定に賛成しているが，少数の意見として，現代に合わない古い総則モデルを放棄して民法の序編を制定し，再構築すべきだという主張がある。その根拠の1つとして，民法総則の制定により，ローマ法の「人の法—物の法」の基本的構造が崩れ，人の法が総則に埋没されることになるという点が述べられ，民法における人文精神も各種の技術的規定に埋没され，それによって私法における人の中心的位置も否定され，「物を重視し，人を軽視する」民法典形成のきっかけになったと批判する。従って，民法総則編を放棄し，人の法を創り，ローマ式編纂に回帰すべきだと主張する。また，別の論者は，オランダ新民法典の編纂方式の影

響を受け，民法総則を分解・縮減し，民法の序編にすべきだと主張する。

2002年の民法典草案は，中国民法におけるパンデクテン体系の伝統を踏襲した上で，第1編に拡大された民法総則を設けた。第1章　一般規定，第2章　自然人，第3章　法人，第4章　民事法律行為，第5章　代理，第6章　民事権利，第7章　民事責任，第8章　時効，第9章　期間という9章の構成をとっている。民法典草案においては民法総則という表現をとっているが，内容的には1986年民法通則の構造を維持している（例えば，民事権利，民事責任）。1986年民法通則の基礎の上に，民法典総則草案は，主に民事行為無能力者の年齢，訴訟時効の期間などに対して改正・補充を行った。例えば，10歳以上であった制限的行為能力者の年齢を7歳に，2年の訴訟時効を3年に改めた。また，社会主義公有制及び社会主義民法理論との関係で今まで敬遠されてきた取得時効制度を新設した。

民法総則編の存否に関する学術的論争は今でも続いているが，2017年民法総則の制定は，その論争に一応の終止符を打つことになった。

3　物権法を制定するか，財産法を制定するか

2001年後半，物権法を制定する段階において，物権法ではなく財産法を作るべきという意見が出された（鄭成思）。ドイツ法「一辺倒」（片寄り）は，おかしいという意見である。それによると，ドイツ型の物権法は有体物を対象に限定しており，情報時代における知識経済の発展には適応しなくなった。有体物と無体物を包摂する財産権という概念によって物権の概念を置き換え，物権法の制定よりも財産法を作るべきであるとされる。それに対しては，大陸法系で用いられている「財産法」概念は物権法，債権法，知的財産権法などを含む広義の概念であり，財産法の制定により，物権と債権の分化という大陸法系の伝統が崩れることになり，ひいては中国民法の論理的な体系が維持できなくなるという反論が出されている（梁慧星2002）。2007年物権法が制定されている現在，物権法か財産法かという論争は下火になった感があるが，民法典編纂の再開にあたって知的財産権法の位置づけに関連して再び論争が起こる気配がある。実際にはオランダ新民法典の影響もあって，知的財産権も包摂する財産法総則を民法典に設けるべきという意見が出ている。ただ，民法総則の構成及び内容（第5章　民事権利）を見ると，無体物も包摂する財産法の制定は，遠のいたといえる。

4 債権総則編の存否

中国の民法学界において，民法の論理性と体系性を維持するために債権の概念を残すことには異論が少ないが，契約法，不法行為責任法を独立の編とした上での債権総則編の必要性については激論があった。債権総則編を外すことに賛成している論者 (江平 2003) は，主に以下の 2 点を理由としている。① ドイツ法の体系を迷信の対象にしてはならないこと，② 債権総則は，実際上，契約法総則であるとされる。それに対して，債権総則編を設けることは，民法典の科学性と体系性の必要性から出発しており，ドイツ法の体系への迷信とはいえない，また契約法を制定した当時，民法通則における債権総論の内容の不足を補うためにやむを得ず債権総則の一部の内容 (同時履行の抗弁権，債権者代位権など) を契約法総則に規定したが，現在は，債権総則に関する内容を民法典の債権総則に戻すべきであり，そのまま契約法に残すべきではないという反論が出された (梁慧星 2010)。2002 年民法典草案は，契約法編と不法行為責任法編を設けて債権総則編を外したが，債権を民法典の基本的な概念として認め，民法総則草案第 6 章 民事権利に規定した。ただ，簡単な規定があるだけで，立法案としての構成面で検討すべき事項が残されている (北川 2003)。

債権総則編の存否については今でも論争が続いているが，契約法編，不法行為責任法編が独立している以上，債権総則編の存在価値が減っていることは，否定できない事実である。債権総則と契約法総則の親和性に鑑み，契約法総則との統合を視野に再編すべきことが十分考えられる。特に契約法典が既に整備されている中国民事法制の伝統に鑑みれば，契約債権中心の債権法を作ることは，21 世紀型の民法典として検討すべき方向と思われる。日本民法 (債権法) 改正の過程において，「債権総則を解体して契約総則と一体化させること」などの構想もあったが，行き過ぎた民法典の階層化を避けるためにも参考にすべき価値があると思う。なお，法典編纂上の技術的な難問の解消には，2007 年のカンボジア王国民法典の全体の編成が参考になりうると思う[7]。

5 不法行為法を独立の編にするか

一部の学者は，不法行為法の本質が，責任であって債務ではない，または

142 第III部 民商法

主に債務ではないという視点から不法行為法の独立 (債権編から) を主張する。
名称も不法行為法より，不法行為責任法にすべきだと主張する。これは，英
米法モデルの影響を受けており，債務の発生原因である契約と不法行為の差
異を強調して，別々の編にするという発想である。確かに不法行為責任法を
独立した編にすることには，現代社会において，体系上，開放性・完全性・
実用性を備えるという利点がある。それに対して，ドイツ法式編纂にこだわ
る学者は不法行為の本質について，債務であり，債権総則編の下に相対的に
独立した不法行為法編を設けるべきだと主張する (梁慧星 2002)。2002 年民法
典草案は，不法行為責任法の自力的な展開を促すために基本的に前者の意見
を採用し，不法行為法を不法行為責任法として位置づけ，独立の編にした。
2009 年不法行為責任法が制定されている現在，独立の編にすることがほぼ決
まっているが，不法行為法の債権法的要素を考えると，契約法編と同様に，
これからの法典編纂上の技術的な工夫が必要であるという課題が残されてい
る (藤岡 2003)。

第4節　民法典編纂の再開と総則編立法

　中国共産党は，法による国家統治の全面的な推進のために，中共 18 期 4 中
全会 (2014 年 10 月) において，民法典を編纂する国家事業プランを決めた。中
華人民共和国における民法典編纂は，これまで 4 回の編纂作業を経験し，未
完に終わっていた。今回の中共中央の決定は，中華民族の高度な文明を代表
する中国民法典の 5 回目の編纂が始まったことを意味している。全人代常務
委員会が中共 18 期 4 中全会の方針を貫徹するためにさっそく 2016 年の立法
計画を調整し，民法典を編纂する計画を立てた。それによると，2017 年 3 月
までに第一段階の編纂作業として民法総則を制定し，第二段階の編纂作業と
して民法典各編草案を 2018 年前半に完了し，2020 年 3 月にまでに民法典編
纂事業を完遂させる予定になっている。

1　民法典編纂の再開と総則編立法

　全人代法制工作委員会は，2015 年 3 月から民法典編纂作業を再開し，まず
民法総則編の起草をすることを決め，2016 年の立法計画に民法総則の起草を
盛り込んだ。学者グループによる民法総則編建議稿も短期間ではあるが，い

くつも揃うようになった。その中の政府筋の色彩が濃い民法総則建議稿として，中国法学会主編の「中華人民共和国民法典・民法総則専門家建議稿（提出稿）」(2015 年 6 月) を挙げることができる。また，民法典編纂の関連機関として中国社会科学院の出した「民法総則建議稿」(2016 年 3 月，孫憲忠が代表) も中科院法学研究所の梁建議稿の流れを汲んでおり，重要な役割を果たした。

2　大きな民法総則

諸建議稿の構成を見ると，未来の中国民法典総則の主流は，いわゆる大きな総則になっていることがわかる。これは，一部先進諸国に見られる総則の崩壊現象 (日本，カンボジアなど) と逆の方向に向かっている。言い換えれば，現代中国の民法学にとってはパンデクテン・システムの体系思考 (規定の欠落・重複を回避できる) が一部の先進国に見られる脱法典化現象より魅力的に見える部分があり，そこには近代の再履修という郷愁がその根底にあるといえる。これは，近代的民法典が欠落している中華人民共和国民法にとって重要ではあるが，80 年代から続いた個別立法積上主義の脱法典化伝統との調整が未解決な課題になっている。

30 年以上続いた個別立法積上主義の立法伝統及び国民一般にわかりやすい法典を作ることに配慮すれば，総則と各則の階層化が，民法典の編纂によりパンデクテン体系化の視点から強められることは避けられるべきである。例えば，日本の民法 (債権法) 改正の過程においても議論になっていた法律行為に関する規定の配置問題がある。中国契約法典に既にある契約総則を解体し，法律行為に関する規定を民法総則に集約する配置は，避けるべきと思う。法律行為を民法総則編と契約編 (あるいは債権と契約編) に分属させる可能性，民法総則編と契約編 (あるいは債権と契約編) の双方に定める可能性を探るべきであると私は主張した。同じ問題として，時効 (訴訟時効，取得時効) に関する規定の配置問題がある[8]。時効を民法総則に入れる必然性は必ずしも高くない。

3　中国型民法総則の成立 (2017 年 3 月)

(1)　民法通則の再編

私は 2015 年の中日民商法研究会において，民法総則立法について，以下のような予測をした。「民法総則編の構成は，2002 年の民法草案・総則編を基礎とすることが充分に考えられる。即ち，伝統的な民法総則の編纂よりも『民

法通則』の再編である」。

　2017 年 3 月の民法総則の制定は，私の予測を実証することができた。即ち，民法総則の通則化である。民法総則は，第 1 章 基本規定，第 2 章 自然人，第 3 章 法人，第 4 章 非法人組織，第 5 章 民事権利，第 6 章 民事法律行為，第 7 章 代理，第 8 章 民事責任，第 9 章 訴訟時効，第 10 章 期間の計算，第 11 章 附則という構成をとっている。構造上，民事主体が拡大され，非法人組織を盛り込んだが，渉外民事関係の法律適用は民法総則に含まないことにした。民法総則の全体的構造は，基本的に民法通則に沿って組み立てられている。これによって，民法通則と同様，オーソドックスな民法総則の構造である民事主体—物—法律行為という三位一体のシステムではなく，民事主体—法律行為—民事権利—民事責任という中国型民法総則という構造を維持している。即ち，変則的なパンデクテン体系の民法総則である。

　言い換えれば，中国型民法総則には，オーソドックスな民法総則内容のほかに民事権利・利益（人格権，物権，債権，知的財産権，個人情報，ネット上の仮想財産など）の基本的規定（109 条，111 条，114 条，118 条，123 条）も加えることになった（第 5 章）。また，民法通則と同様に民事責任（第 8 章）という章を設け，民事義務を履行しない民事主体の責任を規整し（176 条），そこにおいては，割合的責任（177 条），連帯責任（178 条），民事責任の負担方式（179 条），責任競合（186 条）及び民事責任の優先適用（187 条）など債権編の内容も盛り込むことになった。

　債権の発生原因である事務管理（121 条），不当利得（122 条）を第 5 章 民事権利に置いたことなどを合わせると，中国民法典の編成において，債権編（債権総則編）が外されることになったといえる。実際の民法総則に関する立法説明においても債権総則編に言及することはなかった。これは，将来的に債権総則と契約総則の規定を統合するという方向であるが，民法典契約法編立法に重い課題を残すことになった。特に問題になるのは，拡充された民事法律行為と契約法編の関係である。

(2)　民事法律行為の拡充と契約法典

　第 6 章の民事法律行為は，パンデクテン体系の視点から民法通則及び契約法総則を踏まえた上で民事法律行為制度を拡充した。第 1 節 一般規定，第 2 節 意思表示，第 3 節 民事法律行為の効力，第 4 節 条件付き民事法律行為及

び期限付き民事法律行為という構成をとっている。民事法律行為とは，民事主体が意思表示を通じて民事法律関係を設立，変更，終了する行為であるとされる (133条)。民法通則と比べると，「合法的」行為という限定がなくなり，無効行為，取消しうる行為及び効力未定行為も含まれることになった。この定義規定により，中国の民事法律行為は日本民法，ドイツ民法の法律行為の構造と内容に近づいてきた。民事法律行為は，その意思表示の内容に従って効力を生じることになった (意思自治の原則)。それに伴い，民法総則では，民事法律行為の核心部分である意思表示制度 (137条〜142条) を整備し，民法律行為の効力 (143条〜157条) についても拡充した。また，民法通則にない期限付き民事法律行為 (160条) を補充した。

　ただ，拡充された民事法律行為は，パンデクテン型の民法総則立法に不可欠ではあるが，個別立法積上型の契約法典の立法伝統を持つ中国にとって破壊的な要素を孕むことになる。特に民事法律行為の効力 (136条，145条，147条，148条，150条，158条など) と契約法典における契約の効力 (44条，45条，46条，47条，52条，54条など) の重複規定問題が深刻である。パンデクテン体系を離れた契約法典は，民法総則における巨大な民事法律行為の再建により，その完全性が脅かされている。そこにおいて，パンデクテン型民法典における階層的な論理構造と個別立法積上型民事立法の機能的な一体性のバランス問題が浮上している。即ち，法継受により，民法総則の拡充という構造的な視点だけでなく既存民法制度の機能性にも配慮した民法典の再編も視野に入れるべきである。パンデクテン型の総則思考の束縛から自立する中国型民法典の創造性が必要になる。

結

　民法総則草案は，2017年3月に第12回全国人民代表大会第5次会議で採択された。今は，民法典の各編 (物権編，契約編，不法行為責任編，婚姻家庭編，相続編など) の整合作業に入っており，2018年に各編を一括して第一次審議が開始される予定である。2020年3月を目処に，制定された民商事単行法を統合して，ドイツ民法典に比肩されるような21世紀型の中国民法典を仕上げる見通しとなっている。その際，パンデクテン方式にこだわることなく，英米式編纂，インスティテューション方式との融合も図る方向である。梁慧星で

さえ，現行の契約法典の完全性を尊重し，債権総則編の編纂構想を放棄した。ただ，中国民法典における階層的な論理構造と機能的な一体性のバランスをうまくとれるかどうかは，これからの民法典編纂の大きな課題である。

　持続可能な民法典を作るために北川モデル（民法総則＋個別法域）の構想[9]が採択される方向が見えてきた。即ち，「現在の民法総則，物権総則，債権総則の再構成による新しい民法総則」を構築すること，「多様な個別法分野，すなわち契約，人格，財産，債権担保，責任に関する個別法が民法典に集合する」ことである。21世紀型民法像の中国版は，2020年3月にいよいよその全体像が明らかになる。ただ，多様性（個別法域）を残しつつうまく統合（民法総則）できるかどうかは，これからの中国民法典編纂の課題である。この意味で民法総則の制定は，1つの通過点であり，終結点にはなっていない。法典時代の終焉といわれている今日，多様性を残した統合という21世紀型中国民法典の誕生を祈念して本章を閉じることにする。

注

1)　契約履行する前に契約当事者双方とも現実履行の義務を負う。協議による契約の変更又は解除ができない。契約不履行後，債務者は違約金を支払い，損害賠償をなしてもその債務の現実履行義務は免除されない。また，債権者には給付を受領する義務がある（旧経済契約法29条，35条）。

2)　中国物権法では，土地所有権に抵当権を設定することはできない。

3)　2002年12月23日に全人代常務委員会に中華人民共和国史上はじめての民法典草案が提出され，審議された。総則，物権法，契約法，人格権法，婚姻法，養子法，相続法，不法行為責任法及び渉外民事関係の法律適用法という9編の編別をとっており，全部で1209条になっている。

4)　人格権を総則の自然人のところに規定するか，現代社会における人格権の重要性を強調して人格権編を独立に設けるかについては論争がある。社会科学院法学研究所の梁建議稿は，前者をとるが，中国人民大学の王建議稿は，後者をとる。2002年民法典草案は，人格権を民法典の第4編にした。その内容は，第1章　一般規定，第2章　生命健康権，第3章　氏名権・名称権，第4章　肖像権，第5章　名誉権・栄誉権，第6章　信用権，第7章　プライバシー権，という7章の構成をとっている。現行法である民法通則の規定と比べると，第1章において，一般的人格権を承認したこと，第6章，第7章において，個別的人格権として信用権，プライバシー権を追加したことを特徴として挙げることができる。

　　独立の編として採用される根拠として，民法通則において，民事上の権利として，第4節で人格権を掲げていること，国際的にもその立法スタイルに対して高い評価があり，人権の保護にも有利であること，21世紀の中国民法典として，創造すべき特徴的な立法の編成が是非必要であることが挙げられている。それに対して，人格権は民事主体の資格と関

連し，切り離すことができないため，民事主体制度に含めるべきである。あるいは人格権は侵害された場合にはじめて法的に意味があるため，不法行為法に規定すればよいというような意見がある。民法典編纂が再開されている現在，人格権法の位置づけをめぐって，白熱した論争が続いている。民法典編纂の段取り及び民法総則（2017年）の編成・内容（第5章民事権利109条，110条）を見ると，人格権法を独立の編にする民法典編纂は消えたという推測もある。梁慧星「民法総則草案（意見徴収稿）——解読，評論与修改建議」中国法律評論網（2016年4月10日）。

5)　知的財産権を民法典草案に組み込むかどうかについては，論争がある。知的財産権の特殊性（権利に対する制限の多さ，技術革新による変化など）に鑑み，民法典に単独の編として設けるべきではなく民事単行法として設けるべきであるとする意見（梁慧星・王利明・呉漢東）がある一方，WTOに加盟した後，知的財産権法がますます重要になっており，単独の編成をとるべきであるという対立がある（徐国棟など）。法制工作委員会は，単独の編とする知的財産権の立法問題が熟していないと判断し，民法総則草案（2002年）第6章民事権利（民法総則 第5章 民事権利）に知的財産権の保護範囲（123条）を規定したが，単独の編として設けなかった。2017年「民法総則」（123条）も同様な対処をしている。従って，著作権法（1990年制定，2001年，2010年改正），特許法（1984年制定，1992年，2000年，2008年改正），商標法（1982年制定，1993年，2001年，2013年改正）などの知的財産権法が民事単行法として民法典の外に存続することになった。民法典編纂の日程を考えると，独立の編とする知的財産権の民法典入りは，かなり難しいと思う。

6)　国際私法を民法典草案に組み込むかどうかについては，論争がある。中国の国際私法学会は1993年から国際私法モデル法を制定し，単独法典による立法を目指した。国際私法モデル法には，民法通則と異なり，渉外民事関係の法律適用のほかに，渉外民事事件の管轄，司法共助も含まれている。民法通則の体系に沿って民法典と一体化される国際私法の立法が1998年3月の民法起草工作グループ第一次会議で一旦決まったが，国際私法学者の反対に遭い，同年の9月民法起草工作グループ会議においては，民法典草案に単独の編としての国際私法を含まないことが決定された。しかし，国際私法典の立法作業がほとんど進まないので，2002年1月に民法典草案の制定を契機に民法典と一体化する立法が決まった。また，2010年，渉外民事関係の法律適用法が民法典の一環として制定された。渉外民事関係法律適用法は，民法通則 第8章 渉外民事関係の法律適用の基礎の上に国際条約を参照し，中国国際私法をより完全な形で整備した。第1章 一般規定，第2章 民事主体，第3章 婚姻家庭，第4章 相続，第5章 物権，第6章 債権，第7章 知的財産権，第8章 附則という8章の構成をとっている。その特徴は以下の通りである。抵触法の基本制度として，外国法の証明（10条），当事者自治の原則（3条）などを新設した。物権，知的財産権，不当利得及び事務管理に関する法律適用の規定を増加した。また，民事主体，契約，不法行為，婚姻家庭及び相続の法律適用問題についてより詳細な規定を設けた。

7)　カンボジア民法典のシステムについては以下のような特徴が見られる。「日本民法の法律行為，契約総則，債権総則の多くの部分が一体化して第4編債務に定められている」。即ち同編の内容は，第1章 総則，第2章 意思表示及び契約，第3章 契約の履行，第4章 契約違反に対する救済，第5章 危険負担，第6章 第三者に対する債権の効力，第7章 債務の消滅，第8章 消滅時効，第9章 債権譲渡及び債務引受である。松本 2010: 80頁。

8)　民法総則草案（2016年）は，2002年の総則草案と違い，取得時効については，規定を設

けていない。

9) 北川は，「中国民法典の体系と債権」（2003 年）において，21 世紀の民法典編纂のあるべ
き姿として，「多様性の統合」という表現を提示した。「私法関係において基本となる法概
念や制度についての一般的規定」を民法総則に置くことにより，多様な私法分野（人格，
契約，財産，責任など）を統合する構想である。

参考文献

日本語

市川英一 2005「中華人民共和国民法（草案）・総則編」『横浜国際経済法学』13 巻 2 号。

岩谷十郎・片山直也・北居功編 2014『法典とは何か』慶應義塾大学出版会。

内田貴 2011『民法改正——契約のルールが百年ぶりに変わる』筑摩書房。

王家福ほか編著 1991『現代中国民法論』法律文化社。

王晨 1999『社会主義市場経済と中国契約法——計画原則と自由原則の相克』有斐閣。

王晨 2001「中国契約法典制定過程から見た自由と正義」『法学雑誌』48 巻 4 号。

王晨 2003「グローバル化と中国の消費者契約法」西村幸次郎編著『グローバル化のな
かの現代中国法』成文堂。

王晨 2005「現代中国における『物権』の再発見」『法学雑誌』51 巻 4 号。

王晨 2007「民法改正の動向 (4) 中国」『ジュリスト増刊　民法の争点』。

王晨 2009a「中国民法の規制対象及び基本原則について」『JCA ジャーナル』2009 年 7
月号。

王晨 2009b「物権法の制定と中国憲法——所有権を中心に」高橋真・島川勝編著『市
場社会の変容と金融・財産法』成文堂。

王晨 2009c「グローバル化と中国の消費者契約法」西村幸次郎編著『グローバル化の
なかの現代中国法〔第 2 版〕』成文堂。

王晨 2010「中国不法行為責任法典の現代化」『JCA ジャーナル』2010 年 5 月号。

王晨 2011「現代中国における人格権法の復興」『JCA ジャーナル』2011 年 9 月号。

王晨 2012「中国民法典の編成をめぐる論争」『JCA ジャーナル』2012 年 7 月号。

王晨 2014「中国における約款の規制」『JCA ジャーナル』2014 年 11 月号。

王晨 2016a「中国民法典の編纂と総則編立法」『JCA ジャーナル』2016 年 2 月号。

王晨 2016b「中国民法典の編纂と北川法学」『JCA ジャーナル』2016 年 10 月号。

王晨訳 2017「中華人民共和国民法総則」『法学雑誌』63 巻 3 号。

王晨・呉海燕訳 2004a「中華人民共和国民法（草案）第四編　人格権法　第八編　不法行
為責任法」『法学雑誌』51 巻 1 号。

王晨・呉海燕訳 2004b「中華人民共和国民法（草案）第九編　渉外民事関係の法律適用
法」『法学雑誌』51 巻 2 号。

大村敦志 2009『民法読解　総則編』有斐閣。

第 6 章　民事財産法　　　149

大村敦志 2010a「民法改正にかかわる総論的諸問題に関する意見」（http://www.moj.
go.jp/content/000059831.pdf）。

大村敦志 2010b『民法改正を考える』岩波書店。

笠原俊宏 2010-2012「中華人民共和国の新しい国際私法『渉外民事関係法律適用法』の
解説 (1)〜(7)」『戸籍時報』663 号〜678 号。

加藤雅信 2011『民法（債権法）改正——民法典はどこにいくのか』日本評論社。

加藤雅信ほか 2017「中国における『民法総則』の制定」『法律時報』89 巻 5 号。

北川善太郎 1994「中国契約法典の立法過程とモデル契約法——モデル契約法再会」『法
学論叢』134 巻 5・6 号。

北川善太郎 2001『民法総則〔第 2 版〕』有斐閣。

北川善太郎 2004「民法の近未来モデル」『神戸法学雑誌』54 巻 1 号。

小口彦太編著 2017『中国契約法の研究——日中民事法学の対話』成文堂。

鈴木賢 1988「中国における民法通則制定とその背景 (1)〜(3)」『法律時報』60 巻 3 号，
5 号，6 号。

高見澤磨・鈴木賢 2010『中国にとって法とは何か——統治の道具から市民の権利へ』
岩波書店。

塚本宏明監修／村上幸隆編 2004『逐条解説　中国契約法の実務』中央経済社。

鄭芙蓉 2014『中国物権変動法制の構造と理論』日本評論社。

藤岡康宏 2003「中国民法典草案の意義——債権総則の必要性及び不法行為法の発展に
ついて」『早稲田法学』79 巻 1 号。

星野英一・梁慧星監修 2008『中国物権法を考える』商事法務。

松本恒雄 2010「カンボジア民法典の制定とその特色」『ジュリスト』1406 号 80 頁。

民法（債権法）改正検討委員会編 2009『詳解　債権法改正の基本方針 I』商事法務。

山本敬三「債権法の改正と民法典の編成」『法制審議会民法（債権関係）部会資料』（2013
年 5 月 28 日）。

梁慧星著／渠濤訳 2009「中国民法典の制定」『民法改正と世界の民法典』信山社。

早稲田大学孔子学院編 2010『日中民法論壇』早稲田大学出版部。

中国語

北川善太郎 2003「中国民法典的体系和債権」『人大法律評論』2003 年巻。

蔡定剣・王晨光主編 2008『中国走向法治 30 年』社会科学文献出版社。

崔建遠主編 2003『契約法〔第 3 版〕』法律出版社。

陳小君 2011『民法典結構設計比較研究』法律出版社。

戴傑 2014「中国侵権法的普通法色彩和公法面向」『判解研究』2014 年 2 期。

顧昂然 2006「関与『中華人民共和国民法草案』的説明」『立法札記』法律出版社。

韓世遠 2004『契約法総論』法律出版社。

江平 2003『江平講演文選』中国法制出版社。

江平・梁慧星・王利明・王勝明 2003「民法典縦横談」『政法論壇』21 巻第 1 期。

李明徳 2017「民法総則知識産権条款述評」『中国知識産権』2017 年 4 月号。

梁慧星 2002『為中国民法典闘争』法律出版社。

梁慧星 2004「中国民法典編纂的進程与争論点」『中日民商法研究 第 2 巻』法律出版社。

梁慧星 2010『中国民事立法評説』法律出版社。

梁慧星 2011『民法総論』法律出版社。

梁慧星主編 2013『中国民法典草案建議稿』法律出版社。

梁慧星 2016「民法総則草案（意見徴収稿）――解読，評論与修改建議」『中国法律評論網』（2016 年 4 月 10 日）。

柳経緯 2005『当代中国民事立法問題』厦門大学出版社。

柳経緯主編 2009『共和国六十年法学論争実録 民商法巻』厦門大学出版社。

龍衛球 2010『民法基礎与超越』北京大学出版社。

龍衛球・王文傑主編 2013『両岸民商法前沿 第 2 輯』中国法制出版社。

龍衛球・劉保玉主編 2017『中華人民共和国民法総則釈義与適用指導』中国法制出版社。

民法総則立法背景与観点全集編写組編 2017『民法総則立法背景与観点全集』法律出版社。

蘇永欽 2012『尋找新民法』北京大学出版社。

王利明主編 2004『民法学』復旦大学出版社。

王利明主編 2005『中国民法典学者建議稿及立法理由』法律出版社。

王利明 2006『我国民法典重大疑難問題之研究』法律出版社。

王利明 2008『民法典体系研究』中国人民大学出版社。

王利明等著 2009『中国民法典体系問題研究』経済科学出版社。

謝鴻飛 2017「民法総則是中国立法的里程碑」『法制与社会発展』2017 年 2 期。

謝哲勝ほか 2005『中国民法典立法研究』北京大学出版社。

徐国棟 2001『中国民法典起草思路論戦』中国政法大学出版社。

徐国棟主編 2004『緑色民法典草案』社会科学文献出版社。

薛軍 2015「中国民法典編纂――観念，願景，思路」『中国法学』2015 年 4 期。

楊立新 2007『中華人民共和国侵権責任法草案建議稿及説明』法律出版社。

楊立新 2015「我国民法総則法律行為効力規則統一論」『法学』2015 年 5 期。

易継明 2014「歴史視域中的私法統一与民法典的未来」『中国社会科学』2014 年 5 期。

張礼洪・高富平主編 2008『民法法典化，解法典化和反法典化』中国政法大学出版社。

張玉敏主編 2010『新中国民法典起草五十年回顧与展望』法律出版社。

英 語

Jones, William C., 1987, Some Questions Regarding the Significance of the General Provisions of Civil Law of the People's Republic of China, *Harvard International Journal*, 28.2 (Spring).

第7章

家　族　法

國谷知史

序

　家族法は，日本では民法の親族編・相続編の区分に合わせて，一般に，親族法と相続法に分けて構成される。中国も同様であるが，まだ民法典が編纂されていないこともあって呼称は統一されていない[1]。親族法を［婚姻家庭法］または［親属法］，相続法を［継承法］と呼び，両者を合わせた家族法を［婚姻家庭継承法］または［家事法］などと呼んでいる。

　そもそも旧ソ連法を継受し，社会主義法の系統にあった中華人民共和国法では，婚姻家庭法は民法から独立した法部門であり，その基本法は婚姻法として1950年に立法されている。一方，継承法（相続法）については，その規律対象が財産関係であることから民法の構成部分とされ，1950年代後半と70年代末から80年代初にかけての民法起草にあたっては独立した編として検討されていた。しかし，民法は制定されず，単行法としての継承法も，社会主義的公有制の下，市民の私的所有が制限されていたこともあって，1985年まで立法されなかった。

　したがって中国家族法研究は，長い間，民法とは別の部門として，婚姻法を対象におこなわれてきた。ところが1986年の民法通則が財産関係だけでなく［人身関係］（身分関係・人格的関係）を規律範囲に入れたことによって，婚姻家庭法は民法の一構成部分として認知されることとなり，継承法とともに家族法を構成することとなったのである。婚姻家庭法が独立した法部門なのか，民法部門の一部なのか，をめぐる論争については，柳経緯2009が参考となる。

152　　　　　　　　　第III部　民商法

　本章は，第1節で現行の家族法が形成されるまでの歴史と現行法の法源を
概観したのち，第2節以下で家族法の基本的論点を，婚姻，家族関係，離婚，
相続，渉外家族に分けて概観する。高見澤・鈴木・宇田川 2016 の「第7章1
家族法」が現行の家族法を論じている。

第1節　概　要

1　歴　史

　中華人民共和国の家族法は，革命根拠地の立法に源を発するが，それは伝
統的な家父長制を徹底して批判するものだった。

　伝統中国社会では，父系血統にもとづく同族集団＝宗族が社会秩序を形成，
維持し，宗族は日常生活・家計を共同にする「同居共財」の家族によって構
成されていた。宗族・家族は男系の血族集団であり，族長・家長によって統
制されていた。婚姻は父系血統を継承するものとして家族と宗族の問題であっ
た。刑事法・行政法として発達した伝統中国法では，家族法規範も刑罰規範・
行政規範として存在していた。伝統中国の家族法については，仁井田 2005 や
滋賀 1967 が基本文献である。

　こうした伝統中国の家族法に対する改革は，20世紀初頭，清朝末期の新政
改革に始まる。1902年に着手された改革では，西洋法の継受が試みられ，日
本人の法学者などが協力することとなったが，しかし家族法分野ではなお伝
統を保持する必要から，外国人の手は借りず礼部に起草が委ねられた。そう
して作られた草案も 1911 年の辛亥革命，1912 年の清朝の滅亡，中華民国の
成立によって，日の目を見ることはなかった。清末の法典編纂については，
島田 1980 に詳しい。

　近代西洋法の継受は，中華民国において実現した。1930 年に民法典が編纂
され，第4編　親属編（親族編）と第5編　継承編（相続編）が作られた。近代的
な家族法の成立であり，当時のドイツ，スイス，日本の家族法をモデルとし
ていて，伝統中国の家族法とは一線を画するものであった。これは現在の中
華民国法へとつながるものである。

　中華人民共和国の家族法は，こうした近代西洋法継受とはまったく別の形
成過程を経てきた。1921 年に結成された中国共産党は，中国社会の根本的な
変革を唱え，家父長制の家族・宗族制度の廃止と女性の解放を中国革命の基

本的な課題として掲げていた。1930 年代以降の政権建設 (革命根拠地) のなか
では，婚姻・親子に関する立法が積極的におこなわれ，旧ソ連の立法をモデ
ルとして，多くの革命根拠地が婚姻条例などを制定している。その経験は，
中華人民共和国成立直後の 1950 年 5 月に制定された婚姻法に直接継承されて
いった。旧ソ連の社会主義法の影響は中華人民共和国の婚姻法の原則や理論
にも及んでいる。李秀清 2002 は，旧ソ連家族法の継受と離脱の歴史的検討を
おこなっている。

　婚姻法は，1950 年に制定されたものを最初とし，1980 年の全面改正を経
て，2001 年 4 月に部分改正された。

　1950 年婚姻法は，名称に示されたように婚姻関係を主な規律対象としてい
たが，親子関係の内容も含んでいた。ほぼ同時に制定施行された土地改革法・
労働組合法とともに「三大立法」と称され，ともに中国社会の民主主義革命
を推し進めることを課題としていた。旧中国の婚姻制度の廃止と，「男女の婚
姻自由，一夫一婦，男女の権利平等，女性と子の適法な権利利益を保護する
新民主主義の婚姻制度」の実行を宣言 (1 条) していることから分かるように，
社会をドラスティックに変えて行くための法であった。同時代の研究者によ
る研究として，仁井田 1960，仁井田 2005 がある。

　1960 年代・1970 年代のプロレタリア文化大革命 (文革) の時期，資本主義
復活を阻止するための社会主義継続革命は，家族関係にも及び，「家族全員は
平等な同志的結合をうちたて，階級的自覚をたかめ」る革命の場として家族
が位置づけられていた (幼方・古島 1976)。しかし，文革期には法ニヒリズム
が跋扈して社会秩序が失われ，夫婦・親子の法的枠組みも曖昧なものとなり，
安定した家族秩序は失われていった。

　1980 年婚姻法は，1970 年代末に文革路線から社会主義的現代化路線へと路
線が転換した直後，1980 年 9 月に 1950 年婚姻法の全文改正として制定され
たものである。1950 年婚姻法が社会変革のための立法であったのに対し，1980
年婚姻法は，文革の混乱を収拾し，家族の再建を図るものであり，1950 年婚
姻法を基礎としながら新しい時期の政策と社会的課題に対応している。1950
年婚姻法では第 3 章と第 4 章に分けて定められていた夫婦関係と親子関係を
統合するとともに祖父母と孫および兄弟姉妹の間の関係を加えて「第 3 章　家
庭関係」とし，基本原則に「老人の権利保護」と「計画出産の実行」を追加
した。陳明侠 1991 による全般的な解説がある。1990 年代の司法解釈等を踏

154 第 III 部 民商法

表 7-1 中華人民共和国婚姻法および婚姻家庭法草案等の章立て比較

制定・改正年月日	章の構成
1950 年 4 月 13 日	原則，結婚，夫妻間的権利和義務，父母子女間的関係，離婚，離婚後子女的撫養和教育，離婚後的財産和生活，附則
1980 年 9 月 10 日	総則，結婚，家庭関係，離婚，附則
2001 年 4 月 28 日	総則，結婚，家庭関係，離婚，救助措置与法律責任
1999 年 6 月 11 日 婚姻家庭法 (法学専家建議稿)[1]	総則，親属，結婚，夫妻，離婚，父母子女，収養，監護，扶養，法律責任，附則
2012 年 民法典草案建議稿 第 6 編　親属[2]	通則，親属，結婚，夫妻関係，離婚，父母子女，収養，扶養，監護与照顧

1) 婚姻家庭法専家試擬稿起草組，中国法学会婚姻法学研究会立法研究組，中国法学会研究部擬訂。梁慧星主編『民商法論叢』第 14 巻 (法律出版社，2000 年) 掲載による。
2) 中国民法典草案建議稿課題組の中国民法典草案建議稿第二次修訂版 2012 年である。梁慧星 2013a による。

まえ，実務の視点から日本法との比較を基礎に家族法関連諸制度の概要と特徴を整理した岩井 2000 は，参考となる。

　2001 年改正婚姻法は，1980 年代・1990 年代の政治・経済・社会体制の転換とそれに伴って生じた新たな問題へ対処するものであった。第 9 期全国人民代表大会常務委員会第 18 回会議での「関于《中華人民共和国婚姻法修正案 (草案)》的説明」(2000 年 10 月 16 日) は，重婚問題，家庭内暴力，婚姻の要件と婚姻の無効，夫婦財産制，離婚問題および法的責任を取り上げて説明している。王勝明・孫礼海 2001 に関連資料がまとめられている。

　ところで 1995 年から始まった 1980 年婚姻法改正作業では，単なる婚姻法の改正に止めるのではなく，婚姻家庭法または親属法を新たに立法する必要が指摘され，学者グループから 1999 年には婚姻家庭法 (法学専家建議稿) が提出されていた。李銀河・馬憶南 1999 は 1980 年婚姻法の欠陥を指摘し，1997 年に作られた婚姻家庭法草案試擬稿の概要を紹介するとともに，学界での論争を，法と道徳，離婚理由，離婚損害賠償，配偶者権・夫婦忠実義務・婚外恋，夫婦財産制，その他 (親権制度・家庭内暴力) に分けている。しかし 2001 年 4 月，立法者は親属制度などを新設した婚姻家庭法の制定ではなく，弥縫的措置である婚姻法の部分改正に止めたのであった。2001 年の婚姻法改正については，鈴木・廣瀬 2001，加藤 2002，國谷 2004 が論じている。鈴木 2008a は現行法の特徴とともに清末以降の立法史および現在の起草の動きを取り上

げている。梁慧星 2013a は民法典親属編として起案され議論のために公表されている。

以上，婚姻法の立法を回顧したが，1980 年代には，1980 年婚姻法を軸として家族法を構成する立法が進んでいる。1986 年の民法通則は，婚姻法には規定されなかった親権を包含する監護制度を定め，未成年者の監護人を親とした。1989 年の［収養法］（養子法）は，特に養子制度についてまとめた単行法であり，1998 年に改正されている。

相続法については，1982 年の憲法が継承法（相続法）の立法に先んじて，市民の私有財産の相続権を保護すると宣言し（13 条 2 項），1985 年に継承法が制定された。現在では婚姻家庭法と同様，民法典の継承編として起案され議論されている（梁慧星 2013b）。

2 法 源

1979 年に［法制建設］が始まった直後から，家族をめぐる法の体系が形成されてきている。それは上述のように婚姻法を中心としながらも，弱者保護に関する立法や，婚姻法の規定に関する他の法分野の立法などへ，外延を拡げつつある。

1990 年代に入ると，社会法に分類される弱者保護の立法が進み，未成年人保護法（1991 年 9 月制定，2006 年 12 月改正，2012 年 10 月改正），婦女権益保障法（1992 年 4 月制定，2005 年 8 月改正），老年人権益保障法（1996 年 8 月制定，2009 年 8 月改正，2012 年 12 月改正）が制定され，監護や扶養などに関する規定が定められた。これらはその後，2017 年の民法総則に影響している（第 2 章 自然人 第 2 節 監護など）。また，1980 年婚姻法に基本原則の 1 つとして規定された計画出産については，私的自治に委ねるのではなく，強制力をともなった行政的規制をおこなうとして，人口・計画出産法［人口与計画生育法］（2001 年 12 月制定，2015 年 12 月改正）が制定された。同法の 2015 年 12 月改正は，中国社会が人口減少・高齢化の問題に直面していることから，それまでの「一人っ子政策」から「一組の夫婦に子どもは二人」という「二人っ子政策」［全面両孩政策］へと，計画出産政策の変更を立法に反映したものである。さらに 2001 年改正婚姻法に新たに追加された家庭内暴力についても，家庭内暴力防止法［反家庭暴力法］（2015 年 12 月制定）が制定されている。こうした弱者保護や計画出産については，地方条例などの立法もおこなわれ，むしろ行政法部門で

の法整備が進んでいる。

　以上の基本的な立法のほか，実務上の要請から司法解釈および行政規則・規定が出されている[2]。

　婚姻法については，制定時期が1980年と早く，経済改革に着手したばかりの時であったので，婚姻家族関係を規律する基本法として，多くの問題について極めて原則的な規定を定めただけであった。その後，改革が進むにつれて，新たな状況や問題が続々と発生し，婚姻法の規定を直接適用することができなくなっていく。そのため1980年代・90年代には，最高人民法院は，法の空白を埋め，実際問題を解決するため，解釈・適用の範囲を超えて新たな法規範を創造し，あるいは実際上法改正をおこなう司法解釈を次々と制定している。そうした経験を踏まえて2001年に婚姻法は改正されたのだが，部分改正に止められたこともあり，最高人民法院は，実情を踏まえ焦点を絞って問題を解決する原則にもとづき，婚姻法の司法解釈については成熟した部分から制定していく方法を採用すると決めた[3]。

　すなわち2001年改正にあたっては，婚姻法司法解釈と合わせて法整備を進めることが決められたわけで，立法直後の2001年12月に最高人民法院から「関于『中華人民共和国婚姻法』若干問題的解釈（一）」（以下「婚姻法司法解釈(1)」という。），2003年12月に同「（二）」（以下「婚姻法司法解釈(2)」という。），2011年8月に同「（三）」（以下「婚姻法司法解釈(3)」という。）が出されている。したがって，2001年の改正で立法が一段落したというわけではなく，司法解釈によって法の継続形成が進んでいる。婚姻法司法解釈(3)まで含めた婚姻法の全般的な説明・解釈は，現在のところあまり多くはない。高見澤・鈴木・宇田川2016の「第7章1　家族法」と田中2013の「第8章　家族」がある。

　なお，2001年改正以前の司法解釈については，新法は旧法に優先する原則によって抵触を回避しながら用いられる。「関于人民法院審理未弁結婚登記而以夫妻名義同居生活案件的若干意見」（1989年12月），「関于人民法院審理離婚案件如何認定夫妻感情確已破裂的若干具体意見」（1989年12月），「関于人民法院審理離婚案件処理財産分割問題的若干具体意見」（1993年11月）および「関于人民法院審理離婚案件処理子女撫養問題的若干具体意見」（1993年11月）など，が現在でも重要である。

　また婚姻・離婚の登記手続については，1980年代以降，婚姻登記弁法（1986年3月）から婚姻登記管理条例（1994年2月）となり，現在は婚姻登記条例（2003

年8月)である。

収養法（養子法）については，民政部の「中国公民収養子女登記弁法」（1999年5月）と「外国人在中華人民共和国収養子女登記弁法」（1999年5月）がある。また，いわゆる里親委託について「家庭寄養管理暫行弁法」（2003年10月）が民政部から出されている。

継承法（相続法）については，司法解釈として「関于貫徹執行『中華人民共和国継承法』若干問題的意見」（1985年9月）が立法直後に出されている。また，司法部の「遺嘱公証細則」（2000年7月）がある。

このほか，地方性法規も注意しなければならない。法の空白が多い家族法分野では，地方レベルの法規でこれを埋め，あるいは独自の法創造をおこなっていることもある。特に，法律と異なる規定を定めることが認められた民族自治法規は，重要である。さらに，慣習および慣習法の問題も家族法分野では無視できない。司法解釈にも取り上げられ（婚姻法司法解釈(2)10条に彩礼），研究も盛んにおこなわれている。本書第1章に家族法関連の法源が挙げられているのでみておく必要がある。

第2節　婚姻［結婚］

婚姻法の［婚姻］は［結婚］と［離婚］が含意されているが，ここでは日本法の用語を使用し，婚姻を結婚の意味とする。

婚姻は，形式的要件と実質的要件を満たせば成立する。

形式的要件として婚姻登記があり，婚姻法は，革命根拠地の婚姻条例を継承して，1950年から一貫して登記婚主義を採っている。しかし必ずしも婚姻登記が婚姻の成立要件であったというわけではない。1950年婚姻法については仁井田1960が参考となる。

1980年婚姻法は，婚姻証［結婚証］を取得して夫婦関係が確立する（7条3文），と明記していたが，最高人民法院の「関于人民法院審理未弁結婚登記而以夫妻名義同居生活案件的若干意見」（1989年12月13日）が事実婚を認め，事実婚夫婦も離婚できるようにした。その後，婚姻登記管理条例（1994年2月1日）はこの取り扱いを変更し，事実婚をまったく認めないこととした。しかし，2001年改正婚姻法では，婚姻登記をしていない場合は登記を補完しなければならない（8条3文），と登記補完の制度を新設し，婚姻登記を補完すれば

登記前の事実婚を認めることとした。婚姻法司法解釈 (1) は，婚姻登記補完の効力は婚姻成立の実質的要件が満たされた時点から生じるとしている (4条)。

婚姻成立の実質的要件には，重婚でないこと，当事者の完全に自発的な意思によること，婚姻適齢に達していること，［三代］以内の血族でないこと，医学的に婚姻すべきでない疾病に罹っていないことがある。親等ではなく「代」を用いていることや，男22歳・女20歳という婚姻適齢の高さと晩婚奨励規定，医学的に婚姻すべき疾病に罹っていないこと[4]など，伝統的概念の使用や政策的要素の強さ，あるいは行政的規制といった中国的特色が出ている。形式的要件 (手続) とともに，高見澤・鈴木・宇田川 2016 を参照されたい。なお，実質的要件を欠いている場合には，婚姻の無効［無効婚姻］(10条)または取り消すことのできる婚姻［可撤銷婚姻］(11条) となる。可撤銷婚姻は，男女双方の完全な自発的意思によるという要件を欠く場合，すなわち強迫による婚姻の場合だけであり，その他は無効婚姻である。

現行の 2001 年改正婚姻法は登記補完の制度を設けることによって，事実婚を限定的に承認している。そのため婚姻法の定める要件を満たしていない婚姻は，事実婚と無効婚姻・可撤銷婚姻，の2つに区別して論じられる。かつては，違法婚姻の問題として取り上げられていて，1984 年に開かれた中国婚姻家庭研究会第1回全国大会では，違法婚姻を重点課題とし，請負婚，売買婚，重婚，近親婚，早婚，未登記婚などをめぐり，違法婚姻の概念，性質，処理原則などを議論していた。宋凱楚 1990 は，違法婚姻論，事実婚姻論，無効婚姻論・撤銷婚姻論の論争があるとしたうえで，分析を進めている。違法婚姻研究の延長線上で婚姻無効の研究が進み，2001 年改正婚姻法で定められたわけだが，限定的とはいえ事実婚が認められるので，依然事実婚研究が重要課題となっている。鉄木尔高力套 2008 は，婚姻法が「行政法規の役割」を果たし「婚姻管理の機能」をもつという視点を交えて，婚姻の成立と事実婚および違法婚を論じている。

第3節　家族関係

1　概　要

1980 年婚姻法から，家族［家庭］が重視されてきている。現行の 2001 年改

正婚姻法は，これを形式的に構成面からみても，第3章を家族関係［家庭関係］とし，夫婦関係 (13 条〜20 条)，親子関係 (21 条〜27 条) および祖父母・孫間と兄弟姉妹間の関係 (28 条〜30 条) に分けている。

内容上も，基本原則として 14 条に家族関係の倫理規定を設け，夫婦の相互忠実・相互尊重に加え，家族構成員［家庭成員］の間での敬老愛幼・相互援助を義務付け，「平和で仲睦まじい文明的な婚姻家族関係を維持する」ことを求めた。また，婚姻登記後に男女双方の約定によって夫または妻の家族の構成員となることができると明記し (9 条)，新たに家庭内暴力［家庭暴力］に関する規定 (3 条，43 条〜45 条) を設けている。

そのため家族および家族構成員の概念・制度を明らかにする必要が生じている。しかし家族構成員については，同居家族をいうと解説される[5]だけで，条文上明確な定義はない。婚姻法は婚姻 (結婚・離婚)・夫婦関係を主な規律対象とし，親子関係やその他の家族関係についても規定してはいるが，基本的な親族制度——親族の種類・親系・親等——に関する一般規定がない。未成年の子に対する親権や親族間の親族権といった身分権の概念・制度を設けることなく，それぞれの権利義務関係として定めている[6]。

2 夫婦関係——夫婦の人身関係 (身分関係) と財産関係 (夫婦財産制)

婚姻が成立すると夫婦となる。夫婦の人身関係では，家庭における地位の平等 (13 条)，［姓名権］(14 条) および就業・学習・社会活動の自由 (15 条) が婚姻法に規定されている。研究者の間では，配偶者権［配偶権］や同居義務，忠実義務，日常家事代理権，出産権［生育権］，家庭内暴力による夫婦間権利侵害などが議論されている。配偶者権とは，狭義では夫婦間の身分上の権利および義務を指し，広義では財産上のものも含み，その場合は狭義のものを特に配偶者身分権という。その概念や立法の可否が議論されている。楊立新が 1980 年代末に提唱した問題であり，楊立新 1996，楊立新 2013 で詳しく論じている。

出産権については，計画出産義務が夫婦に課されていることを前提として，権利主体が夫婦なのか，妻なのか，といった問題や，夫婦間で意見が割れたときの決定権の問題が議論されている。巫昌禎・夏吟蘭 2007 が参考となる[7]。

財産関係 (夫婦財産制) では，約定財産制と法定財産制が併用されている。約定財産制については，1980 年婚姻法で導入され，2001 年改正婚姻法が書面形

式を採用するとしたが，陳葦 2000 は，約定の時期や条件，手続，約定の効力（対内的効力・対外的効力），変更，解除などについて，具体的規定がないと指摘している。高見澤・鈴木・宇田川 2016 は，大多数は法定財産制に従うのが現実であるという。

法定夫婦財産制については，婚後所得共通制が採用されている。夫婦共有財産と一方の特有財産について婚姻法に列挙規定されているが，親から資金を出してもらって購入した住宅や住宅ローンが残っている住宅など，離婚時の具体的な財産の分割をめぐって争いが生じていることから，婚姻法司法解釈が多くの規定を定めている。楊立新 2011: 4 頁は，婚姻法司法解釈 (3) は財産の個性を尊重する原則，すなわち個人の労働とその成果を尊重し，個人の創造した財富は個人の所有とする，という 2001 年婚姻法改正時に確定した原則にのっとっているという。特有財産の範囲を拡大することになるが，これについては，高見澤・鈴木・宇田川 2016 を参照されたい。また，特に 1990 年代末の公有住宅制度改革による住宅の問題については，國谷 2004 を参照されたい。夫婦それぞれの特有財産の範囲，財産管理，補償請求権，夫婦共同債務などが議論されている。

3　親子関係

婚姻法は，親子関係［父母子女関係］の法的枠組みを，血縁による親子関係（実親子関係）と，法的擬制による親子関係とに分け，後者を養親子関係と扶養関係のある継親子関係とした。ただし権利義務に区別は設けられておらず，法的に擬制された親子である養親子と継親子には，実親子の権利義務に関する規定が適用される (26 条，27 条)。相続についても同様である

親子法研究は，民法典婚姻家庭編（親属編）の制定のための立法研究と，国際人権条約との接続を図る比較法研究が，現在の研究の大きな流れとなっている。

立法研究では，親権制度を設けるかどうかが争点の 1 つである。現行法では，親等・親属・親権概念を使っていない。それらを採用するかどうかが問題となるが，それと附随して親権と監護権（民法通則に規定された監護制度）の区別や離婚後の親の未成年の子に対する監護権など，監護権が議論されている。2017 年の民法総則は，そうした議論を踏まえ，民法通則を継承しながら監護制度を細かく規定している。

第 7 章　家族法　　　　　161

　比較法研究では，中国が児童の権利に関する条約 (子どもの権利条約) を 1992
年に批准していることから，婚姻法の「子どもの適法な権利利益を保護する
原則」と子どもの権利条約が基本原則として掲げた「子どもの最善の利益の
原則」の比較研究がおこなわれ，子どもの最善の利益の原則にのっとって婚
姻家庭法ないし親属法を再構築することが試みられている。例えば，親権概
念の研究においても，親の配慮権 [父母照顧権] の主張が出されている。

　ちなみに，未成年人保護法は，2006 年 12 月 29 日に改正され，子どもの最
善の利益など，子どもの権利条約の基本原則を反映した条項が入れられた[8]。

　実親子関係では，親子の間の権利義務に何らちがいはないものの，子は婚
内子 [婚生子女] と婚外子 [非婚生子女] に分けられているため，そこで法律
用語を実子に統一することが主張されている。

　中国法では，夫婦と婚姻期間に生まれた子の間に血縁関係が存在すること
は自明のこととされ，離婚後の女性の待婚期間はなく，親子関係の推定・否
認および認知の制度は設けられてこなかった。しかし法実務で親子関係確認
をめぐる問題が顕在化したため，婚姻法司法解釈 (3) は，夫婦の一方からの
親子関係不存在確認請求および当事者の一方からの親子関係確認請求を人民
法院に提起する道を開いた。

　人工生殖技術により出生した子の問題については，1991 年 7 月 8 日の最高
人民法院の「関于夫妻離婚後人工授精所生子女的法律地位如何確定的復函」
が夫婦関係存続期間における人工授精による子を婚内子とすることを確認し
ているだけで，詳しい規定はないが，多くの教科書で触れている。孟令志・
曹詩権・麻昌華 2012 や楊立新 2013 などを参照。

　養親子関係では，1980 年婚姻法に規定が置かれたのち，養子法 [収養法]
の立法研究が 1980 年代を通しておこなわれ，1991 年の収養法の制定につな
がる。その後，1998 年に改正されたのが，現行の収養法である。宇田川 1999,
宇田川 2001 が全般的に論じている。

　収養法は，計画出産の実施が婚姻法の基本原則の 1 つに掲げられているこ
ともあり，養子となる者，養親となる者，および養子に出す者のそれぞれに
ついて厳格な制限を設けている。ただし，兄弟姉妹やいとこの子を養子とす
る場合および継子を養子とする場合には，制限が緩和される。また，外国人
が養子法に基づいて中国で養子をとる場合，本国法に基づいた審査同意を所
在国の主管機関から取って提出する必要がある (21 条)。

継親子関係は，姻族［婚親］に止まる場合と，扶養関係があるときに法的な親子関係が擬制される場合とに分かれる。法的親子関係の成立には扶養関係の存在を要件とするのであるが，法に具体的に定められていないため，その判断基準が問題となり議論されている。また，特定の継親子関係が法的親子関係と擬制された場合に，継親と実親の離婚などによる継親子関係（姻族関係）の解消後に，いったん成立した法的親子関係は継続するのか，あるいはこれを解消できるのかが実務上の問題となっている。裁判例にもとづいた論点整理には，廣瀬1993が参考になる。

4 権利・義務

親は子に対して，扶養教育の義務，保護および教育の権利義務，他人に損害をもたらした場合の民事責任を負う義務，遺産相続の権利があり，一方，子は親に対して，扶養扶助の義務，遺産相続の権利がある（婚姻法21条〜24条，継承法10条）。

未成年者の権利利益の保護について，未成年者（被監護人）の人身・財産およびその他の適法な権利利益を保護するため，親は監護の職責を履行しなければならない，と民法通則に規定されている（16条，18条。民法総則では26条，27条，34条）。大陸法系の親権制度の規定はなく，英米法系の統一的な監護制度を樹立したものと理解されている[9]。これに対し，1990年代以降，親権の概念・制度が議論されるようになり，監護制度とは分離された親権制度が検討されるようになっていたが，近年ではドイツ法を参考としながら，親権ではなく子に対する親の配慮権［父母照顧権］とすることが検討されている。梁慧星2013aは，「第6編　親属」第73章「父母子女」の第4節を「父母照顧権」としている。陳明侠2002，劉金霞2014を参照。

夫婦・親子以外の家族間の権利義務として，祖父母と孫の間および兄姉と弟妹の間にも，相互に扶養の義務が発生する。祖父母と親と孫の間では，親が死亡または扶養能力欠如の場合に，負担能力のある祖父母（または孫）が未成年の孫（または祖父母）の扶養の義務を負う（婚姻法28条）。負担能力のある兄姉は，親が死亡または扶養能力欠如の場合，未成年の弟妹の扶養の義務を負う。逆に，弟妹の兄姉に対する扶養の義務は，2001年改正婚姻法で，かなり限定された条件の下に新設され，兄姉に扶養されて成人した負担能力のある弟妹は，労働能力または生活源泉のない兄姉に対して扶養の義務を負う（29

条) とされる。

第4節　離　婚

1　概　要

　離婚には，双方の自発的意思による登記離婚 (協議離婚) と，一方が離婚に
同意しない場合の訴訟外調停離婚および訴訟における調停離婚と裁判離婚が
ある。改革開放政策の実施により社会構造が根本から変化し[10]，人々の生活
環境と家族意識も変化するにともない，離婚が増えている。そうした現状を
踏まえて，裁判離婚の認定基準である法定離婚原因，離婚時の夫婦共有財産
の分割，夫婦債務問題，婚姻住所居住権，離婚救済制度などが議論され，2001
年改正婚姻法や司法解釈によって規範化されてきている。特に夫婦共有財産
の分割については，前述した夫婦財産制が前提となるが，離婚時の問題につ
いては婚姻法司法解釈 (2) で出資や購入住宅あるいは債務などの問題が取り
上げられ，続いて婚姻法司法解釈 (3) でも住宅問題が取り上げられ，また新
たに養老保険金の分割などが，規定されている。夏吟蘭・龍翼飛・郭兵・薛
寧蘭 2010 を参照。

2　法定離婚原因［離婚法定理由］

　1978 年から 1980 年にかけて 1950 年婚姻法の改正が議論されたが，そのと
きの最大の争点は，裁判離婚の判断基準，すなわち離婚の法定理由だった。
離婚の自由を保障しながら軽率な離婚に反対する，という理念の実現に向け
て，裁判所は何を基準として判断するか，という問題である。
　1950 年婚姻法は，離婚の自由を最大限認め，夫婦としての感情が破綻した
ことだけを離婚理由としていた[11]。この感情破綻説に対して，50 年代末から
離婚の意思が何にもとづいているかを問題とするようになり，ブルジョア階
級の婚姻観から出された離婚要求は許さず，プロレタリア階級の倫理道徳に
沿った正当な理由がある場合にのみ離婚を許すとする正当理由説が力を得る
ようになった。
　1980 年婚姻法は再び感情破綻説に戻ったが，1989 年に最高人民法院が「関
于人民法院審理離婚案件如何認定夫妻感情確已破裂的若干具体意見」で具体
的な判断基準を示したことによって考え方が変わってくる。2001 年改正にあ

たっては，感情の破綻を原因とした感情破綻説に対して，婚姻関係が破綻したことを離婚原因とする関係破綻説が主張され，2001年改正婚姻法は上記の1989年司法解釈を継承し，感情破綻説を取りながらも，4つの具体的事由と1つの包括事由を置いた。離婚原因となる具体的事由は，有責主義 (過失主義) の事由が3つで，双方ともに無過失の場合は，感情不和で2年間の別居という1つだけであった。感情破綻説と関係破綻説の論争は現在も続いている。馬憶南2006を参照。

3　離婚救済制度

離婚救済とは，離婚に合わせた利益調整の仕組みであり，離婚生活困難支援と離婚後扶養費給付，離婚経済補償および離婚損害賠償の諸制度がある。

1980年婚姻法は離婚生活困難支援制度のみを規定していた。1950年婚姻法25条を継承して，離婚によって一方が生活困難に陥る場合に，他方が経済支援をおこなうというものである。この制度と密接に関わる問題として居住権の問題があり，2001年改正婚姻法では，生活困難の適用範囲を特に住居困難に拡大し明記している (42条)。他方，離婚後扶養費給付制度については，研究がおこなわれているのみである。蒋月・庄麗梅1998が論じている。

離婚経済補償制度は，2001年改正により新設されたもので，夫婦財産制について別産制を採用していた場合に，夫婦の一方が育児・家事等を他方より多く負担していたときは，離婚にあたって他方に補償を求めることができるというものである (40条)。解釈としては別産制の場合にのみ適用があることになるが，夫婦財産共通制の場合にも適用すべきだとの主張[12]や，逆に，法定夫婦財産制である婚後夫婦財産共通制を整備することで不要となるとの主張[13]が出されている。

離婚損害賠償制度も2001年改正で新設されたものである。重婚，他人との同居，家庭内暴力および家庭構成員の虐待・遺棄を原因として離婚に至った場合，有責配偶者に対して無責配偶者は損害賠償を請求することができる (46条)。婚姻の倫理的本質から損害賠償にはなじまないとする主張もあったが，同制度の導入にあたっては外国法との比較検討もおこなわれ法改正が実現している[14]。構成要件，賠償範囲，賠償事由，賠償基準，責任主体などの問題をめぐって多くの研究がなされている。

4 未成年 (18歳未満) の子の扶養

未成年の子については，親に扶養の義務がある。離婚後もこの義務は解除されず，父または母のどちらか一方が子を直接扶養することになっても，子は父母双方の子であり，父母双方に扶養および教育の権利・義務がある (婚姻法36条1項・2項)。父母のどちらが扶養するかについては，授乳期の子については母が扶養することを原則とする (36条3項)。

父または母の一方に引き取られて扶養される子について，他の一方は，必要な生活費と教育費の一部または全部を負担しなければならず，その額と給付期間は父母の協議により決定される。協議が調わないときは人民法院が判決する (37条1項)。子からも，協議・判決によって決められた額・期間を超えて合理的な要求をおこなうことが認められている (37条2項)。

養親子の場合，完全養子であるので，実親と養子との関係は断絶され，未成年の養子は養親が扶養・教育することになる。継親子の場合，扶養関係の形成が認められ，法的親子関係が成立しているときには，継親と実親はいずれも親としての権利義務を有する。

2001年改正婚姻法では，離婚後の子の面会交流制度が規定された (38条)。直接扶養していない親は子と面会交流する権利があり，直接扶養している親はこれに協力する義務がある。ただし，面会交流が子の心身健康に悪い影響を与える場合には，人民法院はこの権利を停止することとなる。婚姻法司法解釈 (1) は，離婚判決後の面会交流権訴訟の提起 (24条)，一時中断 (25条)，停止 (26条)，強制執行 (32条) について規定し，手続面から法整備をおこなっている。

第5節 相 続

1 概 要

1985年に継承法 (相続法) が立法された当時は，公有制と計画経済を基本的な枠組みとしたオーソドックスな社会主義制度を前提として，経済改革が農村部から都市部へと拡がり，どのような経済システムを構築していくのか模索している時期であった。立法直後に浅井1986は，「① 中国の伝統と社会主義法制との結合，および，② 法律と道徳との融合」を継承法の特色として指

摘している。鈴木 1992 は，継承法の根本原理が社会主義法と伝統法そして実情に由来する生活保障原理，扶養—相続対価的原理および個人的 (私的) 所有権保護原理からなることを，理論・制度・運用および歴史の面から論じる。朱曄 2002-2003 は，日本相続法と比較しながら，個人債務の承継に関わる問題などを解釈論と立法論の両面から検討している。中国の継承法研究は，現行法に法の空白や不備も多くみられることから，王歌雅 2013 や郭明瑞 2013 のように立法論が多い。

2 法定相続

相続の方式には，法定相続 (無遺言相続)，遺言相続・遺贈，遺贈扶養取決めによる相続がある (継承法 5 条)。

法定相続とは，被相続人が遺産の処理について遺言を残していない場合に，法が規定した相続人の範囲，相続順序，遺産分配原則によって遺産相続をおこなうものである。法定相続人 (10 条) については，配偶者・子・親が第 1 順位，兄弟姉妹・祖父母が第 2 順位となっている。子・親・兄弟姉妹には養親子および扶養関係のある継親子・継兄弟姉妹が含まれる。祖父母について規定はないが，養祖父母が含まれ，継祖父母の継孫に対する相続権——再婚配偶者の孫に対する相続権——の有無をめぐっては，扶養関係が形成されているか否かで区別して扱うという[15]。

また，特徴として指摘される配偶者の死後も岳父母を扶養した婿・嫁が第 1 順位の法定相続人となる制度 (12 条) については，尊老・愛老・養老という優良な民族の伝統と権利義務一致の原則という旧ソ連法から継受した原則にもとづいていると説明されているが，この制度に対して肯定説，否定説，折衷説がある。遺産分配にあたって均等を原則としながらも，弱者への配慮や，権利義務一致の原則から扶養と相続のバランスが定められているといえよう。

法定相続人の分類について，① 婚姻関係にもとづく配偶者，② 血縁関係・擬制血縁関係にもとづく血族，③ 扶養関係にもとづく姻族，と説明するものもある[16]が，③ の「扶養関係」の認定基準が議論されている。法定相続人の範囲や順位に関する議論および相続分をめぐる議論は活発であり，陳葦 2010b が参考となる。

3 遺言相続・遺贈・遺贈扶養取決め

遺言相続とは，遺言者の遺言により，法定相続人の中から相続人とその相続分を決定するもので，同様に遺言により，法定相続人以外の者に相続させるものを遺贈という（継承法16条）。遺言の自由に制限はなく，遺言の方式には，公証遺言，自書遺言，代書遺言，録音遺言および危急時の口頭遺言がある。立法論として，現行法にはない遺留分制度や夫婦共同遺言が議論されている。

遺贈扶養取決めとは，被相続人が生前に自然人または集団所有制組織を相手方として契約＝遺贈扶養取決めを結び，相手方は被相続人を生前は扶養し，死後は葬送するという義務を負い，被相続人の遺産の遺贈を受けるというものである。最高人民法院の「関于貫徹執行《中華人民共和国継承法》若干問題的意見」56条は，取決めが一部履行されなかったときの取決め解除と既履行部分の取り扱いを定めている。

第6節　渉外家族

1 概　要

渉外的家族関係には，渉外婚姻の成立と効力，渉外夫婦関係，渉外離婚の条件と効力，渉外親子関係，渉外相続などが含まれる。渉外的家族関係に適用すべき準拠法を指定する法規範（国際私法）は，対外開放を積極的に進めた1980年代から制定されている。法律では，民法通則や継承法，収養法において定められ，民政部の規定等の行政規則・規定などによって補足され，また最高人民法院の「関于貫徹執行〈民法通則〉若干問題的意見」188条のように司法解釈にも定められた。それらを整理して，婚姻登記条例が，中国市民と外国人の間，および中国市民を内地住民と香港住民，マカオ住民，台湾住民，華僑に分けたうえで，内地住民とそれ以外の住民との間，の婚姻登記と離婚登記について定め，一方，渉外民事関係法律適用法（2010年10月公布，2011年4月施行）（以下「法律適用法」という。）が，渉外的要素のある「婚姻家庭」（第3章）と「継承」（第4章）に関する規定を定めた。これらの規定は，民法通則147条や継承法36条に優先して適用される（法律適用法51条）。

全体として法律適用法は，国際私法の先進的な理論を幅広く吸収し，世界

168 第III部 民商法

各国の立法を参照し，中国の立法上，司法実務上の経験を総括した立法であるといわれ，比較法研究の格好の対象となる。黄進・姜茹嬌2011や笠原2011，笠原2012が参考となる。

　なお，香港やマカオ，そして台湾との経済交流が深まり，人の往来が頻繁になるにともない婚姻も増加し，婚姻当事者間の利益関係も複雑となっている。英米法系に属する香港法や大陸法系に属するマカオ法，そして台湾法と，中華人民共和国法 (大陸法) との比較家族法の研究がおこなわれている。陳葦2012や王麗麗・李静2013が参考となる。これら異なる法制度の間における準拠法の決定については，[区際法] として論じられている。

2　渉外婚姻家族

　法律適用法「第3章　婚姻家庭」は，婚姻の実質的要件 (21条)，婚姻の方式 (22条)，夫婦の人身関係 (婚姻の身分的効力) (23条)，夫婦財産関係 (夫婦財産制) (24条)，親子関係 (親子間の法律関係) (25条)，協議離婚 (26条)，訴訟離婚 (裁判離婚) (27条)，養子 (養子縁組) (28条)，扶養 (29条)，監護 (30条) を規定している。

　婚姻の実質的要件について，民法通則147条が旧ソ連法からの影響を受けて婚姻締結地の法を適用するとしている[17]のに対し，法律適用法21条は「共通常居所地法を本則とし，共通国籍国法を補則とする段階的連結の規則」[18]を採用した。笠原2011は，離婚について協議離婚と訴訟離婚 (裁判離婚) を分けて規定している点や，親子関係について共通常居所地法がないときに「弱者の権利利益の保護」を基準とした選択規則が明記され，養親子関係の解除には養子の属人法主義が採用されている点，扶養について扶養権利者の実質的利益の確保に配慮した連結の多元化が図られている点など，に注目し評価している。

3　渉外相続

　法律適用法「第4章　継承」は，法定継承 (31条)，遺言の方式 (32条)，遺言の効力 (33条)，遺産の管理 (34条)，相続人不存在の遺産の帰属 (35条) について規定している。法定相続では，相続分割主義を堅持し，不動産には不動産所在地の法を適用し，動産には被相続人の死亡時の常居所地法を適用するとしているが，遺産管理について遺産所在地法を適用し，相続人不存在の

遺産の帰属について被相続人死亡時の遺産所在地の法によるとする特別規定を置くなど，法の整備が進んでいる。笠原 2012 が参考となる。

結

　本章では，主に，現行法に的を絞って中国家族法の到達点を検討し，現行制度の特徴と論点を簡潔に示してきた。そこで確認できたことは，中国家族法が立法期にあることから，議論が多面的になっていることであった。実定法の解釈や政策の研究が──特に実務上は──重視される一方，立法論へ結び付いた比較法や法社会学，法史学などの基礎法学の研究にも力が入れられるようになっていることであった。

　2001 年婚姻法改正にあたって婚姻家庭法案は採用されず，部分改正に止まった。婚姻家庭法（親属法）の立法は，継承法の改正とともに，2002 年に始まる民法典の編纂事業のなかで，婚姻家庭編（親属編）および継承編として検討されている[19]。婚姻法が婚姻関係を主とし，家族関係についてはごく簡単に規定されているにすぎないことや，親属制度に関する一般規定が欠如していることから，革命根拠地以来長い歴史をもつ社会主義法系の婚姻法の枠を抜本的に見直し，婚姻家庭法または親属法として立法し直そうというのである。1990 年代末からは，教科書のタイトルにも婚姻家庭法や親属法が用いられていること[20]から推測できるように，民法婚姻家庭編（親属編）そして継承編の立法は時間の問題となっていたが，2016 年から民法典編纂が 2 段階で進められている。第 1 段階は 2017 年の民法総則の制定，第 2 段階は 2018 年からの各則の審議そして 2020 年に民法典への編纂である。

　こうした動向を反映して，立法論が盛んであり，そのための比較法研究がおこなわれている。家族法研究の歴史を振り返ると，1980 年代半ばから当時の社会主義国に限らず，それ以外の外国法研究が始まり，1990 年代に入ると立法建議に向けての比較家族法研究が増え，国際条約等の研究も進む。現在の立法に欠かせない台湾法研究やそれにつながる近代法制史研究もおこなわれてきている。その一方で，家族をめぐる争いが社会に絶えないことから，法社会学的調査もおこなわれるようになっている。このように中国家族法の研究は，多様な方法論をもって多面的におこなわれるようになっていることを忘れてはならない。

170　　第 III 部　民商法

※本稿は JSPS 科研費 26380003 の助成を受けた研究成果の一部である。

注

1)　2017 年 3 月 15 日，第 12 期全国人民代表大会第 5 回会議で「中華人民共和国民法総則」が採択された（10 月 1 日施行）。3 月 8 日の草案説明（「関于《中華人民共和国民法総則（草案）》的説明」）によると，民法総則の制定は民法典編纂の第一歩であり，二歩目として民法典各則の編纂が続く。この時点で考えられている各則の編立ては，物権編，合同編，侵権責任編，婚姻家庭編，継承編であり，予定では，2018 年の常務委員会でこれらの審議を開始し，2020 年の大会会議で一括して採択して民法典を成立させる，という。

2)　とりあえず参考となるのは，法律出版社法規中心編『2014 中華人民共和国民事法律法規全書──含司法解釈』（法律出版社，2014 年 1 月）などの実用法令集である。

3)　劉銀春 2004: 37 頁。

4)　医学的に婚姻すべきでない疾病に罹っていないことを婚姻の成立要件としているが，母嬰保健法（1995 年 6 月施行）に婚前医学検査の具体的な規定がある。なお，婚姻が制限される疾病に罹っていないことを証明するための婚前健康診断について，婚姻登記管理条例（1994 年）は婚前健康診断書を婚姻登記の必要書類とする旨の規定（9 条 2 項，10 条）を置いていたが，現行の婚姻登記条例（2003 年）はこれを削除している。

5)　例えば，9 条の相手の家族構成員となるという場合，相手の家族と同居することを意味し，戸口を移すことは意味しないという（法律出版社法規中心 2014: 30 頁）。

6)　楊立新 2009 参照。

7)　日本のリプロダクティブ・ライツをめぐる議論との比較や，さらに「吉林省人口与計画生育条例」（2002 年 9 月制定，2014 年 3 月最終改正）28 条 2 項が，婚姻適齢に達した女性が結婚しないと決め，子がいない場合，生殖補助医療技術を用いて子を一人生むことができる，としていることの検討などは，おこなわれていない。

8)　柳華文「中国における子どもの権利保障システムとその新たな傾向」荒牧重人・喜多明人・森田明美編『子どもの権利　アジアと日本』（三省堂，2013 年）181 頁参照。

9)　余延満 2007: 451 頁参照。

10)　「単位」制度の廃止や「戸口」制度の改革によって，人々に経済活動の自由が認められ，移動の制限が緩和され，生活形態に変化が生じている。

11)　韓幽桐「対于当然離婚問題的分析和意見」人民日報 1957 年 4 月 13 日がよく引用される。

12)　夏吟蘭 2005，何俊萍 2008 参照。

13)　宋豫 2008 参照。

14)　陳葦「応建立離婚損害賠償制度」・王歌雅「論離婚損害賠償制度」（李銀河・馬憶南 1999）。

15)　孟令志・曹詩権・麻昌華 2012: 283 頁，楊大文 2013: 341 頁。継祖父母を法定相続人の範囲に含めるかどうかは，教科書によって異なり，夏吟蘭 2010: 254 頁や房紹坤・範季瑛・張洪波 2013: 161 頁では触れていない。

16)　房紹坤・範季瑛・張洪波 2013: 161 頁。

17)　杜濤 2011: 199 頁。

18) 笠原 2011：298 頁。

19) 2015 年の中国法学会婚姻法学研究会の年会は「《中国民法典・婚姻家庭編》制定研究」を統一テーマとしている。

20) 親属法を教科書名に使ったものとしては、司法部法学教材編輯部が企画した「"九五"規劃高等学校法学教材——民商法系列」の楊大文 1997 が最も早い例と思われる。

参考文献

日本語

浅井敦 1986「中国相続法の特色」『法律のひろば』39 巻 4 号。

石原邦雄・青柳涼子・田淵六郎編 2013『現代中国家族の多面性』弘文堂。

岩井伸晃 2000『中国家族法と関係諸制度』テイハン。

宇田川幸則 1999「中華人民共和国養子法の改正」『関西大学法学論集』48 巻 5・6 号。

宇田川幸則 2001「解説　中華人民共和国養子法 (収養法) の改正」『戸籍時報』531 号。

幼方直吉・古島琴子 1976「中国の社会主義家族」福島正夫編『家族　政策と法 5　社会主義国・新興国』東京大学出版会。

岡孝 2013「中国成年監護 (後見) 制度についての梁慧星第二草案を読む——東アジア成年後見制度比較の視点から」『学習院法務研究』7 号。

笠原俊宏 2011「中華人民共和国の新しい国際私法『渉外民事関係法律適用法』の解説 (6)」『戸籍時報』673 号。

笠原俊宏 2012「中華人民共和国の新しい国際私法『渉外民事関係法律適用法』の解説 (7)」『戸籍時報』678 号。

河山肖水著／鈴木賢・宇田川幸則共訳 1998『中国養子法概説』敬文堂。

加藤美穂子 2002『詳解中国婚姻・離婚法』日本加除出版。

加藤美穂子 2005「中国の離婚制度——《修正婚姻法》を中心に (上)」『山梨学院ロー・ジャーナル』1 号。

加藤美穂子 2008『中国家族法［婚姻・養子・相続］問答解説』日本加除出版。

國谷知史 1991「中国婚姻法の構造に関する試論」『中国研究月報』520 号。

國谷知史 2004「中国改革・開放期における家族と婚姻法の変化」『変貌する東アジアの家族』早稲田大学出版部。

國谷知史 2006「中国夫婦財産制に関する一考察——離婚時の夫婦財産の分割を中心として」『中国研究月報』706 号。

國谷知史 2010「公有住宅購入をめぐる離婚後財産紛争——唐某と喬某の離婚後財産分割事件 (山東省済南市中級人民法院 2003 年 7 月 18 日判決)」『比較法学』43 巻 3 号。

國谷知史 2013「第 8 章　家族」田中信行編『入門　中国法』弘文堂。

小口彦太 2012『伝統中国の法制度』成文堂。

滋賀秀三 1967『中国家族法の原理』創文社。

島田正郎 1980『清末における近代的法典の編纂』創文社。

朱曄 2002-2003「中国相続法の現代的課題 (1)～(3・完)」『立命館法学』283 号・285 号 (2002 年)，287 号 (2003 年)。

朱曄 2014「中国」床谷文雄・本山敦編『親権法の比較研究』日本評論社。

鈴木賢 1992『現代中国相続法の原理——伝統の克服と継承』成文堂。

鈴木賢 1995「中国家族法の概要と家族の現況」『家庭裁判月報』47 巻 11 号。

鈴木賢 2008a「13 中国における家族法改正の動向」野田愛子・梶村太市総編集『新家族法実務体系 第 1 巻 親族 [I]——婚姻・離婚』新日本法規出版。

鈴木賢 2008b「中国の親子法の現状」野田愛子・梶村太市総編集『新家族法実務体系 第 2 巻 親族 [II]——親子・後見』新日本法規出版。

鈴木賢・廣瀬真弓 2001「中国における家族の変容と法の対応——2001 年婚姻法改正をめぐって」『ジュリスト』1213 号。

銭偉栄 2013「中国成年監護制度の現状と問題点」『比較法研究』No. 75。

田中信行編 2013『入門 中国法』弘文堂。

趙江岩 2004「事実婚の法的効力をめぐる中国の立法動向」『早稲田大学大学院法研論集』110 号。

張昶 2009「中国における離婚に伴う損害賠償の運用と機能——日本法との比較において」『北大法政ジャーナル』No. 16。

陳宇澄 1994『中国家族法の研究——非婚生子法を契機として』信山社。

陳明侠著／黒木三郎監修／西村幸次郎・塩谷弘康訳 1991『中国の家族法』敬文堂。

円谷峻ほか 2014「中国における親と子の法律問題——日本・中国家族法シンポジウム」『明治大学法科大学院論集』15 号。

円谷峻・于敏 2005「中国民法典 (草案) の立法過程について」『横浜国際経済法学』14 巻 2 号。

鉄木尔高力套 2008「中国における婚姻の法的規制の構造——婚姻の成立と事実婚 (一)」『法学』72 巻 5 号。

鉄木尔高力套 2009「中国における婚姻の法的規制の構造——婚姻の成立と事実婚 (二・完)」『法学』73 巻 1 号。

仁井田陞 1960「中華人民共和国婚姻法」宮崎孝治郎編『新比較婚姻法 I 東洋』勁草書房。

仁井田陞 2005『中国法制史 〔増訂版〕』(岩波全書コレクション) 岩波書店。

西村峯裕 2002「中国婚姻法改正の論点」『産大法学』36 巻 1 号。

廣瀬真弓 1993「中国における継親子関係 (一) (二・完)」『北海学園大学法学会法学研究』29 巻 1 号，29 巻 2 号。

巫昌禎 2001「中国婚姻法 50 年——回顧と展望」『中国 21』Vol. 12。

馬憶南著／國谷知史訳 2006「中国法における裁判離婚原因の理論と実践」『法政理論』

39 巻 1 号。

中国語

陳本寒 2014「我国遺贈扶養協議制度之完善」『政治与法律』2014 年 6 期。

陳明侠 2002「関于父母子女，祖孫和兄弟姉妹関係制度的完善」『中華女子学院学報』
　　2002 年 4 期。

陳思琴 2011『離婚後親子関係法律制度研究』中国社会科学出版社。

陳葦 2000「完善我国夫妻財産制的立法構想」『中国法学』2000 年 1 期。

陳葦主編 2005-2010『家事法研究』2005 年巻（総第 1 巻）～2010 年巻（総第 6 巻）群集
　　出版社。

陳葦 2009『親属法与継承法専論』法律出版社。

陳葦 2010a『中国婚姻家庭法立法研究〔第 2 版〕』群衆出版社。

陳葦主編 2010b『改革開放三十年 (1978～2008) 中国婚姻家庭継承法研究之回顧与展望』
　　中国政法大学出版社。

陳葦主編 2012『当代中国内地与港，澳，台婚姻家庭法比較研究』群衆出版社。

杜濤 2011『渉外民事関係法律適用法釈評』中国法制出版社。

法律出版社法規中心主編 2014『中華人民共和国婚姻家庭法注釈全書——配套解析与応
　　用実例』法律出版社。

房紹坤・範季瑛・張洪波 2013『婚姻家庭与継承法〔第 3 版〕』中国人民大学出版社。

郭明瑞 2013「完善法定継承制度三題」『法学家』2013 年 4 期。

郭明瑞・房紹坤・関濤 2003『継承法研究』中国人民大学出版社。

何勤華・李秀清・陳頤編 2003『新中国民法典草案総覧』法律出版社。

何俊萍 2008「我国離婚保証制度応適用夫妻共同財産制」陳葦主編『家事法研究』(2007
　　年巻) 群衆出版社。

黄進・姜茹嬌主編 2011『《中華人民共和国渉外民事関係法律適用法》釈義与分析』法律
　　出版社。

蒋月・庄麗梅 1998「我国応建立離婚後扶養費給付制度」『中国法学』1998 年 3 期。

雷明光 2009『中国少数民族婚姻家庭法律制度研究』中央民族大学出版社。

李俊 2008『離婚救済制度研究』法律出版社。

李秀清 2002「新中国婚姻法的成長与蘇聯模式的影響」『法律科学』2002 年 4 期（総第
　　119 期）。

李銀河・馬憶南主編 1999『婚姻法修改論争』光明日報出版社。

梁慧星主編 2013a『中国民法典草案建議稿附理由——親属編』法律出版社。

梁慧星主編 2013b『中国民法典草案建議稿附理由——継承編』法律出版社。

劉金霞 2014『社会転型背景下我国監護制度的立法完善』人民法院出版社。

劉懿彤・常鴻賓 2013『渉外離婚管轄権研究』法律出版社。

劉銀春 2004「最高人民法院婚姻法司法解釈（二）要点精解」『判解研究』2004 年 1 輯。

劉引玲 2011『親属身份権与救済制度研究』中国検察出版社。

柳経緯主編 2009『共和国六十年法学論争実録・民商法巻』廈門大学出版社。

馬憶南 2014「論夫妻人身権利義務的発展和我国《婚姻法》的完善」『法学雑誌』2014 年 11 期。

孟令志・曹詩権・麻昌華 2012『婚姻家庭与継承法』北京大学出版社。

斉湘泉 2011『《渉外民事関係法律適用法》原理与精要』法律出版社。

宋凱楚 1990『違法婚姻論』人民法院出版社。

宋豫 2008「試論我国離婚経済補償制度的存廃」『現代法学』2008 年 5 期。

譚啓平・馮楽坤 2013「遺産処理制度的反思与重構」『法学家』2013 年 4 期。

唐衛 2012「生育権問題的探討」『民商法論叢』51 巻。

王歌雅 2004『中国現代婚姻家庭立法研究』黒竜江人民出版社。

王歌雅 2013「論継承法的修正」『中国法学』2013 年 6 期。

王麗麗・李静 2013『中国諸法域婚姻家庭法律制度比較研究』中国政法大学出版社。

王勝明・孫礼海主編 2001『《中華人民共和国婚姻法》修改立法資料選』法律出版社。

巫昌禎・夏吟蘭主編 2007『婚姻家庭学』中国政法大学出版社。

夏吟蘭 2005「対中国夫妻共同財産範囲的社会性別分析——兼論家務労働的価値」『法学雑誌』2005 年 3 期。

夏吟蘭主編 2010『婚姻家庭継承法』高等教育出版社。

夏吟蘭・龍翼飛主編 2007『和諧社会中婚姻家庭関係的法律重構——紀念《婚姻法》修訂五周年』中国政法大学出版社。

夏吟蘭・龍翼飛主編 2011–2014『家事法研究』2011 年巻（総第 7 巻）～2014 年巻（総第 8 巻）社会科学文献出版社。

夏吟蘭・龍翼飛・郭兵・薛寧蘭主編 2010『婚姻家庭法前沿——聚焦司法解釈』社会科学文献出版社。

夏吟蘭・蔣月・薛寧蘭 2001『21 世紀婚姻家庭関係新規制——新婚姻法解説与研究』中国検察出版社。

薛寧蘭 2014「我国親子関係立法的体例与構造」『法学雑誌』2014 年 11 期。

楊大文主編 1997『親属法』法律出版社。

楊大文主編 2013『親属法与継承法』法律出版社。

楊鴻台 2011『同居法律規制研究』中国書籍出版社。

楊立新 1996『人身権法論』中国検察出版社。

楊立新 2009「完善我国親属法律制度的六箇基本問題」楊立新・劉徳権主編『親属法新問題与新展望』人民法院出版社。

楊立新主編 2011『最高人民法院婚姻法司法解釈（三）理解与運用』中国法制出版社。

楊立新 2013『家事法』法律出版社。

楊立新・劉徳権主編 2009『親属法新問題与新展望』人民法院出版社，北京。

余延満 2007『親属法原論』法律出版社。

湛中楽等 2011『公民生育権与社会撫養費制度研究』法律出版社。

張玉敏主編 2006『中国継承法立法建議稿及立法理由』人民出版社。

鄭小川・于晶 2009『婚姻継承習慣法研究——以我国某些農村調研為基礎』知識産権出版社。

第8章

企 業 法

周　劍龍

序

　経済改革が実行される以前の中国には，企業という用語，国営企業という経済組織はあったが，当時解されていた企業の内容はいま解されているそれと異なっており，企業法という法体系も存在しなかった。いまの中国では，企業法が法分野としての商法と経済法のいずれに属するかについてなお争いが続いているが，企業法とは企業という経済実体を規整する法の総称という認識はすでに共有されていると言ってよい。ただ，その構成内容はなお流動的であるという点に留意を要する。そしてまた，企業活動と密接に係わる外部環境としての自由競争秩序を維持する競争法も整備された。これまで，教科書的に企業法と競争法を論じた主なものとして，西村2008の「第6章　会社法」，小口・田中2012の「第9章　会社法」(I 会社法とV 独占禁止法)，高見澤・鈴木・宇田川2016の「第6章　企業活動と法」(1 企業法・会社法と3 経済法) がある。

　本章では，まずは企業の概念，企業形態と企業法の体系および企業法体系の今後 (第1節)，そして主として会社法におけるコーポレート・ガバナンスの部分 (第2節)，さらに独占禁止法の主要内容 (第3節) を述べることとする。

第1節　企業の概念，企業の形態と企業法の体系

1　企業の概念

従来，日本には企業の概念についてさまざまな説があるが，諸説はいずれ

も計画的・継続的な意図をもって営利行為を実現するための独立的な経済単位を企業の中核としている (大隅 1978)。これに対して，中央集権型の計画経済体制が実行されていた時代の中国では，企業は製品の生産，流通，あるいはサービス活動等に従事し，経済採算を実行する経済組織であると一般的に定義されていた (『法学詞典』編輯委員会 1980)[1]。しかしながら，1979 年以降，中国においていわゆる市場経済体制の構築を志向する経済改革政策が実行されてきた成果として，企業に対する捉え方は従来のそれとは質的に変容した。諸説が展開されているが，主としては，① 企業とは，人的および物的要素を結合し，営利を目的とし，独立して継続的に一定の経済活動に従事する経済組織である (王保樹・崔勤之 1988)，② 企業とは，一定の生産方式や経営方式に従って，生産手段，労働者および経営者を一体的に融合し，営利を目的とし，商品生産，運輸，販売に従事し，または労務やサービスを提供する社会組織体である (鄭立・王益英 1993)，③ 企業とは，法に基づいて設立され，ならびに一定の組織形式を有し，営利を目的とし，独立して商業的な生産経営活動や商業的なサービスに従事する経済組織である (甘培忠 2014)，④ 企業とは，継続的ならびに安定的に経済活動に従事し，かつ営利を目的とする社会組織である (趙旭東 1996)，⑤ 企業とは，経営性 (営利性) のある生産，流通またはサービスに従事するある種の主体であって，資産または資本および人を包括する集合的経営体としての企業は取引の客体としても存在する (史際春 2014) などといった説がある。こうした諸説から明らかなように，企業は，① 独立して生産経営および商業サービスの提供に従事すること，② 営利を目的とすること，③ 法律に基づいて設立され，運営される法主体であること，④ 一定の要素 (人的および物的なもの) の結合体であることなどといった特徴を有するものと解される。

2 企業の形態

　中国には数多くの企業が存在するが，2 種類に大別することができる。その 1 種類は，所有形態別に基づいて分類される企業 (以下，「所有形態別企業」という) であるのに対して，もう 1 種類は，責任別に基づいて分類される企業 (以下，「責任形態別企業」という) である。

(1) 所有形態別企業

　所有形態別企業は，生産手段の所有的性質，つまり出資者の属性に基づいて，① 全人民所有制企業 (純粋な国有企業)，② 集団所有制企業，③ 私営企業および ④ 外資系企業に分類される。ただ，従来所有形態別に基づく企業分類は，法学的な分類というよりも，むしろ経済学上の分類である[2]。以下，これらの企業について若干述べる。

　まず，① 全人民所有制企業であるが，全人民所有制企業は基本的に「全人民所有制工業企業法」の適用を受けるとされる狭義の国有企業 (従来，国営企業と呼ばれていた) を指す[3]。全人民所有制企業は，法に基づいて自主的に経営を行い，損益につき自己負担をし，ならびに独立採算制を実行する商品の生産単位と定義されており，企業の財産が全人民の所有に属し，国家から所有権と経営権との分離の原則によって経営管理を委ねられ，また国家から経営管理を委ねられた財産に対し占有，使用および法に基づく処分の権利を有するほか，企業法人であるため，国家から経営管理を委ねられた財産をもって民事責任を負担するとされる (全人民所有制工業企業法2条)。

　つぎに，② 集団所有制企業であるが，当該企業は，さらに地域別に，(ア) 農村集団所有制企業，と (イ) 都市集団所有制企業に分類される。農村集団所有制企業は，農村の農民が集団的に設立した企業 (農村集団所有制企業条例2条) であるのに対して，都市集団所有制企業は，その財産が勤労大衆集団の所有に属するものであり，勤労大衆がともに労働し，労働に応じて利益配分を受けることを主とする経済単位と定義され (都市集団所有制企業条例4条)，全人民所有制企業と同様に法人格を有する企業法人である (民法通則41条，民法総則76条2項)。

　さらに，③ 私営企業とは，その資産が私的所有に属し，従業員が8人以上であり，営利性を有する経済組織をいう (私営企業暫定条例2条)。その種類は，個人企業 [個人独資企業]，組合企業および有限責任会社に分けられる (同6条)。

　なお，④ 外資系企業 (三資企業) には，(ア) 中外合資経営企業 (合弁会社)，(イ) 中外合作経営企業，と (ウ) 外国単独出資企業 [外商独資企業] といった3種類がある。中外合資経営企業は，中国国内で，中国の会社，企業またはその他の経済組織が外国の会社，企業およびその他の経済組織または個人と共同して設立し，運営する企業である (中外合資経営企業法1条)。中外合作経

営企業について，法は，明確に定義をしておらず，中国の企業または経済組織と外国の企業およびその他の経済組織または個人とが中外合作経営企業を共同で設立，運営することができると規定するにとどまる（中外合作経営企業法1条）。実務上，2種類の中外合作経営企業があり，その1種類は，法人格を有するものであり，実質的に中外合資経営企業と類似するのに対して，もう1種類は，法人格を有しないものである（組合企業）。いずれにせよ，中外合作経営企業の設立や運営は，相当柔軟性があり，基本的に当事者間で締結した契約によるとされる。外国単独出資企業は，中国国内で，外国の企業およびその他の経済組織または個人が全額出資で設立する企業である（外国単独出資企業法1，2条。ただし，外国の企業およびその他の経済組織の中国国内に設けた支店等は除外される）。

(2) 責任形態別企業

　責任形態別企業としては，① 会社企業，② 組合企業，③ 個人企業と④ 民法通則・民法総則（2017年3月に制定）上の個人工商業者［個体工商戸］および個人組合［個人合伙］がある。

　まず，① 会社企業について，会社法によれば，株式会社と有限責任会社がある（会社法2条）。株式会社は，独立の法人財産，ならびに法人財産権を有し，株主がその引き受けた株式を限度として会社に対して責任を負う企業法人であるのに対して，有限責任会社は，独立の法人財産，ならびに法人財産権を有し，株主がその引き受けた持分を限度として会社に対して責任を負う企業法人である（会社法3条）。

　つぎに，② 組合企業についてであるが，組合企業法によれば，組合企業は，自然人，法人およびその他の組織が組合企業法に基づいて中国国内で設立する一般組合企業［普通合伙企業］と有限組合企業に分けられる（組合企業法2条1項）。一般組合企業とは，一般組合員からなり，組合員が組合企業の債務に対して無限連帯債務責任を負う組合企業を指す（組合企業法2条2項）。有限組合企業とは，一般組合員と有限組合員からなり，一般組合員が組合企業の債務に対して無限連帯債務責任を負い，有限組合員がその引き受けた持分を限度として組合企業の債務に対して責任を負う組合企業である（組合企業法2条3項）。

　さらに，③ 個人企業についてであるが，この企業は，個人単独出資企業法

に基づいて設立され，1人の自然人が投資を行い，財産が投資者の個人所有に属し，投資者がその個人財産をもって企業の債務について無限責任を負う経営実体である（個人単独出資企業法2条）。

なお，④民法通則・民法総則によれば，自然人は法律の認める範囲内で法に拠り許可と登記を経て，工商業の経営に従事する場合には個人工商業者となる（民法通則26条，民法総則54条）。個人工商業者の責任負担は，一個人で経営する場合にはその個人が債務を負担するが，家族で経営する場合には家族が共同で債務を負担する（民法通則29条，民法総則56条1項）。個人組合とは2人以上の自然人が契約に基づいて各自資金や現物や技術などを提供し，共同で経営，労働する人的結合体である（民法通則30条）。組合員は，組合の負う債務に対して連帯責任を負う（民法通則35条）。いうまでもなく，ここにいう責任は無限責任である。

3　企業法の体系

中国において企業法とは，企業の法的地位と企業の設立，組織形式，管理およびその運営等について規定する法律規範の総称と解される（甘培忠2014，史際春2014）。1949年10月に中華人民共和国が成立してからの企業法立法は，経済改革政策の実行以前（1949年10月から1978年まで）とそれ以後（1979年から現在まで）に分けることができる。経済改革政策の実行以前の企業法立法は，1950年代初頭の「私営企業暫定条例」（1950年12月）や「公私共同経営工業企業暫定条例」（1954年12月）など極めて限られたものであるが，現行企業法のすべては，1979年に経済改革政策が本格的に実行されて以降立法されたものである。前述した企業形態に対応して，それぞれの立法がなされているため，企業法立法それ自体は主として所有形態に基づく立法と責任形態に基づく立法に分類される。

(1)　所有形態に基づく企業立法

所有形態に基づく企業立法は，生産手段の所有的性質を強調するいわゆる伝統的な企業立法であり，主として①「全人民所有制工業企業法」（1988年4月），②「集団所有制企業条例」（国務院の制定した「農村集団所有制企業条例」（1990年6月）と「都市集団所有制企業条例」（1991年9月）がある），③「私営企業暫定条例」（1988年6月），④外資企業法（「中外合資経営企業法」（1979年7月に制定，

1990 年 4 月に第 1 回改正，2001 年 3 月に第 2 回改正），「中外合作経営企業法」（1988年 4 月に制定，2000 年 10 月に改正）と「外国単独出資企業法」（1988 年 4 月に制定，2000 年 10 月に改正））がある。

(2) 責任形態に基づく企業立法

　責任形態に基づく企業立法は，出資者の責任を強調するいわゆる市場経済体制に見合った企業立法であり，主として ①「会社法」（1993 年 12 月に制定，1999 年 12 月に第 1 回改正，2005 年 10 月に第 2 回改正，2013 年 12 月に第 3 回改正），②「組合企業法」（1997 年 2 月に制定，2006 年 8 月に改正），③「個人企業法」（1999年 8 月に制定）がある。なお，民法通則に置かれる個人工商業者と個人組合に関する規定も責任形態に基づく企業立法の一部として数えることができよう。

　以上のような企業立法は，中国の独特な「複線型」の企業法の体系を形作っているのである。こうした企業主体あるいは企業組織に関する企業立法以外には，「郷鎮企業法」，「中小企業促進法」，「企業国有資産法」[4] などのような中小企業の発展促進や国有資産の管理などのために制定された法律もあるが，前述の企業法に関する定義からすれば，これらは企業法の範疇には入らないと解すべきである（史際春 2014）[5]。

(3) 企業法体系の再構築

　企業主体を中心とした中国の企業立法は，企業とりわけ国有企業の改革を中心とした経済改革の歩み，つまり中央集権型の計画経済体制から分権型の市場経済体制への移行プロセスを色濃く反映するものである。分権型の市場経済体制への移行が完成するにつれて，所有形態に基づく企業立法はいずれ縮小していくであろう。しかしながら，現行の企業立法には，立法によって形作られた企業形態が複雑すぎること，立法の重複が多く見られることなどの問題がある。こうしたさまざまな問題を解消するためには，企業法体系の再構築が必要であるとの議論が現在多く現れている[6]。現在のところ，すぐにも着手しなければならないのは，「私営企業暫定条例」を廃止し[7]，外資企業法と会社法との統一化を図ることである[8]。

第2節　会社法

　現在の中国では，有限責任会社，株式会社が企業主体の中の主役となっており，会社法は，企業法体系において中心的な位置づけを占める。1993年に成立した会社法は，当初株式制度の導入による国有企業の改革という使命を付与され，数多くの行政介入の条項が盛り込まれたため，国有企業改革法または国有企業管理法と称されることもあった。2005年に会社法は，コーポレート・ガバナンス［公司治理］の改善を中心に大幅な改正がなされ，基本的に市場経済体制に見合うような私法に改変された[9]。コーポレート・ガバナンスの意義についてはさまざまな見解があるが，「コーポレート・ガバナンスとは，会社の経営陣，取締役会，株主およびその他の利害関係者の間の一連の関係である」という，OECD が示した定義 (OECD 2015) およびその内容が中国では受け入れられている[10]。筆者は，そうした定義を基本にして，「コーポレート・ガバナンスとは会社の経営陣，取締役会，株主およびその他の利害関係者の間の一連の関係を調整する会社法上の仕組みである」と解したいと考える。以下では，こうした視点から中国会社法における株式会社のコーポレート・ガバナンスの仕組みを述べることとする。

1　株主の役割

　株主は，株式会社に資本を投下する者であるため，株式会社の実質的所有者である。その意味において，コーポレート・ガバナンスの実現のためには最もインセンティブを有する者は株主にほかならない。会社所有と会社経営とが一致する小規模会社の場合とは異なって，会社所有と会社経営とが分離する大規模会社，とりわけ上場会社の場合には，株主は，主として株主総会における議決権の行使，代表訴訟の提起などの措置によって，コーポレート・ガバナンスの実現を図るための役割を果たすこととなる。

（1）　株主の権利

　株主の権利を明らかにする前に，まず，中国では会社法上株式の意義がどのように解されているかをみよう。第1に，株式は会社資本の構成単位で，つまり，会社資本は，株式に分けられ，1株当たりの金額が同額である（会社

法125条，以下，会社法を省略する）。第2に，株主たる地位を意味し，つまり株式を保有すれば，会社の株主になる（4条）。第3に，株式は，譲渡可能性を有する。つまり株式は，法により譲渡することができ（137条），株券によって表章され，譲渡するには株券の交付が必要とされる。

　株主の権利について，会社法は，株主は，法により資産からの収益を享受し，重要な決定に参加し，管理者を選任するなどの権利を有するという包括的な規定を設けている（4条）。株主の権利は，講学上その属性に基づいて通常共益権と自益権に分けられる。共益権とは，会社の経営に参加することを目的とする権利を指し，議決権（103条1項），臨時株主総会招集請求権（100条3号），株主の提案権（102条2項），株主代表訴訟提起権（151条）などがそれにあたる。これに対して，自益権とは，会社から経済的利益を受けることを目的とする権利を指し，利益分配請求権（166条4項），残余財産分配請求権（186条2項）がそれにあたる。また，株主の持ち株数を基準に株主の権利を単独株主権と少数株主権に分類することもできる。単独株主権とは，株主が1株でも持てば行使できる権利を意味し，議決権などがそれにあたるとされる。少数株主権は，株主が複数の株式をもつ場合に行使できる権利を意味し，中国会社法では提案権や，代表訴訟提起権などがそれにあたるとされる。

　(2)　株主総会
　株主は，通常法律上会社経営に直接参加することができず，議決権の行使を通して会社経営に参加することとなる。株主の議決権行使の場は株主総会である。

　(a)　株主総会の地位と権限
　株主総会は，株主全員によって構成され，会社の最高意思決定機関（権力機関）である（98条）。会社所有と会社経営との分離を前提に，株主総会は，法や定款によって具体的に，① 会社の経営方針および投資計画を決定すること，② 非従業員代表の取締役および監査役を選出および解任し，取締役，監査役の報酬を決定すること，③ 取締役会の報告を審議し承認すること，④ 監査役会または監査役の報告を審議し，承認すること，⑤ 会社の年度財務予算案および決算案を審議し，承認すること，⑥ 会社の利益分配案または欠損補塡案を審議し，承認すること，⑦ 会社の登録資本金の増加または減少について決議を行うこと，という権限を有する（99条，38条）。

（b）　株主総会の招集

株主総会は，年に一度招集されなければならないとされる定時総会と，必要に応じて招集される臨時総会に分けられる（100条）。総会は，原則として取締役会が招集するが，例外として，監査役会または少数株主（単独でまたは合計して発行済株式の10%以上を保有する株主）による招集も可能である（101条）。

（c）　招集手続

会社は，定時総会の場合に招集日の20日前までにに招集日時，場所と目的事項を株主に通知し，臨時総会の場合には招集日の15日前までにそれらを株主に通知する。そしてまた，単独でまたは合計して発行済株式の3%以上を保有する株主が招集日の10日前までに書面にて取締役会に臨時提案をした場合に，取締役会は，当該提案を受け取ってから2日以内に他の株主に通知し，かつ当該提案を株主総会の審議に付さなければならない（102条1項）。

（d）　議決権

原則上，1株につき1議決権があるが，自己株式については議決権がない（103条1項）。議決権は代理行使が認められ，その際に代理人は会社に委任状［股東授権委託書］を提出し，かつ授権の範囲内で代理権を行使する（106条）。

（e）　決　議

株主総会の決議には普通決議と特別決議がある。普通決議は，総会に出席する株主の保有する株式数の過半数をもって成立する決議で，特別決議は，総会に出席する株主の保有する株式数の3分の2をもって成立する決議である。定款変更，増資・減資，会社の合併など会社の基礎的変更は特別決議を要する（103条2項），ただ，いずれの決議に対しても定足数の要求はない。

（f）　議事録

株主総会は決議した事項に対して議事録を作成し，議長および総会に出席した取締役は議事録に署名することが義務付けられる（107条）。

（g）　決議の瑕疵

瑕疵のある総会決議に対して，決議の無効確認の訴えと決議の取消しの訴えという2つの是正方法が用意されている。つまり，株主総会決議の内容が法律または行政法規に違反する場合に，当該決議は無効とされる。株主総会の招集手続，決議方法が法律，行政法規もしくは定款に違反する場合に，または決議の内容が会社定款に違反する場合に，株主は当該決議がなされた日から60日以内に人民法院に決議の取消しを請求することができる。また，株

主が決議の無効または取消しを求めるため訴訟を提起した場合に，人民法院は会社の請求に応じて株主に相当の担保を提供することを命ずることができる。なお，会社が株主総会の決議に基づいてすでに変更登記を行った場合に，人民法院が当該決議の無効を宣告し，またはそれを取消した後，会社は会社登記機関に対し変更登記の取消しを申請しなければならない（22条1・2項）。総会決議の無効確認・取消しの訴えは，2005年の会社法改正を経て新たに導入されたもので，大株主の横暴を抑制する機能を有しており，コーポレート・ガバナンスの改善に資するものである。上述の会社法上の是正方法のほかに，最高人民法院の「会社法司法解釈（四）」は，決議の不存在確認の訴えと決議のみなし無効［未形成有効決議］の訴えという新たな是正方法も規定する（4条・5条）。

(3) 株主代表訴訟

中国では，株主代表訴訟とは，会社の取締役，監査役，上級管理職および第三者がその不正行為によって会社に損害をもたらしたにもかかわらず，会社それ自体がそうした者に対し損害賠償請求を怠った場合に，株主がその他の株主を代表し，会社の訴訟提起権を代位行使して，そうした者に対し損害賠償を請求する訴訟形態であると解される。株主代表訴訟の仕組みは次のようなものである（151条）。

第1に，株主代表訴訟の提起に関して会社法はその株主の原告適格およびその提訴前の手続を明文化した。つまり，株主は，原告適格を満たすためには，株式会社の場合に180日以上継続して株式を保有するほか，単独または合計で1%以上の株式を保有しなければならない（少数株主権）。代表訴訟の前置手続として，①訴訟対象が取締役もしくは上級管理職である場合に，株主は監査役会に訴訟提起を請求すること，または②訴訟対象が監査役もしくは第三者である場合に，株主は，取締役会に訴訟提起を請求することを義務付けられる。当該訴訟提起の請求は書面によらなければならない。しかしながら，①訴訟提起請求があった日より30日以内に訴訟が提起されないとき，または②状況が緊急で，提訴しなければ会社の利益が取返しのつかない損失を被るときには，株主は直ちに代表訴訟の提起に踏み切ることができる。第2に，会社法に基づいて，株主代表訴訟の対象には取締役，監査役，上級管理職に限らず，他人つまり第三者も含まれる。第3に，訴訟事由について，

① 取締役，監査役ならびに上級管理職が会社の業務を執行するに際して，法令 (法律および行政法規などを指す)，または定款の定めに違反して会社に損害を与えた行為，② それらの者以外の第三者が会社の合法的な権益を侵害して会社に損害を与えたことが法定されている。

株主代表訴訟の導入は，総会決議の無効確認・取消しの訴えと同様に，2005年の会社法改正によって実現され，コーポレート・ガバナンスを改善するには極めて重要な意義を有するものである[11]。会社法は，また第三者をも株主代表訴訟の対象とした。こうした立法例はアメリカ法と同様であるが，日本などその他の国にはあまり見られない。そのため，その運用状況などがどのようなものとなるかは注目される。また，株主代表訴訟制度が導入されたものの，当該制度はかなり不完全なものと言わざるを得ない[12]。株主代表訴訟制度の不備を補うために，「会社法司法解釈 (四)」では，① 会社の訴訟地位 (24条1項)，② 原告株主以外の株主の訴訟参加 (24条2項)，③ 勝訴利益と勝訴株主の合理的な費用の取扱い (25条，26条) に対して，最高人民法院の立場が示されている。

2 会社の経営と責任

大規模の株式会社，とりわけ上場会社では，会社所有と会社経営とが分離するため，株主は，株主総会を通して，会社経営に間接的に関与するにとどまり，経営者たる取締役 [董事] や執行役 [経理] を含めた上級管理職に具体的な経営意思の決定およびその執行を委ねることとなる。取締役は，株主総会において選任されるのに対して，執行役等は取締役会によって任命される。会社の利益つまり株主の利益の最大化という会社経営の目的を実現するために，会社法は，経営者に広範な経営裁量権を付与する。他方，経営者は，経営の決定およびその執行について自らの利益追求を優先する傾向が見られる。したがって，効率的な会社経営の実現，ならびに経営者の暴走抑止 (責任追及) を可能にする仕組みの構築は，コーポレート・ガバナンスの必要不可欠な内容となる。

(1) 取締役会
(a) 法的地位，権限

取締役会は，株主総会に対し責任を負い，会社経営について意思を決定し，

ならびに業務執行する常設機関であり，取締役全員によって構成される。その権限は，具体的に次のようなものと規定される (108条4項，46条)。それは，① 株主総会を招集し，業務執行の状況を報告すること，② 株主総会の決議を執行すること，③ 会社の経営計画および投資案を決定すること，④ 会社の年度財務予算案および決算案を作成すること，⑤ 会社の利益分配案および損失補填案を作成すること，⑥ 会社の登録資本の増加・減少ならびに社債発行案を作成すること，⑦ 会社の合併，分割，解散または会社の形態変更の案を作成すること，⑧ 会社内部の管理機構を設置すること，⑨ 会社の執行役の任用および解任，ならびに執行役の推薦した副執行役を任用し，またはその者を解任すること，⑩ 会社の基本的管理制度を制定すること，⑪ 定款の定めるその他の事項を決定すること，などである。

(b) 取締役会の構成

取締役会は，合議体であるため5〜19人の取締役によって構成される (108条1項)。強制ではないが，会社は従業員代表を取締役会に入れることができる。ただ，従業員代表取締役の選任は，総会決議によるものではなく，会社従業員が従業員代表会議，従業員会議またはその他の方式により民主的に選任されることが義務付けられている (108条2項)。それは，中国以外の国々ではあまり見られない立法例であり，従業員による直接の経営参加を促す狙いを有すると思われる。

(c) 取締役会の運営

取締役会の会議は，定時会議と臨時会議に分けられる。定時会議は，年度内に2回以上招集され，招集日の10日前までに取締役全員および監査役に通知される (110条1項)。臨時会議は，10分の1以上の議決権を有する株主，または3分の1以上の取締役もしくは監査役会が招集提案をした場合に，取締役会会長［董事長］が招集提案を受け取ってから10日後に招集する (110条2項)。なお，通知方式や通知期限について取締役会は別途定めることができる (同条3項)。

取締役会会議を招集する者は，取締役会会長である。ただ，取締役会会長が事情により招集できない場合には，取締役会副会長が招集する。会長・副会長がともに事情により招集できない場合には，半数以上の取締役が推薦した取締役が招集権者となる (110条2項)。取締役会会議の議長についても，これと同様とされる。

取締役会が決議をする際には，取締役1人につき1議決権が付与される。取締役会を開催するには，過半数の取締役が出席し，決議が成立するには，取締役全員の過半数が賛成することが要件とされる (111条)。また，取締役は本人の出席が原則であるが，出席できない場合には，他の取締役に議決権を代理行使させることができる。ただ，その際には，議決権の代理行使の範囲を明確にする必要がある (112条1項)。なお，議事録の作成は必要で，かつそれに出席した取締役が署名しなければならない (同条2項)。

(d) 決議の瑕疵

瑕疵のある取締役会決議の是正方法について，会社法は，瑕疵のある株主総会決議を是正する方法と同様なものを用意している (22条1項・2項)。

(e) 決議に関する取締役の責任

取締役会決議が法律もしくは行政法規または定款もしくは総会決議に違反して，会社に重い損害を与えた場合に，決議に参加した取締役は，会社に対し損害賠償責任を負う。ただ，取締役が決議に対し異議を述べ，かつ当該異議が議事録に記載されていることが証明された場合には，当該取締役の責任は免除される (112条3項)。

(2) 取締役

取締役は，株主総会の普通決議により選任され，基本的に取締役会の構成メンバーとして決議に参加し，経営に関する意思決定を行うことがその職務である。

(a) 資　格

取締役の欠格事由について，会社法は，① 民事行為無能力者または民事行為能力制限者，② 汚職，収賄，財産の不法占有，財産流用，または社会主義市場経済秩序の破壊により刑罰の判決を受け執行期間満了後5年に満たない者，または犯罪により政治的権利を剥奪され，執行期間満了後5年に満たない者，などを規定する。会社が欠格事由のある者を取締役として選任し，または任命派遣した場合に，当該選任または任命派遣は無効である。また，在任期間中に上記欠格事由が生じた場合に当該取締役は解任される (146条)。

(b) 任　期

取締役の任期は，定款の定めによるとされるが，最長は3年であり，再任は妨げない。取締役の任期が満了したが，速やかに改選されておらず，また

第 8 章　企業法　　　189

は任期中に辞任により法定員数に欠けた場合に，新たな取締役が選任されるまで，元の取締役は職務を執行する (108 条 3 項，45 条)。

(3)　取締役会会長

(a)　会社の代表，選任，権限

取締役会会長は，会社を代表する。ただ，定款の定めにより，取締役会会長に限らず，執行役［経理］も会社の代表になることができる (13 条)。複数の会社代表を設けることができるかについて，法は規定していないが，通常は 1 人である。取締役会会長は，取締役会において取締役全員の過半数により選定される (110 条 1 項)。

その権限について，会社法は，具体的に，① 取締役会会議を招集，主宰すること，② 株主総会を主宰すること，③ 取締役会決議の実施状況を検査すること，を規定する (110 条 2 項)。定款の定めにより取締役会会長または執行役が会社を代表するとされる場合には，その代表の意味について，会社法は明文化していないが，それは会社の業務に関し一切の裁判上および裁判外の行為をする権限を有すると解すべきである[13]。

(b)　不法行為責任

取締役会会長が会社の業務執行 (経営活動) により第三者たる他人に損害を与えた場合に，会社は損害賠償責任を負担する (民法通則 43 条，民法総則 62 条 1 項)。

(4)　執行役

取締役会ならびに監査役会を設けるという二層制を採用する大陸法系の会社法では，執行役の設置を義務付けるのは中国会社法の特徴の 1 つといえよう。

(a)　執行役の資格，任用

執行役の欠格事由は，取締役のそれと同様である (146 条)。その任用または解任は，取締役会が決める (113 条 1 項)。取締役による執行役の兼任は認められるが，取締役会による承認は必要である (114 条)。

(b)　執行役の権限

執行役は，上級管理職の 1 つとされ (217 条 1 号)，会社の日常的な業務執行を行う。執行役は，取締役会に対し責任を負い，具体的に，① 会社の生産経

営管理の業務を主宰し，取締役会決議の実施を組織すること，② 会社の年度経営計画および投資案の実施を組織すること，③ 会社内部管理機構の設置案を作成すること，④ 会社の基本管理制度案を作成すること，⑤ 会社の具体的なルールを定めること，⑥ 会社の副執行役，財務責任者の任用および解任を提案すること，⑦ 取締役会によって任用または解任される以外の管理責任者の任用または解任を決定すること，⑧ 取締役会が委ねるその他の決定事項，などの権限を有する (114 条，49 条 1 項)。また，執行役は，取締役会に列席する義務がある (114 条 2 項，49 条 3 項)。

(c) 執行役以外の上級管理職

執行役以外の上級管理職には，副執行役，財務責任者，上場会社の秘書役および定款の定めるその他の者がある (216 条 1 号)。

(5) 取締役，上級管理職の義務と責任

(a) 取締役と会社との関係

会社法は，取締役と会社との法律関係について明文規定を設けていない[14]。そのため，さまざまな議論があるが，学説は，主として取締役と会社との法律関係を大陸法上の委任関係としてとらえる見解 (委任関係説)[15]と，それを英米法上の信託関係としてとらえる見解 (信託関係説)[16]に分かれている。いずれの説も一定の支持を受けている。

(b) 取締役の義務

取締役が会社に対して負うべき義務は注意義務［勤勉義務］と忠実義務であると明文をもって規定される (147 条)。こうした義務の根拠について，上記の 2 説は，委任関係または信託関係にそれぞれ求める。これに対して，取締役と会社との関係について法は明文規定を置いていないため，注意義務と忠実義務を会社法上の法定義務と考える見解もある (梅慎実 1996)。そしてまた，注意義務と忠実義務の内容は，会社法が定義していないため，解釈に委ねられることになる。通常，注意義務とは，会社の利益の最大化のために，取締役が善良なる管理者の注意をもって，慎重に業務執行に当たらなければならないことと解される。忠実義務とは，会社の利益と自己または第三者の利益が衝突する場合に，取締役が会社の利益を犠牲にして自己または第三者の利益を追求すべきではないことと解される。忠実義務違反とされる行為について，会社法は比較的詳細に類型化している (148 条 1 項など)。なお，忠実義務

第 8 章　企業法　　　191

違反によって得た利益は会社に帰属するとされる (148 条 2 項)。

(c)　責　任

　取締役は，会社の業務執行をする際に，法律，行政法規，または定款の定めに違反して，会社に損害を与えた場合に，損害賠償責任を負わなければならない (149 条)。取締役の損害賠償責任を追及するために，株主は前述の代表訴訟を提起することができる。また，取締役が法律，行政法規，または定款の定めに違反して株主の利益を侵害した場合に，株主は人民法院に対して取締役の損賠償責任を追及する訴えを提起することができる (152 条，直接訴訟)。

　なお，上級管理職の義務と責任については，取締役のそれらと同様であるとされる。

3　会社の経営と監督

　株主は，株主総会等を通して取締役等の経営活動に対しモニタリングすることができるが，株主総会の招集は頻繁にできないため，株主による恒常的なモニタリングは不可能である。こうした問題を解消するために，大陸法系の会社法制は，伝統的に取締役会と並行して，監査役 (会) を設け，株主に代わって監査役 (会) に恒常的なモニタリングを担わせるシステム (二層制) を採用する。中国会社法は，こうしたシステムを継受する。

(1)　監査役会

(a)　法的地位，権限

　監査役会は，株式会社における常設機関であり，取締役等の経営活動および会社財務に対し全般的に監督する権限を有するが，会社法は，さらにその権限について次のように規定する。それは，① 会社の財務を検査すること，② 取締役，上級管理職の会社職務執行を監督し，ならびに法律，行政法規，定款または総会決議に違反する取締役，上級管理職に関して罷免を提案すること，③ 取締役および上級管理職の行為が会社の利益に損害を与える場合に取締役と上級管理職に対しその是正を要求すること，④ 臨時株主総会招集を提案し，取締役会が法の定める招集および主宰の職責を履行しない場合に株主総会を招集，主宰すること，⑤ 株主総会に対し意見を陳述すること，⑥ 会社法 151 条に基づいて取締役，上級管理職に対し訴訟を提起すること，⑦ 定款の定めるその他の権限，などである (118 条，53 条)。なお，監査役会の権限

行使に必要な費用は会社が負担する。

(b) 監査役会の構成

監査役会は，監査役が3人以上で，株主代表の監査役と従業員代表の監査役によって構成される。株主代表の監査役は，株主総会の普通決議により選任されるのに対して，従業員代表の監査役は，従業員代表大会，従業員大会またはその他の形式により民主的に選任されると要求される。従業員代表の監査役の比率は，最少でも3分の1で，具体的に定款により定めるとされる（117条2項）。従業員代表監査役制度は，明らかにドイツ法上のそれを参考にして導入されたものである[17]。

(c) 監査役会の運営

監査役会会議は，定時会議と臨時会議に分けられ，定時会議は6カ月毎に一度招集することが要求され，臨時会議は必要に応じて監査役の提案に基づいて招集することができる（119条1項）。監査役会会議は，原則上監査役会主席が招集し，主宰する（117条2項）。監査役会の議事方式および議決方法は，法が規定する場合を除き定款で定めることができる。また，監査役会決議は半数以上の監査役の承認を経て成立する。なお，監査役会は，決議事項について議事録を作成し，会議に出席した監査役は議事録に署名する（119条2項・3項・4項）。

(2) 監査役

監査役は，監査役会のメンバーとして，取締役，上級管理職の業務執行および会社財務に対して監督する権限を有するが，会社法は，監査役の権限行使について独任制を採用していない[18]。監査役の資格について，会社法は，監査役の欠格事由を定め，その欠格事由は取締役および上級管理職のそれと同様とされる（146条）。監査役の独立性を担保するために，取締役や上級管理職による監査役の兼任は禁止される（117条4項）。なお，監査役の任期は3年であり，再任もできる（117条5項，52条）。

(3) 監査役会主席

監査役会は，主席1名を設け，副主席を設けることができる。主席は監査役全員の過半数の承認を経て選出される。主席は，通常監査役として有する権限を行使するほか，監査役会会議を招集し，主宰する。ただ，主席が事情

により職務履行ができない場合には，副主席が職務を履行する。副主席が職務履行できない場合には，半数以上の監査役が推薦した監査役は当該職務を履行する（117条3項）。

(4) 監査役の義務と責任

監査役の義務と責任について基本的に取締役および上級管理職の場合と同様であるが，取締役および上級管理職を適用対象とする禁止事項規定（148条）や株主による直接訴訟規定（152条）は監査役を対象としていない。これは，監査役が会社の業務執行を行っていないことを考慮したからであると推測される。

4 会社債権者の保護

会社債権者は会社のステークホルダーであるため，債権者保護はコーポレート・ガバナンスにとって欠かせない一部分となる。いうまでもなく，会社法は，1993年に成立した当初から，債権者保護の手段を置いているが[19]，以下では，2005年会社法改正により新たに導入された法人格否認の法理，そして2013年会社法改正により最低資本金制度が廃止されたことを受けて債権者保護を強化するための新たな措置導入の必要性についてのみ述べる。

(1) 法人格否認の法理

法人格否認の法理とは，会社の法人格や株主の有限責任が濫用され，会社債権者の利益が害された場合に，会社の法人格を否認して，会社債権者に対して株主に直接債務を負担させ，それによって，正義・衡平の実現が図られることを内容とする法理であると解される。ただ，この法理は，会社の法人格を消滅させるのではなく，個別的具体的なケースにおいて会社の法人格を否認し，会社の背後にある株主に対会社債権者の責任負担を課すにとどめる。1993年に会社法が成立した後，会社制度は中国の経済発展にとって多大な貢献をしてきたが，株主有限責任，会社法人格という会社法上の基本制度を濫用して，会社債権者の利益を侵害する事例が多く発生したのも事実である。そこで，立法者は，アメリカや日本などの諸外国の経験を参考にし，中国の状況を整理して，2005年会社法改正を機に，この法理を会社法に導入した（20条1項・3項，64条）[20]。

194　　　第 III 部　民商法

　中国会社法における法人格否認の法理の内容は，① 会社の株主は，法律や行政法規および会社定款を遵守すべきであって，会社法人の独立的地位および株主の有限責任を濫用して会社の債権者の利益を損なってはならない，② 会社の株主が会社法人の独立的地位および株主の有限責任を濫用して，債務を逃れ，会社の債権者の利益を著しく損なった場合には，会社の債務に対して連帯して責任を負担しなければならない，③ 一人有限責任会社[21]の株主は，会社の財産が株主自身の財産から独立していることを証明できない場合には，会社の債務に対して連帯して責任を負わなければならない，というようになっている。

　こうした規定内容から，法人格否認の法理の適用要件は次のように整理することができる。まずは，主体要件である。それは，① 会社の法人格を濫用した者（株主）と② 濫用によって利益を害された者（会社債権者）が存在することを意味する。つぎに，行為要件である。それは，会社の法人格，株式の有限責任が濫用された行為が存在することを意味する。これについて，法はすべてを列挙しておらず（実際は不可能である），債務逃れ，財産混同のみを明文化している。その他の場合の行為は解釈に委ねられる。さらに，結果要件である。それは，濫用行為によって，会社債権者の利益が害された結果が生じたことを意味する。いずれにせよ，法人格否認の法理に関する会社法の規定は原則的かつ抽象的に設けられているにとどまるため，その運用に関して最高人民法院による詳細な司法解釈が待たれている。

(2)　取締役の第三者に対する損害賠償責任

　2013 年 12 月に会社法について最低資本金制度を中心内容とした改正が行われた。つまり，この改正によって，従来，有限責任会社の設立については最低資本金が 3 万元で，株式会社の設立については，500 万元の最低資本金が必要であるとされた最低資本金制度は廃止され，現在では，人民元 1 元をもって有限責任会社または株式会社を設立することが可能となった。最低資本金制度を廃止した理由は，定款自治を高めることによって会社意思を尊重し，雇用を拡大し，経済発展を促進させるためであると説明される（宋大涵 2014）。ただ，最低資本金制度は，会社法上会社債権者を保護する重要な制度の 1 つとして位置づけられており，学界における議論がなされないであっさりと廃止されたことに対して批判は少なからずある。批判のポイントは，会

社法が会社債権者を保護する措置を強化していないということである。最低資本金制度の廃止によって，中小規模の株式会社が大量に生成されることが予想される。また，放漫経営などにより会社債権者の利益が害される蓋然性が増大するに違いない。こうした問題に対応する会社法上の措置として，第三者に対する取締役などの経営者の損害賠償責任制度がある[22]。中国会社法は，こうした制度を有しておらず，最低資本金制度の廃止を機にそれを導入する必要があると考える。

5　上場会社に関する特別規定

中国会社法において，コーポレート・ガバナンスに関してもう1つ重要な内容とされるのは上場会社の機関について特別な規定が設けられたことである。上場会社とは，証券取引所において株式が取引されている会社をいう（120条）。以下では，こうした特別な規定の概要を述べる。

第1に，重要な資産の譲受，譲渡，多額の担保に対し株主総会の特別決議を要することである（121条）。つまり，上場会社が1年以内に購入，もしくは売却する重大な資産の金額，または担保する金額が会社の総資産額の30%を超える場合には，株主総会が決議し，かつ当該決議が総会に出席する株主の有する議決権の3分の2以上により可決されなければならない。

第2に，独立取締役導入の義務化である（122条）。つまり，上場会社は独立取締役を設け，その具体的な方法については国務院が規定するとされる。ここ数年，中国では日本と同様にコーポレート・ガバナンスを実現する主要な手段として独立取締役制度がかなり注目され，それを中国に導入すべきとする見解が多く示されている。そこで，中国証券監督管理委員会（以下では「証監会」という）は，2001年8月に「上場会社への独立取締役制度導入に関する指導的意見」を制定して，上場会社に対して独立取締役の導入を義務付けた。その後，2002年1月に制定された「上場会社のコーポレート・ガバナンスの原則」においても独立取締役の導入が再び強調された[23]。しかし，中国会社法の規定する機関の基本構造は，ドイツや日本など大陸法系に見られる取締役会と監査役会が並存するという二層制である。したがって，証監会のやり方に対しては，批判的意見があり，独立取締役の導入について日本と同様に選択制を採るべきであるとする主張があったが[24]，2005年に改正された会社法は，その導入につき義務化をした。その理由については，上場会社

のすべてがすでに「上場会社への独立取締役制度導入に関する指導的意見」に基づいて独立取締役を導入したため，独立取締役の導入を選択制にすれば，上場会社に混乱を招く，独立取締役導入が一般投資者の合法的な権利と利益の保護に資する，などという旨が述べられている（安健2005）。

　第3に，取締役会秘書役制度の導入である（123条）。つまり，上場会社は，取締役会秘書を置き，会社の株主総会および取締役会会議の準備，文書保管および会社株主資料の管理，ならびに情報開示事務などを秘書役に行わせることとした。1993年の会社法は，秘書役制度について何も触れていなかったが，実務界では英米の会社に倣って秘書役制度を設けている上場会社が一般的であった。「上場会社のコーポレート・ガバナンスの原則」も取締役会秘書の役割として，情報開示制度の確立，来客の応対，質問回答，株主との連絡，投資家への会社情報の提供など情報開示に関連する業務を担当することを明確にした。従来秘書役制度を会社法上の制度にすべきであるという考えもある。こうしたなかで，会社法は，上場会社に限って取締役会秘書役の導入を義務付けることとした。秘書役の法的地位は，その役割の重要性に鑑み会社の上級管理職として位置づけられる（216条1号）。

　第4に，関連関係（利害関係）を有する取締役の議決権行使を排除したことである（124条）。つまり，上場会社の取締役は，取締役会会議の決議事項に関わる企業と関連関係を有する場合に，当該決議事項について議決権を行使してはならず，またその他の取締役の議決権行使を代理することもできない。当該取締役会会議は，過半数の関連関係のない取締役が出席すれば開催することができ，取締役会会議で行う決議は，関連関係のない取締役の過半数により可決することを要する。取締役会に出席した関連関係のない取締役の人数が3人に満たない場合には，当該事項について上場会社の株主総会での審議を求めなければならない。この規定は明らかに関連取引によって上場会社が損害を受けることを防止するためである。

第3節　競争法

　市場経済体制のもとでは，企業が事業活動を展開できるようにするには，自由競争秩序の実現と確保が必要不可欠である。比較的完成度の高い自由競争秩序の実現と確保は，伝統的な中央集権型の計画経済体制から市場経済体

制への過渡期にある中国にとってまだ先のこととなると思われるが，競争秩序の実現と確保を目的とする競争法の法体系は一応できあがったといえよう。中国における競争法の法体系は，主として2007年に成立した独占禁止法［反壟断法］（以下「独禁法」という）と1993年に成立した不正競争防止法［反不正当競争法］25)を頂点とし，国務院が制定した関連の行政法規および関係政府部門が制定した行政規章（日本の省令に相当する）によって構成され，経済法という法分野において重要な部分として位置づけられる（史際春2015）。独禁法は，総則（第1章），独占的協定（第2章），市場支配地位の濫用（第3章），事業者集中（第4章），行政的権力の濫用による競争の排除と制限（第5章），疑いのある独占的行為に対する調査（第6章），法律責任（第7章）および附則（第8章）からなり，計57ヵ条がある。以下では，中国独禁法を概観する。

1 目的と適用範囲

独禁法は，その目的について，① 独占的行為の防止，中止，② 公正・競争的な市場の保護，③ 経済的な運営効率性を高めること，④ 消費者の利益と社会公共の利益の保護，ならびに ⑤ 社会主義市場経済の健全な発展の促進を明文化している（独禁法1条）。独占とは，事業者［経営者］が単独でまたは他人と共同して共謀またはその方式によってその他の事業者を排除，支配，または制限することを通して一定の事業分野において競争を制限したり，排除したりする行為，または状態をいう。ただ，独禁法が規制するのは，独占的行為であって，その状態ではない。独禁法上の独占的行為というのは，① 事業者が締結した独占的協定，② 事業者による市場支配的地位の濫用，そして ③ 競争を排除，制限する効果を有し，またはそのおそれがある事業者集中を指す（独禁法3条）。規制対象とされる独占的行為の主体たる事業者とは，商品の生産，経営または役務の提供に従事する自然人，法人およびその他の組織を意味する（独禁法12条1項）。

独禁法は，中国の国内法であるため，その適用範囲は通常中国国内において行われた独占的行為に限ると思われるが，域外適用の原則をも明文化している。すなわち，中国国外において発生した独占的行為が中国国内の市場に対し競争の制限や排除という影響を与えた場合には独禁法は適用される。この原則の導入は，経済のグローバル化が進む中，多国籍企業が市場での優越的地位を利用して中国国外で行った競争の制限，排除行為が中国国内に影響

198　　第 III 部　民商法

を及ぼすおそれがあることを考慮したためであると推測される[26]。

2　独占的協定に対する規制

　独占的協定とは，競争を排除，制限する協定，決定またはその他の共同行為をいう (独禁法 13 条 2 項)。たとえば，業界団体が「業界自律」を利用して競争を制限するのは独占的協定の一種といえよう。独占的協定は横の独占的協定と縦の独占的協定に分けられる。① 商品価格の固定化や変更，② 商品の生産量や販売量に対する制限などに関する協定が横の独占的協定にあたる (独禁法 13 条 1 項) のに対して，① 第三者に対する商品の転売価格の固定，② 第三者に対する商品の転売価格の最低額の限定などが縦の独占的協定にあたる (独禁法 14 条) とされる。ただ，法は，技術の進歩や新製品の開発など一定の場合に限って独占的協定に関する規制を適用しないことをも明文化している。

3　市場支配的地位の濫用に関する規制

　市場支配的地位とは，事業者が関連市場 [相関市場] 内で商品の価格，数量もしくはその他の取引条件を支配でき，または他の事業者の関連市場への参入を阻止し，それに対し影響を与えることができるという市場的地位をいう (独禁法 17 条 2 項)。法は，市場支配的地位の濫用を認めない具体的な場合 (独禁法 17 条 1 項)，市場支配的地位の認定要素 (独禁法 18 条)，そして市場支配的地位が推定される場合 (独禁法 19 条) を明文化している。

4　事業者集中に対する規制

　独禁法によれば，事業者集中とは，① 事業者合併，② 事業者が株式または資産を取得する方法により他の事業者に対する支配権を取得すること，③ 事業者が契約などの方法により他の事業者に対する支配権を取得し，または他の事業者に対し決定的な影響を与えることができること，という 3 つの場合を指す (独禁法 20 条)。いうまでもなく，事業者集中のすべては禁止の対象とされておらず，競争の排除もしくは制限の効果を有し，またはそのおそれがある事業者集中のみは禁止される。事業者集中に対する規制の特徴は，いわゆる届出制にあり (独禁法 21 条〜24 条)，国務院独占禁止の法執行機関 [反壟断執法機構] は，届け出を受理し，審査した後 (独禁法 25 条〜27 条)，競争の排除もしくは制限の効果を有し，またはそのおそれがある事業者集中につい

て禁止の決定を下すことになる（独禁法28条）。

5　行政的独占に対する規制

　いわゆる行政的独占［行政性壟断］は，中国の競争法における独特な概念であると思われ，経済的独占や「国家的独占」と異なる概念として解される。独禁法は，行政的独占という概念を受け入れ，行政機関および法令の授権によって公共事務を管理する機能を付与される組織は行政的権力を濫用して，競争を排除，制限してはならないという一般規定（8条）を設けたうえで，組織や個人に対しその指定する事業者の提供する商品の経営，購買，使用を限定するなど行政的独占にあたる具体的な場合を列挙している（32条〜37条）。行政的独占を行った行政機関などを問責する方法としては，当該行政機関の上級機関が改めるよう命ずること，当該行政機関の責任者などを処分することなどが規定されている（51条）。ただ，そもそも行政的独占という概念が成立するかという，この概念に対して疑問視する考えもある（史際春2015）。

6　独占禁止法のエンフォースメント

　独禁法によれば，法の執行機関として国務院独占禁止委員会が設置される。国務院独占禁止委員会は，独占禁止の業務を組織，調整，指導するにとどまり，法執行の職責を具体的に担当することは国務院の規定する機関に委ねられることとなる（独禁法9条，10条）。すなわち，国家発展開発委員会は，法により価格に関連する違法行為と独占行為を調査し，処理する。商務部は，事業者集中に関連する独占禁止の業務を担当する。国家工商行政管理総局は，独占的協議，市場支配的地位の濫用，行政的独占に関連する独占禁止の業務を担当する。

結

　すでに明らかにしたように，今日の中国で解されている企業の概念は，日本におけるそれと異ならないものとなった。市場経済体制の確立を経済改革の目標とした以上，企業の概念を市場経済の要求する内容に改変するのは当然であろう。ただ，市場経済体制への移行がなお未完であるということを反映して，企業形態として所有形態別企業と責任形態別企業が並存している。

200　　　第III部　民商法

すべての企業を規律する法令はすでに制定されており，企業法体系が構築されることとなった。今後の課題は，いかにして市場経済体制に見合う責任形態に基づく企業立法をより充実させるかである。それに関連する動きがもう現れている。

　企業法の体系において会社法は中核的な地位を有する。会社法は，いわゆるグローバルな基準から見ると，中国法においてグローバルな基準に最も接近する法律の1つであると数えられよう。会社法の内容から明らかなように，グローバルな基準に接近する傾向をより示しているのはコーポレート・ガバナンスの部分である。一般的に受け入れられている OECD が示したコーポレート・ガバナンスの定義に照らし合わせれば，会社法は，コーポレート・ガバナンスの仕組みを相当の程度において構築したといえよう。問題はそれに関する諸制度をいかにして中国という土壌に根付かせるかである。こうした問題意識をもった研究は中国では始まったばかりである[27]。

　競争法については，独禁法の主要な内容を概観した。独禁法に関してとりわけ中国的な部分と思われるのは，行政的独占に対する規制であろう。これに対しては疑問視する見解もあるが，中国において自由競争的な市場を維持するためには行政的独占を規制することは現在の段階で必要不可欠であることと指摘したい。ただ，独禁法のエンフォースメントを強化するためには，3つに分かれた独禁法の執行機関を統一して，公正取引委員会のような執行機関を構築するべきではないかと考える。

注

1)　旧ソビエトなどにおける企業概念について，大江泰一郎 1983: 325 頁以下参照。

2)　日本においても，企業の出資者の属性に基づき企業を公企業と私企業に分けるという分類法がある（山本・加藤 1982: 50 頁）。

3)　広義の国有企業の中には，国有単独出資会社［国有独資公司］と国有資本支配会社［国有控股公司］も含まれるが，こうした会社は，会社法の規制の適用を受けることになる。

4)　企業国有資産法に関する紹介・検討について，周剣龍 2013 参照。

5)　これに対して，これらの法律を企業法の特別法と位置づける考えもある（李建偉 2013: 75-76 頁）。

6)　議論の詳細について，李建偉 2013 参照。

7)　当該暫定条例によれば，私営企業の企業形態は，① 個人企業，② 組合企業，③ 有限責任会社，とされる。これらの企業形態に対応して，関連法律がすでに立法されている。

第 8 章　企業法　　201

8)　会社法は，外資企業法が会社法の特別法であるという立場を採用している (217条) が，会社法と外資企業法との統一化が図られるべきとする見解が従来強く主張されている。ここにきて，統一化の動きが現れており，2015年1月に国務院商務部 (外資系企業の主管機関) は，現行外資企業法の廃止を目的とする，新しい外国投資法の草案 (意見募集案) を公表した。

9)　コーポレート・ガバナンスを中心に2005年会社法改正を紹介した文献として，周剣龍2009がある。

10)　たとえば，王保樹・崔勤之 2012: 189頁，範健・王建文 2015: 326-327頁。

11)　中国における株主代表訴訟に関する実証研究について，See, Huang 2012.

12)　それらの問題の指摘およびその改善提言について，詳しくは周剣龍 2007: 339頁，周剣龍 2016: 591頁参照。

13)　法人代表［法定代表人］の権限について，民法通則は，法律または法人組織の定款の定めに従い，職権を行使すると規定し (38条)，2017年3月に成立した民法総則は，法律や法人の定款の規定に従い，法人を代表して民事的活動に従事すると規定する (61条1項)。法人代表の権限が包括的なものである点に鑑みると，民法通則，民法総則，会社法などは，法人代表の権限について包括的な規定を設けるべきである。ただ，現にそういう包括的な規定が設けられていなくても，会社の代表は包括的な権限を有すると解することは合理的であろう。中国の代表的な民法教科書では，法人代表は，法人を代表して対外的な民事活動，ならびに訴訟行為を行うと述べられている (たとえば，王利明 2008: 95頁，魏振瀛 2010: 88頁参照)。こうした記述は，代表の権限を包括的にとらえているといえよう。

14)　この点について，日本会社法は，会社と取締役を含めた役員 (監査役，会計参与) との関係は民法上の委任関係に従うと規定する (日本会社法330条)。

15)　たとえば，王保樹・崔勤之 2012: 207頁。

16)　たとえば，甘培忠 2014: 257頁。

17)　ドイツにおける従業員代表監査役制度 (共同決定制度) について，高橋 2012: 167頁以下参照。

18)　日本会社法では，監査役会の権限の1つとして監査の方針，監査役会設置会社の業務および財産の状況の調査の方法その他の監査役の職務の執行に関する事項の決定が規定されているが，当該決定は監査役の権限の行使を妨げてはならないとも明文化されている (日本会社法390条2項)。中国会社法が監査役の独任制を認めていないことに対して批判がある (甘培忠 2014: 231頁)。

19)　たとえば，会社法上，会社の合併，分割，資本減少などの場合に，会社は債権者にそれらを通知，または公告することが要求され，通知や公告を怠ったときには会社は責任を問われることになる。

20)　中国における法人格否認の法理の導入誘因，運用など総合的な検討について，朱慈蘊 2007参照。なお，民法総則においても，当該法理が設けられている (民法総則83条2項)。

21)　1993年に会社法が成立した当初は，有限責任会社の特別形態として国家単独出資会社［国家独資会社］のみが認められたが (65条〜71条)，2005年会社法改正によって一人有限責任会社 (出資者が一人の自然人または法人である) が新たに認められた (58条〜64条)。一人有限責任会社に対して，株主有限責任維持のほか，株主会の設置免除などといった柔軟な機関構成が認められている。そのような意味において，一人有限責任会社の立法は起

業を推奨するための政策立法の性格を色濃く帯びていると思われる。

22) これについて，日本会社法は，取締役等がその職務を行う際に悪意または重大な過失があったときは，当該取締役等はこれによって第三者に生じた損害を賠償する責任を負うと定める（日本会社法 429 条 1 項）。この制度に関する理論研究や裁判実務の経験につき，日本法は相当の蓄積を有しており，中国における当該制度の導入や運用に対し参考となると思われる。

23) 当該原則に関する紹介と検討について，周剣龍 2005: 141 頁以下参照。

24) たとえば，周剣龍 2003: 533 頁。

25) 中国の不正競争防止法の検討について，周剣龍 2000: 27 頁以下参照。

26) 法律出版社法規中心 2008: 2 頁参照。

27) たとえば，朱慈蘊・林凱 2013 参照。

参考文献

日本語

江頭憲治郎 2015『株式会社法〔第 6 版〕』有斐閣。

大江泰一郎 1983「社会主義社会における企業」芦部信喜・星野英一・竹内昭夫・新堂幸司・松尾浩也・塩野宏編『岩波講座　基本法学 7　企業』岩波書店。

大隅健一郎 1978『商法総則〔新版〕』有斐閣。

落合誠一 2010『会社法要説』有斐閣。

神田秀樹 2017『会社法〔第 19 版〕』弘文堂。

周剣龍 2000「中国の市場経済化と競争法」『ジュリスコンサルタス特別号』（関東学院大学法学研究所）。

周剣龍 2005『中国における会社・証券取引法制の形成』中央経済社。

周剣龍 2009「コーポレート・ガバナンスと中国会社法——2005 年会社法改正を中心に」西村幸次郎編著『グローバル化のなかの現代中国法〔第 2 版〕』成文堂。

周剣龍 2013「中国的国家所有制の実現モデルの変容」北川秀樹・石塚迅・三村光弘・廣江倫子編『現代中国法の発展と変容——西村幸次郎先生古稀記念論文集』成文堂。

周剣龍 2016「中国会社法における株主代表訴訟」鳥山恭一・中村信男・高田晴仁編『現代商事法の諸問題——岸田雅雄先生古稀記念論文集』成文堂。

高橋英治 2012『ドイツ会社法概説』有斐閣。

山本安次郎・加藤勝康 1982『経営学原論』文眞堂。

中国語

安健 2005『中華人民共和国公司釈義』法律出版社。

甘培忠 2014『企業与公司法学〔第 7 版〕』北京大学出版社。

『法学詞典』編輯委員会編 1980『法学詞典』上海辞書出版社。

法律出版社法規中心 2008『中華人民共和国反壟断法註釈本』法律出版社。

範健・王建文 2015『公司法〔第 4 版〕』法律出版社。

李建偉 2013「中国企業立法体系的改革与重構」『民商法学』（複印刊行資料）2013 年 10
　期。

梅慎実 1996『現代公司機関権力構造論』中国政法大学出版社。

史際春 2014『企業和公司法〔第 4 版〕』中国人民大学出版社。

史際春主編 2015『経済法〔第 3 版〕』中国人民大学出版社。

宋大涵 2014「関於『中華人民共和国海洋環境保護法等七部法律修正案〔草案〕』的説明」
　全国人民代表大会常務委員会公報（電子版）2014 年 1 期（http://www.npc.gov.cn/
　wxzl/gongbao/2014-03/21/content-1867673.htm）。

王保樹・崔勤之 1988『企業法論』工人出版社。

王保樹・崔勤之 2012『中国公司法原理〔最新修訂第 3 版〕』社会科学出版社。

王利明主編 2008『民法〔第 4 版〕』中国人民大学出版社。

魏振瀛主編 2010『民法〔第 4 版〕』北京大学出版社・高等教育出版社。

趙旭東 1996『企業法律形態論』中国方正出版社。

鄭立・王益英主編 1993『企業法通論』中国人民大学出版社。

周剣龍 2003「公司治理結構的完善和独立董事制度」王保樹主編『全球競争体制下的公
　司法改革』社会科学文献出版社。

周剣龍 2007「股東代表訴訟制度的司法運用」趙旭東主編『国際視野下的公司法改革──
　中国与世界：公司法改革国際峰会論文集』中国政法大学出版社。

朱慈蘊 2007「公司法人格否認──従法条躍入実践」『清華法学』2007 年 2 期。

朱慈蘊・林凱 2013「公司制度趨同理論検視下的中国公司治理評析」『法学研究』2013
　年 5 期。

英　語

OECD, 2015, G20/OECD Principles of Corporate Governance, OECD Publishing, Paris.
　http://dx.doi.org/10.1787/9789264236882-en

Huang, Hui, 2012, Shareholder Derivative Litigation in China: Empirical Findings and
　Comparative Analysis (August 8, 2012), *27 Banking and Finance Law Review* 619.
　Available at SSRN: http://ssrn.com/abstract=2140613

第 **IV** 部

司法制度

第9章

民事訴訟法

徐　行

序

　本章は中華人民共和国建国後の民事訴訟法 (民訴法) の成立と展開を概観し，具体的な訴訟手続に沿って制度の現状と運用実態を紹介する。特に2012年の民訴法改正で力を入れた当事者の訴訟権利の保障，挙証制度の完備化，法律監督の強化と裁判監督手続の整備，執行手続の完備化を中心に解説する (2012年の民訴法改正の概要について，白出 2012，白出 2012・2013，民訴法条文の翻訳・概要について，北浜法律事務所・外国法共同事業中国プロジェクト・チーム 2015・2016)。

　なお，2012年改正前の中国民事訴訟法については，王亜新 1995，小嶋 2006が挙げられる。2012年改正後の中国民事訴訟法の解説と比較法的検討を行ったものとして，吉村・上田 2017 がある。中国法のテキストについて言えば，西村 2008 と小口・田中 2012 には民事訴訟法に関する記述がない。田中 2013は12章で民事訴訟法の一部の規定に触れている。高見澤・鈴木・宇田川 2016は8章で民事訴訟法に関する概説が記されている。

第1節　民事訴訟法の歴史と理論

1　民事訴訟法の歴史的展開

　民事訴訟手続に関する立法の動きは建国直後に始まっていた。中央人民政府法制委員会は1950年12月31日に建国後初の訴訟法草案となる「中華人民共和国訴訟手続試行通則 (草案)」を起草した。ただし，当該「通則 (草案)」は刑事訴訟と民事訴訟の両方の手続を規定する形を取っていて，規定の内容に

も問題があるため，採択には至らなかった (常怡・田平安・黄宣・李祖軍 1999)。それでも，各級法院は「通則 (草案)」にしたがって裁判を行い，それに基づいて省レベルの手続規定を制定するところもあった[1]。

1954 年憲法が採択された後，民事訴訟手続に関連する法律として人民法院組織法，人民検察院組織法も相次いで採択された。特に検察院が「国家と人民の利益に関わる重要な民事事件に対して訴訟を提起するまたは訴訟に参加する権利を有する」(4 条 6 号) と規定され，民事訴訟に対する法律監督は法によって保障された (徐桂芹 2013)。また，1956 年 10 月 17 日に最高法院が司法解釈「各級人民法院の民事事件裁判手続の総括」を公布し，事件の受付，審理前の準備，審理，裁判，上訴，再審と執行の 7 つの部分に分けて，民事訴訟手続を詳しく規定し，実際上民事訴訟法の機能を果たした (江偉・李浩・王強義 1997)。これをベースに最高法院が 1957 年に「民事事件裁判手続 (草案)」を起草したが，反右派運動等の政治運動の影響で，この立法の試みも失敗に終わった。

文化大革命の後，1979 年 2 月 2 日に最高法院が「民事事件裁判手続制度の規定 (試行)」を公布した。「規定 (試行)」は 56 年の「総括」を土台に内容の具体化を図ったものであって，特に重要な変化は管轄に関する規定を追加したことである。同年 9 月に全国人大法制委員会が民事訴訟法の起草作業に着手し，刑事訴訟法よりも時間をかけて，1982 年 3 月 8 日にようやく全国人大が民事訴訟法 (試行) を採択した (1982 年 10 月 1 日施行，以下，旧法という)。旧法は全 5 編，23 章，205 カ条から成っている。計画経済を出発点とするため，経済紛争に対応する規定が不十分であった。その不足を補い，抽象的な規定を具体化するための司法解釈も公布されたが，問題解決には至らなかった。

現行の民事訴訟法は旧法を改正した上で，1991 年 4 月 9 日に採択された。条文数は 270 カ条に増え，増加する経済紛争に対応するための督促，公示催告，企業法人破産弁済といった手続を追加したが，それでも市場経済における紛争処理の需要を満たすことができなかった (趙鋼 2009)。実際のところ，最高法院が多くの司法解釈を公布して，民訴法の規定を修正し，ひいては規定上の空白を補う実質的な立法を行って，民事訴訟手続の軌道修正をしてきた。その範囲は調停［調解］，証拠，簡易手続，執行など多岐に及ぶ。特に 83 カ条からなる民事訴訟の証拠に関する若干規定 (2001 年 12 月 21 日公布，2002 年 4 月 1 日施行。以下，証拠規定とする) は，今でも重要な役割を果たしている。

第9章　民事訴訟法　　209

　21世紀に入ってから，民事訴訟法は3回の改正を経て，司法解釈の多くの
内容を吸収した。2007年10月28日の改正は再審と執行手続だけを対象とす
るが，2012年8月31日の改正は民訴法全体にメスを入れる大規模な修正と
なった。2017年6月27日の最新改正は55条に第2項を追加し，検察院に
よる公益訴訟の提起を正式に認めたマイナーチェンジである。最新の民事訴訟
法は全4編，27章，284カ条から成り，現実の需要に対応する内容となって
いるが，それでも個々の規定が具体性に欠けるという問題が解消されたわけ
ではない。その証拠に，最高法院が2015年1月30日に552カ条にも及ぶ民
事訴訟法の適用に関する解釈（同年2月4日施行。以下，解釈という）を公布し，
民訴法の規定の具体化を図った（解釈の概要について，三好2015，解釈の全文翻訳
について，吉村・上田2017）。法創造的な司法解釈が公布されてから，民訴法改
正でそれを吸収・追認するという循環構造は今後も継続するだろう。

2　民事訴訟法の基本原則

　民事訴訟法5条〜16条は基本原則に関する規定とされ，大きく2種類に分
けられる。1つは憲法・人民法院組織法にすでに関連規定が置かれているも
のの，民訴法の中で改めて規定した広い適用範囲を有する一般原則である。
例えば，民事裁判権が人民法院によって行使される原則（6条1項），人民法院
が法に依り独立して民事裁判を行う原則（6条2項），各民族の言語・文字を使
用して民事訴訟を行う原則（11条），人民検察院による民事訴訟に対する法律
監督の原則（14条）がそれに当たる。民事の2文字を除けば，規定の内容は憲
法・人民法院組織法のそれと大同小異である。

　もう1つは民事訴訟手続にだけ適用される特有の原則である。平等原則（8
条），弁論原則（12条），誠実信用の原則（13条1項），処分原則（13条2項）はそ
の典型例である。その中には，合議・回避・公開裁判・二審終審といった民
事裁判の基本的制度を規定するもの（10条）や，民族自治地方が適宜融通また
は補充的規定を制定する権限を規定した立法授権規定（16条）といった民事訴
訟手続の全体に関わるとは到底言えない規定も含まれている（吉村・上田2017）。
学界では，一般原則や基本的制度を除外し，民訴法全体に関わる特有の制度
だけを基本原則として規定すべきだとする主張は根強く存在している（江偉・
李浩・王強義1997）。

　基本原則に関する規定の中で，特に注目に値するのは自由意志と合法の原

則に基づく調停 (9条) と誠実信用の原則 (13条1項) である。調停を優先する紛争解決の手法は根拠地時代の「馬錫五裁判方式」に遡ることができる。旧法6条も「調停を重んじる」と規定し，調停優先の基調が保たれていた (武鴻雁 2005)。現行民訴法9条の規定は，文言上，調停原則が後退し，自由意志による調停を強調していると見ることができる。実際のところ，90年代以降，法院調停による事件の終結率が下降傾向を示し，2003年には29.9%にまで落ち込んだ。ところが，その後，調停は判決よりも紛争の実質的な解決に有利であり，調和のとれた社会 [和諧社会] を実現するための重要な手段であるという認識から，最高法院が2004年に人民法院の民事調停活動に関する司法解釈を公布し，引き続き一連の司法文書で調停優先の方針を再び打ち出した。2012年の民訴法改正にもこの流れを反映した条文 (122条，133条) が追加された (王冊 2006・2007，韓寧 2008，高見澤・鈴木・宇田川 2016)。

なお，2012年の法改正で16条の人民調停に関する規定が削除され，人民調停法 (2010年8月28日公布，2011年1月1日施行) と民訴法による調停制度の棲み分けがなされた。人民調停法33条1項に規定された調停合意の司法確認に対応する民訴法の規定として，特別手続を規定した15章に第6節「調停合意確認事件」(194，195条) が盛り込まれた (奚曉明・張衛平 2012a)。裁判外紛争解決手続としての調停の詳細に関しては第10章に譲る。

誠実信用の原則の条文化は2012年民訴法改正の目玉の1つである。主に悪意訴訟，虚偽訴訟，訴訟遅延，虚偽陳述，証拠偽造といった当事者による訴訟上の権利濫用の問題を解決するために導入されたが，13条1項は「民事訴訟は誠実信用の原則を守らなければならない」と規定しているだけで，主語を明示していないため，当事者以外の訴訟参加者や裁判所・裁判官にも適用されると解される (董少謀・張瑞輝／酒井 2014，奚曉明・張衛平 2012a)。誠実信用の原則の規定は抽象的なもので，解釈にもそれを具体化する規定がないため，条文の適用の際に当事者の訴訟上の権利の正当な行使を不当に制限する危険性がある。また，裁判官に適用するための制度設計も必要である (鄧継好 2012)。実際の裁判例を見てみると，2013年以降，誠実信用の原則を引用する裁判例が爆発的に増えている。裁判官による恣意的な援用，誠実信用の原則を利用して具体的な手続規範を創設する現象が見られる (巣志雄 2015)。誠実信用の原則の適用の類型化分析と具体的な事例からの抽象的なルールの抽出が求められる。

第9章　民事訴訟法　　　211

3　民事訴訟の主体

(1)　管　轄

　人民法院は，国の裁判機関であり (憲法 123 条)，国は最高人民法院，地方
各クラス人民法院および専門人民法院の 3 種類を設置する (同 124 条)。最高
法院を頂点に，地方各クラス人民法院が高級法院，中級法院，基層法院に分
かれているため，計 4 つの審級を構成する (人民法院組織法 2 条)。また，第二
審を終審とするため，いわゆる「四級二審制」である (同 11 条)。

　事物［級別］管轄の規定によると，原則として基層法院が第一審民事事件を
担当する (17 条)。例外として，中級法院は重大な渉外事件，管轄区内におい
て重大な影響力を有する事件，および最高法院が指定する事件の第一審を担
当する (18 条)。高級法院は管轄区内において重大な影響力を有する事件の第
一審を (19 条)，最高法院は全国的に重大な影響力を有する事件，および自ら
審理すべきだと認めた事件の第一審を (20 条)，それぞれ担当する。最高法院
が第一審の場合，その判決・決定は終審判決・決定となる (組織法 11 条 4 項)。

　土地［地域］管轄の規定によると，原則として，自然人に対して提起された
民事訴訟は，被告の住所地または経常的居住地の人民法院が，法人その他の
組織に対して提起された民事訴訟は，被告の住所地の人民法院が，それぞれ
管轄する (21 条)。22 条は例外的に原告の住所地または経常的居住地の人民法
院が管轄する 4 つの場合を規定した。23 条〜32 条は特別［特殊］土地管轄に
関する規定で，全部で 10 種類に分けられる。特別土地管轄は，一般的には訴
訟を引き起こした法律事実の所在地または訴訟物の所在地を基準に事件の管
轄法院を確定するものである。当事者の住所地を基準とする一般土地管轄と
競合する場合，特別土地管轄は一般土地管轄の適用を排斥するわけではない。
当事者は自主的に同一事件に対して管轄権を有する複数の法院のうちから 1
つを選んで提訴することができる (奚曉明・張衛平 2012a)。

　解釈は特別土地管轄に関する民訴法の規定に対する補足と具体化として，
多くの条文を用意した (解釈 10, 13, 17〜22, 24〜26 条)。その中には，特別土
地管轄が一般土地管轄の適用を排除すると解される条文もあって (解釈 17 条,
沈徳詠 2015)，上記民訴法の一般理論との整合性が問題になる可能性がある。

　土地管轄の規定の中には，専属管轄に関する規定 (33 条) や，事物管轄と専
属管轄の規定に違反しない限りでの，書面による合意管轄に関する規定 (34

条) も含まれている。後者は契約またはその他の財産権益紛争にのみ適用される。また，管轄の章に置かれていないものの，2012年の法改正で新設された127条2項は応訴管轄に関する規定を設けた。実務では当該条文の適用に関わる裁判例が多く存在するが，それに関する研究はほぼ空白である (黄忠順 2016)。

36条〜38条には管轄の移送と指定に関する規定が設けられている (高見澤・鈴木・宇田川 2016, 吉村・上田 2017)。

なお，専門法院は民訴法に直接登場しないものの，解釈2条によると，特許紛争事件は知的財産権法院，最高法院が確定した中級法院と基層法院が，海事，海商事件は海事法院が，それぞれ管轄する。また，解釈11条は軍事法院が管轄する事件の範囲を規定した。組織法28条によると，専門法院の組織と職権は全国人大常務委員会によって規定される。ところが，憲法124条が列挙した軍事法院のほか，全国人大常務委員会が決定を出して設置したのは海事法院と知的財産権法院の2つだけである。となると，既存の専門法院のうち，鉄道運輸法院，林区法院，農墾法院，開発区法院の4つには設置の法的根拠がないということになる[2]。学界でも，これらの専門法院，特に歴史の浅い開発区法院の設置の適法性について，疑問の声が上がっている (翟国強 2016, 劉松山 2005)。残念ながら，専門法院に関する研究の蓄積が少なく，それらが果たしている役割を解明し，存続させる必要性があるかどうかを検証するには至っていない。

(2) 裁判組織

第一審の審理は，裁判官と参審員が共同で，または裁判官のみで合議体を構成して行う ([合議制], 39条1項)。参審員は裁判官と同等の権利義務を有する (同3項)。簡易手続 (民訴法13章) の場合は裁判官1人で審理を行う ([独任制], 同2項)。第二審は，裁判官のみで合議体を構成する (40条1項)。差し戻し審と再審の場合も合議体を組織しなければならないが，原審合議体の構成員または独任制の裁判官は関与することができない (40条2項, 3項)。中国の民事訴訟において，合議制がより広い適用範囲を有し，裁判の基本的な組織形式である (張衛平・李浩 2012)。簡易手続のほか，特別手続 (民訴法15章) を適用する事件も独任制を採用するが，有権者資格事件または重大・難解な事件は，やはり裁判官で構成される合議体によって審理される (178条)。

第 9 章　民事訴訟法　　213

　裁判組織に関わる重要な論点の 1 つは人民参審員制度である。制度の歴史は建国前の根拠地時代に遡ることができる。大衆路線を体現して人民の支持を獲得し，専門家不足を補うために参審制が広く採用されていた。建国後も制度の運用が活発であったが，文革による司法制度の破壊を経て，文革後の人民参審員制度は長い間多くの問題を抱えたまま衰退の一途をたどった。状況を一変させたのは，人民大衆による司法参加の権利を保障し，司法における民主と公正を実現し，司法の透明性を向上させるために，2004 年に公布された全国人大常務委員会による「人民参審員制度の完備化に関する決定」(2004年 8 月 28 日採択，2005 年 5 月 1 日施行) である。制度に関する基本法が制定されたことで，制度改革が一気に進んだ。最高法院は多くの司法解釈と司法文書(通達) を公布し，制度形成とともに積極的な制度運用を後押しした。2016 年の統計によると，参審員が審理に参加した一審通常手続事件 (刑事・行政事件も含む) は全体の 77.2% を占める (2017 年 3 月 12 日の全国人大での最高法院院長周強による活動報告参照)。ただし，人民参審員制度は司法の民主化における重要な役割が期待されているものの，実際の運用状況を見る限り，既存の問題が解決されたとは言えず，理念との間に大きなずれが見られる (徐行 2013)。そのため，最高法院と司法部は 2015 年 4 月 24 日に全国人大常務委員会の授権を受けて，人民参審員制度改革試行方案を公布し，更なる改革を推進した。特に参審員の職権を事実認定に限定し，法適用に関する議決権を否定する改革の試みが注目に値する。裁判組織との関係について言えば，例えば参審員1 名と裁判官 2 名で構成される合議体が法適用について評議する場合，議決権を持つ裁判官の数が偶数であるため，多数者の意見に従う原則 (42 条) を実践できるかどうかの疑問が生じる。人民参審員制度に関する段階的な研究成果として孔暁キン 2016 が挙げられるが，改革に対する継続的なフォローアップは今後も必要である。

　なお，合議体・独任裁判官と裁判委員会および院長・廷長といった上司との関係は，中国における「裁判の独立」を検討する際の重要な論点であるが，具体的な議論は第 12 章に譲る。

(3)　訴訟参加者

　民訴法が規定した訴訟参加者は当事者と訴訟代理人の 2 種類である。当事者とは，民事上の権利義務について争いが生じた場合，自己の名をもって訴

訟を行い，法院に対して民事裁判権の行使を求める者とその相手方である。広い意味での当事者は原告，被告，共同訴訟人および第三者を含む。中国の伝統的な民事訴訟理論では，実体的当事者概念が採られていて，事件と直接的な利害関係を有することが強調されていた。しかし，近年では形式的（手続的）当事者概念が有力に主張されるようになった。完全に手続法の角度から当事者を定義し，自己の名で法院に訴えた者が原告となり，訴えられた者が被告となる（張衛平・李浩 2012）。

　当事者能力［訴訟権利能力］に関しては，出生前の胎児に当事者能力があるかどうかについて争いがあった。民法通則が胎児の民事権利能力を認めていないものの，相続法28条が遺産分割の際に胎児に相続分を留保しなければならず，胎児が出生時に死亡している場合，留保された相続分は法定相続に従って処理すると規定している。そこで，胎児が出生時に生存していることを条件に，出生前の当事者能力を認めるかどうかについて議論が生じた（吉村・上田 2017）。この問題は2017年3月15日に公布された民法総則（同年10月1日施行）によって解決された。民法総則16条によると，遺産相続，受贈等胎児の利益保護に関係する場合，胎児は民事権利能力を有する者とみなされる。ただし，胎児が出生時に死亡している場合，その民事権利能力は初めから存在しないこととされる。つまり，出生時の生存を条件に，胎児の出生前の当事者能力を認めた。

　中国の伝統的な民事訴訟理論は当事者適格という概念を使っておらず，当事者能力と具体的な訴訟における当事者としての資格を区別していなかったが，解釈は当事者適格に関して多くの条文（解釈53，54，56〜69条）を設けて，正当な当事者を規定した。なお，2012年の法改正で導入された公益訴訟（55条）の原告は，訴訟物と実体法上の直接的な利害関係がないものの，正当な当事者として民事訴訟を提起することができる。これは当事者適格に対する一種の拡張である。

　第三者は独立した請求権のある第三者とない第三者に分けられる（56条）。前者は当事者双方の訴訟物に対して独立した請求権を有し，訴訟を提起する権利を有する。すなわち，法院に訴訟請求と事実，理由を提出して，当事者になることができる（解釈81条1項）。その場合，第三者が原告となり，本訴の原告と被告が被告となる（奚暁明・張衛平 2012b）。後者は当事者双方の訴訟物に対して独立した請求権を有しないが，事件処理の結果がその者と法律上

の利害関係を有する場合，自ら申請し，または法院の通知により訴訟に参加することができる。法院の判決により民事責任を負う第三者は，当事者としての訴訟上の権利・義務を有する (56 条 2 項，上訴できる＝解釈 82 条)。法院が職権的に第三者を訴訟に参加させ，責任を負わせる判決を下すことができるという点において，日本法上の多数当事者訴訟と異なる (武鴻雁 2010・2011 は裁判例を類型化して制度の運用実態を分析し，日本法との比較を通じてその異質性を指摘し，民事訴訟における職権主義から当事者主義への転換が進んでいない分野の格好の実例を提供した)。

　第三者取消しの訴えは当事者が通謀して悪意訴訟や虚偽訴訟を通じて第三者の権益を侵害する現象から第三者を守るため，2012 年の法改正で導入された新しい制度である。公益訴訟と同様，当事者の訴訟権利の保障に関わる改正の目玉の 1 つである。具体的には，56 条の前 2 項の規定の第三者が本人の責めに帰すべからざる事由により訴訟に参加しなかったが，法的効力が生じた判決，裁定，調停書の一部または全部の内容に誤りがあり，その民事上の権益を損害することを証明できる証拠がある場合，損害を受けたことを知り，または知ることができた日から 6 カ月以内に，当該判決，裁定，調停書を下した法院に訴訟を提起することができる (56 条 3 項)。解釈 292 条〜303 条は第三者取消しの訴えを審理する際の具体的な手続規定を設けた。

　学界では適用否定説と適用肯定説の争いがあって，第三者取消しの訴えの原告適格の範囲に関する議論が多く見られる (劉君博 2014，任重 2016)。適用否定説は，第三者取消しの訴えが独立した請求権のある第三者に適用し難いとし，独立した請求権のない第三者に適用できる場面も極めて限定的だと主張している (陳鋼 2012)。法院が既判力の原則を確立すれば，第三者取消しの訴えの適用が限定され，ひいては必要なくなるという主張もある (張衛平 2013)。要するに，既判力の相対性を認めれば，独立した請求権のある第三者は訴訟に参加しなかったとしても，通常手続で権利救済を実現することができる。当該第三者を拘束しない確定判決等を覆す必要もない。独立した請求権のない第三者は法院の判決により民事責任を負う場合に限って，第三者取消しの訴えの正当な原告となるが，一審判決を受けて上訴すればいいし，そもそも法院の通知を受けているにもかかわらず訴訟に参加しなかった場合，「本人の責めに帰すべからざる事由により訴訟に参加しなかった」とは言えない。こうした批判が強く主張されているものの，実務では，第三者取消しの訴えの

裁判例が多く見られる。訴えの却下または不受理の割合が高いという印象を受けるが，裁判例の類型化に基づく運用実態に関する研究があまり進んでいないため，全貌を把握するのは困難である（先駆的な研究として王亜新 2014，鄭金玉 2015 が挙げられる）。

4 民事訴訟における証拠

証拠制度に関する改正も 2012 年法改正の重要な部分である。その範囲は証拠の種類，挙証期限，証拠受領証の交付，公証証明，証人出廷・証言，鑑定，専門家補助人，証拠保全など多岐にわたる。

証拠は当事者の陳述，書証，物証，視聴覚資料，デジタルデータ，証人の証言，鑑定意見と検証記録の 8 種類に分けられる（63 条）。理論上，証拠の種類に関する規定は法的拘束力を有し，法に規定されている形式に該当する証拠だけが事実認定の根拠になるとされるが，実際の運用はより柔軟である。例えば，法改正で新しい種類の証拠として追加される前，デジタルデータは，視聴覚資料または書証の特殊な一形式として解釈されてきた（奚暁明・張衛平 2012a）。

民訴法 64 条 1 項は当事者が自ら提出した主張について証拠を提供する責任を負うと定め，当事者による挙証を原則として規定した。法院による証拠の調査収集は，当事者およびその訴訟代理人が客観的な原因により自ら収集できない証拠，または法院が事件の審理に必要と認めた証拠に限られる（64 条 2 項）。すなわち，法院による職権的な証拠収集は例外とされた。また，従来法院が職権により行ってきた鑑定の手続も，当事者が訴訟上の権利として申請することができるようになった（76 条 1 項）。これらの変化は民訴法が職権主義から当事者主義へと方向転換していることを意味すると理解されている（高見澤・鈴木・宇田川 2016，吉村・上田 2017）。ただし，当事者主義への転換は主に法院の負担を軽減し，訴訟の効率化を図るために行われてきた。逆に言えば，紛争処理の効率アップに繋がるなら，職権主義的な制度の維持も当然のように行われてきた。独立した請求権のない第三者を職権で訴訟に参加させる制度はその典型例である。後述する再審制度にも職権主義の色彩が色濃く残っている。したがって，当事者主義への転換はある意味ご都合主義的なものである（当事者主義への転換の実態について，小嶋 2008・2009，宇田川 2013）。

証拠の証明力について，民訴法は自由心証主義を明確に規定しておらず，

「人民法院は法定手続に従い，全面的，客観的に証拠を審査確認しなければならない」(64条3項)と規定しただけである。一般的には「証拠の審査と確認」の中には，証明力の有無と大小に対する認定が含まれると解される。また，証拠規定64条は，より具体的に「裁判人員は法定手続に従い，全面的，客観的に証拠を審査確認し，法の規定に基づき，裁判官の職業倫理に従い，論理的推理と日常生活の経験を用いて，証拠の証明力の有無と証明力の大小について独立して判断を行い，判断の理由と結果を公開しなければならない」と規定している(解釈105条も同旨)。これは自由心証主義を基礎とする中国独自の規定とされているが(沈徳詠2015)，中国の実務では，自由心証主義が採られているとする理解もある(吉村・上田2017)。なお，証拠規定69条が単独で事実認定の根拠とすることができない証拠を列挙しているほか，同71・72条が証拠の証明力を認定できる特定の状況を規定していることから，法定証拠主義が排斥されていないことが窺える。

　挙証期限(65条)と証拠受領証の交付(66条)に関する規定は当事者に積極的な証拠提出を促し，当事者が提出した証拠を受領する際の手続の明確化を図るために，新たに追加されたものである。当事者は自ら提出した主張について速やかに証拠を提出しなければならない(65条1項)。法院は当事者の主張と事件の審理状況に基づき，当事者が提出しなければならない証拠とその期限を確定する。当事者が当該期限内に証拠を提出するのに確かに困難がある場合，法院に期限の延長を申請することができ，法院は当事者の申請に基づいて適宜に延長する。当事者が期限を徒過して証拠を提出した場合，法院は理由を説明するように命じなければならない。理由の説明を拒み，または理由が成立しない場合，法院は状況によって当該証拠を採用しない，または採用した上で訓戒，過料を科すことができる(65条2項)。挙証期限自体は証拠規定34条が民訴法改正の10年前に導入した概念であって，期限を徒過して提出した証拠について，相手方が同意しない限り，法院は審理の際に証拠調べ[質証]を行わないと規定されていた。この規定を厳格に適用すると，当事者が軽微な過失で期限までに証拠を提出しなかった場合でも勝訴を逃れる可能性があるため，厳しすぎると批判されてきた。そこで，改正民訴法は状況次第で証拠を採用する余地を残した。解釈102条はさらに故意または重過失であるかどうかに分けて，証拠を採用する条件と罰則を具体的に規定した。ただし，当該条文の導入が積極的な証拠提出を促し，当事者間の紛争を迅速

に解決して訴訟効率を向上させたかどうかについて，なお検証が必要である。

証人の出廷・証言を促すために，民訴法 72 条は「人民法院の通知を受ければ，証人は出廷して証言しなければならない」と規定し，初めて証人の出廷を原則として求めた。なお，73 条の各号に該当し，証人が出廷しなくてもいい場合でも，法院の許可を経て，書面，視聴覚伝送技術または視聴覚資料等の方式で証言しなければならない。しかし，この規定には強制措置が伴っていないため，証人が出廷を拒んだ場合，出廷・証言を強制することも，制裁を加えることもできない。証人の出廷・証言義務は依然として唱道されているだけである。また，重慶市の基層法院を対象とする証人の出廷・証言に関する実態調査は，裁判官が証人を信頼せず，証人の証言を採用する割合も低いという結果を示し，証人の証言に対する不信の問題の根源は証人が出廷するかどうかよりも深いところにあることを示唆した (盧君・肖瑤・呉克坤 2015)。

第 2 節　訴訟手続

1　一審通常手続

一審手続は通常手続と簡易手続の 2 種類に分けられる。簡易手続は基層法院およびその派出機関である人民法廷が，事実が明らかで，権利義務関係が明確で，争いが大きくない簡単な事件，または当事者双方が合意している事件を審理する際に適用される (157 条)。それ以外の事件の一審には通常手続が適用される。通常手続に関する規定は通則的性格をもっていて，簡易手続に規定されていない訴訟の停止・終了等に関しては，通常手続の規定を適用しなければならない。また，上訴事件の審理においても二審に関する特別規定 (民訴法 14 章) が適用されるほか，通常手続の規定に従う (174 条)。

訴えの提起には幾つかの要件がある。「積極的要件」として，原告は本件と直接的な利害関係を有する市民・法人・その他の組織でなければならず，明確な被告が存在し，具体的な訴訟上の請求・事実・理由があって，法院が受理する民事訴訟の範囲と受訴法院の管轄に属していることが求められる (119 条)。形式要件として，原則的には訴状を提出しなければならず (120 条 1 項)，訴状の記載事項も明確に示されている (121 条)。「消極的要件」として，重複訴訟に属さず (解釈 247 条)，双方当事者が書面にて仲裁合意をしておらず (124 条 2 号)，法が規定した一定期限内に提訴してはならない事件に属さないこと

（124条6号）等が求められる（張衛平・李浩 2012）。中国の学説上よく「一事不再理」と表現される重複訴訟の禁止に関して，民訴法に明確な規定はなく，解釈が初めてその構成要件を示した。つまり，当事者がすでに訴えを提起した事項について，訴訟中または裁判発効後に再び訴えを提起し，後訴と前訴の当事者・訴訟物が同じで，かつ訴訟請求が同じか，または後訴の訴訟請求が実質的に前訴の裁判結果を否定する場合，重複訴訟となる。ただし，この基準は必ずしも明確ではなく，請求権競合の場合の処理や「後訴の訴訟請求が実質的に前訴の裁判結果を否定する」ことの意味等について，検討の余地がある（張衛平 2015）。実務上，多くの裁判例が存在するが，それに関する研究は皆無である（事例研究の可能性と必要性について，卜元石 2017）。

　日本と違って，訴状を受け付けた後，実際に当該事件を受理するかどうかを判断する［立案］という手続がある。従来法院は「立案審査制」を採用していて，立案について実質的な審査を行っていたため，訴えの提起の各要件をクリアしていても受理されない，あるいは受理されるまでに長い時間がかかる，ひいては訴状の受付を拒否されるといういわゆる［立案難］の問題が多くの批判を受けた。この問題を解決する第一歩として，2012年の民訴法改正で，「法院は当事者が法の規定に基づき訴えを提起する権利を保障しなければならない。本法119条に適合する訴えの提起について，受理しなければならない」（123条）という規定を追加した。これも当事者の訴訟権利の保障に資する改正とされているが，内容が抽象的であるため，実際のところ，劇的な変化は2015年4月15日に公布された司法解釈「人民法院登記立案の若干問題に関する規定」（同年5月1日施行）によってもたらされた。立案審査制が廃止され，形式審査に基づく「立案登記制」が導入された（解釈208条も同旨）。訴状の受付が義務化され，法の規定に適合する訴えの提起について，法院はその場で登録［登記］して立案しなければならない（規定2条）。立案登記制が導入されてからわずか7カ月で，全国の法院が計994.4万件の事件（刑事自訴・行政事件も含む）を立案し，前年比で29.54%の増加となった（最高人民法院 2017）。ただし，政治的・政策的に敏感な事件，突発的で話題となる敏感な事件に関しては，簡単に立案してしまえば，国家・社会の安定に悪影響を及ぼす可能性が極めて大きいため，やはり慎重な扱いが求められている（沈徳詠 2015）。裁判官の中には，この種の事件の立案を回避するために，党委員会や政府の力を借りて訴訟外での和解を試みるべきだと主張する者もいれば（浙江省温州市法

220 　　　　　　　　　第 IV 部　司法制度

官協会課題組 2016），そもそも立案すべきではないと主張する者もいる（陸永棣 2016）。共産党による統治の維持という「大局」に奉仕するためには，完全に形式審査へと転換するわけにはいかないようである（規定 10 条も参照されたい）。

　民事事件の審理は，国家機密，個人のプライバシー，法に特段の規定がある場合以外，公開して行わなければならない。離婚，商業秘密に関わる事件は，当事者の申請により，不公開とすることもできる（134 条）。ただし，判決の言渡しは公開で行わなければならず（148 条 1 項），その際に国家機密やプライバシー等の保護に対する配慮が必要である（奚暁明・張衛平 2012b）。

　この点は，2012 年の法改正で新たに導入された裁判文書の公開に関する規定（156 条）の中にも反映されている。すなわち，公衆は法的効力が生じた判決書，裁定書を閲覧することができるが，国家機密，商業秘密および個人のプライバシーに関する内容はこの限りではない。なお，判決書・裁定書の公開は，2013 年 11 月 28 日に運用開始した「中国裁判文書網」によって行われている。司法解釈「人民法院のインターネット上での裁判文書の公開に関する規定」（2016 年 8 月 29 日公布，同年 10 月 1 日施行）4 条に規定されている以外の裁判文書はすべて公開されることになったため，事例研究の可能性が一気に広がった[3]。

　審理は開廷準備（136，137 条），法廷調査（138〜140 条），法廷弁論（141 条），合議体評議，判決言渡し（142 条）の 5 つの段階に分けられる。そのうち，法廷調査は法院が法定手続に基づき，各種証拠の認否・証明力について逐一質証を行い，事件の主要な事実を明らかにする訴訟活動で，審理の中核部分である（奚暁明・張衛平 2012b）。その過程の中で，当事者は新しい証拠を提出できるほか（139 条），原告が訴訟請求を追加し，または被告が反訴を提起し，あるいは第三者が本件と関連する訴訟請求を提起した場合，法院は併合して審理することができる（140 条）。なお，上記訴訟請求の追加や反訴・関連する訴訟請求の提起の期限は，事件の受理後から法廷弁論が終了するまでと規定されている（解釈 232 条）。合議体による評議・議決に関しては，組織法にも民訴法にも詳細が規定されていないため，2 つの司法解釈，すなわち，「人民法院の合議廷の活動に関する若干規定」（2002 年 8 月 12 日公布，同年 8 月 17 日施行）と「合議廷の職責の更なる強化に関する若干規定」（2010 年 1 月 11 日公布，同年 2 月 1 日施行）が適用される。前者 4 条の規定によると，合議体の構成員は平等に事件の審理・評議・裁判に参加し，共同で事件の事実認定と法

第 9 章　民事訴訟法　　　221

適用について責任を負うとされるが，裁判の独立の問題との関係で，この規定がどこまで遵守されているかについて，検証の必要がある（本書第 12 章参照）。

　中国語の［民事裁判］は法院が民事事件の審理，非訟事件の処理，法律文書の強制執行の過程において，当事者間の実体法上の民事権利義務関係，解決すべき手続問題および手続に関連する特定の事項に対して下した判定を指す。民訴法に規定されている［裁判］は判決，裁定，決定と命令の 4 種類である。そのうち，判決（実体問題に対する権威的な判定）と裁定（主に手続問題に対する権威的な判定）は最も多用されるため，民訴法の一審通常手続の章の中で，専門の 1 節を設けて，判決の内容（152 条），裁定の適用範囲（154 条）等を規定した（張衛平・李浩 2012）。2012 年の法改正では，判決の結果と当該判決の理由を明記することが判決の内容に関する規定に追加され，判決の法的根拠だけではなく，適用した法律およびその理由を示さなければならないとされた（152 条 1 項 2 号）。判決理由は当事者を説得し納得させる重要な材料であるが，実務ではそれを記載せず事実認定と関連する条文を引用するだけの判決書がよく見られる。この問題を解決するために，判決の理由，特に法適用の理由の明記が法改正で盛り込まれた。それでも，実務における判決理由の説明が不十分で改善する余地が多いと批判する議論がよく見られる（曹志勲 2015，張潤 2016）。最高法院は，最新の対策として「人民法院民事裁判文書制作規範」と「民事訴訟文書様式」（2016 年 6 月 28 日公布，同年 8 月 1 日施行）を公布し，理由の記述に関する具体的な要求を示した。

2　二審手続

　当事者は一審判決や裁定を不服とする場合，1 級上の法院に上訴することができる。判決に対する上訴期間は送達日から 15 日以内で，裁定については 10 日以内である（164 条）。上訴状を提出しなければならず，その具体的な記載事項は 165 条に規定されている。

　原則として，二審法院は上訴事件に対して，合議体を組織して，口頭［開庭］審理を行わなければならないが，記録の閲覧，調査および当事者への尋問を経て，新たな事実，証拠または理由が提出されておらず，合議体が口頭審理を行う必要がないと認めた場合，口頭審理を行わなくてもいい（169 条 1 項）。2012 年の法改正は，「事実を確認して明らかにした後」という漠然とし

た要件を「新たな事実，証拠または理由が提出されていないこと」に変えた。訴訟の効率に配慮しつつ，できるだけ当事者の訴訟権利を保障し，二審裁判の透明度を高めるために，口頭審理をしなくてもいい範囲を限定した（奚暁明・張衛平 2012a）。法改正後も，効率を重視して口頭審理をしない現象が普遍的に見られると主張する学者はいるが（王暁・甘国明 2015），口頭審理をしない二審民事裁判の件数と全体に占める割合に関する研究がないため，実態の把握は困難である。

　二審法院は上訴請求に関する事実と法適用について審査しなければならない（168 条）。すなわち，審理の範囲は事実認定と法適用の両方に及ぶものの，当事者の上訴請求の範囲内に限定される。これは中国民訴法も「不利益変更禁止原則」と「利益変更禁止原則」を貫徹していると理解することができるとされる（吉村・上田 2017）が，解釈 323 条 2 項は例外として，一審判決が法の禁止規定に反し，または国家利益，社会公共利益，他人の合法的権益を侵害した場合，当事者が請求を提起していない場合でも，法院は審理することができると規定している。これは例外規定であるが，規定内容が抽象的であるため，解釈によっては，法院による処分権への不当な制限をもたらす可能性もある（許可 2016）。実務における運用実態の解明が期待される。

3　再審手続（裁判監督手続）

　再審手続は，法院がすでに法的効力が生じた判決，裁定，調停書に対して，法定の再審事由に該当する場合，原事件（本案）を再度審理し，［裁判］を下す一種の特別な救済手続である。民訴法における再審手続の具体的な表れが 16章で規定されている裁判監督手続である。大陸法国家の民事訴訟における再審手続は再審の訴えを基礎とするが（高橋 2012），中国の再審手続は法院と検察院の裁判に対する監督権に由来する。法律上，「裁判監督手続」と呼ばれる所以である（張衛平・李浩 2012）。2007 年の民訴法改正は再審手続と執行手続を中心に行われたが，2012 年の民訴法改正においても，再審手続に対する大規模な手入れが行われた。その範囲は再審を担当する法院，再審事由，再審申立てに対する審査期限，検察による法律監督の強化など多岐にわたる。これらの改正は主に再審すべき事件の再審申立てを認めないという［申訴難］の問題を解決するために行われた（趙旭東・張瑞輝／渡部 2012）。

　裁判監督手続の章で規定されている再審の始動方式は 3 つである。法院に

よる再審の決定 (198 条)，当事者による再審の申立て (199 条)，および検察院
によるプロテスト［抗訴］と検察建議 (208 条) である。そのほか，執行目的物
に対して権利を主張する第三者［案外人］も，執行異議に対する却下の裁定を
不服とし，かつ原判決・裁定に誤りがあると認めた場合，原審法院に対して
再審を申立てることができる (227 条，解釈 423 条)。当事者は法的効力が生じ
た判決等に誤りがあると認めた場合，原審の 1 級上の法院に対して再審を申
立てることができるほか，一方当事者の人数が多いまたは当事者双方が市民
である場合，原審法院に申立てることもできる。原審法院への申立ては 2007
年の法改正でいったん不可能となったが，2012 年の法改正において条件付き
で復活した (それに合わせて，再審の管轄に関する 204 条 2 項も改正された)。2007
年法が申立ての対象を 1 級上の法院に限定し，最高法院と各地の高級法院に
大きな圧力を与えたため，原審法院よりも信頼できる 1 級上の法院による再
審に対する需要と法院の負担とのバランスを考慮して，2012 年の法改正が行
われた (張衛平・李浩 2012)。ただし，複数の法院に再審を申立てる現象も同時
に復活する可能性も否定できないため (鄭学林 2013)，運用の実態を見て，改
正の効果を判断する必要がある。なお，解釈 379 条は原審法院と 1 級上の法
院両方に再審を申立て，かつ協議して一致に達せられなかった場合，原審法
院が受理すると規定しており，上記現象の存在を裏付けた。

　当事者が認めた判決等の「誤り」は，民訴法 200 条に規定されている再審
事由に該当しなければならない。再審事由は 1991 年法の 5 種類から，2007
年法の 15 種類に増え，2012 年の法改正で 2 種類が削除されて，13 種類となっ
た。削除されたのは，2007 年法 179 条 1 項 7 号「法の規定に違反し，管轄に
誤りがある場合」と，同条 2 項前段「法定の手続に違反し，事件の正確な判
決・裁定に影響を及ぼす可能性があるその他の場合」といういわゆる「受け
皿条項」である。後者を削除して，再審事由を限定列挙にすることについて
ほぼ異論はないが，前者の削除に関しては，根強い反対論も見られる (湯維建
2011，李浩 2012，馬子筍 2013)。管轄権異議 (127 条) と管轄権異議の裁定に関す
る上訴 (154 条) によって誤りを是正できるため，訴訟の効率を考慮して前者
が削除されたが，裁判例を見る限り，最高法院が自ら民訴法の規定を「無視」
して，2013 年以降も「管轄に誤りがある場合」を再審事由として認めている。
その背後には，地方保護主義の防止や法適用の統一といった最高法院の意図
が隠されているとの指摘はあるが (李浩 2015)，これにも反対意見が存在して

いて (戴景彬 2016)，議論が続いている。

　検察院による法律監督の方法と範囲は 2012 年の法改正で拡大された。再審手続について言えば，方法として地方各クラス検察院は同クラスの法院に対して，再審に関する検察建議を提出することができる (208 条 2 項，従来の方法は最高検察院が各クラス法院に対し，または上級検察院が下級法院に対して行うプロテストのみであった)。検察建議を受けた法院は原則として再審を行うかどうかを判断する権限を有し，再審を行わないと決定しても問題ないが，「民事裁判活動と行政訴訟における法律監督の実行に関する若干意見 (試行)」(2011 年 3 月 10 日公布) 7 条 2 項によると，検察院は再審を行わない決定が不当だと認めた場合，上級検察院にプロテストを行うよう請求しなければならない。これは再審検察建議に実質的な強制力を与えたと批判されている (奚暁明・張衛平 2012a)。また，範囲の拡大について言えば，検察院は 200 条の再審事由に該当する判決・裁定のほか，国家利益，社会公共利益を害する調停書に対しても，プロテストまたは検察建議を提起することができる (208 条 1・2 項)。

　当事者は法院が再審の申立てを却下した場合，法院が期限を過ぎても再審の申立てに対する裁定を下さない場合，または再審判決・裁定に明らかな誤りがある場合，検察院に対して検察建議またはプロテストをするよう申立てることができる (209 条)。この規定の導入は，当事者がまず法院に対して再審の申立てをし，その後，初めて検察院に対する申立てが可能になるという順序を明確にした。しかし，208 条との関係で，当事者の申立てがなくても，検察院が職権でプロテスト等を行うことができるか否かについて，法院と検察院の意見が分かれている。法院側は，体系的解釈の角度から，209 条が再審の繰り返しを防ぐために導入されたことに鑑みると，職権による法律監督の発動も制限すべきだと主張している (宮鳴・姜偉・孫祥壮 2013，沈徳詠 2015)。それに対して，検察院側は，文理解釈の角度から，208 条が再審事由に該当することを検察院が「発見」した場合にプロテスト等を行うと規定している以上，職権による法律監督の発動を制限する理由がないと主張している (熊躍敏 2013，陸静・喬君英 2015)。学者は条文の解釈について，検察院側と同じ立場に立っているが，検察院の職権による法律監督の発動に関しては批判的である (奚暁明・張衛平 2012a)。

4 執行手続

　中国民訴法における執行手続に関する規定は 19 章〜22 章のわずか 35 カ条しかない (執行手続の詳細について，張悦 2012，史明洲 2016，吉村・上田 2017)。日本の民事執行法の条文数と比較すると，その差が一目瞭然である。実務の需要をみたせないがために，執行手続は再審手続と同様，2007 年と 2012 年の 2 回の法改正における重点項目の 1 つとなった。ただし，2007 年の法改正が判決等を執行できない［執行難］の問題を解決するために，新しい規定を多く導入したのに対して，2012 年の法改正は既存の規定に対する細かい補修にとどまった。これだけでは，最高法院が 2016 年に打ち出した「2，3 年以内に執行難の問題を基本的に解決する」という目標 (2016 年 3 月 13 日の全国人大での最高法院院長周強による活動報告参照) は到底達成できないため，実際には多くの司法解釈と司法文書によって，民訴法の規定の不足が補われている。その中には，制度創設的なものも多く含まれていて，執行措置を増やすことが執行難を解決する最大の方策だと認識されているようである。代表的な例として，「被執行者の高額消費および関連消費の制限に関する若干規定」(2010 年 7 月 1 日公布，2015 年 7 月 6 日改正，同年 7 月 22 日施行)，「信用を失った被執行者の名簿情報の公布に関する若干規定」(2013 年 7 月 16 日公布，2017 年 1 月 16 日改正，同年 5 月 1 日施行)，「被執行者の預金をインターネットで調査・凍結することに関する規定」(2013 年 8 月 29 日公布，同年 9 月 2 日施行) が挙げられる。これらの新しい制度に関する理論の蓄積も運用状況に関する調査も不十分であるため，実際に執行難の解決に貢献しているかどうかの判断は難しい。

　2012 年の法改正で追加された唯一の条文は検察院による「執行監督」に関する規定である (235 条)。検察院は民事執行活動に対して法律監督を行う権限を有すると規定しただけで，具体的な対象・手続に関する規定は制定されなかった。ただし，実務では 2011 年 3 月 10 日に最高法院と最高検察院が「一部の地方で民事執行活動に対する法律監督の試点工作を展開することに関する通知」を公布し，12 の省 (自治区，直轄市) で執行監督の実験を始めていた。この実験の成果を取り入れた司法文書として，「民事執行活動の法律監督の若干問題に関する規定」(2016 年 12 月 19 日公布，2017 年 1 月 1 日施行) が制定され，執行監督の対象 (3 条)，管轄 (4 条)，当事者等による申立ての手続 (5，6 条)，監督事由 (7 条)，監督の結果 (11〜14 条，16 条，18，19 条) などについて

具体的な規定が盛り込まれた。また，2016 年に検察院が提出した民事執行活動に関する検察建議が 20,505 件で，民事・行政裁判活動に対する法律監督活動の総件数の 48.9％ に達し (2017 年 3 月 12 日の全国人大での最高検察院院長曹建明による活動報告参照)，検察院による法律監督の最重要業務の 1 つとなっていた。しかし，それに関する実証研究の数が少ないため，まだ執行監督の実態が解明されたとは言えない (谷佳傑 2015, 呂天奇・張理恒 2015)。

結

　紙幅の関係で，民事訴訟法 7 章の期間と送達や，15 章の特別手続・17 章の督促手続・18 章の公示催告手続を含む非訟手続といった論点が比較的少ない規定に関する記述は割愛した。また，職権主義から当事者主義への転換というような重要な論点を展開する余裕もなかった。幸いなことに，日本における中国民事訴訟法の研究は当事者主義への転換という流れを踏まえて，最新の立法情報を十分フォローしている。弱点を挙げるとするならば，それは民訴法の不足を補い，抽象的な規定を具体化する司法解釈・司法文書に関する研究が不十分で，10 年間で 3 回の改正を経験した民訴法上の新しい制度に関する実証研究がまだ少ないことだと思われる。ただし，実証研究が少ないのは中国も同じで，大量の司法解釈・司法文書を細かく検証するには大変な労力を要する (2016 年の 1 年間で民事執行だけでも 10 件近い司法解釈・「規範性文件」が公布された)。この種の障害さえ克服できれば，中国民事訴訟法はまだまだ研究価値が大きい分野だと言えよう。

注

1)　「広西省各級人民法院処理民刑案件暫定試行辦法」広西地情網『広西通志・審判志』参照，http://lib.gxdqw.com/view-a12-44.html (2017 年 6 月 30 日最終訪問)。
2)　鉄道運輸法院と林区法院 (森林法院) は旧人民法院組織法 (1979 年 7 月 5 日公布，1980 年 1 月 1 日施行) 2 条が列挙した専門法院に含まれる。
3)　中国裁判文書網 (http://wenshu.court.gov.cn/Index) のほか，同じ最高法院によって運営されている案例研究の専門サイト (指導性案例を含む各種案例のデータベース) 「中国司法案例網」(http://anli.court.gov.cn/static/web/index.html#/index) も事例の収集に有益である。但し，審理・判決言い渡しの公開や文書の公開が，外国人を含む研究者の情報獲得にとって十分に使いやすいものかどうかは，それぞれ思うところがあろう。

参考文献

日本語

宇田川幸則 2013「中国の民事訴訟手続における法院の役割——『訴訟モデル』をめぐる議論を契機に」『社会体制と法』13 号。

王亜新 1995『中国民事裁判研究』日本評論社。

王冊 2006・2007「調停好き神話の崩壊——現代中国紛争処理手続利用の変化が意味するもの (1) (2・完)」『北大法学論集』57 巻 2 号 (2006 年)，58 巻 1 号 (2007 年)。

韓寧 2008『中国の調停制度——日本・米国との比較』信山社。

北浜法律事務所・外国法共同事業中国プロジェクト・チーム 2015・2016「中国民事訴訟法《条文・日中比較・要点解説》(1)～(7)」『国際商事法務』43 巻 4 号・5 号・8 号・9 号・12 号 (2015 年)，44 巻 9 号・10 号 (2016 年)。

江偉・李浩・王強義 1997『中国民事訴訟の理論と実際』成文堂。

孔暁キン 2016『中国人民陪審員制度研究——その歴史，現状と課題』日本評論社。

小嶋明美 2006『現代中国の民事裁判——計画から市場へ，経済改革の深化と民事裁判』成文堂。

小嶋明美 2008・2009「職権探知主義の規整——中国民事訴訟法を素材として (1)～(3)」『山形大学法政論叢』43 号 (2008 年)，44・45 合併号 (2009 年)，46 号 (2009 年)。

史明洲 2016「中国における強制執行手続の輪郭」『一橋法学』15 巻 3 号。

徐行 2013「中国における市民の司法参加システム——人民参審員制度」『比較法研究』75 号。

白出博之 2012「中国民事訴訟法の改正について」『国際商事法務』40 巻 11 号。

白出博之 2012・2013「中国民事訴訟法の改正条文等について (1)～(3・完)」『ICD NEWS』53 号 (2012 年)，54 号・56 号 (2013 年)。

高橋宏志 2012『重点講義民事訴訟法 (下)〔第 2 版〕』有斐閣。

田中信行編 2013『入門 中国法』弘文堂。

張悦 2012「中国民事執行制度の意義と課題——日本法との比較考察 (1) (2・完)」『立命館法学』341 号・343 号。

趙旭東・張瑞輝訳／渡部美由紀監訳 2012「日中民事訴訟法研究会 中国民事訴訟法の現在問題——Ⅱ. 中国民事訴訟法における再審手続の展開」『名古屋大学法政論集』244 号。

董少謀・張瑞輝訳／酒井一監訳 2014「中国民事訴訟における信義則の適用——民法上の信義則が弁論主義の適用を排除することの有無を兼ねて論じる」『名古屋大学法政論集』257 号。

白迎春 2012『中国民事訴訟における「挙証責任」』早稲田大学出版部。

武鴻雁 2005「中国民事裁判の構造変容をめぐる一考察——『馬錫五裁判方式』からの離脱のプロセス」『北大法学研究科ジュニア・リサーチ・ジャーナル』11 号。

武鴻雁 2010・2011「中国民事裁判における独立した請求権のない第三者の訴訟参加——手続と実体の狭間でゆれる民事訴訟 (1)〜(3・完)」『北大法学論集』61 巻 3 号・4 号 (2010 年)，5 号 (2011 年)。

三好吉安 2015「本年施行の最高人民法院『中国民事訴訟法の適用に関する解釈』について (上) (下)」『JCA ジャーナル』62 巻 11 号・12 号。

吉村徳重・上田竹志編 2017『日中民事訴訟法比較研究』九州大学出版会。

中国語

卜元石 2017「重複訴訟禁止及其在知識産権民事糾紛中的応用——基本概念解析，重塑与案例群形成」『法学研究』3 期。

曹志勲 2015「対民事判決書結構与説理的重塑」『中国法学』4 期。

常怡・田平安・黄宣・李祖軍 1999「新中国民事訴訟法学五十年回顧与展望」『現代法学』21 巻 6 期。

巣志雄 2015「我国民事訴訟誠実信用原則的適用現象，問題与完善——兼以法国民事訴訟的理論争論与実務判例為参照」『比較法研究』3 期。

陳鋼 2012「第三人撤銷判決訴訟的適用範囲——兼論虚假訴訟的責任追究途径」『人民法院報』10 月 31 日 7 面。

戴景彬 2016「対管轄権異議裁定啓動再審的質疑」『河南牧業経済学院学報』5 期。

鄧継好 2012「中国『民事訴訟法』2012 年修改要点評介」『霊山法律論叢』9 巻 2 号。

翟国強 2016「跨行政区劃人民法院如何設立？——一個憲法解釈学的視角」『法商研究』5 期。

宮鳴・姜偉・孫祥壮 2013「民事訴訟検察監督制度的改革和発展」『法律適用』4 期。

谷佳傑 2015「民事執行検察監督的当下境遇」『当代法学』2 期。

黄忠順 2016「論応訴管轄制度的司法嬗変及其規則構建」『中国法学』5 期。

李浩 2012「管轄錯誤：取消還是保留——兼析『民事訴訟法修正案 (草案)』第 41 条」『政治与法律』4 期。

李浩 2015「刪而未除的『管轄錯誤』再審——基於 2013 年以来最高人民法院裁定書的分析」『法学研究』2 期。

劉君博 2014「第三人撤銷之訴原告適格問題研究——現行規範真的無法適用嗎？」『中外法学』26 巻 1 号。

劉松山 2005「開発区法院是違憲違法設立的審判機関」『法学』5 期。

盧君・肖瑤・呉克坤 2015「信任修復：現行民事証人出庭作証制度的完善——以某直轄市基層法院 716 件証人出庭作証案件為様本」『法律適用』6 期。

陸静・喬君英 2015「検察機関依職権監督民事案件応当明確的両個問題」『人民検察』18 期。

陸永棣 2016「従立案審査到立案登記——法院在社会転型中的司法角色」『中国法学』2 期。

第 9 章　民事訴訟法　　　229

呂天奇・張理恒 2015「民事執行検察監督的現状及改革方向」『人民検察』14 期。

馬子筍 2013「関於『管轄錯誤』作為再審理由的思考」『赤峰学院学報』12 期。

任重 2016「回帰法的立場——第三人撤銷之訴的体系思考」『中外法学』28 巻 1 号。

沈徳詠主編 2015『最高人民法院民事訴訟法司法解釈理解与適用（上）（下）』人民法院出版社。

湯維建 2011「『管轄錯誤』作為再審事由不宜削除」『法学家』6 期。

王暁・甘国明 2015「民事二審不開庭審理程序的新開展——尋求訴訟効率与程序保障的平衡点」『山東社会科学』1 期。

王亜新 2014「第三人撤銷之訴原告適格的再考察」『法学研究』6 期。

奚暁明・張衛平主編 2012a『民事訴訟法新制度講義』人民法院出版社。

奚暁明・張衛平主編 2012b『新民事訴訟法条文精釈』人民法院出版社。

熊躍敏 2013「承継与超越——新民事訴訟法検察監督制度解読」『国家検察官学院学報』2 期。

徐桂芹 2013「検察院作為『法律監督機関』的歴史解釈与思考」『東岳論叢』34 巻 10 号。

許可 2016「論当事人主義訴訟模式在我国法上的新進展」『当代法学』3 期。

張潤 2016「論民事判決書説理的充分化」『理論導刊』4 期。

張衛平 2013「中国第三人撤銷之訴的制度構成与適用」『中外法学』25 巻 1 号。

張衛平 2015「重複訴訟規制研究——兼論『一事不再理』」『中国法学』2 期。

張衛平・李浩 2012『新民事訴訟法原理与適用』人民法院出版社。

趙鋼 2009「改革開放 30 年的民事訴訟法学」『法学雑誌』1 期。

浙江省温州市法官協会課題組 2016「完善立案登記制的三個関節点」『人民司法』28 期。

鄭金玉 2015「我国第三人撤銷之訴的実践運行研究」『中国法学』6 期。

鄭学林 2013「人民法院適用新『民事訴訟法』再審審査程序的若干問題」『法律適用』4 期。

最高人民法院編 2017『中国法院的司法改革（2013–2016）』人民法院出版社。

第10章

紛争解決

宇田川幸則

序

　紛争という場合，広義では刑事事件や行政事件もそれに含まれるが，本章では私人間に生じた紛争に限定する。

　私人間に紛争が生じた場合，それをいかなる方法でどのように解決するかと問われた場合，西洋法的制度になじんだ者（とくに法学教育を受けた者）は，最終的には司法機関＝裁判所（中国では法院）によって解決されることを想起するであろう。ところが，中国では，大衆的自治組織である居民委員会や村民委員会等に設置される人民調解委員会や人民政府をはじめとする行政機関等，法院以外の様々な機関や組織が私人間紛争を処理すると規定する法令が多数存在する。しかも，規定が存在するだけではなく，実際に多くの市民が司法機関以外による私人間紛争の解決制度を利用しており，また多くの司法機関以外の機関や組織もまた，積極的に私人間紛争の解決にかかわっているという実態が存在する。

　裁判機関による紛争解決については民事訴訟法の章に譲り，本章では，これら裁判機関以外の機関や組織による私人間紛争の解決システムについて，調解，信訪を中心に概観する。裁判機関以外での紛争解決については，西村2008は特段の章・節を設けていない。小口・田中2012は「第3章　司法制度」の「III　仲裁制度」「IV　調停制度」において，高見澤・鈴木・宇田川2016は「第10章　紛争処理システム」の「4　裁判外紛争処理システム」において扱われている。

第1節　私人間紛争を解決するための制度

1　結論的にいえば，中国においては，私人間紛争を裁判機関である法院に
よって解決する制度と，大衆的自治組織や行政機関等によって解決する制度
とが存在する。ここでは便宜上，前者を司法的解決方法，後者を非司法的解
決方法とするが，その際，以下に注意する必要がある。

　裁判・司法をどのように定義づけるかについて，小口ほか 1991: 47 頁で
は，ある紛争解決が裁判によるといえるためには，少なくとも以下の属性を
備えていなければならないとする。第 1 に，裁判の前提として争いや事件が
現実に存在すること。第 2 に，それらの争いや事件に対する訴えが当事者の
一方または双方からなされること。第 3 に，裁判は相争う当事者に対する第
三者の立場からの判定でなければならないこと。第 4 に，この第三者による
判定は当事者の主張と反論とを基礎としたものでなければならないこと。第
5 に，決定の主体は他人に対して業務の一部または全部を委譲することなく，
自らの手で独立して決定を下すものでなければならないこと。そして，この
ような方式による実体的判断が客観化された法準則にのっとって行われると
き，これを司法と称することができるが，逆に客観的法準則があるからといっ
て裁判が行われているとは限らないという。以上をまとめれば，紛争の存在，
当事者からの訴えの提起，第三者による判定と対審構造，裁判の担い手の当
事者からの独立，あらかじめ示された法的根拠にもとづく手続が，裁判・司
法の要件であるということとなる。私見によれば，これらにくわえて担い手
が国の司法機関である裁判所であること，および紛争の結果の当事者に対す
る法的拘束力も要件とされるべきであろう。先の司法的・非司法的という分
類は，これらの要件が備えられているか否かによる。

　もっとも，中国における紛争解決制度について，司法的・非司法的あるい
は法的・非法的と単純に区分することは，一面において実態を正確に反映し
得ない可能性がある。たとえば，中国の司法機関である人民法院による「裁
判」といえども，以上の要件のすべてが必ずしも備えられているとは限らず，
実際には多くの場合，非司法的手段によって紛争解決がはかられていること
が，これまでにも多く指摘されていることは周知のとおりである (高見澤 1998,
鈴木 1993, 鈴木 1998 等)。この点のみからしても，法院による紛争解決である

からといって，必ずしもそれが「司法的」紛争解決であると断言することはできず，司法的解決と非司法的解決の中間的なケースが広範に存在している。

そこで，中国においては，ある一線を境にして，一方を司法とし，他方を非司法と区別し得るというよりは，むしろ，一方を司法の極とし他方を非司法の極として，その間に様々な中間形態がいわばグラデーション状態に分布しているととらえるべきであって，しかもグレーゾーンの幅が広く，ある一線をもって司法・非司法を区分することは困難であると思われる (宇田川 1999, 鈴木 2006)。しかし，そうはいっても，ある制度を評価する際には，当該制度が司法・非司法を両極とするグラデーション上のどこに位置するかを，相対的にあらわすことは可能であろう。本章での司法・非司法という区分ないし評価は，何れの極に近いかを基準として判断していることに留意いただきたい。

2 　西洋法的制度になじんだ者にとっては，私人間に紛争が生じた場合，その解決については，一部例外はあるものの[1]，最終的には国の司法機関 (裁判所, 法院) によって解決されると考えるであろう。

中国においてもまた，1982 年憲法 123 条および人民法院組織法 1 条において，人民法院が国の裁判機関であると規定し，民事訴訟法 6 条 1 項では「民事事件の裁判権は人民法院が行使する」と規定する。その上で，人民法院組織法 3 条 1 項では「人民法院の任務は刑事事件および民事事件の裁判であり，あわせて (中略) 民事紛争を解決」すると規定している。これらの規定からすると，中国においてもまた司法的解決方法によって私人間紛争は解決されているように見える。しかし，個別の法令について検討していくと，実際には必ずしも司法的解決によってのみ私人間紛争を解決するとはされておらず，多くの場合で非司法的解決方法による私人間紛争の処理が予定されていることに気づく。

3 　非司法的解決方法の主なものとしては調解，仲裁および信訪がある。調解とは，第三者が間に入って紛争当事者間の和解を促す意の漢語である。日本では一般に調解を調停と訳出するが (たとえば人民調解を人民調停と邦訳するように)，その内容から判断した場合，あっせん・調停・仲裁・和解等を含む多義的な概念である。したがって，以下では翻訳せずに原語のままで表記する。調解は，一般に人民調解，行政調解および法院調解 (訴訟調解ともいう) に区分される。このうち，法院調解は人民法院が主宰する調解で，民事訴訟法にも

とづいて行われる。中国では法院調解も ADR (裁判外紛争解決手続) に含められることが多いが，日本における訴訟上の和解に相当することから民事訴訟の章で扱うこととし，本章では考察の対象としない。

仲裁とは，裁判以外の場で，当事者自らが選任した仲裁人によって紛争を解決する手続である。現行の仲裁制度は仲裁法 (1994 年 8 月 31 日公布，2009 年 8 月 27 日一部改正・施行) にもとづく。同法が仲裁に関する基本法であるが，労働紛争や農村土地経営請負紛争に関する仲裁については，労働争議調解仲裁法や農村土地承包経営糾紛調解仲裁法に専門的な規定が設けられている。

信訪とは，本来は手紙や直接の訪問をつうじて，大衆が共産党・政府に対して提案・意見を具申したり，苦情を申し立てたりすることであるが，今日では紛争解決のツールとして用いられる場面が少なくない。信訪の実に 80％が紛争解決を求めるタイプであるともいわれる (楊小軍 2013: 23 頁)。

このうち，仲裁については実務家の手による紹介も少なくないことから，以下では法院調解以外の調解と信訪を主な素材とする。

4 法令上に規定される私人間紛争の非司法的解決方法と司法的解決方法との関係をみた場合，かつては大きく以下の 2 つの類型に分けることができた。すなわち，① 非司法的解決方法を司法的解決方法の前提条件として規定し，第一義的には非司法的解決方法により私人間紛争の解決がはかられるもの，② 司法的解決方法と非司法的解決方法とが並列的に存在し，何れの方法により私人間紛争が解決されるかについては，当事者の選択に任されるとするもの，である。近時はこれに ③ 後述する「大調解」に代表されるように，司法的解決方法と非司法的解決方法が一体となり，あらゆるリソースを総動員して紛争解決にあたろうとするものがくわわった。このうごきは顕著であり，その意味においては，前述の司法と非司法という極どうしが溶解してきており，グラデーションですらない状態となりつつあるともいえる。

① については，農村土地承包経営糾紛調解仲裁法をその例として挙げることができる。同法は，農村土地請負経営権をめぐって紛争が生じた場合，まず当事者による和解または村民委員会や郷鎮人民政府による調解で解決をはかり (3 条)，当事者の和解や調解が不調に終わったりそれによる解決を望まなかったりした場合には，農村土地請負仲裁委員会に仲裁を申し立てることができ，または直接人民法院に訴訟を提起することができると規定する (4 条)。また，労働争議調解仲裁法もほぼ同様の流れで解決にあたると規定する

が，若干異なる。すなわち，労働紛争が発生した場合，労働者はまず使用者と話し合いを行う（4条）。当事者が話し合いを望まない場合または話し合いがまとまらなかったり話し合いの結果を履行しなかったりした場合には調解組織に調解を申請することができ，調解を望まない場合または調解が不調に終わったり調解の取り決めを履行しなかったりした場合には労働争議仲裁委員会に仲裁の申し立てを行うことができ，それでも紛争が解決しなかった場合に法院に訴訟を提起することができる（5条）。調解が不調となった後に仲裁を経ることが予定されていることから典型的なケースではないが，これはいわゆる調停前置主義と同様に，非司法的解決方法が司法的解決方法の前提条件であるとするものであり，私人間紛争の処理をひとまず非司法的解決方法にゆだね，それによる解決が困難な場合には，司法的解決をはかるとするものである。

　②の具体例としては，商標法60条1項，専利法60条1項前段を挙げることができる。いずれも，商標権・特許権侵害行為に対し，まずは当事者間で話し合いを行い，話し合いで解決できない場合には人民法院に訴訟を提起するか，商標権侵害の場合は工商行政管理部門に，特許権侵害の場合は特許管理機関に，それぞれ調解を申し立てることができると規定する。これらの規定は，紛争解決の手段としてそれぞれの主管行政部門による非司法的紛争解決方法と法院による司法的解決方法の2つがメニューとして並列的に示され，その何れを選択するかについては紛争当事者に委ねるという方式を採用している。

　なお，②の一類型として，司法的解決方法と非司法的解決方法とが併存し，その何れによって紛争を解決するかは当事者の選択に委ねられてはいるものの，運用上はまず非司法的解決方法によって紛争解決をはかる（あるいは，実質的に非司法的解決方法に誘導しようとする）ものが存在する。これは，実体法上の具体的規定に織り込まれるという形を採るものではなく，紛争解決に関する手続法ないしは紛争解決にあたる非司法的紛争解決機関の仕組みに関する法令に規定されている。この例としては，人民調解法・人民調解委員会組織条例，民間糾紛処理辦法等にもとづく人民調解，郷鎮法律服務業務工作細則などにもとづく社会調解など，生活紛争を中心とした紛争処理の手続規定の中に見られる。たとえば民間糾紛処理辦法は，10条で「人民調解委員会の調解を経ていない紛争に対しては，まず先に人民調解委員会の調解を行うよう

第10章　紛争解決　　235

当事者を説得しなければならない」と規定し，また15条では「民間紛争の処理にあたっては，まず調解を行わなければならない（後略）。」と規定している。

第2節　人民調解

　人民調解とは，人民調解委員会の主宰の下に行われる調解であり，紛争当事者双方の合意の下において，説理心服（高見澤1998）・教育・疏導（当事者の仲を取り持つこと）等の方法によって，相隣関係や家族関係をめぐる事件のうち難易度が高くない紛争類型（これを民間紛争という）を解決し，当事者双方の争いの原因を取り除き，溝を埋め，関係を改善することである（人民調解委員会組織条例2条，人民調解法2条）。革命根拠地・解放区時代以来，一貫して裁判外紛争処理制度として運用されてきた人民調解は，中国の社会主義の優越性を示す紛争解決制度として，海外にも積極的に宣伝されてきた。日本における研究には，建国前から1990年代の人民調解を対象としたものとして田中1982，田中1989，田中1990があるほか，近時の人民調解を対象とした研究に王冊2006・2007，葉陵陵2009a・2009bがある。
1　中国では現行制度の起源を古代に求めることが多い。調解制度も例外ではなく，その起源を西周（紀元前1066-711年）にまで求めることがある（熊先覚1999: 10頁）。確かに周代の官制には「調人之職」という調解を彷彿とさせる語が使われており，これを今日の調解の始まりとみることもできるであろう。しかし，古来二人集まればもめごとが生じるといわれており，紛争を解決するためのシステムが昔から存在したことはいわば当然のことであって，数千年前の制度を今日の調解の起源であるとするのは適切ではなかろう。ちなみに，中華民国期にも紛争解決システムとしての調解は存在しており，区自治施行法および郷鎮自治施行法では，区，郷および鎮の住民による直接選挙により選出された調解委員によって組織される調解委員会を設置すると規定されていた。
　現行の人民調解は，1940年代前半の辺区や解放区（名称は時期によって異なる）と呼ばれる中国共産党が実効支配していた地域において制定された人民調解に関する規定にその原型をみることができる（張希坡1994: 553頁）。とはいうものの，実際には各地の制度は統一されておらず（建国前の人民調解制度に

ついては，王冊 2006 が比較的よく整理されている），建国後しばらくは各省間のみ
ならず省内の都市間ですらばらばらな状態であり，制度の統一は 1954 年の政
務院「人民調解委員会暫行組織通則」（以下，通則）の制定を待たねばならな
かった（韓延龍 1981: 44 頁以下）。

　建国前の 1949 年 2 月に「関於民間糾紛調解的決定」が華北人民政府から公
布され，農村部で行われてきた人民調解を都市部にも拡大することが明らか
にされた。建国後の 1950 年 11 月には「関於加強人民司法工作的指示」が政
務院より発表された。当該指示には可能な限り調解による解決をはかり，訴
訟を減少させることが明記されていた。これにより，人民調解が重視される
ようになり，実際にも多くの紛争が人民調解によって処理されるようになっ
たという（王冊 2006）。53 年には第 2 回全国司法会議が開催され，人民調解組
織の発展を力強く推進することが決定された。その結果，53 年末には華東地
区では全ての郷の 80% にあたる約 46,000 の調解委員会が設立されたという
（韓延龍 1981: 44 頁以下）。

　そのような一連のうごきの中で，54 年に通則が制定された。通則では人民
調解委員会の性質を大衆的調解組織であると明記し，末端の人民政府と末端
の人民法院の指導の下に活動すると規定したが（2 条），その後 57 年には司法
部の手により人民調解組織および人民調解活動が行政機関の一部である調処
に組み入れられ，裁判業務の一部を担当するようになった（田中 1989: 290 頁，
韓延龍 1981: 46 頁）。61 年から再び通則型の人民調解に戻るが，66 年に始まっ
た文化大革命の影響から，司法機関同様に人民調解も機能停止状態に陥る（韓
延龍 1981: 47 頁，楊栄新・程延陵・唐徳華 1980: 43 頁）。

　文革末期の 75 年頃には一部地域で人民調解が再開していたようであるが
（韓延龍 1981: 47 頁），本格的な回復は 78 年 5 月の第 8 回全国人民司法工作会
議にてその重要性が再確認され，調解委員会の設置ならびに健全化が指示さ
れるのを待たねばならなかった。80 年には通則が再公布され，82 年の民事訴
訟法（試行）14 条，83 年の人民法院組織法 22 条 2 項に人民調解が規定された。
人民調解委員会の母体である村民委員会・居民委員会が大衆的自治組織であ
ると憲法上規定されているため（111 条），人民調解委員会もまた大衆的自治
組織であると解される。1989 年には 54 年の通則を改正するかたちで人民調
解委員会組織条例が制定された。改正の背景としては，改革開放政策による
社会の変動を受けて紛争の件数と質が変化し，従来の人民調解では対応しき

れなくなったことが指摘される (田中 1990: 300 頁, 王冊 2006: 168 頁)。

1990 年には年間 741 万件の紛争が人民調解で解決されるようになりピークを迎えるが, その後減少傾向をたどり, 2004 年には 441 万件まで減少する。その原因については様々な分析がすでになされているが, たとえば王冊 2006 は利用者の変化, 人口移動に伴い紛争処理基準が共有できなくなったこと, 紛争内容の大幅な変化, 調解委員の資質, 調解合意に法的効力が備わっていないことを指摘する。また, 葉陵陵 2009a では司法の急速な拡張がもたらす民間型紛争解決システムの萎縮, 訴訟崇拝と調解軽視の風潮の影響, 社会構造の変化がもたらす社会秩序の「法化」, 立法の不備, 調解委員の資質等が挙げられている。そこで, 2002 年から制度の再生を図る措置が相次いで採られ, これらを総括するかたちで 2010 年に人民調解法が制定され, 人民調解制度の刷新がはかられた。

ところで, 民事訴訟においても 1990 年代後半から 2000 年代初頭にかけて, 従来の調解重視から判決へという大きな流れがあり, かつては 90% 以上の事件が法院調解で解決されていたのが 2001 年には実に 40% を割り込むようになった。他方, 当事者が判決に納得しないケースが増加し, それが上訴率や陳情 (信訪) 件数の増加にあらわれたと指摘されるようになり, 2002 年以降調解による処理を促す司法解釈が相次いで制定・公布された。中国における紛争解決ではとくに社会の安定, 矛盾の解消と予防が強調されており, 胡錦濤政権で和諧社会 (調和のとれた社会) というスローガンが提起されたこととも相俟って, 調解がそれを実現するための重要な手段であると再認識されるに至った。このことから, 人民調解制度の刷新は民事訴訟をも含めた紛争解決メカニズム全体の流れの中で把握する必要がある。

2 現行制度の組織や活動に関する具体的な内容については高見澤・鈴木・宇田川 2016 に譲る。

現行の人民調解制度について, 以下のような問題点が地方の党校紀要に掲載されている (張攀 2015)。

まず, 2010 年法の最大の目玉といってもよい調解合意を法院が認証することで法的効力を付与する点について, 実際には法院の認証をもらうのが困難であり, 実効性は低いという。近時の改革によって法院の関与する割合が増えたが, 指導に訪れる裁判官が人民調解委員会の意見を軽視するケースが目立つ。法院の調解委員会・調解委員への指導も形式的なものに流れやすい。

幾つかの講義を聴き，幾つかの実際のケースを座学で勉強するだけで，調解の実務に関する指導はほとんどなされていない。

また，地方の多くでは，調解委員は村民委員会・居民委員会の幹部を兼任しており，半ば政府サイドの人物と認識されているため，人民調解の独立性と公正性について大衆から疑念が抱かれている。しかも調解委員の移動が頻繁で，人材流出が酷い情況にある。活動する環境や待遇を不満として離職する者が後を絶たず，優秀な人材が育たない。

人民調解委員会は当事者に調解合意を強制するいかなる権限もない。しかし，実際には，当事者の一方が大勢を集めて騒ぎを起こしたり取り囲んだりしたり上訪（上級機関への信訪）したりといった過激な行動に出る場合，事を荒立てずに穏便に解決し，うわべだけの社会の安定を維持擁護するために，惜しげもなく権力を行使して他方当事者に対して調解合意を無理やり呑ませることもある。このようなこととも相俟って，人民調解の根本目的は紛争を解決し，社会の安定を維持擁護することであるにもかかわらず，一部では大衆が上訪するのを阻止することや問題の拡大化を防止することであるといった誤った認識が有されている。

18期4中全会における法治の強調が一部で誤解されている。すなわち，法治＝訴訟を盲目的に追求し，訴訟率を民衆の権利意識覚醒の重要な指標とみなすことがままある。手続的正義，訴訟第一主義が主流な考えとなり，人民調解をはじめとする非訴訟紛争解決システムが時代遅れなものと認識される。

調解合意そのものに強制力が与えられておらず，実際には法院によるエンドースメントも得にくいことで，調解委員の辛く厳しい活動が結局は社会的に認められないことになる。そのことから調解委員の積極性が損なわれ，当事者の調解に対する信頼感も醸成されないという負のスパイラルに陥っている。

このように，2000年代初頭より鳴り物入りで着手された人民調解の再生について，所期の目的を達成しているとは評価しがたい状況にあるようである。もっとも，宇田川が行った現地調査[2]では，形式不備の場合を除き，法院が調解合意の認証を拒否するケースはほとんどないという回答を複数の現職裁判官から得ており，張攀2015の指摘が全国各地で共通して見られる現象であるのかについては，明らかではない。

3　前述のとおり，人民調解によって処理・解決される紛争は，相隣関係や家

族関係をめぐる事件のうち難易度が高くない民間紛争のはずである。ところが，近時の改革では，交通事故，消費者の権利利益，医療過誤，労働問題，マンション管理等といった専門性がきわめて高い紛争の解決に特化した人民調解委員会が設立されている。法令上疑問のある対応であるが，2011 年の「関於加強行業性、専門性人民調解委員会建設的意見」(司法部) や 2014 年の「関於進一歩加強行業性専門性人民調解工作的意見」(司法部) 等ではこの立場を鮮明に打ち出している。後述する近時の大調解のうごきとも相俟って，今後人民調解の位置づけやあり方が大きく変化する可能性をはらんでいるといえよう。

第3節　行政調解

行政調解とは，法にもとづき調解の義務を負う国家行政機関が特定の民事紛争に対して行う調解を指す。計画経済期の名残でもあるが，中国の行政機関は自らの主管業務に関連して，個別の授権規定なしに，法人，市民およびその他の組織の間の紛争を調解する権限を有すると考えられている。その他，行政機関ではないが，消費者協会や婦女連合会などの「非政府」団体が公益目的で行う調解も行政調解に準じるものとして行政調解に分類される場合が多い。行政調解に関する統一的な規定は存在しない。

1　**従来型の行政調解**　これには基層人民政府による民間紛争の調解がある。基層人民政府調解ないしは司法助理員調解と呼ばれていたもので，これは基層人民政府に所属する司法助理員による調解を指す。司法助理員とは基層政権の司法行政工作人員であると規定され，鎮・街道弁事処には専従の司法助理員を置かねばならないとされる (司法助理員工作暫行規定 2 条)。しかし，実際には専従の司法助理員を置く郷鎮人民政府・街道弁事処は少なく，郷鎮人民政府の場合の多くは兼職の司法助理員であり，街道弁事処に至っては兼職の司法助理員すら置いていないところが多い。したがって，今日において基層人民政府調解は有名無実化しており，一部は人民調解に組み込まれ，人民調解と行政調解の融合という現象が生じている (范愉 2012: 196 頁)。

2　**自らの主管領域に関する民事紛争の調解**　法律にもとづく調解としては，たとえば治安管理処罰法 9 条[3]にもとづく公安機関 (派出所) による治安事件の調解，道路交通安全法 74 条にもとづく公安機関 (交通管理部門) による交通

事故損害賠償事件の調解，商標法60条1項および専利法60条1項前段にもとづく商標権・特許権侵害行為に関する調解，農村土地承包経営糾紛調解仲裁法4条にもとづく村民委員会や郷鎮人民政府による調解，労働争議調解仲裁法5条にもとづく調解，等がある。行政法規・規則にもとづく調解としては，産品質量申訴処理辦法7条にもとづく技術監督部門による製品品質争議調解，電力争議糾紛調解規定にもとづく電力監督管理機構による調解等がある。

　なお，法令上は単に「処理」と規定するだけであるが，実際にはそれが調解による処理を意味するとされるものとしては，医療事故処理条例37条にもとづく衛生行政部門による処理，消費者権益保護法46条にもとづく関係機関・国家交渉行政管理局による処理，土地管理法・草原法・森林法にもとづく郷クラスまたは県クラス以上の人民政府による処理等がある（侯懷霞・張慧平2015: 136-138頁）。なお，行政復議法8条の規定により，行政機関が民事紛争に対して行った調解またはその他の処理に対して不服な場合，当事者は仲裁の申し立てまたは人民法院に対する民事訴訟の提起をすることができる。

3　法令により授権された各種団体が主宰する調解　消費者協会，弁護士協会，婦女連合会，中国作家協会下の著作権紛争調解委員会等による調解がある。消費者協会による調解は消費者権益保護法37条1項5号，同39条2号に明記されているが，その他については法令上明文の規定があるわけではなく，社会団体は必要に応じて人民調解委員会を設置することができるとの規定（人民調解法34条）により設置される調解委員会で調解が行われている。このことから，通説では社会団体による調解を行政調解に分類しているが，消費者協会のように具体的な法令で授権されている場合を除き，その妥当性には疑問が残る。なお，婦女連合会による婚姻家庭紛争の調解について，地方レベルのドキュメントで授権されているものはあるが，そのタイトルはいずれも人民調解である（たとえば，福建省女性連合会・福建省司法庁の「関於建立婚姻家庭糾紛人民調解工作機制度的意見」）。

4　先行研究　もっぱら行政調解を対象とする先行研究は少なく，本邦では公安調解に関する宇田川1999が存在する程度であるが，未完である。中国では，紛争解決に関する教科書および多元的紛争解決システムに関する論文では触れられるものの，詳しくはない。行政調解による紛争解決では，真に独立・公正な判断ができるのか，紛争当事者を得心させることができるのかが

問題であるとの指摘もある (葛正英 2015: 64 頁)。

第 4 節　信　訪

1　信訪という言葉は中国最大の百科事典である『辞海』(第 6 版, 2009 年) にも収録されていない。最大の現代漢語 (中国語) 辞書である『漢語大辞典』には 1986 年にはじめて収録された。法令上は「信訪檔案分類方法」(国務院秘書庁) が最初といわれる (呉超 2011)。これらのことから, 信訪という言葉・概念は中華人民共和国建国以降に生まれた, 比較的新しいものであることがわかる。

　信訪の語源は来信来訪, すなわち手紙を寄越したり (来信), 直接訪問したり (来訪) することである。信訪条例 (2005 年) 2 条に信訪の定義がある。それによれば, 「本条例にいう信訪とは, 市民, 法人またはその他の組織が, 書簡, 電子メール, ファクシミリ, 電話および訪問等の方法により, 各クラス人民政府, 県クラス以上の人民政府の部署に対して状況を報告し, 提案および意見を提起しまたは苦情の申し立てをし, 法にもとづいて関係する行政機関がこれを処理する活動を指す」。一般に, 信訪は憲法 41 条が規定する市民の国・公務員に対する監督・批判・建議権をその根拠とし, 行政, 立法, 司法すべての部門を対象とする (信訪条例 14 条 1 項, 15 条)。信訪の原因となった矛盾・紛争は根本から防止・解決せねばならないとされる (信訪条例 5 条)。

2　信訪には情報伝達, 政治参与および紛争解決の 3 つの機能があるとされてきた。そもそもは党および政府機関に対する市民の意見表明のルートであったが, 70 年代末頃から文革期に侵害された権利の救済や名誉の回復のための手段として用いられるようになり, 今日では紛争解決を目的とする信訪が主流となった (毛里・松戸 2012)。紛争解決型の信訪を渉法渉訴信訪あるいは渉法信訪・渉訴信訪といい (以下, 渉法渉訴型信訪という), 法院の下した, すでに法的効力の発生している判決および決定, 公安や検察が法の定める手続にしたがってなした実体法上・手続法上の決定 (行政拘留の決定等) を不服としてなす信訪と定義される (張永和・張煒 2009: 349 頁, 彭小龍 2016: 86 頁)。法院の結論に対してなされるケースが多く, 判決・決定を不公平と感じてなされたり, そもそも法院の判決は正確でないという司法不信からなされたりするという (張永和・張煒 2009: 349 頁)。

信訪は党および政府機関のすべてを対象とし，すべての部門で信訪を扱う部署が設置されている。中国全土で果たして何件ほどの信訪が行われているのかは全体をカバーする統計が存在しない（公表されていない）ため不明であるが，全国の法院に持ち込まれた渉法渉訴型信訪は 2004 年の 422 万件をピークとしている。その多くは，地域開発の過程で暴力化し始めた土地収用に絡むもので，市場経済化に伴う「単位社会」の衰退により，それまで単位が内蔵していた調解機能も衰退して多くの紛争が一般社会に流出し始めたことが背景にあると指摘される（松戸 2009: 111-112 頁）

3 2005 年頃には，北京の中共中央，全国人大，国務院，最高人民法院に信訪するために中国各地から集まった夥しい人たちが北京郊外の永定門に住みつき「上訪（上級機関への信訪）村」を形成しているということが日本でも報道され話題となったが，このことは基層レベルでの信訪がすでに破綻状態にあることを露呈したともいえる。事実，北京の上訪村での調査（于建嶸 2005）によれば，全国の各クラス信訪部門が受理する信訪は 1000 万件を超え，上訪村に居住する人数はピーク時で 3 万人も存在し，平均して北京におよそ 300 日滞在し，15 回弱の上訪の経験があるという実態が明らかにされている。

このようなクラスを飛び越えた信訪や繰り返して行われる信訪，また集団による信訪や暴力を伴う信訪（[非正常訪]＝「非正常な信訪」といわれる）を防ぐ目的で 2005 年の信訪条例が制定された（たとえば，信訪の回数は 2 回までとし（34〜35 条），信訪の代表者数は 5 人を超えてはならない（19 条）等）。その結果，これら非正常な信訪は激減し，2005 年の信訪条例はその目的を一定程度実現したといえる（但見 2012: 120 頁）が，その後も信訪に関する指令や通知が相次いで出されている。それらは信訪業務を行う上での訓示や心得といったものである。前述のとおり，胡錦濤政権下では和諧社会が政権のスローガンとされていたが，信訪もまた和諧社会実現のための重要なツールとして認識されていたことが，その背景にあるものと思われる。

4 このような情況に変化が生じたのは 2013 年の中共 18 期 3 中全会以降である。2014 年 3 月 19 日に中共中央辦公庁と国務院辦公庁が連名で「関於依法処理渉法渉訴信訪問題的意見」を公布したが，そこでは以下のように規定されている。「中共 18 期 3 中全会で採択された『関於全面深化改革若干重大問題的決定』が明確に要求するように，信訪制度を改革し，渉法渉訴型信訪を法治の軌道にのせて解決し，渉法渉訴型信訪が法にもとづいて終結する制度

を構築する」。その具体的な内容は以下のとおりである（以下は筆者によるまとめであり，同決定の構成とは異なる）。

(1) 民商事，行政，刑事などの訴訟上の権利救済に関する信訪を一般の信訪から分離し，政法機関が法にもとづいて処理する。各クラスの信訪部門は渉訴信訪を求める大衆に対して政法機関に問題を反映させるように導かねばならず，規定にもとづいて受理した公安機関，司法行政機関に関する渉法渉訴型信訪については同クラスの政法機関に転送して法にもとづいて処理しなければならない。

(2) 渉法渉訴型信訪を司法手続に組み入れるメカニズムを構築する。各クラス政法機関は渉法渉訴型信訪を審査し真偽を見極め，① 法的手続が行われているケースについては，継続して法にもとづいて手続にしたがって処理する，② すでに処理が終了しているが不服審査や再審の条件に合致しているケースについては，法にもとづいて相応する手続にしたがって処理する，③ すでに処理が終了し，不服審査や再審の条件に合致しないケースについては，信訪を受理しない理由をしっかり当事者に説明する，④ 行政機関の法にもとづいてなされた行政不服審査の決定を不服とするケースで，法を説明し道理を明らかにしてもなお不服な場合，人民法院に対して行政訴訟を提起するよう勧めてもよい。関係する手続および結果は，規定される期限および方式に厳格にしたがい，タイムリーに当事者に告知されなければならない。

(3) 渉法渉訴型信訪を法にもとづいて終結させる制度を構築する。法にもとづく手続を尽くし，法にもとづいてなされた判決および決定を最終的な［終結］決定とする。再審の期限内に何度も繰り返して提起される申立については，事件の審査・評価［評査］などを経て，同時に中央または政法機関のチェックを経て，提起された問題がすでに公正に処理されていると認定された場合，法律に規定がある場合を除き，法にもとづいて二度と再審査手続が発動されることはない。渉法渉訴型信訪について，政法機関は処理した結果をタイムリーに同クラスの党委員会，人大および政府信訪部門に通知し，各クラス関係部門は信訪者にしっかりと説明すること。地方党委員会および政府ならびに基層組織は政法機関が法にもとづいてなした法的な結論を尊重し，教育援助および矛盾の解消を自覚して実施しなければならない。

(4) 国による司法救済制度を整備する。

(5) 法の執行の質の向上，法の執行の監督の強化，責任追及の厳格化，法の

執行の公開の強化をつうじて，法の執行および司法の公信力をさらに高める。

(6) 法にもとづいて渉法渉訴型信訪の手続を維持し擁護する。各クラス政法機関は観念を転換し，渉法渉訴型信訪を大衆の意見に耳を傾け，法の執行活動を改善するための有効なルートとすること。電話のホットライン，インターネットでの信訪等，便利でスムーズなルートを提供する。

(7) 違法な上訪行為を厳正に処理する。国内外の敵対勢力やごく少数の 邪（よこしま）な考えを持つ「人権活動家［維権人士］」が信訪の問題に手を突っ込むことを高度に警戒し，厳重に予防しなければならない。

このように，渉法渉訴型信訪を信訪制度から切り離して司法手続＝政法部門による紛争解決システムに組み入れ，手続的にも実体的にも瑕疵の無い要求は蒸し返しを許さず，また問題のある案件については今後蒸し返されることとのないようにしっかり処理することを柱とする改革に取り組むことが明らかにされている。もっとも，これと同時に党と大衆との結びつきを強調し，信訪の重要性が再確認され，便利でスムーズな新たなタイプの信訪を提供することが謳われていることから，果たして渉法渉訴型信訪を信訪制度から完全に切り離すことができるのかどうか，疑問が残る。また，信訪における人権活動家の活動を強く警戒している点は，近時のこれら活動家に対する弾圧を彷彿とさせる。

5　また，2015 年 11 月 10 日には中央政法委員会による「関於建立律師参与化解和代理渉法渉訴信訪事件制度的意見 (試行)」[4] が公布された。これは，18期 4 中全会で多くの弁護士が市民の法律サービスに積極的に参加し，タイムリーかつ効果的な法的援助を提供すること，および弁護士による再審請求制度の実現が求められていることから，渉法渉訴型信訪の解決に弁護士を動員しようとするもので，同意見ではこれを公益的な法律サービス活動と位置づけている。

具体的には，弁護士協会が派遣する弁護士が政法機関の法的処理意見を不服として渉法渉訴型信訪を行う当事者に応対し，その要求に耳を傾け，要求内容をその場で分析し，① すでに正確に処理されている事件については当事者が当該処理結果を正確に理解できるように手助けをし，信訪を取り下げさせる，② 間違いや問題がある可能性のある事件については政法機関に意見を申し立て，法的手続による解決がなされるようにする，というものである。

この通知を受けて，各地でさっそく弁護士による渉法渉訴型信訪の解決制

度が構築され，うごき始めているようである。たとえば，湖北省では北京に
「非正常訪」した者が 2013 年の 2042 人から 2015 年の 75 人まで減少するとい
う「成果」があったという。また吉林省では 2010 年までは 7000 件以上存在
した渉法渉訴型信訪が 2015 年には 1300 件余まで減少し，うち 700 件余は弁
護士が参与したという[5]。

6　2014 年と 2015 年の意見の公布・施行により，信訪の何がどう変わったの
であろうか。国家信訪局の担当者に対する『人民日報』のインタビュー記事[6]
によれば，以下の点が指摘されている。

　まず，インターネットでの信訪受理制度の実施により，時間，空間，人数
の制限を受けずに，いつでもどこでも信訪ができる，処理のプロセスおよび
結果を追跡・調査し，それらに対する評価ができる，ということが可能となっ
た。これは信訪のルートを広げるのにプラスとなり，信訪のコストを下げ，
信訪を行う大衆にとって最大限の便宜をはかることにつながる。これをサン
シャイン［陽光］信訪と呼び，開放型，ダイナミック［動態］，透明度が高い，
人民にとって便利という特徴を有すると自画自賛している。

　ネット信訪の場合，2016 年第 1 四半期で時宜に適った受理率・期限内結審
率はいずれも 85％ 以上であり，信訪者の満足度は 80％ 以上という高い評価
を得た。それと相俟ってか，ネット信訪の全信訪に占める割合は 40％ 以上を
占めているという。

　これまで信訪の欠点として指摘されてきた責任の押し付け合い・たらい回
し［踢皮球］の問題については，ネット信訪によって信訪者の利便性が向上
し，それとともに信訪者の期待も膨らむこととなった。これは社会的な批判
や大衆の不満も引き起こしやすいという問題につながる。そこで，以下のよ
うな具体的なケースを紹介する。

　2015 年，山東省の市民 A が国家信訪局のネット上で信訪した。それによ
れば，ある化学工場から原材料が漏れ出し A の栽培する小麦が被害を受けた
が，当該化学工場は賠償に応じず，現地人民政府も何の対応もしなかったと
いう。そこで国家信訪局は信訪を受理した後に現地に転送し，引き続き処理
の監督を行った結果，最終的に当該化学工場が A に 5 万元の賠償を行った。

　このように，ネット信訪の時代になった今日では，信訪のファーストコン
タクトの処理の強化と責任の明確化が重要となる。不作為や緩慢な対応は責
任を果たしていないこととなる。大衆の評価が不満足であったり，瑕疵のあ

246 第 IV 部 司法制度

る処理であったりする場合，現地で確実に処理し，矛盾は芽のうちに摘み取り，上級に問題処理が行くことを阻止しなければならないという。

以上は改革の当事者である国家信訪局の担当者インタビューであることから，2014 年以降の一連の信訪の改革はきわめて高く評価されている。現時点ではこれらの改革が実施されて日が浅いこともあって情報が少なく，具体的な評価を下すことが難しいが，以下のような疑問や危惧を抱く。

まず，ネット信訪によって大量の信訪が持ち込まれる可能性が高く，それによってこれまで以上の作業量が信訪部門にのしかかることが想定される。弁護士による渉法渉訴型信訪への参与は弁護士協会による調解と実質的にどのような違いがあるのかも不明である。そもそも信訪による問題解決は僅か 2％にすぎないともいわれており (楊小軍 2013: 22 頁)，紛争解決手段としては非効率的といわざるを得ないが，これらの改革によってどのような効率化が実現するかも不明である。

第 5 節　大調解

大調解とは人民調解，行政調解，業界調解および司法調解を連携させて紛争解決に当たることを指す[7]。

1　大調解は 1999 年の第 4 回全国人民調解会議において，新たな情勢下における人民内部の矛盾の解消に相応した「大調解」メカニズムの構築が，新たな時期における人民調解活動の指針として提起されたことを嚆矢とする (葉陵陵 2009b: 3 頁)。2007 年 3 月 1 日に最高人民法院が公布した「関於進一歩発揮訴訟調解在構建社会主義和諧社会中積極作用的若干意見」でも，大調解と呼ばれてはいないが，法院の裁判業務と訴訟外紛争解決メカニズムとの結合および多元的な紛争解決メカニズムの構築が求められている (23 項)。2011 年 4 月 14 日に中央社会治安総合治理委員会，最高人民法院ほか全 16 機関が連名で公布した「関於深入推進矛盾糾紛大調解工作的指導意見」[8] では，大調解についての定義規定は存在しないものの，1 条で以下のように規定する。「調解優先を堅持し，法にもとづいて調解し，人民調解・行政調解・司法調解の作用を充分に発揮する。人民調解活動を行政調解，司法調解，仲裁，訴訟等の方法より前に行い，早期警戒・疏導 (当事者の仲を取り持つこと) に立脚し，矛盾・紛争を早期に発見し，早期に調解する」。また，2 条では県 (市・区) 矛

盾・紛争調処と同クラスの人民法院，人民検察院，司法行政機関，政府法制機構，信訪部門およびその他の行政機関との連結が謳われており，これらが大調解の具体的な内容であるといえる。

2　大調解には［○○（地方名）経験］と呼ばれる様々なモデルが存在しそれぞれに特徴を有するが，邦語文献としては葉陵陵2009bに詳しい。紙幅の関係から，詳細は同論文に譲る。

3　2016年6月28日に最高人民法院が公布した「関於人民法院進一歩深化多元化糾紛解決機制改革的意見」[9]では，大調解という用語は使われてはいないものの，実質的には大調解に等しい多元的紛争解決メカニズム改革の方策が示されている。

同意見は2015年の18期4中全会で採択された「関於全面推進依法治国若干重大問題的決定（中共中央）」にもとづいて策定されたものであることが冒頭で宣言されており，近時の人民調解や信訪の改革方案同様，「法治」という大きな流れの中に位置づけられていることがわかる。

2条では主な目標として以下が示される。機能が整っており，形式が多様で，運用が規範化されている訴訟と調解の結合［訴調対接］という土台を構築し，紛争解決のルートをスムーズにして，当事者が適切な紛争解決方式を選択できるように導くこと。紛争解決の社会リソースを合理的に配置し，和解，調解，仲裁，公証，行政裁決，行政不服審査［復議］および訴訟が有機的に結びつき，相互が協働する多元的紛争解決システムをより整備する。多元的紛争解決メカニズム整備において司法がリーダーシップ，推進力および保障作用を充分に発揮すること。

4条ではプラットフォームの整備が謳われる。すなわち，各クラス人民法院は訴訟と調解の結合という土台の構築と訴訟サービスセンターの構築とを結合させ，訴訟サービス，立案登記，訴訟と調解の結合，渉訴信訪などの他項目にわたる機能を一体とした（1つにまとめた）総合サービスプラットフォームを構築する。法院が訴訟と調解の結合に専従するスタッフの配置，紛争が多発する領域および郷鎮，村，街道，社区へスタッフを派遣することも示されている。

8条では人民調解組織との結合の強化が示される。人民調解組織が手伝う人民法院が紛争解決にあたる範囲と規模をさらに一歩拡大する。紛争が発生しやすく，多発している領域に業界・専門人民調解組織を新たに創設するこ

とを支持する。調解組織のネットワークの構築，人民調解組織がタイムリーにかつ現場で民間紛争を解決し，基層部の矛盾を取り除き，基層を安定させるという基本的な作用を維持し擁護する。その他，商業的調解組織や業界調解組織との結合の強化 (9条)，仲裁機構との結合の強化 (10条)，公証機関との結合の強化 (11条)，労働組合［工会］，婦女連合会，共産主義青年団［共青団］，法学会などの組織の紛争解決への参与の支持 (12条) も示される。その他，これら以外の社会的力量，すなわち人民代表大会代表，政治協商会議委員，専門家・学者，弁護士，基層組織責任者，社区で活動する人等がその持てる能力と力を発揮して紛争解決にあたることも謳われる (13条)。このように，ありとあらゆるリソースを総動員して紛争解決にあたることが予定されている。

　道路交通，労働争議，医療衛生，マンションや集合住宅の管理，消費者権利利益保護，土地請負経営，環境保護等の紛争多発領域においては，法院が行政機関，人民調解組織，業界調解組織等とリソースの調整を行い，ワンストップ型［一站式］の紛争解決サービスプラットフォームを提供し，確実に大衆の負担を軽減することも謳われる (14条)。これはたらい回しの解消が目的と思われる。信訪同様，オンラインでの紛争解決システムの提供も予定される (15条)。

4　このように，法院が音頭を取り，社会上のリソースを総動員して紛争解決にあたるシステムを構築しようとする背景には［服務大局］，社会不安を解消し，社会の安定を図るという政治的意図が存在する。紛争当事者にとっての正義へのアクセス方法が増えるように見えるが，「社会の不安を切り抜けるため，多くの当事者の権利が犠牲になってしまう」(胡光輝 2010: 110頁) 可能性が指摘されている。

結

　以上でみたように，中国では裁判機関である法院をはじめ，人民調解，行政調解，仲裁，信訪といった紛争解決のチャンネルが用意されている。これらは紛争の程度や種類に応じた多元的な紛争解決制度であるといえ，軽微な矛盾である民間紛争は民間調解である人民調解で，行政機関の主管業務に関連する紛争は当該機関による行政調解で，それぞれ解決にあたるといった具

合である。法院の紛争解決も可能な限り調解で行うとされており（高見澤・鈴木・宇田川 2016: 269-270 頁），紛争解決は調解を軸に行われていたし，調解以外でも調解的手法で行われていた（高見澤 1998: 51 頁）という伝統的な紛争解決のスタイルは今日においても維持されている。

　他方，従来は民間調解，行政調解，法院調解と調解の主宰者による区分がまがりなりにも行われていたが，近時では多元的紛争解決メカニズムの構築を志向しつつ，大調解に代表されるように，調解，仲裁，信訪等の多元的な紛争解決メカニズムのすべてに法院がコミットすることが強調されている点が，これまでとは異なる。もっとも，法令上は人民調解に対して法院がコミットするとの規定は以前からも存在したが（民訴法 16 条，人民調解法 5 条 2 項ほか），強調されることはなかった。この変化の理由としては，さしずめ次の点を指摘しておきたい。人民調解の利用が減少し，法院に持ち込まれる案件が激増した結果，法院の負担超過を招いた。この問題を解決するためには法院以外の紛争解決システムへ誘導する必要があり，そのためにも法院と連携させなければならないというものである。

　ところで，非司法的紛争解決メカニズムのメニューが豊富である理由としては，法院数が圧倒的に少ない（全国で約 3000 ヵ所）という物理的な問題もさることながら，紛争解決の目的が大きく影響していると考える。つまり，社会の安定と団結のために紛争を解決しなければならないのであるから，容易に紛争解決を求めて駆け込むことができる場所が必要であるし，紛争を解決することが目的であるので，その手法が調停的であるか司法的であるかはさほど重要ではないということにもなる。現に，2000 年代中頃から，まさに当時の政権が調和のとれた社会［和諧社会］というテーゼを打ち出すのと軌を一にするかのようにして，裁判は法的効果だけではなく社会効果も追求しなければならないとされ始めた。すなわち，民事であれ刑事であれ行政であれ，裁判によって法的な紛争解決だけでなく，法を超えた社会的影響や市民の納得を得られるような解決を導くことが重要であるとされたのである。その意味において，裁判である必要はないということになる。これが 2000 年代後半からは［能動司法］，［服務大局］（大局に奉仕する），3 つの至上（党の事業，人民の利益および憲法・法律を至上とする）というスローガンにつながっていくし，3 つの至上のうち憲法・法律が党の事業に劣後することからも，裁判や紛争解決も党の政策を推進するための装置の 1 つに過ぎず，従来からいわれている

法や裁判も共産党による支配の道具の1つに過ぎないということになる。

このように考えると，訴訟＋訴訟外紛争解決制度という紛争の程度・レベルに応じた多くの紛争解決チャンネルが用意されていることも，また人民調解の調解合意に法的拘束力を与え，あたかも訴訟制度の一部に組み込みつつある近時の「改革」も納得がいくであろう。

注

1) たとえば，日本における公害紛争処理法にもとづく公害等調整委員会による公害紛争の解決，労働関係調整法にもとづく労働委員会その他の第三者機関による労働争議の解決など。
2) 2017年3月7日に実施した。なお，当該インタビューは氏名および所属先を秘匿することを条件に実施したため，それらを推察することができるインタビュー実施地についても明らかにすることを差し控えたい。
3) 民間紛争が惹起したけんか・殴り合い［打架闘殴］あるいは他人の財物の毀損などの治安管理違反行為に対して，情状が比較的軽微な場合，公安機関は調解処理をすることができる。（後略）
4) 中華人民共和国司法部 web サイト www.moj.gov.cn
5) 「律師参与化解渉法渉訴信訪　做好信訪第三方」『人民日報』2016年5月11日（国家信訪局 web サイト www.gjxfj.gov.cn 所収）。
6) 「信訪改革五問」『人民日報』2016年6月15日（国家信訪局 web サイト www.gjxfj.gov.cn 所収）。
7) 2010年3月11日の全国人大における「最高人民法院工作報告」。『最高人民法院公報』2010年4期所収。
8) 中央社会治安総合治理委員会，最高人民法院，最高人民検察院，国務院法制辦公室，公安部，司法部，人力資源和社会保障部，衛生部，国土資源部，住房和城郷建設部，民政部，国家工商行政管理総局，国家信訪局，中華全国総工会，中華全国婦女聯合会および中国共産主義青年団中央委員会の16機関。司法部 web サイト（www.moj.gov.cn）掲載。
9) 法発〔2016〕14号。最高人民法院 web サイト（www.court.gov.cn）掲載。

参考文献

日本語

葉陵陵 2009a・2009b「社会転換期の中国における多元的紛争解決システムの構築と ADR の可能性 (1)(2・完)」『熊本法学』117号・118号。

宇田川幸則 1999「中国における公安機関による私人間紛争の解決（一）」『関西大学法学論集』49巻5号。

王冊 2006・2007「調停好き神話の崩壊——現代中国紛争処理手続利用の変化が意味す

るもの (1) (2・完)」『北大法学論集』57巻2号 (2006年)，58巻1号 (2007年)。

韓寧 2008『中国の調停制度——日本・米国との比較』信山社。

韓寧 2013「中国調停制度の新展開」『白鷗大学論集』27巻2号。

胡光輝 2010「中国における法院調停」『比較法学』44巻2号。

小口彦太・田中信行・木間正道・國谷知史 1991『中国法入門』三省堂。

鈴木賢 1993「人民法院の非裁判所的性格」『比較法研究』55号。

鈴木賢 1998「中国における民事裁判の正統性に関する一考察——民事再審制度を素材
として」小口彦太編『中国の経済発展と法』(早稲田大学比較法研究所叢書25号)。

鈴木賢 2006「中国法の思考様式——グラデーション的法文化」安田信之・孝忠延夫編
『アジア法研究の新たな地平』成文堂。

鈴木賢 2013「中国的法観念の特殊性について——非ルール的法のゆくえ」『国際哲学研
究2013年』別冊2(東洋大学国際哲学研究センター)。

高見澤磨 1998『現代中国の紛争と法』東京大学出版会。

但見亮 2012「陳情への法的視点——制度の沿革及び規定上の問題点」毛里和子・松戸
庸子編著『陳情——中国社会の底辺から』東方書店。

田中信行 1982「現代中国の人民調停制度——1940〜1953年」『都立大学法学会雑誌』23
巻2号。

田中信行 1989「人民調停と法治主義の相剋」野村浩一責任編集『岩波講座　現代中国
1　現代中国の政治世界』岩波書店。

田中信行 1990「中国における人民調停制度の改革(上)(下)」『中国研究月報』510号，
511号。

松戸庸子 2009「信訪制度による救済とその限界」『中国21』Vol.30。

毛里和子・松戸庸子編著 2012『陳情——中国社会の底辺から』東方書店。

于建嶸 2012「陳情制度改革と憲政の建設——『陳情条例』改正をめぐる論争」毛里和
子・松戸庸子編著『陳情——中国社会の底辺から』東方書店。

中国語

范愉 2012『非訴訟程序 (ADR) 教程〔第2版〕』中国人民大学出版社。

葛正英 2015「論和諧社会視域下多元化糾紛解決機制」『哈爾浜金融学院学報』2015年
3期。

韓延龍 1981「我国人民調解工作的三十年」『法学研究』1981年2期。

侯懐霞・張慧平 2015『糾紛解決及其多元化法律問題研究』法律出版社。

彭小龍 2016「渉訴信訪治理的正当性與法治化」『法学研究』2016年5期。

呉超 2011「中国当代信訪史基本問題探討」『当代中国史研究』18巻1期。

熊先覚 1999『中国司法制度新論』中国法制出版社。

楊栄新・程延陵・唐徳華 1980「加強調解工作　促進安定団結」『北京政法学院学報』
1980年2期。

楊小軍 2013「信訪法治化改革與完善研究」『中国法学』2013 年 5 期。

于建嶸 2005「中国信訪制度批判——在北京大学的演講 (2004.12.2)」『中国改革』2005
　　年第 2 期。

張攀 2015「現代法治視域下人民調解制度的困境與完善」『中共鄭州市委党校学報』2015
　　年 5 期。

張永和・張煒 2009『臨潼信訪——中国基層信訪問題研究報告』人民出版社。

張希坡主編 1994『革命根拠地法制史』法律出版社。

第 **V** 部

刑 事 法

第11章

刑　法

坂口一成

序

　刑法とは犯罪および刑罰を定める法，ないしは犯罪，「刑事責任」および刑罰を定める法とされる（実質的意味の刑法）。後者は建国初期に旧ソ連刑法学を継受した中国刑法学の「正統」学派の到達点であり，「刑事責任」の存在が特徴的である。これは犯罪の法的結果ないしは犯罪により負担すべき法的責任を意味し，犯罪成立により生じ，その実現方式として（有罪宣告を前提に）刑の言渡し・免除等がなされる。

　本章は基本原則，犯罪論の基本構造，刑罰・量刑の仕組みの3節に分けた上で，それぞれの重要論点を深く掘り下げていきたい。その際には「社会的危害性」（詳しくは第2節1 (1)）に焦点を合わせる。「社会的危害性中心論」（陳興良 2000）と称されるように，この概念が中国刑法の基軸をなすと考えられるからである（小口・田中 2012: 4章，鈴木・高見澤・宇田川 2016: 9章，西村 2008: 4章）。

1　刑法の展開

(a)　建国から旧刑法採択まで（1949年10月〜1979年7月）

　中華人民共和国法は，中華民国法を全面的に否定した上で出発した。刑法も同様であり，建国後，刑法典起草作業が進められたが，反右派闘争や文化大革命（以下「文革」と略）等の政治運動の度に中断を余儀なくされた。1979

＊　［　］は原則として初出時にのみ付す。下線・圏点および条文中の丸数字・丸英字は坂口による。刑法の条数を引用する際には条数のみを示す。

年まで刑法典は採択されず，その間，① 特別刑法 (単行刑法・付属刑法)，② 党・国家機関の政策，③ 最高人民法院[1]・最高人民検察院 (以下「最高法」，「最高検」と略)・公安部等の文書 (司法解釈，行政解釈等) のほか，④ 刑法典草案 (第 22 稿 (1957 年) および第 33 稿 (1963 年)) が法源 (裁判の根拠) を担った。

(b)　旧刑法期 (1979 年 7 月～1997 年 9 月)

文革終結間もない 1978 年 10 月下旬から刑法典起草作業が再開され，一気呵成に翌年 7 月 1 日に採択された。作業を突き動かした背景には，[無法無天] と揶揄された文革の反省を踏まえた適法性強化の方針・必要があった (高銘暄 1981, 高銘暄 2011)。

旧刑法は 1980 年 1 月 1 日から施行された (なお施行前に一部地域で試行されていた。陶希晋 1988)。同法は 192 ヵ条 (総則 89 ヵ条，各則 103 ヵ条) からなり，全体として簡素であり，規定漏れを見越して最高法の許可を要件とする類推適用を認めた (79 条)。また同法は改革開放が決まった直後に採択されたものであり，その後の変化を見越したものではなかったため，施行後多くの単行刑法・付属刑法が制定された (それぞれ 24 件，107 件)。その内容は主に犯罪規定の拡充 (犯罪化および構成要件の細分化・明確化) と厳罰化 (特に死罪の激増) であった。なおこうした改正に際しては既存の条文が廃止されずに存続したため刑法規範に二重構造が生じ，規範の見通しが非常に悪くなった。

またこれと並行して，刑法典改正作業が 1982 年から進められた。そして 1997 年 3 月 14 日に，旧刑法が全面改正 [修訂] された。これが現行刑法である。

(c)　現行刑法期 (1997 年 10 月～)

現行刑法 (1997 年 10 月 1 日施行) は二重構造を解消するために既存の特別刑法を取り込んだ。条文は大幅に増え，452 ヵ条 (総則 101 ヵ条，各則 350 ヵ条，附則 1 ヵ条) となった。こうして行政・軍事刑法をも包含・統合する刑法典が出来上がった。また旧法の類推許容規定を削除した上で，[罪刑法定原則] を規定した (3 条)。刑法の任務を社会主義建設事業の順調な進展の保障とする規定 (2 条) や社会的危害性概念を中核に据える犯罪概念 (13 条) は健在であるものの，紅い用語 (マルクス・レーニン主義，毛沢東思想，プロレタリアート独裁，社会主義革命，反革命の罪等) が少なからず姿を消し，文言上社会主義的色彩が薄くなった。

現行法下においても断続的に改正が進められている。1998 年には単行刑法

が制定されたが，旧法期の規範の二重構造の反省から，1999 年以降は刑法典を直接改正する刑法改正法［刑法修正案］が用いられている。直近のものは2015 年に採択された刑法改正法 (9) である（なお連番が付されるようになったのは同 (2) から）。また立法解釈も他の法領域とは異なり，活発に採択されている（坂口 2003b）。

2 刑法の特徴

本章の視座から見て，実質的概念である社会的危害性が基軸となっている中国刑法の最たる特徴は，プラグマティックな実質的妥当性への志向である。この点については本章全体で述べていくとして，ここでは次の 3 点を指摘しておく。

(a) 旧ソ連・固有法・西洋法の影響

現代中国の法・学説はその出発時に旧ソ連の影響を強く受けた。その影響は今でも中核部分に残っている。刑法・刑事訴訟法等に置かれる任務規定およびその内容，社会的危害性，犯罪概念，［犯罪構成］理論などはその典型例である（なお，こうした要素は社会主義刑法の特徴と捉えられてきたが，実質的に如何なる意味で「社会主義」的なのかは，改めて吟味する必要があるように思われる）。

他方，固有法的発想・伝統的法文化の影響も見られる。近年の例を挙げれば，2011 年改正により審判時満 75 歳以上の者が死刑適用除外（特に残忍な手段で人を死亡させたときを除く。49 条 2 項）とされた一因として，固有法および中華民国刑法 63 条が明示されている（全国人大刑法室 2011）。さらに実質的な犯罪観のように，両者の共鳴も見られる（坂口 2001b）。

このほか，かつては批判の対象でしかなかった西洋法が，近年では立法・司法・学説に貢献する比較法的素材として影響力を増しており，旧ソ連法的立場はもはや大きく揺らいでいる（例: 近年の犯罪論体系をめぐる論争）。また国際法も影響力を増しており，例えば 49 条 2 項の改正については，上述の要因のほか，「市民的及び政治的権利に関する国際規約」（1998 年署名，未批准）の要請も挙げられている（全国人大刑法室 2011）。

(b) 政策主導性

権力（中核は共産党）の政策判断に基づき，もしくはその影響を強く受け，またはそれを忖度して，法形成・法運用がなされる。「政策は法の魂」というスローガンや「厳打」（犯罪への厳しい打撃）キャンペーンはその典型例である（坂

口 2009)。

(c) 実体法上の狭い犯罪圏──犯罪の量的下限の条文化

犯罪の成立要件として（一定の社会的危害性を反映する）量的下限が条文化されており、その下限に至らなければ、そもそも実体法上犯罪ではない[2]。実体法上の犯罪圏は中国の方が日本よりも狭い。もっとも日本では実体法上犯罪が成立し得ても、実務上は軽微であれば一般に起訴猶予・微罪処分で処理され、犯罪とはされない。実務上の「犯罪圏」の広狭は（受け皿としての「行政管理秩序に違反した行為」（行政処罰法3条1項。［行政違法行為］や単に［違法行為］と呼ばれる。以下「秩序違反」と略す）との関係も含めて）別途検討する必要があるが、少なくとも非犯罪化の手法（実体法／手続法）が異なる点は、比較法的特徴として注目するに値する（田口 2014）。

第1節　基本原則

刑法は基本原則として［罪刑法定原則］（3条。罪刑法定主義と区別しておく）、法の下の平等原則（4条）、罪刑均衡原則（5条）を定める（さらに不文のものが説かれることもある）。法の下の平等原則は憲法原則の具体化であることから割愛し、ここでは残りの2つを解説する。なお中国法学の用語法として、［原則］は法に採用された（典型的には立法化された）考え方・思想を指すのに対して、［主義］はそれに至っていないものを指す（儲槐植・張永紅 2003）。もっとも、だからといって［原則］を主義に換えさえすれば、翻訳できたことになるわけではない。

1　罪刑法定原則

(1)　総　説

ここでは罪刑法定主義を、単なる罪刑の成文法規定主義に尽きるものではなく、「国家刑罰権を制限し、国民個人の権利および自由を保障することを精神とする」（陳興良 2010）ものと解する。この意味での罪刑法定主義は中国においても舶来品であり、その歴史は大清新刑律に始まる。

> 3条　法律に犯罪行為であると明文規定しているものは、法律により罪責を認定して刑罰を科す。法律に犯罪行為であると明文規定していな

いものは，罪責を認定して刑罰を科すことはできない。

中華人民共和国においては，反右派闘争以降文革終結まで，罪刑法定主義はブルジョア刑法理論であるとして政治的に排斥された。旧法では，定稿間近に罪刑法定主義を採用すべしとの意見が出たが，多数派は罪刑法定原則を基礎として，類推適用を補充とすべしとした。罪刑法定原則は最終的に明文化されなかったが，旧法の基本原則と解されていた（通説）。ただし，旧法は類推許容規定（罪刑法定原則の補充・例外とされた）・絶対的不確定刑（例：罰金の多額の一般的規定なし）を設け，政策の法源性，さらに特別法で重い事後法の遡及適用を認めていた（高銘暄 1981）。この「罪刑法定原則」を罪刑法定主義と同視することはできない（坂口 2001a）。

その後，現行刑法 3 条は中華人民共和国において初めて罪刑法定原則を明文規定した。同条の「法律」は全国人民代表大会・同常務委員会（以下それぞれ「全国人代」「常委会」と略）が制定する法形式を意味し（憲法 62 条 3 号・67 条 2・3 号，立法法 8 条 4 号），同条は（少なくとも形式的な[3]）法律主義を宣言したものといえる（明文の例外として 90 条）。また 12 条 1 項は重い事後法の遡及適用を禁止する。このように述べれば，3 条は罪刑法定主義を規定したものと読めるかもしれない。

学説は一般に「罪刑法定原則」を罪刑法定主義と理解する。すなわちその思想的根拠・原理には法治，民主主義，人権保障等が据えられ，またその内容・派生原則として，一般に法律主義，重い事後法による遡及処罰の禁止，類推解釈禁止（被告人に有利なものを除く），明確性原則が説かれる。また罪刑均衡原則等の刑罰法規の適正も広く認められている。

とはいえ，このことをもって中国刑法が罪刑法定主義を受容したというのは早計と考える。立法・司法における「罪刑法定原則」を罪刑法定主義と理解してよいかは，別途検討を要する（反対，張光雲 2013）。以下，順に検討する。

(2) 立法レベル

全国人代における草案説明によれば，罪刑法定原則の立法化は要するに，その必要性を前提として，旧法はやむなく類推制度を設けたが，その間，犯罪類型を拡充して処罰の間隙を埋め，また実際に類推適用を用いた事例が少

なかった[4]ことから，それを廃止しても対応していけると見込めたからである（王漢斌 1997）。

しかし類推承認件数が少なかった要因として，司法解釈・案例等による（類推適用が必要にもかかわらず）直接適用の指示や，恣意的な直接適用があった。さらにポケット罪［口袋罪］と揶揄された不明確な規定や労働矯正の存在も看過できない（例：坂口 2001b）。ここには罪刑法定主義の理念は（少なくとも）前景に現れていない。そしてこのことは 3 条前段に反映されていると考えられる。

まず，起草当局によれば 3 条後段は「法律なければ刑罰なし」を，前段は「法律がある行為を犯罪であると明文規定している場合にのみ，当該行為について罪責を認定して処断することができ，かつ，必ず法律の規定により罪責を認定して処断しなければならない」ことを意味する（全国人大法工委 2015）。これは「刑法が犯罪行為と規定してさえいれば，罪責を認定して処断しなければならない」，「法律あれば刑罰あり」と読めそうである（陳興良 2016）[5]。

何秉松 1998 はそのように解した上で，前段を積極的な罪刑法定原則と，後段を消極的なそれと呼び，前者を第一義とする（いわゆる「積極的罪刑法定原則」論）。この解釈によれば，被告人に有利な類推解釈や超法規的な犯罪阻却は認められない（後者は犯罪構成理論にも吻合する）どころか，罪刑法定原則違反と評価されることになる（盧建平 2005）[6]。かかる「罪刑法定原則」は罪刑法定主義とは別物となろう（さらに小口 2007）[7]。

そして学説の多くは，3 条前段が積極的罪刑法定原則を意味すると理解している（梁根林 2002，労東燕 2010，曲新久 2016，黎宏 2016。なお，そのことの当否は別論）。だとすると，立法化の時点で罪刑法定原則と罪刑法定主義には根本的なズレが生じていることになる。

このほかにも不明確性が問題となる。旧刑法のポケット罪は刑法改正により複数の犯罪に細分化された。だが「ポケット」は解消しきれなかった（例：不法経営罪（225 条 4 号），挑発的騒動［尋釁滋事］罪（293 条））。また「その他の……」，「情状が重い」，「比較的多額」等の曖昧な文言が散見される[8]。法定刑については後述のように幅が広く，また罰金刑には依然として多額に関する一般規定がなく，絶対的不確定刑の問題がある。

(3) 司法レベル

実務における「罪刑法定原則」の定着度合いについての評価は様々であるが，少なくとも，以前より改善されたが課題はまだある，という点はコンセンサスと目される。問題はその「課題」がどれだけか，である。学説により批判されている司法解釈や裁判例は少なからずある (例: 坂口2003a, 坂口2011)。例えば最高法・最高検「偽・粗悪商品生産・販売刑事事件の処理における法律の具体的運用の若干の問題に関する解釈」(2001年施行) 6条4項は，「人体の健康を保障する国家基準・業界基準を充たさない医療機器・医療用衛生用品」の知情購入・使用行為に，基準不適合医療機器販売罪 (145条。2002年に改正されたが，この点は同じ) を適用するとした。これについては販売［銷售］は少なくとも購入ならびに自己使用および他人への無償使用を包摂し得ないため，類推解釈であると批判されている[9]。なお，最高法の司法解釈は裁判官を拘束し，裁判官は (たとえ類推解釈と疑ってもなお) それに盲従する傾向が強いといわれる (張明楷2009)。

このほか，裁判者が政治権力の統制・干渉から自由ではない制度においては，そもそも刑法のみに従って裁判をするための前提を欠く (陳興良2005)。政治権力が介入する事件はごく一部と目されるものの，そうなった場合，政治の前では法そのものが相対化され，それに伴い必然的に罪刑法定原則の要請も相対化される。

2 罪刑均衡原則

罪刑均衡原則は立法のみならず，司法 (特に量刑) にも妥当する (量刑が主とされる (張明楷2002)。これについては第3節3(1) に譲る)。本原則は罪刑法定原則と並ぶ基本原則である。両原則が実定化されたのは現行刑法においてであるが，旧法下でも相並ぶ不文の基本原則と解されていた (高銘暄1993)。しかも学界で基本原則と広く認められるようになったのは本原則の方が早く，罪刑法定原則が旧法以降であったのに対し，本原則は1950年代であったという (高銘暄1986)。これらのことは本原則の重みを示している。そしてそれは実際に，罪刑均衡という実質的妥当性 (その基準の中核は「社会的危害性」) を追求できるように，あらかじめ司法には広範な裁量空間が用意されており，またそれでも果たせない場合には法的形式論理を超えた適用がなされている点に表れている。以下，順に見ていこう。

(1) 「司法」の裁量の広範さ

全体的に法定刑は幅広である。例えば窃盗罪 (264条) の下限は罰金であり，上限は無期懲役であり，それぞれ罰金1万円，懲役10年である日本よりも広い。

もっとも中国では1個の犯罪に，行為態様・結果等に応じて複数の「量刑枠」［量刑幅度］(63条1項) が規定されていることが多い。例えば窃盗罪は額の多寡・行為態様・情状の軽重により，ⓐⓑⓒの3つのランクがある。そして額の多寡等は一般に司法解釈や高級法院の規範的文書等により具体的に規定され，特に額については具体的数値が定められており，下級法院の実務では硬い枠となっているようである[10]。

とはいえ他方で，一般に「その他の重い情状」等の概括的な文言が用意されていることを看過してはならない。例えば窃盗額が「比較的多額」であっても，情状が重ければⓑの量刑枠で処断できる。そして「重い情状」は規定し尽くしえないため，裁量により量刑枠を選択できる余地は残る。そのため，裁判官・法院・地域毎の量刑格差が問題となっている。

> 264条　ⓐ公私の財物を窃盗し，比較的多額である者，または多数回窃盗し・住居侵入して窃盗し・凶器を携帯して窃盗し・スリをした者は，3年以下の有期懲役，拘役または管制に処し，罰金を併科し，または単科する。ⓑ巨額であり，またはその他の重い情状がある者は，3年以上10年以下の有期懲役に処し，罰金を併科する。ⓒ特に巨額であり，またはその他の特に重い情状がある者は，10年以上の有期懲役または無期懲役に処し，罰金または財産没収を併科する。

さらに裁量による減軽 (第3節3 (3)) や，「犯罪の情状が軽く」かつ「刑罰を科す必要がない」場合には刑の免除も可能である (37条)。また社会的危害性僅少を理由とする犯罪不成立も結論できる (13条ただし書)[11]。

このように，相応の量刑枠で罪刑均衡を実現できないときは，幅広の法定刑の上限から刑の免除，犯罪不成立まで裁量で決めることができる。もっとも，以上の裁量権の法律上または事実上の行使 (承認) 主体は裁判体とは限らない[12]。

(2) 罪刑均衡のための特殊な法条競合理論——重法優先

法条競合の特別関係において，特別法は一般法に優先する。これが原則であるが，さらにその例外として，重い法が軽い法に優先すべきかが論点となっている（149条2項はこれを明文規定するが，以下はそれ以外の場合についてである）。

例えば保険詐欺罪（198条）は詐欺罪（266条）および契約詐欺罪（224条。これは詐欺罪の特別法）の特別法に当たるとされる。しかしその法定最高刑は懲役15年であり，無期懲役である詐欺罪・契約詐欺罪よりも軽い。そこで懲役15年では軽いと判断された場合には罪刑均衡原則の見地から重法優先原則が主張される。もっとも266条4文（「本法に別の規定があるときは，その規定による」）から，同条を適用することはできない。そこで契約詐欺罪を適用すべきとされる（張明楷2011）。立法の不備を解釈で手当てする議論と解されるが，実質的妥当性のために法的形式論理を犠牲にするものといえよう（車浩2010。なお張明楷2016では，上の例を観念的競合とする立場に改めた）。

第2節　犯罪論の基本構造

刑法典改正後，新たに規定された罪刑法定原則と実体的概念である社会的危害性ないしはそれを中核に据える犯罪概念との矛盾をめぐり論争が生じた（坂口2001b）[13]。その後戦線が徐々に拡がり，近年では犯罪論体系全体をめぐる大論争へと発展している。従来は旧ソ連刑法学を継受した立場が通説であったが，その地位はすでに揺らぎ，ドイツ・日本・台湾流の学説（構成要件該当性−違法性−有責性の3階層論をベースにした立場）が有力化しつつある[14]。

とはいえ，実務におけるその影響力は根強く，なおその枠組みが主流を占めている（もっとも実務は必ずしもそれに忠実とは限らない）。また学説も一般にそれを（批判する場合も含めて）議論の出発点としている。そこで以下では主に高銘暄・馬克昌2016，高銘暄・馬克昌2007，高銘暄1998，馬克昌1999，趙秉志2016，張明楷2004に基づき，前者の立場（以下「伝統的立場」）を解説することとする（独日台流については例えば陳興良2013，張明楷2016参照）。

それによれば，犯罪の観念は（旧ソ連伝来の）犯罪概念と犯罪構成理論により説明される。両者は主に次の点に大きな違いがあると説かれる。すなわち，前者は刑法に規定されている概念であるのに対して，後者は（刑法所定の要素を素材とした）理論的構築物である。また前者と後者は抽象と具体の関係にあ

る。前者は行為の社会的・政治的本質から総体的に何が犯罪か，犯罪には如何なる基本的属性 (特徴) があるかを示し，原則から犯罪行為とその他の行為を区別する役割を果たす。他方，後者はこれを土台に，犯罪成立の規格・基準を示す。

両者の関係は分かりづらい。まずは犯罪概念から具体的に見ていこう。

1 犯罪概念

13 条は ⓐ 社会的危害性，ⓑ 刑事違法性，ⓒ 可罰性 [応受懲罰性] という犯罪の 3 つの基本的特徴からなる犯罪概念を定める (3 特徴説)。これは実質的特徴 (ⓐ) と形式的／法的特徴 (ⓑ) からなる混合的犯罪概念とされる[15]。なお「特徴」とあるが，成立要件としても機能する (現在，争いはある。本節 3)。

> 13 条　国家主権・領土の保全および安全に危害を及ぼし，国家を分裂させ，人民民主主義独裁の国家権力を転覆させ，および社会主義体制をひっくり返し，社会秩序および経済秩序を破壊し，国有財産または勤労大衆による集団所有の財産を侵害し，国民による私人所有の財産を侵害し，国民の人身権，民主的権利およびその他の権利を侵害し，ならびにその他の ⓐ 社会に危害を及ぼす行為で，ⓑ 法律により ⓒ 刑罰の処罰を受けなければならないものは，全て犯罪であるが，ⓓ 但し情状が顕著に軽く危害の大きくないものは，犯罪とは認めない。

(1) 社会的危害性

社会的危害性 (旧ソ連の "общественная опасность" (定訳は「社会的危険性」) の訳語) は前法律的な社会的・政治的概念である (小口 1997)。行為に一定の社会的危害性があることが「犯罪の最も基本的な特徴」とされる[16]。

社会的危害性とは刑法の保護客体に危害を及ぼす (侵害またはその危険の惹起) 行為の特性を指す (属性説)。具体的な保護客体は 13 条に列挙されている。伝統的立場はこれを [社会関係] と把握する[17]。これは人々が共同生産・生活において形成する人と人との間の相互関係であり，物質的関係 (経済的土台) および思想的関係 (上部構造) を含む。そして経済的土台と上部構造には鮮明な階級性があることから，これは犯罪の実質的内容＝「階級的本質」を明確に提示することができるとされる。犯罪は社会主義体制下の社会関係に危害を

及ぼすものであり，さらに進んでは社会主義社会自体を脅威に晒すことから，犯罪は本質的に社会全体に対する危害と捉えられる。

社会的危害性は客観的危害と主観的悪性（犯罪の主観的側面（本節2）がこれを示す）からなる。例えば故意殺人罪と過失致死罪は客観的に同じ危害結果であっても，主観的悪性の点で前者の社会的危害性の方が大きいとされる。責任無能力者（弁識・制御能力のない精神病者（18条1項）および刑事未成年（17条1・2項））は，故意・過失を持ち得ず主観的悪性を欠くため，犯罪の社会的危害性は認められない。したがって，社会的危害性は日本刑法学における実質的違法性と有責性を合わせたものに相当する。

社会的危害性の主な判断根拠には，① 侵害した客体（社会関係。国の安全に危害を加える罪の社会的危害性が最も大きいとされる），② 行為の手段・結果等，③ 行為者の状況および主観的要素がある。これらは犯罪構成の内容である。したがって，犯罪構成は社会的危害性の構成でもあり，社会的危害性の判断根拠には全ての犯罪構成要件[18]該当事実（例えば責任能力も）が含まれる。

その判断は全面的な観点に基づく多種の要素の総合衡量とされる。例えば危害結果については，有形・物質的危害のみならず，社会・政治や人々の社会心理にもたらす危害をも見なければならないとされる。ここには政治や民意を刑法規範に迎え入れる「正門」が開かれている。死刑判断に際して［民憤］が考慮されることの理論的根拠である（もっとも何をもってそれらとするかの問題はある）。また「相対的軽微性」も観念し得る。

そして犯罪の社会的危害性には一定の程度が必要とされる[19]。一般にその実質的・刑事政策的根拠は懲罰と寛大の結合の政策に，法的根拠は13条ただし書（ⓓ）に求められる（「犯罪とは認めない」は犯罪不成立を意味する）。また各則の2/3以上の犯罪にはその旨を示す定量的要件（「情状が重い」，「比較的多額である」等）が規定されている（講学上，それぞれ「情状犯」，「金額犯」と呼ばれる）。なお社会的危害性が一定程度に至らないために犯罪が成立しないということは，違法一元論・可罰的違法性論を想起させる。しかしその判断根拠および体系的位置づけ（後述）には大きな違いがある（陳興良・劉樹徳 1999）。またそうした場合であっても，一般に秩序違反が受け皿となっている。例えば軽微な窃盗は治安管理処罰法49条違反として処罰され得る[20]。

(2) 刑事違法性

刑事違法性は刑法規範に違反したことを指し[21]，犯罪構成要件の充足と同義である。なお犯罪構成には主観的要件（例: 責任能力）も含まれるため，刑事違法性を構成要件該当性・形式的違法性と同視することはできない。

刑事違法性は社会的危害性の刑法上の表現であり，後者は前者の基礎（実体と解すことができる）であるとされる。すなわち，ある行為に類型的に一定の社会的危害性があるからこそ，立法者はそれを犯罪と規定し，もってそれが刑事違法性を有することになる。また具体的行為に一定の社会的危害性がなければ，当該行為に刑事違法性があるはずがないとされる。というのも，ある行為がある規定に形式的に該当しても，社会的危害性が一定程度なければ，13条ただし書により犯罪が成立せず，よって刑事違法性がないことになるからである。

他方で，行為に一定の社会的危害性があるが，刑事違法性がないときは，犯罪は成立し得ない。罪刑法定原則の下では当然のはずである（なお旧刑法下では，類推適用により犯罪の成立を認める場合には刑事違法性はあるとされていた。高銘暄 1989）。またそのため，刑事違法性を犯罪の本質的特徴とする立場もある（王昭武 2014）。

(3) 可罰性

これは犯罪が刑罰という処罰を受けるべき行為であることを指す。この特徴は社会的危害性と刑事違法性の必然的な法的結果とされる。だとすると，論理的には犯罪はこの両者により成立していることになるため，可罰性は犯罪の成立要件ではないことになる（小口 2011）[22]。なお可罰性の存在は刑の免除の場合にも認められる。刑を受けるべきことと，実際に刑を科す必要がないことは区別されている。

2 犯罪構成理論

犯罪構成とは，刑法所定の犯罪成立に必要な一切の主観的・客観的要件の有機的統一である。したがって，これを充足しさえすれば，具体的な犯罪が成立することになる。この意味でこれは犯罪成立（ないしは刑事責任）の唯一の根拠である（以下「唯一テーゼ」と呼ぶ）。また各要件（要素）は刑法で規定されているものとされることから，この理論には超法規的犯罪阻却を容れる余地

はない。この点でいわゆる積極的罪刑法定原則論と親和的である（なお「開かれた犯罪構成要件」は認められる）。

犯罪構成は① 犯罪客体，② 犯罪の客観的側面，③ 犯罪主体，④ 犯罪の主観的側面の4要件に分けられる（「4要件論」と呼ばれる）。①② は客観的要件に，③④ は主観的要件に分類される。まず①〜④ の順に敷衍する（圏点の意味は後述）。

① 犯罪客体。これは刑法が保護し，犯罪行為が侵害する社会関係である。

② 犯罪の客観的側面。これは行為が刑法の保護する社会関係に損害を惹起したことを示す刑法所定の客観的・外在的事実の特徴である。その具体的要素には危害行為，危害結果および行為の時間・地点・方法（手段）・対象（行為客体に相当）がある。なお，社会関係も自然的意味においてはこれに当たるが，すでに犯罪客体として独立させたため，ここには含めない。また因果関係はこれの独立した要件ではなく，「危害行為が引き起こした事実でなければ危害結果たり得ない」という形で危害結果の一要素に位置づけられている。

③ 犯罪の主体。これは社会に危害を及ぼす行為[23]を実施し，かつ，法により刑事責任を負うべき自然人および［単位］を指す。主な論点は刑事責任能力，身分および［単位］犯罪である[24]。

④ 犯罪の主観的側面。これは犯罪主体が自己の行為およびそれが社会に危害を及ぼす結果について抱く心理的態度を指す。これには犯罪の故意・過失および目的・動機が含まれる。故意・過失は［罪過］と総称され，犯罪成立に不可欠の要素である（16条はその裏返し）。行為者が相対的意思自由を基礎として，社会に危害を及ぼした故意・過失という心理的態度が刑事責任の主観的根拠とされる。なお［罪過］は責任（schuld）に当たることから，伝統的立場は心理的責任論とされる（16条に期待可能性を読み込む論者もいる。張明楷 2016）。

以上の4要件からなる犯罪構成の判断は，段階的（例：3階層論）にではなく，順不同で，刑法所定の要件要素の全てが充たされたか否かという形で，1回的に行われる。この意味で，これは階層的な犯罪体系論ではなく，平面的な犯罪要素論である（刑法理論研究会 1987）。またそうした判断方法になる（というよりも，そうならざるを得ない）のは，各要件が相互依存関係にあることによる。すなわち，各要件には他の要件がその要素として組み込まれ，後者の充足（さらに① では犯罪の成立自体）が前者の充足の前提となっている（上記圏点部分参照）。そのため，いずれかの要件を欠けば，いわば「共倒れ」になり，

268 第Ⅴ部 刑事法

結局，全ての要件が充たされないことになる（この点を捉えて［耦合］構造と評される）。要はオールオアナッシングの判断である（以上について陳興良1992，李潔1998，趙秉志・肖中華1999，労東燕2001，陳興良2013）。

3 犯罪概念と犯罪構成理論の関係の振り返り

まず1・2の骨子を示しておこう。一定の社会的危害性は犯罪の実体であり，刑事違法性はその法的表現である。立法レベルにおいて，一定の社会的危害性があれば刑事違法性がある（ように立法する）。司法レベルでは，そうとは限らない（刑事違法性がない場合は犯罪ではない）。他方で，刑事違法性があれば一定の社会的危害性があるはずである。両者の存否は一致することになっている。その辻褄は現行法では13条ただし書で，旧法ではその前身たる10条ただし書，また79条（類推許容規定）で合わせる（李光燦・羅平1979）。

犯罪構成は犯罪成立の唯一の根拠である。その全要件は刑法に規定されていることから，一方でその全てに該当することと刑事違法性は等号で結ばれる。したがって犯罪構成は社会的危害性の構成でもある。他方でこの理論に超法規的犯罪阻却を容れる余地はない。

これで両者の関係を少しは整理できたと思われるが，まだ疑問はあろう。その最たるものは，一方で犯罪構成を犯罪成立の唯一の根拠とする一方で，犯罪構成を形式的に充たしても，社会的危害性が一定程度なければ，13条ただし書を根拠に犯罪が成立しないという点ではなかろうか。ここでは犯罪概念の世界で犯罪の成否が決せられており，唯一テーゼが破綻しているように思えるからである。

近年，4要件論は独日台流の立場からの激しい批判に晒されている[25]。論点は多岐にわたるが，とりわけこの点は，4要件論にとって痛恨の一撃であったように見受けられる。もっとも，4要件論陣営からは13条ただし書を根拠にするのではなく，犯罪構成に解消して無罪を導くべきとの反論がなされている（馮軍・肖中華2016）[26]。13条の裁判規範性を否定するものであり，注目される（また独日台流の立場のものとして張明楷2016）。

他方，実務は一般に，まず犯罪構成を充たすか否かを判断し（形式判断），その後，13条ただし書に該当するか否かを判断する（実質判断）という2段構えの枠組みであるという（儲槐植・張永紅2002，梁根林2013。なお，定量的要件がある場合でも，13条ただし書の適用はあり得る）。犯罪構成理論が貫徹されているわ

けではない。

第3節　刑罰・量刑の仕組み

本節は刑罰の本質・目的，種類，量刑論を解説する。

1　刑罰の本質と目的

刑罰は受刑者の一定の権利・利益の剥奪を内容とし，本質的に懲罰であり，しかもそれは最も厳しい（犯罪行為に対する）否定的評価および（犯罪者に対する）非難であるとされる。

多数説は刑罰の目的を犯罪予防に求める。予防は特別予防と一般予防に分けられる。特別予防は主には刑罰による剥奪・懲罰および教育・改造を通じて再犯能力を制限・剥奪し，その更生を目指す。建国前から掲げられていた懲罰と教育の結合の原則は現役であり，自由刑では労働が強制され，それにより真人間に改造することが目指される（労働改造）。なお，「ごく少数の者」に対する死刑執行も「最も簡単で，最も効果的な特別予防の方式」（高銘暄・馬克昌 2016）とされ，単なる教育刑主義ではない[27]。

一般予防は威嚇予防（消極的一般予防）が念頭に置かれている。具体的には刑罰の制定・適用・執行を通じて，①危険分子・不穏分子の犯意を抑止し，②犯罪に対する国の不寛容を示すことにより，被害者等を慰撫し，報復的犯罪を抑止し，③国民の適法性［法制］観念を高め，積極的に犯罪と闘争することを励行することにより実現が図られる。

2　刑罰の種類

刑罰には主刑と付加刑がある。主刑は1個の罪に1種しか適用できない。付加刑にはそうした制約はない。また付加刑は主刑に付加して適用する（複数可）ことも，（付加刑だが主刑に付加しなくとも）単独で適用することもできる。

主刑には管制，拘役，有期懲役，無期懲役および死刑の5種がある。付加刑には罰金，政治的権利の剥奪および財産没収の3種がある。さらに外国人専用の付加刑として国外追放がある（32〜35条）。

この枠組みは旧刑法から今日まで維持されているが，刑罰の分布構造は大きな変貌を遂げている。それは寛刑化とまとめることができる[28]。それには

270　　　　　　　　　　　　　　第 V 部　刑事法

表 11-1　法定刑に死刑・罰金がある犯罪類型数の推移

	1979 年刑法および軍人職責違反罪処罰暫定条例	1997 年刑法	2011 年改正刑法	2015 年改正刑法
犯罪類型総数	140	412	451	471
法定刑に死刑がある犯罪類型	41 (29.3%)	68 (16.5%)	55 (12.2%)	46 (9.8%)
法定刑に罰金がある犯罪類型	20 (14.3%)	152 (36.9%)	180 (39.9%)	212 (45.0%)

出所: 蘇永生 2015。

表 11-2　判決発効人員における主な言渡し内容

年	判決発効人員	5 年以上の懲役・死刑		5 年未満の懲役		拘　役		執行猶予		管　制		刑の免除		無　罪	
		人	%	人	%	人	%	人	%	人	%	人	%	人	%
1979	140,108	30,102	21.5	76,805	54.8	—	—	8,026	5.7	1,797	1.3	15,426	11.0	4,925	3.5
1980	197,134	36,641	18.6	110,512	56.1	14,251	7.2	15,802	8.0	3,673	1.9	11,408	5.8	3,282	1.7
1983	657,257	311,482	47.4	271,173	41.3	24,241	3.7	30,369	4.6	3,843	0.6	10,987	1.7	2,470	0.4
1996	667,837	287,537	43.1	270,893	40.6	15,390	2.3	76,997	11.5	2,061	0.3	9,207	1.4	2,281	0.3
1997	529,779	209,309	39.5	215,750	40.7	17,029	3.2	69,134	13.0	2,636	0.5	8,790	1.7	3,476	0.7
1998	533,794	149,142	27.9	249,140	46.7	31,251	5.9	76,903	14.4	5,666	1.1	9,414	1.8	5,494	1.0
2015	1,232,695	115,464	9.4	541,913	44.0	157,915	12.8	363,517	29.5	11,768	1.0	18,020	1.5	1,039	0.1

注記:「執行猶予」(対象は「拘役または 3 年以下の有期懲役」(72 条 1 項))を除き，刑は実刑である。
出所: 2015 年は中国法律年鑑編輯部 2016，それ以外は最高人民法院研究室 2000 参照。

立法と司法の 2 つのレベルがある。まず立法レベルでは，死刑の抑制 (例: 死罪削減) および罰金規定の増加に顕著に表れている (表 11-1)。

　次に司法レベルでは，懲役 5 年以上の刑の比率の減少，拘役・執行猶予の比率の増加がその顕著な例である (表 11-2)。また財産刑の適用はかつて低調であったが，1990 年代以降，特に 1997 年改正における罰金併科規定 (特に必要的なそれ) の増加に伴い，大幅に増えている (最高人民法院研究室 2000，王衍松・呉優 2013)[29]。

　また死刑も減ってきているようである (死刑のデータは国家機密)。建国前より今日まで一貫して「少殺 (・慎殺) 政策」(死刑は少なく (・慎重にする)) が掲げられ，法律上もそのための制度がある。例えば死刑の執行方法として即時執行以外に，2 年間執行を延期し，無事に経過すれば有期・無期懲役に減ず

る執行延期2年付死刑が用意されていることは，国際的にも有名である（以下，前者を「死刑（即）」，後者を「死緩」と呼ぶ。「死刑」は両者の総称として用いる）。しかしそうした政策・条文があることと実際は，当然別の問題である。旧刑法下では犯罪激増に対応して死罪が右肩上がりで増え続けた。また中国が世界一の死刑大国であることは，いまや「公然の秘密」といえよう[30]。

　他方，学界ではこうした状況に対する批判が強く，廃止論も有力である（例：胡雲騰1995，邱興隆2001）。特に非暴力犯罪に対する死刑の廃止は通説といえる。

　また立法・司法も石橋を叩いて渡るが如くではあるが，1997年の刑法典改正以降，死刑執行を抑制・回避する措置を講じており，特に2011・2015年改正による条文の変化は大きい。まず2回の改正により，計22個の犯罪の法定刑から死刑が削除された（近年の適用実績が僅少または無の犯罪が主。張軍2011，趙秉志2015）。また死刑（即）を回避して死緩を選択しやすくするために，死緩無事経過による減刑後の有期懲役の長期の引上げ（20年→25年），ならびに特定の犯罪を対象とした減刑制限および終身監禁の創設がなされた（50条，383条4項，386条）。さらに延期期間中に故意犯罪を行ったときは死刑を執行するとされていたが，情状が悪質な場合に限定し，これに当たらなければ延期期間を改めて起算することとされた（50条1項。なお執行時には最高法の許可が必要）。

　また最高法も司法解釈・紀要・案例等の様々なチャンネルを通じて，特に死刑（即）に抑制的な運用ルール・方針を示している。なお，長年死刑（即）言渡人員数が死緩言渡人員数よりも多かったところ，2007年には逆転した。今日，死刑即時執行数は史上最低レベルであるという（肖揚2017）[31]。

3　量　刑

　有罪率が約99.9%である中国においても，被告人の最大の関心事は量刑となろう（馮軍2016）。以下では量刑の基本的な枠組みを見る。なお近年，量刑の不均衡の是正を図り，量刑の指針・ルール（中国版量刑ガイドライン）作りが進められている（熊選国2010）。2014年には最高法「多発犯罪の量刑指導意見」が実施され，さらに2017年に一部改正された（なお，改正前については馮軍2016，金光旭2017を参照されたい）。

(1) 罪刑均衡原則および量刑原則

5条　刑罰の軽重は，犯罪者の ⓐ 犯した犯罪行為および ⓑ 負う刑事責任と均衡［相適応］しなければならない。

61条　犯人に対する刑罰を決定するときには，ⓒ 犯罪の事実，ⓓ 犯罪の性質，ⓔ 情状および ⓕ 社会に対する危害程度に基づき，本法の関連規定により言い渡さなければならない。

まず5条については ⓐ と ⓑ の内容・関係が問題となる。伝統的立場は，犯した罪に応じて，刑の個別化の要請を加味した刑事責任を負い，それに応じた刑罰を科すべきとする（そこで敢えてこれを罪責刑均衡原則と呼ぶ）。ここで刑事責任の程度の根拠は犯罪構成要件該当事実が示す社会的危害性，ならびに犯罪構成外の量刑上考慮すべき事実（量刑情状）が示す社会的危害性および人的危険性［人身危険性］[32]からなるとされる[33]。他方，有力説は ⓐ を社会的危害性（客観的危害＋主観的悪性）と，ⓑ を人的危険性と解する（陳興良2013）。いずれにせよ，刑と均衡すべきものの内実は，社会的危害性と人的危険性である。

61条はそれを具体化し，事実を根拠とし（ⓒ〜ⓕ），刑事法を準則とする量刑原則を定める。ⓒ は犯罪構成要件に該当する全事実ないしは基本的事実を指す。ⓓ は具体的には罪名[34]を指す。ⓔ は犯罪構成外の犯罪の社会的危害および犯罪者の人的危険の程度に影響し得る各具体的事実の状況を指す。ⓕ は ⓒ ⓓ ⓔ を総合的に評価して決められる。これは犯罪の本質的特徴＝社会的危害性であり，量刑の最も主要な根拠とされる。

なお ⓕ では事件後の事情も考慮される。例えば被害弁償は客観的に社会に対する犯罪の危害を減らすことから，悔悟と結びつけて，量刑時に考慮すべきとされる（最高法『刑事訴訟法』適用に関する解釈」（2013年施行。以下「刑解」と略）157，江必新2013。なお悔悟を伴わない賠償も全く考慮しないわけではない。さらに2012年刑訴法改正で新設された刑事和解も参照）。

(2) 量刑プロセス

量刑は一般に次のように行われる。① 法定刑を出発点として，複数の量刑枠があるときは額・情状等によりそのいずれによるかを決める。② 量刑情状（上記 (1) の ⓔ）に基づき，必要に応じて［従重］（より重くする）[35]・［従軽］（よ

り軽くする）・減軽（後述 (3)）が施された上で，具体的な刑種および刑量が決せられる。単純 1 罪の場合はこれが宣告刑となる。③ 数罪の場合，まず同一罪名の犯罪が複数個あるとき（[同種数罪] という）は，罪名毎にまとめて刑が量定される（なお最高法「数罪の中で無期懲役以上の刑を言い渡した事件について如何に併合罪を実施するかに関する通知」(1987 年。2013 年廃止) 参照）。異なる罪名の犯罪がなければ，これが宣告刑となる。④ また [異種数罪] のときは，(③ の後に) 併合罪 [数罪併罰] として処理した後 (69〜71 条)，宣告刑を決する（周道鸞 2007，高銘暄・馬克昌 2016）。

(3)　減　軽

> 63 条①　犯人が本法の定める処罰減軽事由を具備するときは，法定刑以下の刑罰を言い渡さなければならない。本法が複数の量刑枠を定めているときは，法定の量刑枠の 1 つ下の量刑枠内で刑罰を言い渡さなければならない。
>
> ②　犯人が本法の定める処罰減軽事由を具備していなくとも，事件の特殊な状況により，最高人民法院の許可を得て，法定刑以下の刑罰を言い渡すこともできる。

減軽は法定刑（ないしは相応の量刑枠）以下で処断することをいう。99 条にかかわらず，この「以下」は従軽と区別するために，「より下で」と解釈されている（最高法研究室『「法定刑以下に減軽」して処罰するを如何に理解し，把握するかの問題に関する電話答復』(1990 年) 等）。

1 項減軽と 2 項減軽（特別減軽とも呼ばれる）は要件・効果・手続が異なる。まず 1 項が法定事由（任意的・必要的の別がある）を根拠とするのに対し，2 項は「事件の特殊な状況」による。後者には大別して広狭両説がある。狭義説は法工委の立場であり，「主に国防，外交，民族，宗教等のごく例外的な特殊な事件の必要性を指しており，一般の刑事事件についての規定ではない」とする（最高人民法院審判監督庭 2007）。広義説はそれ以外にも量刑に大きく影響する状況を含むとする。最高法の立場は当初は必ずしも定かではなかったが，2000 年代中頃以降は緩やかに解す傾向があるとされる。また 1 項減軽の結果，なお重いと思料されるときには 2 項を適用できるとされる。実務の 2 項減軽は日本の酌量減軽に近いといえよう。

効果について，1 項減軽では 1 つ下の量刑枠があれば，その枠内で処断する（後段。2011 年に量刑の不均衡の是正や裁量権の濫用防止のために新設された。窃盗罪を例にすれば（第 1 節 2 (2)），特に巨額の場合（通常は ⓒ）は ⓑ によることとなり，ⓐ によることはできない）。他方，2 項にはかかる制約はない。したがって 2 項減軽によれば全ての犯罪について法定刑の下限より下で刑を量定することができることになる（なお，刑の免除については 37 条）。

最後に手続上，2 項減軽は最高法の許可を要する（刑解 14 章。死刑再審査手続とほぼ同じ。なお刑の免除にはこの手続はない）。1 項減軽と比べて一見使い勝手がよく，効果も大きい割に，刑の免除と比べてもその利用が極めて低調である[36]要因として，こうした手続の煩雑さやそれに付随する「誤判」発覚のリスク等が指摘されている（以上につき張軍 2011，李剣弢・唐建秋 2015）。

結

本章は社会的危害性を切り口として刑法を読み解いてきた。そこから浮かんで来るのは，プラグマティックな実質的妥当性への志向である。最後にその表れをまとめておこう。

犯罪論において社会的危害性は犯罪概念の中核を占め，また犯罪成立の唯一の根拠とされる犯罪構成の埒外で犯罪の成否を決定している。さらに，罪刑法定原則の存在にもかかわらず，犯罪と規定されていない社会的危害行為を処罰するために類推解釈（さらにはそれをも凌ぐ適用）がなされている。

刑罰論においては主に社会に対する危害の程度（社会的危害性）に応じた刑を科すべきとされ，またそれを可能とする仕組みが構築されている。なお量刑枠の選択基準の客観化・形式化が図られているが，裁量による減免制度や「その他の重い情状」等があるため，実質的判断により幅広い法定刑内で量刑枠を選択することが可能であり，さらには減軽・免除，犯罪不成立の判断も可能である（誰が決定するかの問題はある）。

このように，社会的危害性は犯罪論のみならず，刑罰論をも貫く，刑法の基軸である。それは両者を密接に接合し，その結果，妥当な処罰という実質的考慮が犯罪論に直輸入されている。一方で処罰の必要性がない軽微な社会的危害行為は実体法上非犯罪化される。他方で犯罪化されていない社会的危害行為を罪刑法定原則に反する解釈により処罰する。また妥当な量刑の前で

は，法的形式論理は道を譲らなくてはならない[37]。

　なぜかくもプラグマティックに実質的妥当性が追求されるのか？

　※本稿は科研費 (25780004) の成果の一部である。

注

1)　なお「法院」，「審判」（本節2 (a)）については，それぞれ次章注3), 1) 参照。
2)　状況によっては未遂犯が成立する余地はある。なお後掲注 (19) 参照。
3)　制定プロセスの民主性は1個の問題をなす。
4)　110〜120件で，約7割が遺失物横領であったという（張軍等 2003）。
5)　なお郎勝（全国人大常委会法制工作委員会（以下「法工委」と略）刑法室主任）は，前段が罪責認定・科刑に際しては必ず法律の規定によらなければならないことを意味するとする（張軍等 2003。陳興良 2013 も同旨）。もっとも，朗については「法律あれば刑罰あり」を明確に拒絶していないとも読める。
6)　なお，超法規的犯罪阻却については13条ただし書の解釈により解決する途もあり得る（第2節1 (1)）。
7)　張明楷 2016 は罪刑法定原則を定めているのは後段だけで，前段はそれとは別の，法益保護主義を定めているとする。
8)　後2者は犯罪の量的下限を条文化する中国刑法の特徴に由来する（序2 (b) 参照）。陳興良 2011 は，大陸法では微罪の処罰は司法機関（検察も含むと解される）の裁量に委ねられているのに対し，中国刑法における「情状が重い」等はその裁量の「枠」を条文化したものであり（具体的基準は司法解釈等で設定），罪刑法定原則の明確性に反しないとする。これは傾聴に値する（なお後掲注 33) 参照）。
9)　重い事後法の遡及適用の禁止は現行刑法下においては立法・司法ともにおおむね遵守されてきたと目されるが，近年では，禁止令（後掲注 28) 参照）および執行延期2年付死刑（［死刑緩期二年執行］。訳語につき坂口 2009）の減刑制限の遡及効を認めた最高法「刑法改正法 (8) の時間的効力の問題に関する解釈」（2011 年施行）が問題視されている（張明楷 2013）。
10)　実務の問題として「金額至上主義」［唯数額論］（額だけで判断する）が指摘されている（また高見澤 2010 参照）。
11)　無罪となっても行政処罰等の制裁が科される可能性はある。
12)　例えば63条2項，最高法「人民法院審判委員会制度の改革および改善に関する実施意見」（2010 年）9条4・5号，10条2・3号参照。
13)　なお刑法典改正（1997 年）以前における同様の社会的危害性論批判として，朱偉臨「論対"社会危害性是犯罪的本質的特徴"表述的限定与奉法為尊」甘粛政法学院学報 1996 年1期がある。もっとも学界ではあまり注目されなかったようである。
14)　最初に3階層論を採用した概説書は陳興良 2003 である。今日の代表的な概説書としては，2階層論（不法—責任）をとる張明楷 2016 や，罪体（客観的不法）—罪責（主観的責任）—罪量（法益侵害の程度を示す量的要件）の体系をとる陳興良 2013 がある。

276 第 V 部　刑事法

15)　通説は旧法も混合的概念とする。異説として高銘暄 1981，陳興良 2000 参照。

16)　なお刑法改正前は「犯罪の最も本質的で，決定的意義を有する特徴」（高銘暄 1984）と
されていた。そして社会的危害性が類推適用を理論的に正当化していた。

17)　かつては「社会主義的社会関係」と限定的に解されていたが，社会主義市場経済の下で
は非社会主義的社会関係も保護の客体とされていることから，現在では一般に「社会関係」
が用いられる。このほか，近年では法益説も有力である。伝統的立場からも「法の領域に
おいて，社会的危害性とは法益侵害性である」（趙秉志・陳志軍 2011）と歩み寄りが見ら
れる。

18)　日本でいう「構成要件」ではなく，［犯罪構成］の要件（本節 2）である点に留意された
い。

19)　総則規定上，未遂犯・予備犯は処罰が原則である（23 条 2 項，22 条 2 項）が，実務上
は社会的危害性の軽微さから，処罰は例外的である（張明楷 2016）。ちなみに，予備は陰
謀を含むことから，犯罪を目的とする共謀行為は（共謀罪がなくともそもそも）当該犯罪
の予備罪の共同犯罪として可罰的である（馬克昌 1999。なお坂口 2007）。

20)　こうした犯罪と秩序違反のシームレスな接続［衝接］（少なくともその追求）は，制裁シ
システムの特徴といえよう。かつては主に自然犯的な逸脱行為類型に対して，刑罰・労働矯
正・治安管理処罰の「3 級制裁体系」（儲槐植 1988）が構築されていたが，労働矯正は 2013
年末に廃止された。周知のとおり，それが果たしていた役割は大きく（詳しくは田中 1983，
但見 2002 等），またそのため，それが抜けた穴も大きい。立法者は今のところその穴を犯
罪化によって埋めようとしているものと思われる（例：2011 年の窃盗罪改正，近年の手続
簡易化の模索）。司法解釈にも同様の傾向が見られる。他方，地方では法的根拠のない拘
禁措置をその代替措置としているところもある（劉仁文 2015）。

21)　なお，刑法には訴訟条件（例：自訴事件の訴え［告訴］。なおこれは日本法の「告訴」と
は異なる）も規定されているが，これは刑事違法性の問題ではない（なお坂口 2001b）。

22)　なお，これ（ⓒ）が犯罪の成否に実質的な意義があることを認める立場も有力である。
それには主に次の 2 つの立場がある。1 つは 3 特徴説に立ちつつ，これとただし書（ⓓ）を
表裏に捉える立場である（陳興良 2013。なお陳は ⓐ を「法益侵害性」とする）。もう 1 つ
は，犯罪概念を ⓐⓑ により構成し，ⓒ を社会的危害性（ⓐ）の程度を示す要素として
それに従属させ，独立した犯罪の特徴であることを否定する立場である（馬克昌 1999。「2 特
徴説」に分類されるが，「2 特徴」の構成は論者により様々である）。なお，これらにおけ
る ⓒ は「当罰性」と訳すべきこととなろう。

23)　単なる社会的危害行為（秩序違反等も含まれる）ではなく，（後段の）刑事責任を負うべ
きそれ（②の刑法の保護する社会関係に損害を惹起した行為）と解される。

24)　伝統的立場はこれを主観的要件に分類するが，刑事責任能力および身分は客観的問題
であると批判されている（張明楷 2010）。

25)　それ以前の犯罪構成理論の枠組み内における 4 要件論に対する批判として張文 1984 参
照。

26)　また 4 要件論によれば正当防衛・緊急避難は社会的危害性が排除される（またしたがっ
て刑事違法性も排除され，結局，犯罪性が排除される）ため犯罪が成立しないと説かれる
が，これも犯罪構成外で犯罪の成否が決まっているとして，同様に批判されている。なお
それに対する反論として馬克昌 1999 参照。

第 11 章　刑　法　　　277

27)　さらに労働改造については「改造第一，生産第二」の理念が掲げられているが，実際には国庫支出だけで監獄運営を賄うことができない（さらには職員の待遇を改善する）ため「生産第一，改造第二」になっているという（文強 2009）。

28)　このほか，刑罰以外の刑事制裁の多様化の傾向もある。具体的には近年導入された禁止令（38 条 2 項，72 条 2 項。管制受刑者・執行猶予者に対して処分中の特定活動への従事，特定地域・場所への立入り，および特定人との接触を禁止。2011 年改正時に社会内処遇であるコミュニティ内矯正［社区矯正］とセットで導入）および科刑時に付加的に適用する犯罪関連職業への従事禁止（37 条の 1。2015 年改正）である。これらは保安処分と位置づけることができる（張明楷 2016）。さらに反テロリズム法 30 条によれば，懲役以上の刑の言渡しを受けたテロ活動犯罪者および極端主義犯罪者について，満期釈放時になお「社会的危険性」が確かにあると認められるときは，中級法院は決定により，釈放後に政府が実施する「安置教育」を受ける旨を命ずることができる。

29)　それと同時に［執行難］が深刻な問題となっている。なお換刑処分はない。そこで実務では，実質的な罰金の「予納」が行われている。これは被告人・その親族が主刑の寛大な取扱い（例：執行猶予）を求めて判決前に一定の金員を法院に予納するものである（周愛軍 2010）。法的根拠はない。

30)　1983 年 8 月に始まった「厳打」キャンペーンでは，1984 年 7 月までに実に 2 万 4000 人（同時期の判決言渡総人員の 2.8%）に「死刑」が言い渡された（馬斉彬・陳文斌 1989。［判処死刑］の一般的な用法からは，死緩が含まれると推測される。Tanner1999。なお坂口 2009。

31)　これは一般に，一定の事件について高級法院に委譲されていた死刑許可権を全て最高法に引き上げたことの成果として語られる。そしてこのことは，最高法の死刑選択基準が相対的に高級法院のそれよりも厳しいことを意味する。

32)　一般に本人の「再犯可能性」と解されているが，他人への「感染」の結果としての当該他人の「初犯可能性」を含める立場も有力である（陳興良 1992）。

33)　なお，唯一テーゼによれば罪責認定においては，犯罪構成外の事実（例：量刑情状）は考慮されないはずであることから，理論上，犯罪論と量刑論とでは「社会的危害性」の判断基底を異にする。しかし実務では罪責認定に際しても「情状」や「金額」に犯罪構成外の事実を取り込んでいる（王華偉 2015，坂口 2017）。

34)　現行刑法において，罪名は最高法・最高検が司法解釈で定めている（2002 年以降は連名）。

35)　「重きに従って」と訳されることが多いが，平易化（1995 年）前の日本刑法の「重キニ従テ」とは意味が異なるため，注意を要する。

36)　2007〜2009 年は各年 36，76，87 件であり，平均許可率は 93.8% であった（張軍 2011）。

37)　固有法期の刑法観念とのつながりを指摘するものとして小口 2013 参照。

参考文献

※特に中国語の文献については，本書の性格を考えて原則として概説書・体系書等を優先した。また著者名等を省略する場合は（　）で表記する。なお本章には既発表の拙著・拙稿を補正した点があることをお断りしておく。

日本語

浅井敦 1980「刑法『類推』と起草委員会」『法律のひろば』12 号。

浅井敦 1981a「中華人民共和国刑法草案の分析 (1)～(4・完)」『ジュリスト』739～742号。

浅井敦 1981b「『執行延期付き死刑』について」『法律のひろば』34 巻 4 号。

浅井敦 1988「中国刑事法の変遷と展望」『ジュリスト』919 号。

金光旭 2017「中国における量刑標準化改革——最高人民法院の『多発する犯罪に関する量刑指導意見』を中心に」山口厚・佐伯仁志・今井猛嘉・橋爪隆編『西田典之先生献呈論文集』有斐閣。

刑法理論研究会 1987『現代刑法学原論〔総論〕〔改訂版〕』三省堂。

小口彦太 1997「中国刑法上の犯罪概念」奥島孝康・田中成明編『法学の根底にあるもの』有斐閣。

小口彦太 2007「中国の罪刑法定原則についての一，二の考察」『早稲田法学』82 巻 3号。

小口彦太 2010「中国刑法上の犯罪概念再論」『早稲田法学』85 巻 3 号。

小口彦太 2011「中国刑法における犯罪概念と犯罪構成要件理論」『中国 21』vol. 35。

小口彦太 2013「刑法・刑事訴訟法」田中信行編『入門中国法』弘文堂。

坂口一成 2001a・2001b「中国刑法における罪刑法定主義の命運——近代法の拒絶と受容 (1) (2・完)」『北大法学論集』52 巻 3 号 (1)，4 号 (2・完)。

坂口一成 2003a「裁判実務から見る中国の罪刑法定主義——1997 年改正刑法典の下で」『比較法研究』64 号。

坂口一成 2003b「中国における立法解釈活発化の背景——刑法の立法解釈を素材として」『社会体制と法』4 号。

坂口一成 2007「中国における組織犯罪の現状と対策」上田寛編『講座　人間の安全保障と国際組織犯罪　第 2 巻　国際組織犯罪の現段階——世界と日本』日本評論社。

坂口一成 2009『現代中国刑事裁判論——裁判をめぐる政治と法』北海道大学出版会。

坂口一成 2011「台湾における罪刑法定主義の理念と現実——その『感覚』をめぐる日本，そして中国との比較」『北大法学論集』62 巻 4 号。

坂口一成 2017「中国の実務における罪刑法定原則の展開と現在地——『比較的多額』に至らなかった窃盗行為といわゆる金額型窃盗罪の成否を素材として」但見亮・胡光輝・長友昭・文元春編『小口彦太先生古稀記念論文集　中国の法と社会と歴史』成文堂。

高見澤磨 1990「罪観念と制裁——中国におけるもめごとと裁きとから」柴田三千雄・板垣雄三・二宮宏之・川北稔・後藤明・小谷汪之・濱下武志編『シリーズ世界史への問い 5　規範と統合』岩波書店。

高見澤磨 2010「中華人民共和国における美——量刑のものさし」『BI』Vol. 4。

田口守一 2014『刑事法学点描』成文堂。

第 11 章　刑　法　　279

但見亮 2002「中国の労働教養制度」『早稲田大学大学院法研論集』102 号。

但見亮 2004「中国の行政拘禁制度改革——労働教養制度改廃の議論に関連して」『比較法学』38 巻 1 号。

田中信行 1983「労働矯正の強化と人権の危機」『中国研究月報』424 号。

張光雲 2013『中国刑法における犯罪概念と犯罪の構成——日本刑法との比較を交えて』専修大学出版局。

平野龍一・浅井敦編 1982『中国の刑法と刑事訴訟法』東京大学出版会。

馮軍著／毛乃純訳 2016「量刑論」山口厚・甲斐克則編『日中刑事法の基礎理論と先端問題——日中刑事法シンポジウム報告書』成文堂。

藤田勇 1986『概説ソビエト法』東京大学出版会。

中国語

車浩 2010「強奸罪与嫖宿幼女罪的関係」『法学研究』2 期。

陳興良 1992『刑法哲学』中国政法大学出版社。

陳興良 2000「社会危害性理論——一個反思性検討」『法学研究』1 期。

陳興良主編 2003『刑法学』復旦大学出版社。

陳興良 2005「罪刑法定司法化研究」『法律科学』4 期。

陳興良 2010『罪刑法定主義』中国法制出版社。

陳興良 2011「刑法的明確性問題——以《刑法》第 225 条第 4 項為例的分析」『中国法学』4 期。

陳興良 2013『規範刑法学〔第 3 版〕』中国人民大学出版社。

陳興良主編 2016『刑法総論精釈〔第 3 版〕』人民法院出版社。

陳興良・劉樹徳 1999「犯罪概念的形式化与実質化辨正」『法律科学』6 期。

儲槐植 1988「我国刑法中犯罪概念的定量因素」『法学研究』2 期。

儲槐植・張永紅 2002「善待社会危害性観念——従我国刑法第 13 条但書説起」『法学研究』3 期。

儲槐植・張永紅 2003「刑法第 13 条但書的価値蘊涵」『江蘇警官学院学報』2 期。

馮軍・肖中華主編 2016『刑法総論〔第 3 版〕』中国人民大学出版社。

高銘暄編 1981『中華人民共和国刑法的孕育和誕生〔一個工作人員的札記〕』法律出版社。

高銘暄主編 1984『刑法学〔修訂本・第 2 版〕』法律出版社。

高銘暄主編 1986『新中国刑法学研究綜述 (一九四九－一九八五)』河南人民出版社。

高銘暄主編 1989『中国刑法学』中国人民大学出版社。

高銘暄主編 1993『刑法学原理　第 1 巻』中国人民大学出版社。

高銘暄主編 1998『新編中国刑法学』中国人民大学出版社。

高銘暄 (黄薇整理) 2011「25 年曲折立法路　見証新中国第一部刑法誕生的艱辛」『文史参考』7 期。

高銘暄・馬克昌主編 2007『刑法学』中国法制出版社。

高銘暄・馬克昌主編 2016『刑法学〔第 7 版〕』北京大学出版社・高等教育出版社。

何秉松主編 1998『刑法教程（根拠 1997 年刑法修訂）』中国法制出版社。

胡雲騰 1995『死刑通論』中国政法大学出版社。

江必新主編 2013『《最高人民法院関於適用〈中華人民共和国刑事訴訟法〉的解釈》理解
　　与適用』中国法制出版社。

労東燕 2001「罪刑法定視野中的犯罪構成」陳興良主編『刑事法評論　第 8 巻』中国政
　　法大学出版社。

労東燕 2010『罪刑法定本土化的法治叙事』北京大学出版社。

李光燦・羅平 1979「論犯罪和刑事責任」『吉林大学学報（社会科学版）』5 期。

黎宏 2016『刑法学総論〔第 2 版〕』法律出版社。

李剣弢・唐建秋 2015「法定刑以下判処刑罰的特殊情況和量刑」『人民司法』14 期。

李潔 1998「三大法系犯罪構成論体系性特徴比較研究」陳興良主編『刑事法評論　第 2
　　巻』中国政法大学出版社。

梁根林 2002「"刀把子"、"大憲章"抑或"天平"？——刑法価値的追問、批判与重塑」『中
　　外法学』3 期。

梁根林 2013「但書、罪量与扒窃入罪」『法学研究』2 期。

劉仁文 2015「後労教時代的法治再出発」『国家検察官学院学報』2 期。

廬建平 2005「死刑適用与民意」趙秉志主編『刑法評論　第 8 巻』法律出版社。

馬克昌主編 1999『犯罪通論〔第 3 版〕』武漢大学出版社。

馬斉彬・陳文斌編 1989『中国共産党執政四十年（1949-1989）』中共党史資料出版社。

邱興隆 2001「死刑的徳行」陳興良主編『法治的使命』法律出版社。

曲新久主編 2016『刑法学〔第 5 版〕』中国政法大学出版社。

全国人大常委会法制工作委員会（全国人大法工委）編 2015『中華人民共和国刑法釈義
　　——根据刑法修正案九最新修訂〔第 6 版〕』法律出版社。

全国人大常委会法制工作委員会刑法室（全国人大刑法室）編 2011『《中華人民共和国刑
　　法修正案（八）》条文説明、立法理由及相関規定』北京大学出版社。

宋濤 1989「論罰金刑的拡大適用」楊敦先・趙秉志・王勇編『刑法発展与司法完善』中
　　国人民公安大学出版社。

蘇永生 2015「変動中的刑罰結構——由《刑法修正案（九）》引発的思考」『法学論壇』5
　　期。

陶希晋 1988『新中国法制建設』南開大学出版社。

王漢斌 1997「関於《中華人民共和国刑法（修訂草案）》的説明——1997 年 3 月 6 日在第
　　八届全国人民代表大会第五次会議上」『全国人民代表大会常務委員会公報』2 号。

王華偉 2015「中国刑法第 13 条但書実証研究——基于 120 份判決書的理論反思」『法学
　　家』6 期。

王衍松・呉優 2013「罰金刑適用研究——高適用率与低実執率之二律背反」『中国刑事法
　　雑誌』5 期。

第 11 章　刑　法

王昭武 2014「犯罪的本質特徴与但書的機能及其適用」『法学家』4 期。

文強 2009「貫徹落実"首要標準"必須処理好五個方面的関係」『中国司法』3 期。

肖揚 2017「歴史的回声――紀念最高人民法院収回死刑核準権十周年」『中国法律評論』
　　1 期。

謝川豫 2013『危害社会行為的制裁体系研究』法律出版社。

熊選国主編 2010『《人民法院量刑指導意見》与"両高三部"《関於規範量刑程序若干問題
　　的意見》理解与適用』法律出版社。

張軍主編 2011『《刑法修正案 (八)》条文及配套司法解釈理解与適用』人民法院出版社。

張軍・姜偉・郎勝・陳興良 2003『刑法縦横談――理論・立法・司法 (総則部分)』法律
　　出版社。

張明楷 1991『犯罪論原理』武漢大学出版社。

張明楷 2002『刑法的基本立場』中国法制出版社。

張明楷 2004『刑法学〔第 2 版〕』法律出版社。

張明楷 2009『罪刑法定与刑法解釈』北京大学出版社。

張明楷 2010『犯罪構成体系与構成要件要素』北京大学出版社。

張明楷 2011『刑法学〔第 4 版〕』法律出版社。

張明楷 2013「罪刑法定的中国実践」梁根林・埃里克＝希爾根多夫主編『中徳刑法学者
　　的対話――罪刑法定与刑法解釈』北京大学出版社。

張明楷 2016『刑法学〔第 5 版〕』法律出版社。

張文 1984「犯罪構成初探」『北京大学学報 (哲学社会科学版)』5 期。

趙秉志 2015「中国刑法的最新修正」『法治研究』6 期。

趙秉志主編 2016『刑法総論〔第 3 版〕』中国人民大学出版社。

趙秉志・肖中華 1999「我国与大陸法系犯罪構成理論的宏観比較」『浙江社会科学』2 期。

趙秉志・陳志軍 2011「社会危害性理論之当代中国命運」『法学家』6 期。

趙秉志・呉振興主編 1993『刑法学通論』高等教育出版社。

中国法律年鑑編輯部編 2016『中国法律年鑑 (2016)』中国法律年鑑出版社。

周愛軍 2010「預交罰金：従"潜規則"到中国模式」『山東審判』2 期。

周道鸞 2007『中国刑事法的改革与改善』中国人民公安大学出版社。

周光権 2016『刑法総論〔第 3 版〕』中国人民大学出版社。

最高人民法院審判監督庭編 2007『最后的裁判――最高人民法院典型疑難百案再審実録
　　(刑事与合同案件巻)』中国長安出版社。

最高人民法院研究室編 2000『全国人民法院司法統計歴史資料匯編 1949-1998 (刑事部
　　分)』人民法院出版社。

英　語

Tanner, Harold M., 1999, *Strike Hard! Anti-Crime Campaigns and Chinese Criminal Justice, 1979-1985*, Cornell University East Asia Program.

第12章

刑事訴訟法

坂口一成

序

　本章は建国以降の刑事手続の法源の史的展開および統計から見る刑事司法の変化と現状を概観した後，重要論点を次の4つのテーマに分類して解説する。それは審判の独立［審判独立］[1]，被疑者・被告人の権利保障，調書[2]［案巻筆録］中心主義，自白である。その際には "Law in Books" と "Law in Action" のギャップに特に留意したい。この点は法の研究における一般的な注意事項であるが，特に刑事訴訟法は（「刑事司法の日本的特色」論が示すように）両者のギャップが大きい領域と考えられるからである（小口・田中 2012: 5章，鈴木・高見澤・宇田川 2016: 9章，西村 2008: 4・11章）。

1　刑事訴訟法の展開

　中華人民共和国最初の刑訴法典は，刑法典と同時に 1979 年に採択された。その間，基本法典はなく，手続は憲法，人民法院組織法，人民検察院組織法，勾留逮捕［逮捕拘留］条例（いずれも 1954 年制定）や，最高人民法院[3]［最高法］が試行を経て作成した「各級人民法院刑事事件裁判手続総括」（1956 年。全国人民代表大会〔全国人大〕常務委員会〔常委会〕届出）等の内部的な文書等により規律された（なお，最高法の総括は［参酌試行］であり，随時のフィードバックを求めていた）。

　刑訴法典の起草は 1954 年に開始されたが，刑法典と同様の命運を辿り，政

＊　〔　〕は原則として初出時にのみ付す。下線・圏点は坂口による。刑事訴訟法の条数を引用する際には○○条または法○○条と示す。〔　〕は略称を示す。

治運動による停滞を余儀なくされた。作業が再開されたのは刑法典より少し遅れた1979年2月からであり，文化大革命前の1963年に作成した草案を土台に，1979年7月1日に全国人大採択に漕ぎ着けた（旧々法。1980年1月1日施行）。旧々法は164カ条からなり，色濃い職権主義であった。

1993年には刑訴法改正が立法計画に組み込まれ，1996年3月17日に全国人大で改正案が採択された（旧法。1997年1月1日施行）。条文は225カ条に増え，ほとんどの章に手が加えられた。主な改正点は被疑者・被告人の権利保障の強化（例：防御権の拡充），当事者追行主義的要素の導入，簡易手続の創設等である。

旧法は2012年3月14日に全国人大で改正された。これが現行法である。条文は290カ条に増えた。起草当局は改正の目玉として，①「人権の尊重および保障」（2条）の規定，②違法収集証拠排除の法律化，③差戻し・再審手続の回数制限を挙げる（刑素修2012）。また2013年1月1日の施行と同時に，その実施細則に相当する最高法・最高人民検察院〔最高検〕・公安部・国家安全部・司法部・全国人大常委会法制工作委員会「刑事訴訟法の実施における若干の問題に関する規定」〔刑定〕，最高法「『刑事訴訟法』適用に関する解釈」〔刑解〕，最高検「人民検察院刑事訴訟規則（試行）」〔刑則〕，公安部「公安機関刑事事件処理手続規定」〔刑手〕も施行された（これらは旧法についてもあった）。なお起草過程で全国人大Webサイトで草案が公開され，1カ月間，パブリックコメントが実施された（約8万件集まったという）。ちなみに，これを「立法の民主化」と捉えるのは皮相にすぎるであろう。

2 統計から見る刑事司法

旧々法施行後の35年間の統計を眺めるといくつか顕著な変化がある（表12-1）。まず，全体として大幅に増えている項目が多いことである。とりわけ事件登録［立案］件数の激増は顕著であり，この間，9.5倍になっている。それを支えたのは全件数の6〜7割，多いときで8割以上を占める窃盗事件等の財産犯の激増である。他方，検挙件数も大幅に増えたが，登録件数の増加に追いつかず，検挙率は減少している。しかも検挙件数は近年（2012年をピークに）減少傾向にある。このほか，勾留人員／公訴提起人員の比率（A/B）の高さも目を引く。

一審終局件数は5.6倍に増えているが，自訴事件は逆に減少傾向にある。そ

表 12-1 刑事訴訟の

年	事件登録 （件）	検挙 （件）	検挙率 （%）	勾留		公訴提起		
				件	人 [A]	件	人 [B]	A/B (%)
1980	757,104	538,425	71.1	—	—	—	—	—
1990	2,216,997	1,265,172	57.1	385,227	636,804	385,903	636,626	100.0
1995	1,621,003	1,350,159	83.3	380,649	608,678	385,372	596,624	102.0
1996	1,600,716	1,279,091	79.9	442,314	704,148	481,520	751,749	93.7
1997	1,613,629	1,172,214	72.6	363,790	537,363	360,696	525,319	102.3
2012	6,551,440	2,807,246	42.8	680,539	986,056	979,717	1,435,182	68.7
2013	6,598,247	2,647,659	40.1	642,671	896,403	958,727	1,369,865	65.4
2014	6,539,692	2,415,367	36.9	658,210	899,297	1,027,115	1,437,899	62.5
2015	7,174,037	2,243,227	31.3	665,305	892,884	1,050,879	1,434,714	62.2

注記：「事件登録」，「検挙」，「検挙率」はいずれも公安のデータである。また裁判データはいずれも自訴事件を含む。
出所：①「中華人民共和国国家統計局」（http://www.stats.gov.cn/tjsj/）のデータ（2017 年 3 月 31 日付），②最高
《建国以来公安工作大事要覧》編写組編写『建国以来公安工作大事要覧（1949 年 10 月至 2000 年）』（群衆出版社，

の背景は 1 つの論点をなす。二審・裁判監督審（再審）[4]の件数・比率は，［服判］のバロメーターと考えられており（張軍・姜偉・田文昌 2014），二審／一審（D/C）は 1997 年以降 2005 年まで 15% 前後であったが，その後若干減少した。また裁判監督審／一審（E/C）は 2002 年に 1% を切り，2012 年以降は裁判監督審の絶対数が 3000 件を下回っている[5]。なお，1980 年に突出して多いのは，文革期の「裁判」の［平反］のためである。

　起訴された場合に無罪となるのは極めて例外的である。有罪率は一般に 99% 前後あり，特に 2011 年以降は 99.9% を超えている（表 11-2 参照）。なお，こうした統計データから日本の「精密司法」が引き合いに出されることがあるが，比較をする上で重要なのは，極めて高い有罪率を生み出すメカニズムであると考えられる。特に中国で今世紀に入ってから陸続とえん罪（死刑執行済もある）が報道されていることに鑑みると，その数字が如何に「叩き出された」のかは看過できない（この点は日本を考える上でも同様である）。

第 1 節　審判の独立

1　「司法」の独立

中国において「司法」は裁判権に限られるわけではない（なお憲法に「司法」

第 12 章　刑事訴訟法　　285

主要データ

一審終局		二審終局		監督審終局	
件 [C]	(内: 自訴)	件 [D]	D/C (%)	件 [E]	E/C (%)
195,137	―	42,099	21.6	332,210	170.2
456,805	31,006	57,048	12.5	57,394	12.6
496,082	49,418	53,942	10.9	22,063	4.4
616,676	54,093	67,087	10.9	19,437	3.2
440,577	51,762	64,548	14.7	18,613	4.2
986,392	10,071	108,096	11.0	2,853	0.3
953,976	8,224	102,991	10.8	2,785	0.3
1,023,017	7,102	118,915	11.6	2,906	0.3
1,099,205	9,290	141,155	12.8	2,844	0.3

人民法院研究室編『全国人民法院司法統計歴史資料匯編: 1949〜1998 (刑事部分)』(人民法院出版社, 2000 年), ③ 2003 年), ④『中国法律年鑑』参照。なお①を最優先し, それになければ②, ③, ④の順で参照した。

の語は登場しない)。例えば中共中央「人民法院・人民検察院の活動の一層の強化に関する決定」(2006 年 5 月 3 日) は両者を「国家司法機関」と位置づける。これは検察が法律監督機関であることによる (沈徳咏 2009)。なお, さらに広い「司法」概念もある (例: 刑法 94 条)。他方, 有力説はそれを裁判権に限定する (孫笑侠 1998, 陳瑞華 2003)。

　「司法の独立」が論じられる際には, (特に限定がなければ) 一般に法院と検察院の独立が念頭に置かれる。憲法も両者をほぼパラレルに扱っており, 法院・検察院は法律の規定により独立して職権を行使し,「行政機関, 社会団体および個人の干渉を受けない」(憲法 126, 131 条, 法 5 条等) とされる。このように「司法」の独立は, 職権行使に際して上の 3 者の干渉を受けないことを指し, 共産党および国家権力機関 (人大) からの独立は含まれていない (なお 54 年憲法 78, 83 条。さらに, 法院および検察院も含まれていない)。むしろ「司法」は両者の [領導] を受ける (憲法前文, 128, 133 条。もっともそのあり方には様々なヴァリエーションがあり得る。坂口 2009)。また法院と検察は上下級庁間の関係が異なる (監督と領導。憲法 127 条 2 項, 132 条 2 項) ことから, 解釈論上, 両者は独立主体を異にし, それぞれ各法院 (＝裁判の名義人) と検察系統とされる[6]。

286　　　第Ⅴ部　刑事法

2　審判の独立

この論点にアプローチする際には，誰の誰に対する独立か（他機関等に対する受訴法院の独立（外部的独立）[7]，受訴法院内部における裁判官・裁判体の（内部的）独立）を前提に，規範と事実の2つのレベルに分けることが有益と思われる（コーエン 1984）。1で述べたのは規範レベルであり，ここでは事実レベルに着目し，まずは外部的独立と内部的独立（これはそもそも規範レベルの「審判の独立」の射程外）に分けて見ていく。

（a）　外部的独立

ここでの問題は，法院と共産党・人大・検察との関係はもとより，明示的に干渉が禁止されている行政機関（同級政府，特に公安），さらには上級法院やメディア・社会との関係である。以下では党との関係に焦点を合わせる。

党の領導を一般的・抽象的なレベルで否定する者はいないが，その具体的あり方については議論がある。旧法施行前には党委員会〔党委〕による事件審査承認制度の廃止が打ち出された（中共中央「刑法・刑事訴訟法の適切な実施を断固として保証することに関する指示」（1979 年）。いわゆる 64 号文書）。しかしそれと同時に，党組織・党員に重要問題についての自主的な指示伺い等を義務づけたため，結果的にそれは事実上存続した（田中 1984，田中 1993）。またその後，各級党委に領導のための専門部署＝政法委員会〔政法委〕が設置され，今日では主にそれが［協調］，合同事件処理，個別的な指示等の方法でその任を果たしている（陳衛東 2014，坂口 2014）。

また法院は公安・検察と「刑事事件を取り扱うに当たって，分業して責を負い，相互に協力し，相互に制約し，もって的確効果的な法律の執行を保証しなければならない」（憲法 135 条，法 7 条）。問題は相互協力ばかりが強調され，法院が公安・検察を十分に制約できず，特に公安からは不当な干渉すら受けていることである。その背景には各トップの党内序列の差がある[8]。

（b）　内部的独立

内部的独立の主体としては個々の合議体構成裁判官，裁判体（合議廷＋独任廷），裁判［審判］組織（裁判体＋審判委員会）があり得る。審判委員会とは，各法院の幹部からなる会議体であり，「人民法院の最高裁判組織」（最高法「人民法院審判委員会制度の改革および改善に関する実施意見」（2010 年）〔審判委意見〕3 条）とされる。

第 12 章　刑事訴訟法　　287

　現行法上，独立主体は裁判組織と解されている。裁判体に限られないのは，それが審判委員会の決定の執行義務を負うからである（再議を求めることはできる）。とはいえ，審判委員会が全事件について決定するわけではない。それは院長が付議した事件に限られる。そして刑訴法上，院長の付議は裁判体の要請（合議廷であれば難解・複雑・重大なために決定しがたい場合）を承けて判断される。つまり，裁判体の要請が起点となっている（法 180 条，刑解 179 条。最高人民法院編写組 2011）。もっとも，合議廷に要請が義務づけられている事件類型もある（例：死刑（案）事件，プロテスト事件。刑解 178 条 2 項）。さらに合議廷の要請がなくとも，院長・担当副院長・廷長は必要と思量したときは，付議することができる（審判委意見 11 条 2 項）。法律が司法解釈やそれですらない文書（ただし，審判委意見は「中央の承認」を得ている）により事実上改正されている。

　また，合議廷の要請がない場合に，合議体を構成しない院長・担当副院長・廷長が必要性を判断できるのは，院長・廷長等の「上司」による決裁［審批］制度による。これを明文で認める法律はない。具体的なあり方は地方・法院毎に異なるが，原則は決裁を要する（例：李伝松 2010。なお国語的なチェックもなされる。田中 2007）。

　これらにおいては審理主体と裁判主体が法律上／事実上分離していることから，［審者不判，判者不審］と批判されている。なお，裁判官の独立は長らくタブー視されてきたが，近年ではそれを求める主張もなされるようになっている。

　(c)　外部／内部の区別の限界

　以上では，まずは整理のために外部／内部と区別したが，これで満足していては実体を見誤ることになる。すなわち，院長・廷長等およびこれら以外の審判委員会委員の多くは党員であり，しかもその主要メンバーは党グループ［党組］メンバーである。これらの者は同級地方党委・政法委の領導を法院党グループとして受けた後，院長・審判委員会等としてそれを遂行する。こうして党の領導が国家意思に変換される（國谷 1987）。このとき，審判委員会委員・「上司」は法院の内部者であるが，同時に「外部者」のエージェントでもある。さらに裁判官も党員であれば（多くはそうだと推測される。翟小波 2001），ここでの外部／内部の区別はさらに相対化する。両者の区別はさしあたっての問題の整理には役立つが，「複合的一元化システム」（田中 1993）において

は，それだけでは足りないことに留意されたい（以上につき，さらに坂口 2009）。

(d)　近年の動向

2013 年の中共 18 期 3 中全会により司法改革は新たな段階が始まったとされている［新一輪］。その要は「審理者に裁判させ，裁判者が責を負う」とされ，その具体的な制度として「司法責任制」が打ち出された。またそのための環境・前提条件の整備も進められている（例：事件担当者以外の者による裁判への干渉・探知等の記録化，［省級統管］，［員額制］）。いずれも「党の領導」そのものを否定するものではないが，裁判体が裁判する方向性を打ち出すものである。一定の成果が上がっているとされる（孟建柱 2017）が，その具体的内容および持続性については検証が必要である。

第 2 節　被疑者・被告人の権利保障

1　無罪推定原則

無罪推定原則を如何に理解するかは 1 個の問題をなすが，学説上，訴追者に有罪の挙証責任を負わせる点（利益原則）について異論はない（易延友 2012）。また黙秘権はそのコロラリーと位置づけられる（郎勝 1996）。さらに「被疑者・被告人の処遇の原理」（松尾 1999）としてのそれを構想する者もいる（易延友 2013，張建偉 2016）。このように解された「無罪推定原則」は日本のそれと大差はない。以下，これを基準に刑訴法と無罪推定原則とのギャップを測っていこう（90 年代までのその採否をめぐる議論について鈴木 2000）。

(a)　旧々法

建国以降 1980 年代までにおいては［実事求是］，［坦白従寛，抗拒従厳］の影響力が強く，犯罪の嫌疑のある者を無罪と推定して処遇すべき，という考え方自体が一般に拒絶されていた。旧々法におけるその主な表れは以下の諸点である。①［被告人］（起訴前も含む）には真実供述義務が明文で認められていた（64 条）。②検察の有罪判断を前提とした起訴免除制度があった（101 条）。③合議廷は公判中に証拠不足と認めた場合には，補充捜査のために検察に差し戻すことができた（123 条 3 号。自ら調査することもできた）。④被疑者・被告人は区別されず，（［被告人］あるいは）犯罪者を意味する［人犯］と呼ばれた。

(b)　旧　法

1990 年代以降，学界において無罪推定原則の受容が一定の進展を見せたが，

旧法の立場は無罪推定原則と一定の距離を保ったものであった。起草者は同法が無罪推定の「合理的部分」を吸収したと説明した。具体的には次の諸点である（カッコ内の丸数字は (a) のもの）。ⓐ 起訴免除 (②) を廃止した上で，有罪認定が法院の専権事項であるとした (12 条。なお上田 1982)。ⓑ 証拠不足の場合は差戻し等 (③) ではなく，無罪判決をしなければならなくなった (162 条 3 号)。つまり訴追者が有罪を証明できなければ無罪となるようになった (なお 165 条 2 号)。ⓒ 未決段階の呼称について［人犯］を用いず (④)，起訴の前後を基準に被疑者・被告人を用いた。ⓓ 防御権，特に弁護士の権利を拡充した (なお ① は存置)。

　もっとも起草者は同時に，12 条は西側の無罪推定原則とは区別があるものとした。というのも，［実事求是］を堅持しなければばらず，同条は法院の判決があるまでは有罪とはできないことを意味するだけで，無罪と仮定するものではないからである (郎勝 1996)。

　また証拠不足による無罪 (ⓑ) は，法律に基づく無罪 (162 条 2 号。罪とならない場合に相当) とは別の種類の「無罪」判決である。すなわち無罪判決発効後に新証拠を発見して再び訴追する場合，2 号無罪はプロテスト (裁判監督手続) によるが，3 号無罪は起訴による (旧刑解 117 条 3 号)。日本法の概念を用いれば，両者は形式的確定力の有無に違いがある。しかも後者については，起訴後の判決において前訴の無罪判決が破棄されることもない (同 179 条)。中国では旧々法の検察への差戻し等と比べて，無罪判決をする点で利益原則・［疑罪従無］に資するものと評価されている。確かにそうであるが，同時にこの「無」は嫌疑を残した「灰色無罪」であることも看過してはならない。中国の刑事裁判は「黒か黒でないか」(田宮 1996) を決めるものではない。

　(c)　現行法

　今日では無罪推定原則を求める呼び声はますます強くなっており，2012 年改正ではそれに資する規定がさらに取り込まれた。具体的には訴追者に挙証責任があることや，自己負罪的供述の強要禁止が新たに明記された (49, 50 条)。また防御権等の拡充も進んでいる。現行法規定におけるその受容度が，旧法よりも増していることは明らかである。

　もっとも，真実供述義務は健在である (118 条 1 項)。このことは事実上，被疑者・被告人に無罪の証明責任を課すことに等しく，利益原則を骨抜きにしかねない (緑 2011)。また自己負罪的供述の強要禁止は，訊問者に対する規制

であり，被疑者・被告人に拒否特権を認めたわけではない（全国人大法工委2012）。灰色無罪も健在である（195条3号）。現行法規定と無罪推定原則には，なお根幹部分でズレがあると考えられる。さらに未決拘禁の多用（第4節2参照）や上述の無罪推定に資する規定の実効性も問題となる。

2 刑事法律扶助

被疑者・被告人の防御の充実という点からいえば，弁護人，特に弁護士たる弁護人〔弁護士弁護人〕9)の援助を受けることが肝要である。そのため憲法は被告人に「弁護を得る権利」を認めてきた（憲法125条。さらに被疑者につき法14条1項，32条）。特に当事者追行主義的要素の増大に伴い，その必要性・重要性は一層高まっていると考えられる。さらに，刑訴法は徐々に弁護人の権利を拡充してきた。そしてそれらを実効たらしめる制度として，かつては［指定弁護］が（54年法院組織法7条2項創設），また現行法には刑事法律扶助がある10)。

もっとも，事件当たりの弁護士弁護人の選任率（法律扶助も含む）は，現在でも一般に2〜3割程度とされる。その要因としては，被疑者・被告人の資力不足，弁護士の積極性の低さ（訴追のリスク（例：刑法306条。李庄事件が有名），利益の低さ，努力しても奏功しないこと等を理由とする）等が指摘されている（陳瑞華2005，左衛民等2012，田文昌・陳瑞華2013，陳光中・魏暁娜2015)11)。そして，要因として資力不足があることは，現時点における法律扶助の不足と同時に，その重要性・必要性をも示している。

当局もそのことを認識しており，扶助対象は漸次的に拡充されている。まず，弁護人を選任していないことを前提に（以下同じ），従来は被告人段階のみであったが，現行法は被疑者段階（捜査機関による初回訊問・強制処分の日以降）も対象とした12)。

そして次の事由がある場合，公安・検察・法院はそれぞれ法律扶助機構に弁護士を選定する旨を通知しなければならない（［通知弁護］と呼ばれる）。すなわち ① 盲・聾・啞者，② 弁識・制御能力を完全には喪失していない精神病者（この場合は訴訟代理人），③ 無期懲役・死刑の言渡しを受ける可能性がある者，および ④ 未成年者である（34条2・3項，286条2項。下線は現行法で追加された事由を指す13)。このほか刑解42条2項，43条，中共中央辦公庁・国務院辦公庁「法律扶助制度の整備に関する意見」（2015年）等参照）。

第12章　刑事訴訟法　　291

表 12-2　各訴訟段階における指定／通知弁護件数

年	総　数	捜　査	起訴審査	公　判
2011	91,007	—	—	91,007
2012	105,625	—	—	105,625
2013	187,457	44,546	37,555	105,356
2014	200,949	49,200	44,813	106,936

　また貧困等により弁護人を選任していないときは，本人・近親者は法律扶助機構に弁護士選定を申請することができる（34条1項。なお改正前は裁量的指定事由）。その承認件数（被害者・自訴人の訴訟代理人も含む）は増加傾向にある。2005年は1万2000件であったのが，2012年以降，2万8000件，3万4000件，3万8000件である（以上はいずれも概数）。

　他方，通知弁護は捜査段階にまで拡張されたため総件数は増えたが，公判段階に限れば（指定・通知事由にズレがあるため単純に比較はできないものの）横ばいである（表12-2）。なお，通知は捜査・起訴審査・公判の各段階でなすべきとされることから，総件数は公判段階の3倍近くになるはずだが，そうはなっていない。

　このほかにも申請による扶助の比率がなお低いこと，予算不足・手当過少，弁護士偏在に伴う担い手不足，弁護士の権利保障の実効性が低いこと，扶助者自体の問題（無責任，経験不足等）等が指摘されている（以上につき顧永忠・楊剣煒2015。また統計については『中国法律援助年鑑』参照）。

3　審判対象

　審判対象は「起訴で訴追する犯罪事実」（刑解241条1項2号）であり，これが被告人側が防御すべき範囲となる。そしてこの範囲内において，起訴罪名と法院が認定した罪名が異なるときは，法院は後者により有罪判決をしなければならない（同）。これは［罪名変更］と呼ばれ，起訴事実の範囲内であれば拡大認定も許される。

　もっともその場合には，防御側への不意打ちが問題となる。旧法にはこれに関する規定はなかった（せいぜい口頭でその旨を通知するだけであったという。趙俊甫2012）。現行刑解は「法院は判決前に訴追防御双方の意見を聴取し，被告人・弁護人が十分に弁護権を行使することを保障しなければならない。必

要なときは，改めて開廷し，訴追防御双方を組織して被告人の行為が何罪を構成するかについて弁論を行うことができる」（同241条2項）とし，防御権への配慮を示す（が，現状は不明である）。

なお，法院は審理過程で新たな事実を発見し，罪責認定に影響し得ると思料するときは，検察に起訴の補充または変更を建議することができる。検察がそれに同意せず，または7日以内に返答しないときは，当初の起訴事実の範囲内でのみ裁判をする（刑定30条，刑解243条）。

第3節　調書中心主義——中国版「調書裁判」

陳瑞華2010（初出2006）は中国の刑事裁判の特色・問題として調書中心主義を指摘する。これは主に捜査段階で形成された調書を中心に裁判がなされていることを意味する。中国版「調書裁判」といえよう（なお，伝聞排除法則は採用されていない）。

まず旧法上，証言調書[14]を裁判の根拠とすることは原則として認められていなかった（旧47，157条）。しかし実務ではその例外が広く解された（旧刑解（1998年施行）141条2項4号，58条2項後段）。さらに調書の証拠能力の存在は事実上「推定」され（防御側が積極的に覆す必要がある），また公判廷での証言よりも，調書の証明力が高く評価される傾向が強かった。そのため，原則と例外が逆転し，実際に証人が出廷することは例外的であった[15]。

また旧法は，起訴時に一件記録も併せて移送されていた旧々法下（予審があった。同108条）で予断や［先定後審］の問題等が生じたことから，移送対象を「証拠目録，証人名簿および主な証拠の複製または写真」に限った（旧150条）。しかし，事件の全容を知らない裁判官は，「真相解明」に資する訴訟指揮を十分に行えず，また検察官による選択的・部分的な調書の朗読では事実を認定できないことが問題視された。そこで1998年には，法廷で顕出した［証拠材料］[16]および自己矛盾証言をした証人の全ての証言調書を法院に移送することとされ（旧刑定42条），審理後に裁判官は調書を読むことができるようになった。

他方，一般に弁護人が一審審理前に証拠に触れることは難しく，またできたとしても対象は限られていた（［閲巻難］。旧36条，旧刑定13条2項）。また法院移送後には記録閲覧等が可能になるが，審理は一般に1期日であり，通常

は時すでに遅しである。こうした中，実務では旧々法と同じく起訴時に一件記録を移送することが多くなり，弁護士も一般に異議を唱えなかった。結局，水面下の法院内部の決裁，指示伺い，党の領導等も相俟って，公判は空洞化したままであった (陳瑞華 2012a，陳瑞華・黄永・褚福民 2012)。

2012 年改正では，主に報道によりえん罪が陸続と明るみに出たこともあり，公判の充実がこれまでよりも強く意識された。訴訟指揮の十全な行使および公判前の弁護人の一件記録の閲覧を可能にするために，起訴時に一件記録を法院に送致することとされた (172 条。全国人大法工委 2012)。また法廷での証言が事実認定にとって重要であるという認識から，必要的出廷の要件を明確化した上で，正当な理由のない不出頭・証言拒絶に対する出頭強制・制裁を設ける一方で，証人の保護・補償を手厚くした (草案説明。法 62，63，187，188 条)。

さらに近年では 2014 年に中共中央が「審判を中心とする訴訟制度改革」を提起したことが注目される。その重心は公判の実質化にあると解される (張建偉 2016) が，現状では，調書中心主義はなお健在であるという (胡銘 2016)。筆者の知る限り，直接主義が徹底されないのは日中台に共通する現象である。なぜそうなるのだろうか。

第 4 節　自　白

自白の重要性は中国の実務においても頗る高い。以下ではそのことを，自白の重み，その獲得方法および違法 [非法][17] 収集証拠排除法則の順に解説する。なお，自白 (調書) の排除は物証・書証[18]と同じく違法収集証拠排除法則の問題に位置づけられている (ただし供述 [言詞] 証拠と物証・書証の排除要件は異なり，その内部で 2 つの類型に分けられている)。そこで本書の性格に鑑み，自白の排除を中心に違法収集証拠排除法則を，主に公安機関が事件登録管轄を有する事件に焦点を合わせて概説することとする。

1　自白の重み

法律上は「被告人の供述がなくとも，証拠が確実・十分なときは，被告人を有罪と認定して刑罰を科すことができる」(53 条 1 項) が，ここでも自白の重要性は格別である ([口供中心主義] と呼ばれることもある)。

まず捜査実務においては、「供述から物証へ」［由供到証］と捜査（証拠収集）を展開するモデルが根付いている。その要因の1つとしては実物証拠の収集能力不足がある。まずは自白を得て、その後「芋づる式」に実物証拠を収集するということである。実際、捜査段階で有罪の供述をする者は9割を超えるという。

また起訴前にした自白を公判段階で覆すことは困難である（第3節）。自白だけでは有罪を認定することはできない（53条1項。補強法則）が、多くの被告人は有罪を自認し、また裁判官も自白がなければ有罪とすることに腰が引けるという。刑事手続はまさに自白に始まり、自白に終わる（以上につき陳衛東2015a、胡銘2016、閻召華2013。また馬静華・彭美2006、左衛民等2007）。

2　自白の獲得——未決拘禁の多用

(1)　強制処分に対する一般的な規制

自白を得るために拘禁処分が多用される。そこでまず刑訴法上の強制処分に対する一般的な規制を見る。日本法にはそれとして法定主義と令状主義の2つがある。中国はどうか。なお、中国憲法上、身体の自由の不可侵が保障され、検察の承認・法院の決定を経ず、かつ公安が執行するものではない勾留、不法な身体の自由の剥奪・制限や身体の捜索は禁止されている（同37条）。また人格の尊厳および住居の不可侵、ならびに通信の自由・秘密も保障されている（同38〜40条）。

(a)　概　念

刑訴法は強制処分［強制措施］と強制的処分［強制性措施］を区別する。前者は勾引、保証提供による身体不拘束［取保候審］、住居監視、逮捕および勾留を指す（1編6章）。後者は前者と専門的な調査活動中に用いる強制的な処分（2編2章）からなり、具体的には強制検査（130条2項）、強行捜索（135条[19]、刑手220条2項）、強制差押え（135条、刑手222条2項）［等］とされる（陳光中2016[20]）。ここでは順に狭義・広義の強制処分とし、広義についての規制を見る。

(b)　法定主義

これを明示する規定は刑訴法にはないが、狭義の強制処分についてはその特徴として法定性が強調される。またより一般的には、「事実を根拠とし、法律を準則とする」原則（6条）から、事件処理においては必ず法律に依拠しなければならないとされる（全国人大法工委2012、陳光中2016）。もっとも、刑訴

第 12 章 刑事訴訟法 295

法外の，ひいては法的根拠のない強制的な処分が用いられている現状 (後述
(3) 参照) からは，刑訴法 (だけ) に法定主義の規定を求めても，その意義は限
られている。

(c) 令状主義

強制処分の実施に際して裁判官令状は必要ない。捜査段階の勾留について
は同級検察の承認が必要であるが，これ以外は原則として県級以上公安機関
責任者の承認があればよい (例外: 強制検査，差押え等。3, 78 条，刑手 74 条 2 項，
79, 106, 121, 133, 212 条 2 項，217, 222, 223 条，(d) 参照)。つまり勾留を除き
「第三者」のチェックは入らない。もっとも，法律監督機関である検察は一般
に「司法機関」とされるが，公安の［兄弟部門］ともいわれている。法院も同
様である (法院はそもそも裁判官令状制度に積極的ではないとされる。陳瑞華 2006)。

(d) 事件登録

事件登録は公安・検察・法院が刑事責任を追及すべき犯罪事実が発生した
と思料したときに，捜査または審判の実施を決定する訴訟活動である (110 条，
陳光中 2016。なお 4, 290 条，防諜法 8 条)。刑事手続の起点となる独立した必須
の手続であり，同手続が履践されなければ，捜査や自訴の審判等の後続手続
を行うことはできない (緊急時は除く。例えば現行犯逮捕。また［初査］について刑
則 8 章 1 節参照)。このように本手続は公訴事件においては「捜査手続を起動
し，かつ，強制捜査に法的根拠を提供する」(龍宗智 2015a) 意義を有する。こ
の意味で事件登録は強制処分に対する一種の規制と解することができる。もっ
とも，それはなお自己規制である (さらにその潜脱について後述 (3) 参照)。

(2) 拘禁処分の多用

自白の獲得や捜査の展開の便から拘禁処分が多用されている (郭爍 2014)[21]。
例えば 1990 年代の公訴提起された者に対する被勾留者の比率 (「勾留率」と呼
ぶ) は 100.7 ％ であった (また表 12-1 参照)。つまり被告人より被勾留者の方が
多かったわけである。

しかも拘禁期間は長い。まず規定上，捜査段階での拘禁期間は，最長で 8
カ月を超える (逮捕 37 日＋勾留 7 カ月超 (89, 154〜158 条))。なお逮捕前置主義では
ない)。起訴審査以降は各訴訟段階について定められている「期間」[22]が拘禁
期間となる (96 条)。段階移行時の特別なチェック制度はなく，旧法実務では
一度勾留されれば，(その取消し・変更等に関する規定はあったが) 裁判が発効す

るまで拘禁されるのが常態であった（［一捕到底］，［一押到底］と呼ばれる。中国版「人質司法」）[23]。そこで2012年改正により，検察が勾留後に拘禁の必要性を審査し，それが認められない場合には釈放または強制処分の変更を関係機関に建議することを義務づける制度が導入された（93条。拘禁必要性審査）。しかし実際に検察が建議することは稀であり，また「建議」にすぎず，［一捕到底］が常態であることに変わりはないという（卒惜茜・劉鵬2014）。しかも「悔悟の念」［悔罪表現］がなければ，拘禁の必要性は否定され得ない（最高検「人民検察院の拘禁必要性審査の事件規定（試行）」（2016年）18条）。このほか法定期間を超えて拘禁する期間超過拘禁［超期羈押］は今なお克服すべき課題である（沈徳咏2016）。

なお2001年以降，勾留率は概ね年々減少し，2015年には62.2％となった（表12-1参照）。この背景・メカニズムは大きな問題である[24]。

(3) 身体拘束の "Law in Action"

被疑者に対する身体拘束は，以上の刑訴法上の強制処分に尽きない。むしろそれは主役ではないかもしれない。旧法下では収容審査（行政強制措置）が多用され，刑訴法上の強制処分が「飾り物」となっていたといわれるほどであった（郎勝1996）。

とはいえ，それは96年刑訴法改正に際して廃止された。その善後策として逮捕・勾留の要件緩和・期間延長がなされた（旧61条6・7号，69条2項，60条1項，124条）。旧法の制度設計は，通常であれば召喚（［伝喚］。建前上は任意処分）・勾引（［拘伝］。強制処分であり，「滞留義務」もある）を用いて訊問し，緊急時には逮捕[25]により拘禁するというものであったと考えられる（現行法も同様。易延友2013）。しかし前者については12時間では足りず，また逮捕については要件の厳しさおよび社会的影響（「犯罪者」と認識されてしまう）から敷居が高く，収容審査の抜けた穴を埋めることはできなかった（馬静華2007，周長軍2012）。

そしてその穴を埋めたのは，刑訴法外の処分であった。すなわち警察法9条所定の継続的職務質問（［継続盤問］，当初は単に［留置］。最長48時間の留置可），治安管理処罰法（［治処法］。2005年以前は同名条例）上の召喚（調査措置）・行政拘留（刑罰ではなく，治安管理処罰の一種），労働矯正（廃止済）や法的根拠不詳（！）の口頭召喚[26]，［抓獲］等であった（唐亮2001，郭建安等2005，馬静華2007，

万毅 2010，周長軍 2012)[27]。そしてこれらにより（さらに召喚・勾引により）取調べを行い，逮捕・勾留前に自白を得ていた。馬静華・彭美 2006 の抽出調査（対象は 2004 年）によれば，被告人の 100% が捜査段階で自白しており，その 85% は逮捕前に自白していた。

現行法は召喚・勾引の持続時間を一定の要件の下で最長 24 時間とし，また口頭召喚を新設した（117 条 1 項）。施行後の概況は不明であるが，召喚・勾引は少なく，口頭召喚・継続的職務質問の適用率が高いとする調査結果がある（馬静華 2015b）。

> ※実際の捜査は刑訴法だけでは説明できず，他の法領域，さらには法外の手段が駆使されている。当たり前のことであるが，刑訴法の条文を眺めているだけでは，現実は見えてこない。また，立法もそうした実務に相対している。改正の意義を計測するためにも，現実に目を向ける必要がある。このように刑事手続は，"Law in Books" と "Law in Action" のギャップおよびその生成メカニズムという法学の根幹的論点に迫るために，良質の素材を提供してくれよう。またこうした中国的特色と日本的特色（例：松尾 1994）の比較も重要な課題である。

3　違法収集証拠排除法則——違法に採取された自白を中心に

(1)　生成と展開

旧々法 32 条および旧法 43 条は「拷問ならびに威迫，誘導，偽計およびその他の違法な方法」による証拠収集の厳禁を宣言した（現行法 50 条も同じ）が，それだけであった（張軍・陳衛東 2012）。もっとも最高法・最高検は一歩踏み込み，上記方法で取得した証人の証言，被害者の陳述および被疑者・被告人の供述を，事件処理の根拠とすることを禁じた（旧刑解 61 条，旧刑則 265 条 1 項）。しかし，実務では徹底されず，また対象は供述証拠に限られていた。

その後，2010 年に最高法・最高検・公安部・国家安全部・司法部が連名で「刑事事件の処理における違法証拠の排除の若干の問題に関する規定」〔排除規定〕および「死刑事件の処理における証拠の審査判断の若干の問題に関する規定」を発布した（後者は死刑事件以外にも準用［参照執行］される。両規定の通知文）。両規定は物証・書証の排除も含めて規定した上で，排除の具体的な要件・手続および審査の重点等を定めた（張軍 2010）。

現行法は両規定の内容を一部取り込み，法律レベルで初めて排除法則を定めた（54〜58 条）。なお両規定は法律および刑解と一致しない部分を除き有効である（後者について刑解 548 条）。

298 第 V 部 刑事法

表 12-3 排除対象となる証拠の形式および違法な収集方法

証拠の類型	証拠の形式	違法な収集方法
供　述 ［言詞］	① 被疑者・被告人の供述	拷問等の違法な方法
	② 証人の証言・被害者の陳述	暴行・威迫等の違法な方法
実　物	③ 物証・書証	法定手続に合致せず[28]，司法の公正に著しく影響する可能性がある方法

(2)　現行法の枠組み

(a)「違法」

　伝統的立場によれば，証拠が事件処理の根拠となり得るためには，一般に客観性，関連性および適法性［合法性］という 3 つの基本的属性が必要とされる (3 属性説)。客観性 (証拠資料が客観的に存在することを指す。48 条 3 項) および関連性 (要証事実との関連性) は概ね証明力に相当し，適法性は証拠能力・許容性 (admissiability) に相当するとされる (陳端華 2014，陳光中 2016)。

　適法性は証拠の形式 (後述 (b) 参照) および収集の主体 (50 条)・方法・手続が適法であることを指す。自白排除法則が問題とするのはそのうちの収集方法である。

(b) 実体的要件

　法 48 条 2 項は証拠の形式として物証，書証，証人の証言，被害者の陳述，被疑者・被告人の供述および弁解，鑑定意見，検証・検査・識別・捜査実験等の調書，視聴覚資料・電子データを限定列挙する。これらのうち，排除対象となり得るのは下線を引いたものである。それぞれに排除され得る違法な収集方法が定められている (法 54 条 1 項。表 12-3 参照。以下の ①〜③ は同表のもの)。

　① ② は収集方法に所定の違法が認められるときは，絶対的に排除される。証人・被害者に対する暴行等も規制しなければならないとする点は特徴的である。他方，③ は所定の違法が認められるときは，まず補正または合理的な説明が義務づけられる。そしてそれを果たせないときに，当該証拠 (講学上「瑕疵ある証拠」と呼ばれる) は排除される。

　なお ① の「違法な方法」については，50 条の禁止する「威迫，誘導，欺罔」等や「残忍な・非人道的・人格を辱める方法」が含まれるか，あるいは拷問に相当するものに限られるかが論点となっている。今日では身体に直接向けられた暴行ではなく，より間接的・隠蔽性の高い方法が用いられるよう

になっているという (馬静華・彭美 2006)。そのため，どこまで射程が広がるか
は重要である。

最高法・最高検は後者の立場に近い。すなわち刑解 95 条 1 項は身体的・精
神的激痛・苦痛をもたらす方法による不任意供述の強要とする。また刑則 65
条 3 項は違法・強要の程度が拷問や暴行・威迫に相当する不任意供述の強要
とする (なお最高検「瀆職による権利侵害犯罪事件の登録基準に関する規定」(2006
年) 2 (3) 参照)。

さらに最高法「刑事のえん罪・でっち上げ・誤判事件の防止業務メカニズ
ムの樹立・健全化に関する意見」(2013 年) 8 条は，「凍えさせる・飢えさせ
る・日に晒す・暑くする・疲労させての訊問等」，非緊急時における所定の場
所以外での訊問，または全過程録音録画義務 (法 121 条) 違反の訊問により得
た供述も排除しなければならないと規定した[29]。もっとも後 2 者は実務 (特に
検察) の激しい抵抗に遭っているという (龍宗智 2015b)。

(c) 手 続

まず公安・検察・法院は捜査・起訴審査・公判の各段階で違法収集証拠を
発見したときは職権で排除しなければならない。「排除」とは「起訴意見，起
訴決定および判決の根拠としてはならない」ことを意味する (54 条 2 項。なお
一件記録は起訴時に法院に移送される)。

公判で排除する際には，証拠収集の適法性に関する法廷調査を経て決める。
裁判人員が排除すべき証拠に該当する可能性があると思料したときは，その
調査が義務づけられる。当事者またはその弁護人・訴訟代理人はその旨を申
し立てることができる。その際には，手掛かり等を提供しなければならない
(56 条。また刑定 11 条。なお法 55 条)。申立て後，法院はまず審査しなければな
らず，その結果，適法性に疑問を抱いたときはその調査をしなければならな
い。

また申立ては原則として開廷審理前にしなければならない[30]。この場合，
適法性の調査は申立後，または法廷調査終了前に一括して行う。なお，審理
中に手掛かり等を発見したときも排除を申し立てることができるが，この場
合は，法廷調査終了前に一括して審査して適法性調査を行うか否かを決定す
る。申立ての結果，法廷が適法性に疑いを抱かなかった場合は，その場で状
況および理由を説明し，法廷審理を続行しなければならない (刑解 97, 100 条)。

適法性の法廷調査において，検察官は証拠収集の適法性について挙証責任

を負う。適法性を認定するために必要とされる証明度は「確実・十分」とされる（全国人大刑法室 2012。また排除規定11条）。そして検察官の立証の結果，違法収集の存在が確認され，またはその存在を排除できないときは，当該証拠は排除される（法57条1項，58条）。

(3) 適法性立証の実務

検察官が証拠収集の適法性を立証する際に，改正前は情況説明の文書が多用された（例：劉涌事件の最高法判決）。これは捜査機関が公印を押捺し，機関名義で捜査過程に違法な証拠収集が存在しなかったことを証明する文書である。法院は一般に検察官がそれを朗読することを許可し，「被告人・弁護人の意見を聴取した後」その場で採用し，違法収集行為の存在を否定していた。しかしこれについては，捜査機関が違法性を自認することは期待できず，また情況説明書には捜査人員の署名等がないため，取調べのために訊問をした者に出廷を通知することもできないという批判があった（陳瑞華 2011）。

これに対して排除規定は，「関係する訊問者の署名または押印がなされていないときは，証拠収集の適法性を証明する根拠とすることはできない」，「法による通知を経て，訊問者またはその他の人員は出廷して証言しなければならない」（7条3・2項）とした。しかして，実務では「関係する訊問者の署名または押印」はハードルにはなり得ず，それがなされることによって逆に確固たる証明手段となった（陳永生 2011）。しかも訊問者が出廷するようにもならなかった。

現行法はまず手持ち証拠による立証を求める。具体的には訊問調書等の展示・朗読，対象を絞った訊問過程の録音・録画の再生である。そしてそれらでは立証できない場合にのみ，情況説明のために捜査関係者等を出廷させることを認める（捜査関係者等が要求することもできる）。なお，検察官は適法性の「説明材料」を提出することができる。しかしそれには関係捜査人員の署名および所属機関の公印の押捺が必要であり，しかもそれは「単独で証拠収集過程の適法性を証明する証拠とすることはできない」とされた（57条2項，刑解101条）。実務で一般に見られる，情況説明書だけで済ます立証方法への対策である（江必新 2013）。

しかし陳瑞華 2014 によれば，上記の立証方法はそれぞれ次のような問題を孕んでいる。まず捜査人員が作成した訊問調書は一方的な記録であり，しか

も争っているのはまさにそうした調書であり，そうした調書により争いのある調書の適法性を証明することになる。また捜査人員の提供する「情況説明」が拷問等を認めるはずがない。訊問時の録音・録画の取調べについて，一般に検察官は法廷での再生を拒絶し，甚だしきに至っては法院に移送することを拒むことすらある[31]。最後に，捜査人員等が出廷しての情況説明については，防御側が申し立てた圧倒的多数の事案において捜査人員は出廷を拒んでおり，情況説明書を提出している。法院には出廷を強制する権限はなく，また捜査人員の理由なき不出頭に対して懲罰を与えることもできない。なおこの場合の捜査人員は「証人」ではないとされる（陳衛東 2012)[32]。

　結局，現行法施行後も，証拠が排除されることは稀であり，またたとえ排除されたとしてもほとんどは罪責認定には影響しておらず，違法収集証拠排除法則は実質的な作用を果たさない，「司法の公正」を誇示するためのアクセサリーとすらいわれている（陳衛東 2015a。このほか 3 の全体について楊宇冠等 2015)。

結

　本章は "Law in Books" と "Law in Action" のギャップに留意しつつ，審判の独立，被疑者・被告人の権利保障，調書中心主義および自白をめぐる重要論点を見てきた。審判の独立を除く三者については 2012 年に改善を目指した改正がなされた。しかし現時点において，そうした法律条文の変更が現実に抜本的な変化をもたらしたとはいいがたい。このことは刑事訴訟法（法律）の実効性が減殺されていることを意味しよう。しかも条文が正面から否定されることもある（例：第 1 節 2 (a)，第 4 節 3 (3))。

　なぜそうなるのか。またそうした［法律］とは一体何なのか。

【追記】　脱稿後の 2017 年 6 月 27 日に最高法・最高検・公安部・国家安全部・司法部「刑事事件の処理における違法証拠の厳正な排除の若干の問題に関する規定」が発布・施行された。

※本稿第 4 節 2 は科研費（25780004）の成果の一部である。

注

1) ［審判］は訴訟における審理および裁判を意味し（陳衛東 2015b），日本刑訴法の用例と同じである。「裁判」（審理を含めた広い意味）と訳されることが多いが，本部では原則として「審判」と訳す（またこの意味でのみこれを用いる）。ただし，文脈・語感から「公判」と訳すこともある。また，日本の法学用語として，審理を含み用いることが一般的と思われる場合やそれに類する場合は「裁判」を用いる（例：──権・機関・手続）。

2) 直訳すれば，一件記録［案巻］に綴じ込まれている調書［筆録］となる。

3) ［法院］を訳す（訳せる）か否か，どのように訳すかは 1 個の論点をなす。候補としては，①［法院］，② 裁判所，さらに ③ 外国の裁判機関の訳語としての「法院」（例：フランス）が考えられる。① の中には，実質的な違いから「裁判所」と訳せないとする立場がある（鈴木 1992b，鈴木 1993）。これは重要な指摘である。さらに鈴木 1992b は［審判］・［審判員］を「裁判」・「裁判官」と訳すことにも疑問を呈す。① の論理を徹底すればそうなる（なお［審判］について前掲注 1) 参照）。他方，そうした実質的な相違を前提に，「裁判」機関を広い意味で機能的に捉えた上で，② による立場もある（坂口 2009。③ もその帰結の 1 つとなろう。また滋賀 2009（初出 1998））。本部では後者の立場から，本書の想定読者に鑑み ③「法院」を用いる。

4) ［審判］監督手続は審判監督（審判業務・活動に対する監督）の一種であり，「誤った裁判を是正するために提起する訴訟手続であり，すでに法的効力が生じた判決および裁定のみ」を対象とする（陳光中 2016）。ここではさしあたり「裁判監督手続（審）」と意訳しておく。

5) 上訴期間経過・終審の裁判，および許可された死刑判決に生じる［法律効力］（248 条 2 項）と，裁判の確定力の異同は一大論点である（滋賀 2003（初出 1983））。近年，裁判監督審の非常手続化が事実上進行している。両者の関係を改めて検討する良い時機かもしれない。

6) もっとも，上下級法院間は実際には領導関係となっている（以上につき陳衛東 2015b）。

7) さらに［法院系統］の外部的・内部的独立という論点も考えることができる。

8) 公安局長による政法委書記の兼任はその表れである（以上につき坂口 2009）。もっとも，一連のえん罪の発覚等を通じて裁判機関が捜査機関の領導を受けることの問題性が認識され，省クラスでは兼任が大幅に減っている（新京報（Web 版）2015 年 1 月 21 日）。

9) 弁護士以外の者でも弁護人になり得る（32 条 1 項）。

10) 従来は要件該当者について法院が弁護人（旧法では「法律扶助義務を負う弁護士」）を指定するとしていたが，現行法では法律扶助機構が弁護士を選定することとなった。いずれも給付制である。日本の国選弁護制度に相当する。「法律扶助は政府の責任」（法律扶助条例 3 条 1 項）とされる。

11) 都市部の過密化・地方の過疎化が進んでおり，「ゼロ弁」県が 200 以上あるという（張軍・姜偉・田文昌 2014）。

12) 旧法下における被疑者の扶助申請について最高検・司法部「刑事訴訟活動において法律扶助活動を展開することに関する連合通知」（2000 年），司法部・公安部「刑事訴訟活動において法律扶助活動を展開することに関する連合通知」（2001 年），法律扶助条例 11 条 1 号参照。

13) なお ② について，旧法には規定がなかったが，下位法で「制限行為能力者」が必要的

第 12 章　刑事訴訟法　　　303

事由とされていた (例: 旧刑解 36 条 1 号)。

14)　第三者が捜査官・検察官に対してする供述も「証言」であり，当該第三者は「証人」とされる (陳光中 2016)。

15)　もっとも，証人不出廷の問題 [出廷難] の原因はこれに尽きるわけではない。それは多岐にわたるが，例えば事件処理の効率低下の回避や，証人保護の脆弱さ，経済的補償の欠如・低さ (その引上げにより出廷率が大幅に向上したとする実証実験の結果として万毅 2009)，証言拒絶に対する制裁の欠如等が指摘された (樊崇義 2001)。

16)　これは事件処理の根拠 [定案根拠] となり得ることが認められる前の段階の，証拠となり得る材料を指す (陳光中 2005)。

17)　この [非法] は法律規定に違反することを意味する (江必新 2013) ため，「違法」と訳す。

18)　一般に調書は「書証」に含まれない (48 条 2 項 2・7 号参照)。なお「証人の証言」，「被害者の陳述」，「犯罪被疑者・被告人の供述および弁解」(同 3〜5 号) の証拠方法には，それらを録取した書面＝調書も含まれている (陳端華 2014。関連して前掲注 14) も参照)。

19)　同条所定の，全ての組織・個人が負う有罪・無罪証拠の一般的な提供義務に基づき，強行捜索・強制差押えが認められる (孫茂利 2013)。

20)　起草当局は旧法下では両者を区別せず，ともに 1 編 6 章の各処分を指すとしていた (全国人大刑法室 1996) が，現行法下では後者には捜索・差押え・凍結も含まれるとしている (全国人大法工委 2012)。

21)　なお旧法下における拘禁処分多用の背景として，非拘禁処分では被疑者を統制しがたいためにそれを用いざるを得ないこと等も指摘されていた (鎖正傑 2007)。

22)　起訴審査は原則として最長 6 カ月半である (169, 171 条)。また一・二審の審理期限 [審限] は原則 2 カ月であるが，所定の手続により延長が認められる。最高法が承認する場合の上限は定められていない (202, 232 条)。

23)　第一審判決が無罪・刑の免除を言い渡したときは，直ちに釈放しなければならない (法249 条)。

24)　2012 年改正により接見交通権の保障も手厚くなった (37 条) が，基層ではなお徹底されていないという (田文昌・蒋恵嶺・陳瑞華 2015)。また拘禁を回避するために住居監視に，より制約的な「居所指定住居監視」(73, 74 条) が加えられた (施行後の概況は不明。一例として馬静華 2015a)。

25)　事件登録が先行することが原則である (本節 2 (1) (d) 参照)。ただし，緊急状況下で逮捕要件に該当するときは，公安に引致し，その後直ちに手続 (事件登録，逮捕等) を履践すればよい (刑手 121 条 2 項，孫茂利 2013)。[無証拘留] と呼ばれる。もっとも，逮捕はそもそも緊急時の処分であり，「緊急状況下」の解釈によっては，事前の事件登録・逮捕状といった手続的制約が形骸化することになろう。またそもそも刑手がこうした「逮捕」を規定することができるかも問題となる (呉宏耀 2016，孫長永・武小琳 2015)。

26)　治処法に規定はあるが，この場合の口頭召喚がそれを根拠としているかは明らかではない。なお，治処法上の口頭召喚に対して正当な理由なく拒絶・逃走した者については強制召喚が可能である (治処法 82 条 2 項)。

27)　なお，継続的職務質問および治処法上の召喚の使用は，実体法上の違法・犯罪二元システムから不可避的に生じる面もあろう。また，前者については，公安部「公安機関継続

的職務質問適用規定」(2004 年) により実施場所が派出所に限定されると同時に，要件・手続が厳格化されたことから使い勝手が悪くなり，県クラス以上では基本的に用いられなくなったという (周長軍等 2011)。

28) 法定手続に合致しないとは，収集主体・手続・方法に関する規定に該当しないことを指す (全国人大法工委 2012)。

29) 拷問を防止してえん罪を予防するために，現行法は逮捕後直ちに (遅くとも 24 時間以内に)，また勾留後直ちに看守所に送致しなければならないとした。そしてその後は，看守所で訊問しなければならない。また訊問の全過程録音録画が規定され，一定の重大事件については義務化された (83 条 2 項，91，116 条 2 項，121 条。陳瑞華 2012b)。

30) 現行法で新設された公判前会議［庭前会議］の主目的の 1 つは，公判前に公訴人・当事者・弁護人等を招集し，違法証拠排除等について「状況を尋ね，意見を聴取する」ことにある (182 条 2 項)。なお，これは日本の公判前整理手続に似ているが，法的に拘束力のある決定をなし得るわけではない (例: ここで排除を申し立てなくとも，公判で排除を申し立てることはできる。ただし本文のような手続的制約はある。江必新 2013)。

31) 捜査段階の録音録画媒体は一件記録とは異なり，検察・法院に当然には移送されない (刑定 19 条)。さらに移送したとしても，記録を選別したり，「記録時には (取調べ対象者を——坂口) 打たず，打つ時は記録しない」等の問題があるという (なお前掲注 29) 参照)。

32) 187 条 2 項における捜査人員は証人だが，なお出廷を強制することはできないとされる (張軍 2012)。

参考文献

日本語

浅井敦 1980「刑訴法の立法過程」『法律のひろば』33 巻 4 号。

浅井敦 1984「裁判の独立と党の指導」『法律のひろば』37 巻 9 号。

浅井敦 1986「裁判の確定と再審」『法律のひろば』39 巻 3 号。

浅井敦 1988「中国刑事法の変遷と展望」『ジュリスト』919 号。

上田寛 1982「社会主義国の犯罪捜査」『法律時報』54 巻 10 号。

王雲海 2012「中国刑事訴訟法改正の到達点と問題点」『法律時報』84 巻 8 号。

國谷知史 1987「転換期中国における『党の指導』と人民法院」社会主義法研究会編『社会主義法研究年報 No.8　社会主義と司法』法律文化社。

コーエン，ジェーロム・アラン／小口彦太・國谷知史訳 1984「中国共産党と『裁判の独立』——1949 年–1959 年」『早稲田法学 59 巻』1・2・3 合併号。

坂口一成 2009『現代中国刑事裁判論——裁判をめぐる政治と法』北海道大学出版会。

坂口一成 2013「中国におけるえん罪と刑事裁判の正統性——公正をめぐる『党の指導』と『裁判の独立』」『アジア法研究』6 号。

坂口一成 2014「中国共産党政法委員会の事件協調制度に関する覚書」『名古屋法政論集』255 号。

滋賀秀三 2003『中国法制史論集——法典と刑罰』創文社。

滋賀秀三 2009『続・清代中国の法と裁判』創文社。

鈴木一義 2012・2013・2014「中華人民共和国における違法収集証拠排除法則の台頭 (1)〜(3・完)」『法学新報』119 巻 3 = 4 号 (2012 年)，5 = 6 号 (2013 年)，121 巻 5 = 6 号 (2014 年)。

鈴木賢 1992a「中国法の非制度創設的性格」『法学セミナー』452 号。

鈴木賢 1992b「人民法院は裁判所か?」『法学セミナー』455 号。

鈴木賢 1993「人民法院の非裁判所的性格——市場経済化に揺れる法院の動向分析」『比較法研究』55 号。

鈴木賢 2000「中国で近代法はなぜ拒絶されるか——無罪推定原則をめぐって」小川浩三編『複数の近代』北海道大学図書刊行会。

田中信行 1984「中国的法治の現段階——刑法・刑事訴訟法の実施をめぐって」『アジア経済旬報』1288 号。

田中信行 1993「中国——『党政分離』と法治の課題」近藤邦康・和田春樹編『ペレストロイカと改革・開放——中ソ比較分析』東京大学出版会。

田中信行 1998「中国の収容審査と人治の終焉」小口彦太編『中国の経済発展と法』(早稲田大学比較法研究所叢書 25 号)。

田中信行 2007「中国の司法改革に立ちはだかる厚い壁」『中国研究月報』61 巻 4 号。

田宮裕 1996『刑事訴訟法〔新版〕』有斐閣。

平野龍一・浅井敦編 1982『中国の刑法と刑事訴訟法』東京大学出版会。

松尾浩也 1994「刑事訴訟の日本的特色——いわゆるモデル論とも関連して」『法曹時報』46 巻 7 号。

松尾浩也 1999『刑事訴訟法〔新版〕』弘文堂。

緑大輔 2011「被疑者・被告人の『黙秘権』——その意味と射程」『法学セミナー』675 号。

中国語

卒惜茜・劉鵬 2014「羈押必要性審査的理論与実践」『中国人民公安大学学報 (社会科学版)』5 期。

陳光中主編 2005『刑事訴訟法〔第 2 版〕』北京大学出版社・高等教育出版社。

陳光中主編 2010『中国司法制度的基礎理論問題研究』経済科学出版社。

陳光中主編 2016『刑事訴訟法〔第 6 版〕』北京大学出版社・高等教育出版社。

陳光中・魏暁娜 2015「論我国司法体制的現代化改革」『中国法学』1 期。

陳瑞華 2003『問題与主義之間——刑事訴訟基本問題研究』中国人民大学出版社。

陳瑞華主編 2005『刑事弁護制度的実証考察』北京大学出版社。

陳瑞華 2006「増列権利還是加強救済?——簡論刑事審判前程序中的弁護問題」『環球法律評論』5 期。

陳瑞華 2010『刑事訴訟的中国模式〔第 2 版〕』法律出版社。

陳瑞華 2011「程序性裁判中的証拠規則」『法学家』3 期。

陳瑞華 2012a「案巻移送制度的演変与反思」『政法論壇』5 期。

陳瑞華 2012b「論被告人口供規則」『法学雑誌』6 期。

陳瑞華 2014『刑事証拠法学〔第 2 版〕』北京大学出版社。

陳瑞華・黄永・褚福民 2012『法律程序改革的突破与限度——2012 年刑事訴訟法修改述評』中国法制出版社。

陳衛東主編 2008『刑事訴訟法学研究』中国人民大学出版社。

陳衛東主編 2012『刑事訴訟法修改条文理解与適用』中国法制出版社。

陳衛東 2014「司法機関依法独立行使職権研究」『中国法学』2 期。

陳衛東 2015a『反思与建構——刑事証拠的中国問題研究』中国人民大学出版社。

陳衛東主編 2015b『刑事訴訟法〔第 4 版〕』中国人民大学出版社。

陳永生 2011「冤案的成因与制度防範——以趙作海案件為様本的分析」『政法論壇』6 期。

董和平・韓大元・李樹忠 2000『憲法学』法律出版社。

樊崇義主編 2001『刑事訴訟法実施問題与対策研究』中国人民公安大学出版社。

宮暁冰主編 2002『中国法律援助制度培訓教程』中国検察出版社。

宮暁冰主編 2004『中国法律援助制度研究』中国方正出版社。

顧永忠・楊剣煒 2015「我国刑事法律援助的実施現状与対策建議——基於 2013 年《刑事訴訟法》施行以来的考察与思考」『法学雑誌』4 期。

郭建安・鄭霞沢・蘇利・宋立卿・張桂栄 2005「中国労働教養制度研究報告」郭建安・鄭霞沢主編『限制対人身自由的限制——中国行政性限制人身自由法律処分的法治建設』法律出版社。

郭爍 2014「徘徊中前行——新刑訴法背景下的高羈押率分析」『法学家』4 期。

胡銘 2016「審判中心、庭審実質化与刑事司法改革——基於庭審実録和裁判文書的実証研究」『法学家』4 期。

江必新主編 2013『《最高人民法院関於適用〈中華人民共和国刑事訴訟法〉的解釈》理解与適用』中国法制出版社。

郎勝主編 1996『関於修改刑事訴訟法的決定釈義』中国法制出版社。

李伝松 2010「法院審判活動行政化之克服」『法学』8 期。

龍宗智 2015a「念斌被再度確定為犯罪嫌疑人問題法理研判」『法制与社会発展』1 期。

龍宗智 2015b「"以審判為中心" 的改革及其限度」『中外法学』4 期。

羅国良・劉静坤・朱晶晶 2014「《関於建立健全防範刑事冤假錯案工作機制的意見》的理解与適用」『人民司法』5 期。

馬静華 2007「偵査到案制度: 従現実到理想——一個実証角度的研究」『現代法学』2 期。

馬静華 2015a「新《刑事訴訟法》背景下偵査到案制度実施問題研究」『当代法学』2 期。

馬静華 2015b「逮捕率変化的影響因素研究——以新《刑事訴訟法》的実施為背景」『現代法学』3 期。

馬静華・彭美 2006「非法審訊: 一個実証角度的研究——以 S 省為主要様板的分析」『福

建公安高等専科学校学報』4 期。

孟建柱 2017「堅定不移推動司法責任制改革全面開展」『中国応用法学』1 期。

全国人大常委会法制工作委員会刑法室（全国人大刑法室）編 1996『中華人民共和国刑事訴訟法釈義』法律出版社。

全国人大常委会法制工作委員会刑法室（全国人大刑法室）編 2012『《関於修改〈中華人民共和国刑事訴訟法〉的決定》条文説明，立理理由及相関規定』北京大学出版社。

全国人大常委会法制工作委員会刑法室編 2013『《関於実施刑事訴訟法若干問題的規定》解読』中国法制出版社。

全国人大常委会法制工作委員会（全国人大法工委）編 2012『中華人民共和国刑事訴訟法釈義〔最新修正版〕』法律出版社。

沈徳咏主編 2009『中国特色社会主義司法制度論綱』人民法院出版社。

沈徳咏 2016「論厳格司法」『政法論壇』4 期。

宋英輝・甄貞主編 2016『刑事訴訟法学〔第 5 版〕』中国人民大学出版社。

孫長永・武小琳 2015「新《刑事訴訟法》実施前後刑事拘留適用的基本情况、変化及完善
　　──基於東、中、西部三個基層法院判決様本的実証研究」『甘粛社会科学』1 期。

孫茂利主編 2013『公安機関辦理刑事案件程序規定釈義与実務指南』中国人民公安大学出版社。

孫笑俠 1998「司法権的本質是判断権──司法権与行政権的十大区別」『法学』8 期。

鎮正傑 2007「法律修改応同歩落実配套措施」『人民検察』23 期。

唐亮 2001「中国審前羈押的実証分析」『法学』7 期。

田文昌・陳瑞華 2013『刑事弁護的中国経験──田文昌、陳瑞華対話録〔増訂版〕』北京大学出版社。

田文昌・蒋恵嶺・陳瑞華 2015「本是同源生，相済匡公正──化解法官与律師衝突，共筑法律職業共同体」『中国法律評論』3 期。

万毅 2009「寛厳相済政策視野下的刑事証据制度改革──基於実践的理論分析」『政法論壇』6 期。

万毅 2010『実践中的刑事訴訟法──隠形刑事訴訟法研究』中国検察出版社。

呉宏耀 2016「現行犯視角下的拘留扯送制度」『中国刑事法雑誌』1 期。

邢素修 2012「話説刑事訴訟法的修改」『中国人大』5 月 10 日。

熊謀林 2016「従証拠収集看審前羈押──基於 A 市的実証研究」『華東政法大学学報』2 期。

閻召華 2013「口供中心主義評析」『証拠科学』4 期。

楊宇冠等 2015『非法証拠排除規則在中国的実施問題研究』中国検察出版社。

易延友 2012「論無罪推定的涵義与刑事訴訟法的完善」『政法論壇』1 期。

易延友 2013『刑事訴訟法──規則、原理与応用〔第 4 版〕』法律出版社。

翟小波 2001「法院体制自主性建構之反思」『中外法学』3 期。

張建偉 2016『刑事訴訟法通義〔第 2 版〕』北京大学出版社。

張軍主編 2010『刑事証拠規則理解与適用』法律出版社。

張軍主編 2012『新刑事訴訟法法官培訓教材』法律出版社。

張軍・陳衛東主編 2012『刑事訴訟法新制度講義』人民法院出版社。

張軍・姜偉・田文昌 2014『新控弁審三人談』北京大学出版社。

張慜・蒋恵嶺 1998『法院独立審判問題研究』人民法院出版社。

張沢濤 2016「完善分工負責、互相配合、互相制約原則——以"推進以審判為中心的訴訟制度改革"為視角」『法制与社会発展』2 期。

趙俊甫著／薛淑蘭審編 2012「李冉尋衅滋事案——法院変更公訴機関指控罪名的，在程序上如何処理？」『刑事審判参考』87 集。

周長軍 2012「現行犯案件的初査措施：反思性研究——以新《刑事訴訟法》第 117 条对伝喚、拘伝的修改為切入」『法学論壇』3 期。

周長軍等 2011『刑事裁量権規制的実証研究』中国法制出版社。

最高人民法院編写組 2011『人民法院審判理念読本』人民法院出版社。

左衛民等 2007『中国刑事訴訟運行機制実証研究』法律出版社。

左衛民等 2012『中国刑事訴訟運行機制実証研究 (5)——以一審程序為側重点』法律出版社。

第VI部

社会問題と法

第 **13** 章

環 境 法

片岡直樹

序

　世界の発達した国が200年から300年で経験してきた環境問題が中国で集中的に発生している[1]。環境問題は，経済活動や日常生活など多様な人の活動に伴って発生し，一国の国内問題から国境を越えた問題，さらには地球環境問題まで空間的広がりは大きい。また環境汚染や自然環境破壊は歴史的に積み上げられ継続する，長い時間軸の中に存在する問題である。これに対して法制度整備は段階的に進行し，また環境問題に関する法領域は拡大してきている。

　中国が世界経済で占める位置が上がると共に，自然環境，生活環境，そして人の健康環境は悪化の一途をたどっている。一方中国での環境問題に関する研究は，法領域も含めて広範で精密なものとなっている。それが法制度に十分反映しているのかどうか。中国の常用法令集では「環境保護」の見出し項目収載の法律は少ししかないが，環境問題と関係する法領域は広い。本章では立法の歴史を踏まえて環境問題の法領域を概観する。そして環境法を理解する上で重要な制度運用の特徴を紹介する。また環境問題解決のために司法活動で進められている取組みの注目点を検討する。これら全てが環境法の動向を考えていくための基本的な視点を提供するものである。

第1節　環境法の形成と展開

　中華人民共和国建国後の環境法形成の歴史は，いくつかの時代に区分して説明されている。時代区分の手がかりは政府文書や立法動向である[2]。ここ

では法律に焦点をあて，環境法の形成と展開の特徴を見ていく。

1 環境問題に対する法の形成

　環境問題を専門に扱った最初の法律は 1979 年 9 月 13 日制定の「環境保護法 (試行)」とするのが一般的である。1978 年 3 月に憲法が改正され，11 条で「国家は環境と自然資源を保護し，汚染とその他の公害を防止改善する」と規定したのを受け「環境保護法 (試行)」は制定された。汪勁 2011 はこう説明する一方，立法年表では最初の法律として 1979 年 2 月 23 日制定の「森林法 (試行)」を挙げる。これは「環境と資源の保護」という枠組みで環境問題関係の立法を捉えるからである。78 年憲法は環境と自然資源を保護するとしており，これに対応した立法展開という枠組みで環境問題の法分野を整理すると，最初の法律は森林法 (試行) となる。

　79 年森林法 (試行) は森林資源の利用と管理のための法律だが環境保護規定も置く。同法 1 条は森林の資源価値 (木材や林産物) を挙げるほか，「気候調節，水源涵養，水土保持，防風固砂」や「空気汚染防治」という環境面の機能を森林が持つことを指摘した上で，造林を加速することと森林の保護管理を強化し，森林資源を合理的に開発利用することを法の目的とした。2 条の森林区分では，特種用途林の 1 つとして環境保護林が挙げられている。ただし同法全体は，森林の適正な利用ルールと，長期に渡る過剰伐採による森林資源の損失回復のための造林と費用の確保などを中心に規定しており，環境保護の専門法とは言えない。

　一方「環境保護法 (試行)」は，78 年憲法 11 条に基づいて制定されたことを 1 条で規定した上で，任務を「自然環境を合理的に利用し，環境汚染と生態破壊を防止改善」することとした (2 条)。同法は第 2 章を「自然環境の保護」として 6 カ条を配置し，自然環境として土地，水域，鉱物資源，草原，野生動植物と並んで森林資源を挙げ，保護について規定した。13 条は「国家の森林法規を厳格に順守し，森林資源を保護し発展させ」て，合理的な伐採などの森林管理活動を行うとしており，森林法 (試行) の存在を前提としつつ包摂する形になっている。深刻な汚染問題と共に資源の開発・利用による生態破壊への取組みが必要という認識の下で同法は制定されたのである[3]。

2 環境問題の法分野の枠組みと展開

環境問題の立法は自然資源分野が先行し，環境保護の専門法がそれに続いたが，その後自然資源分野と環境保護分野という枠組みで立法は進む。森林法 (試行) は1984年に正式の法律となり，1条の目的は「森林の蓄水保土，気候調節，環境改善と林産品の提供という作用を発揮」することと修正され，空気汚染は消えた。一方「環境保護法 (試行)」は森林法から5年以上遅れて1989年12月26日に正式の法律として制定された[4]。89年法7条は環境問題と関わる監督管理行政部門の規定だが，環境保護行政と資源保護行政の担当を分け，また森林の自然資源保護は19条に自然資源開発利用に関する抽象的な規定を置くだけとなった。全体として環境問題に対する立法は，各種の環境汚染防止改善関係の分野と，自然資源の開発利用・保護の分野を中心に進められてきた。主な法律を表13-1に挙げる[5]。

さて79年環境保護法 (試行) は「石炭ガス，液化石油ガス，天然ガス，メタンガス，太陽エネルギー，地熱そしてその他の無汚染あるいは少汚染のエネルギー源を大いに発展させて利用する」(19条2項) とエネルギー分野も包摂していた。それが89年環境保護法ではエネルギー関係規定は消えた。ただしエネルギーと環境という分野での立法も行われている[6]。1997年の「節約能源法」は1条でエネルギー節約によって環境を保護することを目的とした。同法は2007年の大改正で1条の目的規定が環境の保護・改善に改正され，さらに持続可能な発展を促進することも規定した。改正法は37カ条増え，エネルギー節約のための財政支援などの規定も置かれた。また2005年の「可再生能源法」は1条で，再生可能エネルギーの開発利用を促進して環境を保護し，経済社会の持続可能な発展を実現することを目的とする。再生可能エネルギー普及に関する行政法規なども制定されている。

環境保護，自然資源保護そしてエネルギーという3つの分野と関わる立法も行われている。クリーナー・プロダクション促進のために2002年制定された「清潔生産促進法」は，環境汚染の防止と共に，資源の合理的利用・節約，そして省エネルギー促進を目指し (2, 13, 24条参照)，それによって環境の保護・改善，人体の健康の保障，そして経済と社会の持続可能な発展の促進を目的とする (1条)。2008年「循環経済促進法」は，資源の利用効率を向上させることで環境の保護・改善，そして持続可能な発展の実現を目的とするが，

314 　　　　　　　　　　　第 VI 部　社会問題と法

表 13-1　環境問題と関係する法律

分　野	法律名（制定年）（一部改正も含めた改正年）
環境問題の総合法	環境保護法 (1989) (2014)
環境汚染防止改善の法	海洋環境保護法 (1982) (1999, 2013, 2016) 水汚染防治法 (1984) (1996, 2008) 大気汚染防治法 (1987) (1995, 2000, 2015) 固体廃物汚染環境防治法 (1995) (2004, 2013, 2015, 2016) 環境噪声汚染防治法 (1996) 清潔生産促進法 (2002) (2012) 環境影響評価法 (2002) (2016) 放射性汚染防治法 (2003) 循環経済促進法 (2008) 環境保護税法 (2016)
自然資源の開発利用と保護の法	森林法 (1984) (1998, 2009) 草原法 (1985) (2002, 2009, 2013) 漁業法 (1986) (2000, 2004, 2009, 2013) 鉱物資源法 (1986) (1996, 2009) 土地管理法 (1986) (1988, 1998, 2004) 水法 (1988) (2002, 2009, 2016) 野生動物保護法 (1988) (2004, 2009, 2016) 水土保持法 (1991) (2009, 2010) 農業法 (1993) (2002, 2009, 2012) 防沙治沙法 (2001) 海島保護法 (2009)
エネルギー問題の法	節約能源法 (1997) (2007, 2016) 可再生能源法 (2005) (2009)
その他の法	城郷規劃法 (2007)

廃棄物の減量化と資源としての循環利用のほか，「節約能源法」と連携して産業部門の省エネルギーへの取組みを監督することも規定している (16 条)。

　エネルギー利用は，汚染，自然破壊，気候変動など多様な問題と関わっている。エネルギー分野の立法が環境保護と連携したものとなるのかどうか。エネルギー分野の基本的な法律として「能源法」を制定する取組みが行われている。2007 年 12 月 1 日「能源法（征求意見稿）」の公表・意見募集が行われ，2008 年に国務院に「能源法（草案）」が提出された後，立法作業は進んでいなかったが，2015 年に立法化の取組みを進めることが報じられた。果たして環境問題への対応をどのような内容とする法が実現するのか[7]。徐祥民 2013 は，第 1 章を「能源法制建設」として，エネルギー立法の目的が統一できていない状況を明らかにしたうえで，「能源法」の起草作業が 2006 年に開始されて

から作業が停滞していることを指摘し，持続可能な発展に適応したエネルギー
構造の調整を実現する法となることが必要だとする。ところで精華大学環境
資源とエネルギー法研究センター課題組によって「中国能源法 (草案) 専家建
議稿」が公表されている (精華大学環境資源與能源法研究中心課題組 2008 を参照)。
同案は「第 5 章 能源合理利用與環境保護」を配置し，環境保護の具体的規
定を置くが，このような立法が実現するのか。

　さて原子力について「核安全法」と「原子能法」が，第 12 期全国人民代表
大会常務委員会の立法計画に組み込まれ，法案策定が進められている。両法
は立法予定が異なり，「原子能法」は第 12 期の期間内に審議提案を行う第一
類に区分され，「核安全法」は条件が成熟した時に審議提案を行う第二類に区
分されたが，立法作業は「核安全法」の方が先行している。第 12 期で立法が
実現するかどうか。原子力関係法には以下の研究がある。陳臻・楊衛東・周
章貴 2014 所収の「《核安全法》立法有関問題研究」(李朝暉執筆) は，原子力関
係の法体系について現行の「放射性汚染防治法」と「核安全法」・「原子能法」
との違いを指摘した上で，「核安全法」で実現すべき基本原則と主な制度の概
要を説明している。その最後で法律責任を取上げ，原子力安全法規に違反し
た原子力と関係する活動主体 (自然人と法人) が民事，行政，刑事の 3 種類の
責任を負うとするが，具体的な内容は述べられていない[8]。胡剣波・高麗 2012
は放射性汚染 (核汚染) について，福島第一原子力発電所事故は人類への警鐘
であるとしたうえで，現行の核汚染刑法の欠陥を指摘し，改善策として抽象
的危険犯罪の規定を設け，過失犯として責任を負わせるべきと主張する。原
子力活動における過失危険犯を設けることが，原子力活動を萎縮させ，減少
させ，そして放棄させることになるとしても，それは社会の発展を害するも
のではないと主張する。このような主張が「核安全法」に反映されるかどう
か注目したい。

3　最近の法改正から見た環境法分野

　環境保護の専門法とされる 2 つの法律が改正された。エネルギー法の立法
作業が進められるなか，エネルギー問題はどう位置づけられたのか。

　環境保護関係の基本法と位置づけられてきた 89 年環境保護法が 2014 年に
改正された。同法改正は全国人民代表大会常務委員会で行われ，「立法法」上
の「基本法律」への格上げは実現しなかった。改正内容からは，環境汚染問

題への行政対応を強化した環境汚染行政法という性格が強い[9]。89年法で消えたエネルギー関係規定は，改正法では1カ条置かれた（40条）。「第4章　防治汚染和其他公害」冒頭の40条1項は「国家は清潔生産と資源循環利用を促進する」とした後，クリーンエネルギーの生産と使用に政府（2項）と企業（3項）が取組むべきと規定した。しかし同章の他の条項（41条〜52条）は環境汚染関係規定なので，40条はエネルギー利用における汚染問題の規定と考えられ，エネルギー起因の気候変動問題などは改正法の視野に入っていないと思われる[10]。

　2015年，大気汚染防治法が前回改正から15年経過して改正された。PM2.5（微小粒子状物質）が話題となり大気汚染深刻化が社会の共通認識となって，汚染対応の強化が図られている[11]。改正法は全129カ条で旧法の66カ条から大幅に規定が増えたが，エネルギー利用に関してどのような改正が行われたのか。旧法には気候変動問題の原因である温室効果ガス排出に対する低炭素・省エネの規定はなかった。改正法は低炭素を2カ条で取上げている。公民の義務規定（7条2項）は環境保護法6条4項に対応した内容である。もう1つの規定は「大気汚染防治措施」を規定した第4章の第3節（自動車・船舶などの汚染防止改善）冒頭の条項で，国家が「低炭素を唱導」するとし，燃料油使用自動車の保有台数コントロールや公共交通の割合向上を規定する（50条1項）。同条2項は省エネ技術の自動車などの普及のため，財政・税・政府購入などの措置を取ることを規定した。省エネに関しては，この規定のほか民生用の省エネかまど普及（36条）があるだけである。

　ところで改正法2条2項は，大気汚染物と温室効果ガスの協同コントロールを実施すると抽象的に規定する。温室効果問題に対し，生活部門の規定と比べ産業活動での低炭素と省エネは明確ではないが，汚染問題と連携した取組みを想定しているのであろう。2条1項はエネルギー構造調整を大気汚染防止改善のために行うべきとしており，エネルギー問題で温室効果ガスへの取組みが必要であることが示されたと考える。旧法はクリーンエネルギー（太陽，風力，水）開発・利用の奨励を規定していた（9条）が，改正法は一歩踏み込んでエネルギー構造調整を取上げ，さらに電力配置でクリーンエネルギー発電の電力網接続を優先的に割当てることを規定した（42条）。これは法第4章第1節（燃料炭とその他のエネルギー汚染防止改善）の最後の条項であり，石炭燃焼の問題から脱却する方向性を示すものと考えられる。

以上の２法の改正からは，環境汚染問題への対応強化が進められているが，エネルギー分野への広がりは限定的と考える。環境保護の専門法と呼ばれる法分野で，エネルギーの生産・利用による問題がどのように制度化されていくのか，注目したい[12]。

第２節　環境保護と法制度

環境問題に対する法制度は，問題への事前対処制度 (環境影響評価や「三同時」と呼ばれる活動開始前の対策実施)，汚染行為への事後制度 (排出規制，改善命令，「排汚費」と呼ばれる金銭負担など)，汚染損害賠償制度などがあるほか，自然環境保護の地域指定や活動制限の制度，生態回復のための「退耕還林」と呼ばれる居住制限・移民と植林・植草の制度，違法行為の制裁制度など，多様なものがあり，さらに地域間格差 (経済，技術，設備，人材など) を踏まえて水や大気の汚染問題で行政区域を越えて連携する取組みも行われている[13]。以下では，中国の環境保護の法制度を理解するときの留意すべきポイントを見ていく。

1　「軟法」と評価される環境法

環境法は長期に渡り拘束力と執行力がない「軟法」と評価されている。79年環境保護法の下では「試行」法であることを理由に執行しなくてもよい法とされていた。正式の法律に格上げされた89年環境保護法の下で４分の１世紀が過ぎたが，依然として「軟法」という否定的評価がなされている[14]。

冉冉 2015 は地方での環境法実施に関する実態調査を踏まえ，地方の環境担当の役人は環境に関する法律は執行してもしなくてもよい「軟法」とみているとする。叶名怡 2010 は，2009 年の最も影響のあった権利侵害事件例として多数の児童が血中鉛濃度基準を超過した２つの事件を取上げ，そのような悪性の環境権利侵害事件が繰り返される理由として次のような地方政府の問題を指摘する。環境権利侵害の予防と処罰は行政機関 (各レベル環境保護部門) が行うが，環境保護部門は各レベル政府の組織であって，地方政府は企業の環境汚染による副作用への懸念よりも経済発展 (高 GDP) と自分の成績評価を優先する。

環境法を執行する政府・行政のこのような運用は是正できるか。2015 年 8

月17日，中共中央弁公庁と国務院弁公庁は連名で「党政領導幹部生態環境損害責任追及弁法 (試行)」を発布・通知したことが報道された[15]。同弁法は党と政府の指導幹部が生態環境と資源保護の職責を果たすことの強化を目的とし，責任が追及される行為を列挙し，それらの行為をした場合に終身責任追及を行うことを規定した。同弁法は8月9日施行されている (19条)。同弁法が「試行」であることを考えると実際の運用がどうなるのか，さらに「試行」から正式「弁法」に格上げされるのかなど，今後の動向を見る必要がある。これによって環境法が「軟法」という運用実態から脱却できた場合，我々は立法機関の権限がどういう存在なのか考える必要がある。

2　制度実験による法規範形成

環境問題の法制度は，制度実験が行われ，それが法形成に反映されるという立法手法が採られてきた。例えば資源総合利用の観点から制定された2002年「清潔生産促進法」と2008年「循環経済促進法」は，法律制定のために政府による「試点工作」が実施され，それが立法内容に反映されている[16]。

最近の制度実験で重要なのは環境汚染責任保険である。2014年環境保護法52条は，環境汚染責任保険への加入を国家が奨励すると規定した。別濤2014は，甘粛省の非鉄金属製錬会社の鉛汚染で血中鉛濃度基準を超えた児童が334人いた事件を取上げ，被害者が補償を得られ，一方で生産組織が経営活動を継続できるようにするためには，汚染賠償責任の適切な移転と分散ができる環境汚染責任保険メカニズムを導入すべき時期にあるとする。そして2006年からの国務院や環境行政と保険監督管理委員会などの「意見」が環境汚染責任保険を推進してきたこと，省や市レベルでの試験的取組み実施に関する文書 (「方案」や「通知」など) や「条例」など，を紹介している。

環境保護法52条は抽象的規定で，保険加入は強制制度ではないと考えられる。ところで国務院は深刻化する水汚染問題対処のための計画を策定し，2015年4月2日に省レベル政府と国務院各行政部門に通知した。2020年を当面の目標年とする「水汚染防治行動計画」は，「五，市場メカニズムの作用を十分に発揮する」という項目で「(十六) 奨励メカニズムを打ち立てる」を置き，そこで重金属，石油化学工業，危険化学品輸送などの環境リスクが高い業種が環境汚染責任保険に加入することを奨励するとしている。任意加入保険であるとすれば，汚染源の加入促進のためにどのような制度が法定されるのか。

あるいは強制保険も並行して制度化されるのか[17]。環境汚染による深刻な被害と，被害をめぐる紛争が発生している現在，注目すべき制度実験である。

3 数値主義

法執行の際の適用判断のために数値基準を示している規範がある。行政や司法が法適用根拠を客観化するために策定したもので，法制度における数値主義と呼ぶことにする。

環境汚染犯罪について最高人民法院・最高人民検察院は「関于辦理環境汚染刑事案件適用法律若干問題的解釈」(2013年6月17日公布，6月19日施行)を制定した[18]。2013年司法解釈は，刑法338条(環境汚染罪)，339条(輸入廃棄物の違法処理罪)，408条(環境監督管理の職務怠慢罪)適用の数値基準を規定する。これら条項に該当する行為の判断基準として，飲用水水源の取水中断時間，農地・林地面積，財産損失額，中毒者数，避難者数など，発生した結果について具体的数値が示されている。これは2006年7月最高人民法院が制定した司法解釈を刑法2011年一部改正に対応するために改定したのだが，今回は検察と合同のものとなっている。

胡云騰2014は，環境汚染刑事事件の証拠収集の困難，鑑定の困難，認定の困難などの実態があるので，環境保護を強化して人民大衆の生命健康財産の安全を維持保護するために2013年司法解釈は定められたとする。確かに同解釈は汚染の損害結果がない場合でも338条が適用される汚染行為の数値基準を規定する(1条2号・3号)。1条3号は重金属と残留性有機汚染物質について国あるいは省レベル政府が定めた排出基準の3倍以上排出した場合とする。残留性有機汚染物質はストックホルム条約の附属書に掲げられている物質とされ(10条4号)，全国人民代表大会常務委員会は2004年6月25日に条約批准を決定しており，司法解釈は国際条約を反映したものとなっている。ところで奚曉明2015bは，最高人民法院研究室が2013年司法解釈の実施状況を分析した論稿を載せている。同稿は環境刑事事件が激増しており(ただし事件数などに地域差がある)，処罰された犯罪者などの特性(中小零細企業が多いことなど)，さらには環境監督者の職務怠慢犯罪の減少(規模の大きい企業犯罪が減少したことと関連)を指摘し，ただ課題として，危険廃棄物の認定や汚染物の排出基準の3倍以上の認定など，関係部門間で異なる認識があることなどを挙げ，さらなる明確化が必要とする。

320 第 VI 部　社会問題と法

　さて環境法が「軟法」であるのは，法執行を担当する地方政府・行政に問題があるという研究を紹介したが，これへの対応でも数値主義がある。国務院は 2013 年 9 月 10 日「大気汚染防治行動計画」を発布し，大気汚染改善のための具体的な取組み内容を示した。同計画の実施確保のために地方政府の取組み成績評価ルールが作られている。国務院弁公庁は「実施情況考核弁法（試行）」を 2014 年 4 月 30 日省レベル政府と国務院行政部門などに通知した。また同「弁法（試行）」実施のための詳細な内容を定めた「実施細則」も，環境保護部，発展改革委員会など 6 行政部門の連名で同年 7 月 18 日に省レベル政府に通知されているが，そこには詳細な成績評価の点数と計算方法が示されている[19]。成績評価は毎年国務院に報告し，その成績評価は中央からの汚染対策のための財政支援に反映されることになっており，成果に注目したい。

　日常型の汚染行為だけでなく，事故型でも数値主義はある。突発的な環境事件発生時の対応策や取組体制などを定めた「国家突発環境事件応急預案」が，2014 年 12 月 29 日国務院法制弁公室から発布された[20]。これは 2005 年制定のものを廃止して作られたものである。「応急預案」は「事件分級」をし，数値基準（死者数や直接の経済損失金額）に基づき特別重大突発環境事件，重大突発環境事件，較大突発環境事件，一般突発環境事件の 4 レベルに分ける。「応急預案」は附件 1 に事件基準を示し，旧基準より詳細である。直接の経済損失の基準額は増額されているが経済発展で損失額が大きくなったからであろう。特別重大突発環境事件は 1 億元以上となった。一般突発環境事件は，直接経済損失の金額基準がなかったのが今回は 500 万元未満と規定されたほか，避難・移転者 5000 人未満の基準も導入された。以前は避難者・移転者基準は特別重大環境事件と重大環境事件についてだけ置かれていた。

4　幅のある運用

　法の執行権者の恣意性を防ぐために，数値基準の設定と実施は法執行の客観性を確保するために重要である。一方，問題解決のために法の幅のある運用もある。

　2014 年環境保護法は違法行為に対する過料制度を強化し，汚染行為者が違法行為を是正しない場合には是正までの間，毎日連続して過料を徴収することになった（59 条）。2015 年大気汚染防治法も同様の規定を置く（123 条）。ところで環境保護法 59 条実施のために 2014 年 12 月公布された「環境保護主管

部門按日連続処罰弁法」（環境保護部令第 28 号）は，3 条で「教育と処罰を相結
合させる原則を堅持すべきであり，汚染者に対して適時環境違法行為を改め
るように指導し督促する」とした。環境行政では「行政処罰と教育の相結合」
を重要な法原則としている[21]。一方，上で取上げた環境汚染刑事事件に関す
る 2013 年司法解釈は，犯罪行為者が汚染除去や損害賠償などを行った場合に
は情状酌量して寛大な刑事処罰をしてもよいとする（5 条）。これらの法運用
ルールからは，汚染改善への取組み，そして発生した損害の賠償について汚
染責任者が取組みを進めるように，行政処罰と刑事処罰という事後制裁制度
の抑止力を利用して，制裁と問題解決策実施との間で交渉型の法運用が実施
されることが分かる。

　このような運用が行われた場合，ポイントは経済的負担能力が汚染責任者
にあるかどうかになるだろう。対策費用の負担能力があるケースでは，これ
らの運用は問題解決につながる。しかし能力がない場合には，汚染者は違法
な汚染行為を続けるために過料を払い続けるか，あるいは汚染原因の活動を
止めるか，いずれかの選択を迫られるが，これは「軟法」批判の原因となっ
ている地方政治の問題に帰着する可能性がある。刑事処罰でも犯罪と関係し
た者の処罰で「とかげのしっぽ切り」で終わり，汚染源の組織は犯罪になら
ないレベルで汚染行為を継続することが考えられる[22]。

　環境公益訴訟について民事訴訟法（2012 年改正）が規定し，さらに 2014 年環
境保護法でも訴訟主体などが規定された（58 条）[23]。環境民事公益訴訟の裁判
でも幅のある運用の姿が見える。『最高人民検察院公報』2015 年第 4 号に「江
蘇省泰州市人民検察院支持泰州市環保聯合会起訴江蘇常隆農化有限公司等企
業環境汚染公益訴訟案」が掲載された。これは，泰州市経済開発区で操業し
ている化学工業製品製造 6 社が，廃酸などの危険廃棄物の違法処理を委託し
たとして，廃酸などで汚染された河川水域の修復費用の損害賠償を命じた判
決である。原告は泰州市環保聯合会である。注目したいのは，二審判決（2014
年 12 月 29 日）が汚染源企業の環境修復費用負担に配慮したことである。二審
判決は一審の環境修復費用賠償額を維持したが，被告の賠償金支払いの方法
について，担保提供がなされた場合には支払い猶予期間（1 年）を認め，さら
に一定の条件を満たした場合（1 年間環境違法行為で処罰を受けないこと，および
技術改造で副産物の酸液類の循環利用を行って環境リスクを低減させた場合）には，
延期支払い分（賠償金の 4 割）を限度額として支払い免除を泰州市中級人民法

院に申請できるとした。これは環境汚染を防ぐ技術改造を行うように企業を誘導するものと理解できる。企業が地域経済で占める重要性に配慮しつつ環境汚染防止対策を取らせるという，経済と環境を調和させる司法による政策判断と考えられる。被告の1社が最高人民法院に再審請求をしたが，請求を認めない裁定が2016年1月31日に下された（『中華人民共和国最高人民法院公報』2016年第5期，収載）。最高人民法院は，二審判決が環境リスクを下げ，環境汚染を源から減少させると肯定的評価をしている。なお裁判では，一審で泰州市，二審で江蘇省の検察院が原告の支援を行い，法廷で意見を述べていることにも注目したい。

第3節　環境問題の被害・紛争と司法

　奚曉明2014は，環境汚染紛争，資源開発・利用に伴う紛争，さらには環境公益訴訟の事例を紹介し，多種多様な被害と紛争が発生していることを明らかにする。環境問題の被害・紛争は都市と農村で多様なものがあり，解決のために裁判や調停など多様な取組みが行われている[24]。環境問題の被害・紛争への司法の取組みで，最近の注目点を見ていく。

1　環境汚染による被害と紛争

　環境汚染による被害と紛争は深刻化している。李林・田禾2014は中国社会科学院法学研究所法治指数創新工程項目組の研究「群体性事件的特点，誘因及其応対」を収載する。同稿によると2000年1月1日から2013年9月30日までで当事者が1万人を超える大規模な集団事件は10件あったが，半分は環境汚染が原因であった。また環境汚染の集団事件（全37件）の当事者関係は，公民と社会組織の事件が12件（1万人超え事件が1件），公民と政府の事件が25件（1万人超え事件は4件）となっている。同稿は集団事件が示す問題として，環境保護事件では公衆参加が政府の政策決定の際に理想的なものとなっていないとし，政府が公衆の意思を尊重せず，公衆と有効な意思疎通ができていないことが不満を募らせ，深刻な結果につながっているとする。

　趙淑莉等2012は，1952年から2010年までの環境汚染事件の中から約700件について統計分析を行って次のような実態を明らかにしている。環境汚染事件の発生率が高いのは経済が発達した省で，汚染物としては液体が62%近

くを占め，気体 (29%) や固体 (6%) よりも多い。業種では化学工業の件数が多く，次いで運輸業が多いことを指摘し，液体の貯蔵・輸送での安全確保と緊急事態発生時の応急管理体制を作ることが必要とする。

農村地域では鉱山などの開発・操業や工場の立地・操業が，自然破壊や環境汚染の問題を発生させている。朱海忠 2013 は，沿海地域の汚染規制強化で汚染源工場の内陸地域移転が進み，また都市住民の環境意識向上で汚染の「農村化」が進んでいることを踏まえ，農村の汚染問題への農民抗争を社会学の領域から研究している。農村の具体的事件の調査結果を基に，汚染被害に直面している農村で環境を巡る衝突を防止・解決するために，「信訪」や環境汚染訴訟の制度改革など具体的な政策が提言されている。

2　司法解釈等から見える司法の取組み

深刻化する環境汚染による被害・紛争に対し，司法の取組みはどうなっているのか。刑事司法については第 2 節 3 で取上げたので，ここでは民事司法を中心に見ていく[25]。

王燦発 2015 は以下のことを指摘している。中国の深刻な汚染状況からは大量の環境訴訟事件が発生するはずだが現実はそうなっていない。環境紛争の統計データ (環境行政部門が受理した紛争件数) は 2013 年で 120 万件を超えているが，裁判所が受理した事件は少ない。2002 年から 2011 年の環境訴訟件数 (刑事，民事，行政訴訟の一審受理件数 11 万 8779 件) は，2013 年一年の紛争総数の 10 分の 1 にも満たない。しかも刑事事件が全体の 69% を占め，環境汚染被害者が提訴した民事事件は 17% に留まり，「地方保護主義」による地方政府の圧力，環境訴訟コストが高いこと，挙証の難しさなどから，被害者が権利主張を断念するために件数がきわめて少ない。

最高人民法院は，2015 年 6 月「関于審理環境侵権責任糾紛案件適用法律若干問題的解釈」を公布・施行した (『中華人民共和国最高人民法院公報』2015 年第 9 期)。同解釈は，環境汚染と生態破壊で損害が発生した民事事件に適用される (18 条) が，規定が具体的に取上げる内容は環境汚染に関するもので，「侵権責任法」の条文を示して適用を裁判所に求める内容となっている。環境汚染民事訴訟で被害者が提訴をためらうのは因果関係立証の難しさだが，これについては双方の立証事項と鑑定など詳細に規定している。因果関係立証で被害者側は，汚染者が汚染物を排出したこと，被害者の損害，そして汚染者

が排出した汚染物あるいはその二次汚染物と損害との間に「関連性」がある
ことの3点の証拠提出が求められている (6条)。汚染者側の因果関係不存在
の立証事項 (7条) は4つの事情のうち1つを証明した場合には因果関係不存
在と認定することにしていて，その4つ目は「汚染行為と損害の間の因果関
係不存在と認定できるその他の事情」となっている。「関連性」と「その他」
という規定の仕方では具体的内容が司法裁量で決まると考えられるから，司
法による被害者の権利回復につながるのかどうか，今後の裁判動向を見る必
要がある。

　環境公益訴訟の分野で最高人民法院は「関于在部分地方人民法院推進環境
民事公益訴訟審判工作的指導意見」を2014年7月に出し，5つの省で環境民
事公益訴訟の「試点」活動を行うとした。奚暁明2015bは，この活動は裁判
実践の経験を積み，訴訟手続のルール化を進めるためとする。そして最高人
民法院は2015年1月「関于審理環境民事公益訴訟案件適用法律若干問題的解
釈」を公布・施行した (『中華人民共和国最高人民法院公報』2015年第3期)[26]。2015
年司法解釈1条は，受理しなければならない訴訟を「すでに社会公共利益に
損害を与え，あるいは社会公共利益に損害を与える重大なリスクのある，環
境汚染，生態破壊の行為に対する提訴」とする。同解釈2条は「等」書きだ
が，奚暁明2015aによると環境保護法58条が規定する提訴主体の「社会組
織」について「開放性」を持たせ，今後の行政法規や地方性法規が社会組織
の範囲を広げることがあったときにそれを受け入れるためである。ところで
環境公益訴訟には個人で提訴・勝訴した事件もあり[27]，公益訴訟での原告の
資格制限が生態環境自体の損害賠償を目的とする民事公益訴訟が進まない理
由の1つであるとして，徐以祥・劉海波2014は公益訴訟を提起できる主体が
提訴しない場合に，その他の合法団体や公民による代位訴訟制度構築が必要
とする。生態破壊行為に対する環境公益訴訟実現のために，司法解釈の「等」
規定がどのような主体にまで広がるのかは生態環境保護領域では重要なポイ
ントとなるであろう。

　最高人民法院は2016年2月「人民法院審理人民検察院提起公益訴訟案件試
点工作実施弁法」の通知を出した (『中華人民共和国最高人民法院公報』2016年第
8期)。これは検察が公益訴訟の提訴主体となる実験的取組みへの裁判所の対
応を定めたものである。全国人民代表大会常務委員会は2015年7月に，13
の省・自治区・直轄市で，2年間，検察が公益訴訟を提起し，裁判所が審理

第 13 章　環境法　　325

することを決定した (『全国人民代表大会常務委員会公報』2015 年第 4 号)。これを
受けて最高人民検察院は 2015 年 12 月に「人民検察院提起公益訴訟試点工作
実施弁法」を制定し，民事公益訴訟と行政公益訴訟の手続を示した (『最高人
民検察院広報』2016 年第 2 号)。公益訴訟の対象に生態環境と資源の保護が入っ
ており，環境公益訴訟の提訴主体に検察が加わることになった。しかも行政
を相手とする環境行政公益訴訟の提訴ができるので，検察と裁判所の司法の
取組みは，環境問題の直接の原因者だけではなく，行政にも影響を及ぼすこ
とになる。環境保護という社会公共利益の実現を広げる意味では目的合理性
があるかもしれない。また環境訴訟の困難な理由に，原因・結果や損害評価
のために専門知識・専門家の関与が必要で，その費用負担も大変なことを考
えると，検察を提訴主体にすることには手段合理性もあるかもしれない。た
だ検察は裁判の再審請求権を持っていることを考えると，環境公共利益の判
断が検察に依存することになるかもしれない。検察と裁判所の人的・時間的
負担が増大することで，深刻な損害を受けている被害者の裁判での救済に影
響が出ないか。さらに同一原因で公共利益と私的利益の両方の損害が発生し
ている場合には，原因者の負担能力との関係でどの利益救済が優先されるの
か。第 2 節 4 で紹介した裁判例のように環境問題での司法の役割は増してい
る。制度実験の後，必要な立法対応がなされることになっているので，司法
の取組みがどう展開するのかは重要なポイントである。

3　環境問題の専門法廷

　環境問題の裁判の専門法廷が作られている。最高人民法院は 2014 年 6 月に
「環境資源審判庭」を設立した。奚曉明 2015b は，2007 年貴州省清鎮市人民
法院で最初の生態保護法廷が成立してから 2014 年 9 月 16 日までに全国 20 の
省・自治区・直轄市で 368 の環境資源法廷が設立されたとする。法廷の名称
は多様で，また受理事件が環境汚染と環境資源を網羅するかどうかは，ばら
つきがあるとする。環境資源事件は公益性，複合性，専門性，回復性，職権
性などの特徴があり，それに対応する裁判官の能力向上が必要だとする。最
高人民法院は 2014 年 9 月，受理する民事事件に関して「関于確定環境資源審
判庭受理案件範囲和具体案由的通知」を出し，環境類と資源類という 2 つの
項目立てで具体的な紛争名を示した。環境資源事件が専門性を必要とする点
について最高人民法院の上記 2015 年司法解釈は，訴訟を提起した原告の立証

負担の軽減，専門的鑑定や提訴を支援する検察や環境行政などの関与を規定
し，環境問題の関係行政部門などとの連携が考えられている。

2015 年司法解釈公布の前に最高人民法院と民生部と環境保護部が連名で
「関于貫徹実施環境民事公益訴訟制度的通知」(2014 年 12 月 26 日)(『中華人民共
和国最高人民法院公報』2015 年第 9 期)を発布したが，司法解釈実施のための通
知である。同通知は司法解釈 12 条の提訴の連絡を受けた環境保護主管部門
は，その訴訟事件の手がかりに基づいて検証を行い，被告の行為が環境行政
違法を構成する場合には法による処理を行い，合わせて処理結果を裁判所に
通報することとした。また環境行政が持っている資料について，事件の審理
に必要な場合には裁判所は監督管理職責を負う環境保護主管部門に対し，被
告と関わる環境影響評価書類と審査結果，環境許可と監督管理，汚染物排出
状況，行政処罰と処罰根拠などの聴取ができるとする。さらに環境行政との
連携は，原告勝訴判決の執行でも行われる。生態環境損害の修復の結果につ
いて，裁判所は環境損害評価などのできる鑑定機構に鑑定委託できるほか，
必要な時には監督管理職責のある環境保護主管部門から審査の協力を得るこ
とができる。

裁判所が専門行政部門および検察と連携する取組みがどう進むのか。環境
民事公益訴訟が専門法廷での取組みが中心になるのか，より広がりを持つの
かは，環境問題解決における司法の役割がどう発展するのかのポイントとな
るであろう。最高人民法院は 2014 年 6 月に「関于全面加強環境資源審判工作
為推進生態文明建設提供有力司法保障的意見」(『中華人民共和国最高人民法院公
報』2014 年第 10 期)を発しているが，そこでは環境資源問題に関する裁判の役
割を強調し，司法体制改革の推進や活動メカニズムの健全化，環境資源に関
する刑事・民事・行政事件の法に従った審理と判決などの執行力を上げるこ
と，そして環境民事公益訴訟の推進など，多様な問題に取組んでいくことが
示されている。また環境資源保護の職能を持つ部門 (行政，検察，公安) との協
力強化も打ち出されており，刑事司法にも注目する必要がある[28]。

結

堀井 2010 は経済発展に対する資源・エネルギー制約と環境問題解決の重要
性を明らかにしている。経済発展を前提とする政策方針の下では問題解決の

財源確保は重要である。2015 年改正の「立法法」は税種などを法律で定める
こととしたので，租税制度の立法からも環境政策に関する様々な議論が見え
るようになるであろう。「環境保護税法」が 2016 年 12 月 25 日に制定された。
同法は 2018 年 1 月 1 日施行で，実際の制度運用がどうなるのか。環境税制な
どに関して環境経済学の研究成果 (朱厚玉 2014) があるが，どのような制度整
備が行われ，気候変動問題の取組みにまで発展していくのか，今後の動向に
注目したい[29]。環境問題解決で経済的負担の制度は重要だが，その運用実態
は行政と司法共に交渉型で問題原因者に取組ませるものとなっている。ただ
し問題解決の経済力が原因者にない場合には被害は放置されたままになるの
で，費用のバックアップ制度が必須だが，環境汚染責任保険の実験的取組み
がどのような制度となるのかは大きなポイントであろう。経済至上主義者の
抵抗は強いだろうが，人の生存を守るため，国家所有の自然を中心とする環
境に対する負荷への費用負担制度の発展は喫緊の課題である[30]。

　中国環境法を考えるためには法律学に留まらず，経済学，社会学，政治学，
公共政策学，国際関係論など多様な領域の研究成果を視野に入れると共に，
日中両国の多様な分野の研究者の研究交流の成果を知ることも重要である[31]。
そして中国の環境問題への取組みで国際協力は重要であり，それにも目を向
ける必要がある。中国環境與発展国際合作委員会 (同委員会は国合会と略称され
る。) は，1992 年に中国政府が承認して設立された高レベル国際諮問機構で，
中国の環境と開発に関する重要な問題の研究を進め，中国政府に政策提案を
行うことになっている。国合会は中国と外国の高レベルの関係者で構成され，
中国政府からは副総理をはじめ，環境保護部部長も含め政府各部門の責任者
がメンバーとして入っている。そして中国内外の研究者による政策研究課題
の研究成果が出されている。中国環境與発展国際合作委員会 2005 は設立から
2004 年までの政策提言を紹介している。中国環境與発展国際合作委員会秘書
處 2015 は，2009 年から 2013 年の国合会の政策提言に対して，中国で 2013
年から 2014 年にどのような政策上の進展があったのかを紹介しており，国合
会の果たしている役割を知ることができる。

　2014 年改正環境保護法公布後，中国の若手研究者は環境権の人権としての
特質を検討した上で，国際社会で国家が立法を通じて環境権を具体化すべき
責任を負っていることを主張している[32]。国際的研究協力と中国環境法がど
う連動するのか注目したい。

注

1) 環境行政担当の国務院環境保護部が2011年5月25日発布した「関于開展環境汚染損害鑑定評価工作的若干意見」(別濤2014所収)を参照。

2) 環境法教科書の金瑞林2013と張璐2015, そして環境法30年を検証評価した汪勁2011を参照。

3) 1979年9月11日「環境保護法(試行草案)」の立法趣旨説明が行われ, 深刻な環境汚染(大気汚染, 水域汚染, 地下水汚染, 食用油・食品中の有害物質問題と農業汚染)と共に自然環境破壊の深刻さもあるが, 自然生態回復のための規定は基本政策を定めただけで, 今後具体的法規を制定して自然環境保護を強化することが必要とされている(李超伯「関于《中華人民共和国環境保護法(試行草案)》的説明」(彭守約・孫向明・陳漢光1985所収)参照)。

4) 汪勁2011は, 多様な行政部門および企業との意見調整が難航したために制定まで長時間を要したとする。

5) 自然資源関係の項目で野生動物保護法を挙げたが, 野生動物も資源と位置づけられている。漁業法や農業法という産業関係法も挙げたが, 環境保護関係の規定が置かれているからである。漁業法は「第4章 漁業資源の増殖和保護」で漁業水域の生態環境保護改善と水汚染防止改善などの規定を置く。農業法は「第8章 農業資源與農業環境保護」で生態農業の発展, 生態環境の保護・改善などの規定を置く。農業は農薬や化学肥料の使用で面汚染源となるので対応が必要であり, 農業法でも農業が原因となる汚染問題への対応規定を置いている。

ところで93年農業法制定のはるか前に, 農業が深刻な環境問題と直面しており, 汚染による農業への悪影響と共に, 農業が汚染源であるので生態バランスを取ることが必要で, 農業での環境保護のための研究と取組みを進めることが必要とされていた。1981年10月4日に農業部副部長が中国農業環境保護協会設立大会で行った講話(農牧漁業部能環弁・北京市農業局環保處1986所収)を参照。また韓徳培1990は, 79年環境保護法(試行)の下での立法課題を検討しているが, 農業による環境負荷も視野に入れて立法提言を行っていた。2014年改正「環境保護法」49条は, 農業による環境汚染への取組みの規定を置き, 面源汚染の防止を打ち出した。長期に渡る農業による水や土壌の汚染問題は現在でも解決課題であり, 具体的な制度に注目したい。

6) 環境法関係の教科書では, 金自寧・薛亮2014が環境とエネルギーの関係という枠組みで, また周珂2015と金瑞林2013は自然資源保護法の中でエネルギー関係法を取上げている。

7) 国務院国土資源部ホームページ「我国能源立法或已進入新階段」を参照。http://www.mlr.gov.cn/xwdt/jrxw/201509/t20150906_1365647.htm (2015年11月1日閲覧)

8) 陳臻・楊衛東・周章貴2014は, 「核電行業法律政策観察」の章で「侵権責任法」70条を取上げ, 原子力民事責任制度の正確な運用が必要として解釈論を展開している。

9) 改正法の内容と特徴などについては片岡2014を参照されたい。

10) 改正法は公民の義務規定(6条4項)で低炭素の生活スタイルを要求するだけで, 気候変動問題解決のための規定は置かれていない。中国の気候変動問題への政策・制度は金自寧・薛亮2014を参照されたい。

第 13 章　環境法　　329

11)　大気汚染に対する制度や政策は，旧法の時代だが，染野 2014 を参照されたい。

12)　金自宁・薛亮 2014 は環境法の観点からエネルギー法の位置づけを行い，中国のエネルギー行政の課題などを検討する。張剣虹 2012 はエネルギー法の課題と体系などを検討し，エネルギー基本法の制定によって，安定，高効率，環境保護，そして安全なエネルギー保障の体系構築が必要とする。

13)　改正大気汚染防治法は第 5 章で「重点区域大気汚染聯合防治」を規定した。水における流域連携の取組みは傅喆 2012 を参照されたい。環境保護制度の内容・特徴などは北川 2012，そして中国環境問題研究会編『中国環境ハンドブック』各年版を参照されたい。

14)　呂忠梅 2014 は，改革開放以来，環境保護の制度建設は進んできたが，環境保護法は違反者がきわめて多いため「軟法」と批判されてきたとした上で，中国共産党第 18 期 3 中全会「中共中央関于全面深化改革若干重大問題的決定」が打ち出した生態文明建設に合った制度構築として，環境と発展の総合的政策決定の仕組み作りが必要であるとする。張宝 2015 は本文のような「軟法」評価をした上で，環境法の実務と理論の整理作業を行い，環境法学研究を精密化することが必要とする。

　　王燦発 2016 は，2015 年から施行された改正環境保護法の実施状況について，重要な制度の実施状況を多面的に検討し，法の運用面の課題を提示している。法の多様な課題を理解するために参照されたい。

15)　国務院環境保護部ホームページの「環境要聞」参照。http://www.mep.gov.cn/zhxx/hjyw/201508/t20150818_308301.htm（2015 年 11 月 1 日閲覧）

16)　全国人大環境與資源保護委員会法案室 2008 を参照。

17)　環境汚染の強制責任保険も「試点工作」が進められている。2013 年 1 月 21 日環境保護部と中国保険監督管理委員会は「関于開展環境汚染強制責任保険試点工作指導意見」を発布し，対象となる産業・企業や保険の仕組み，そして保険加入のための間接的な強制の方法や誘導の仕組みなどを規定したほか，地方性法規，規章などの制定を求めている。

18)　汚染問題以外でも，最高人民法院が森林資源や野生動物資源の犯罪に数値基準を明確に示した司法解釈を制定していること，そして国家林業局と公安部がこれら犯罪立案の数値基準を発布していることなどについて，王秀良 2003 参照。

　　なお 2013 年司法解釈は，2016 年 12 月 23 日に公布（2017 年 1 月 1 日施行）された新しい司法解釈によって廃止された。2016 年司法解釈は基本的な内容は同じだが，6 カ条増えて全 18 条になり，対象犯罪行為も増えている。本稿脱稿後に公布されたため，本章の記述の対象は古い司法解釈であることを注記するに留める。

19)　計画や弁法などは環境保護部政策法規司 2015 所収を参照。

20)　以下の国務院ホームページを参照。http://www.gov.cn/zhengce/content/2015-02/03/content_9450.htm（2015 年 11 月 1 日閲覧）

　　環境保護部環境応急指揮領導小組弁公室 2015 で突発事件の具体例を知ることができる。

21)　環境保護部環境監察局 2015：38 頁以下参照。

22)　なお 2013 年司法解釈は刑法 346 条の両罰規定を取上げ，組織が汚染事件を起こした場合には責任者への処罰に加えて，組織に罰金を科すことを規定する（6 条）。

23)　環境公益訴訟については北川 2012 第 3 章（櫻井次郎執筆）と櫻井 2014 を参照されたい。

24)　奚曉明 2014 は最高人民法院に 2014 年設立された環境資源審判庭の編著書である。趙永康 1989 は 1970 年代から 80 年代の多様な環境紛争と民事・行政・刑事の事例を紹介し

ている。両書を対比すると，この40年間，環境被害・紛争が解決課題であり続けている
ことが分かる。高見澤1998は紛争形態に注目して農村型紛争の特徴を指摘し，自然資源
の開発利用をめぐり地域社会で対立が深刻化することと，それを想定した立法内容を分析
しており，紛争対象の自然資源は山林，水利，鉱業，魚場など多様である。片岡1992は
水利をめぐる紛争解決の訴訟や調停の実態を紹介している。北川2012の環境問題におけ
る司法の役割に関する分析・紹介は司法の課題を示している。櫻井2011は環境汚染の具
体的事件を取上げ損害賠償裁判の困難さなどを紹介する。

25) 余耀軍・張宝・張敏純2014は，「侵権責任法」（2009年）を中心に環境汚染責任に関す
る立法の歴史と，その過程での環境汚染賠償裁判例を取上げて，環境汚染責任の法的論点
と紛争解決の方法（裁判，調停，裁判外の解決方法など）について分析・考察していて，全
体像と実態を知ることができる。裁判例は同書のほか，王立2014，奚曉明2014，奚曉明
2015b，王燦発2015が参考になる。

26) 奚曉明2015aは同解釈規定の内容，意味，背景事情など，詳細に紹介する。

27) 王立2014収載の「貴陽公衆環境教育中心環境志願者蔡某某水汚染責任案」である。王
燦発2015では事件担当弁護士が事件での原告の取組みと裁判などについて紹介している。

28) 呉家明・朱遠軍2015は環境刑事司法が抱える問題を指摘し，立法対応と司法の専門化
による制度改革の必要性を主張している。周訓芳2015は，生態環境保護司法の専門化を
目標とし，生態環境保護の司法体制改革実現のために，刑事事件の捜査体制，行政執行と
刑事捜査の連携，刑事事件の起訴体制など，生態環境保護の刑事司法に対応した捜査体制
整備が必要であるとする。そのために森林における犯罪行為対処のために整備されてきた
公安組織を，生態保護のための組織へ発展させることを提言している。第1節で取上げた
ように環境保護の立法は森林法から始まっている。森林法20条は森林公安に権限を付与
する規定を置くが，これが環境保護関係法の立法にも広がるかどうか。

29) 同法は附表で規定した大気汚染物，水汚染物，固体廃棄物そして騒音を課税対象とす
るが（3条），附表に温室効果ガスは含まれていない。12条は環境保護税徴収を暫時免除す
る規定で，移動発生源による大気汚染の課税対象物質は免除の対象とされている。大気と
水の汚染物の課税額は，法の附表の範囲内で，省レベル政府がそれぞれの地域事情を考慮
して決定することになっている（6条2項）。

30) 野生動物保護法は2016年7月2日に改正法が公布された。改正法19条は，野生動物
保護のために発生した損害への政府補償制度について，関係する地方政府が保険機構によ
る損害賠償保険業務を推進できるとする規定を置いた。改正法は損害として人身死傷を明
記したほか，生息地保護が具体的に規定されたので，野生動物保護により発生する多様な
損害に対する補償の経済的裏付けとして保険制度がどう展開するのか，注目したい。

31) このような研究成果に北川2008，北川2012，北川2015がある。中国環境法の特色を
知るために日本の取組みや制度と対比する研究も重要で，平野2005や奥田2014がある。

32) 国際経済法専門の項安安2014は，中国の環境権に関する先行研究の主張を整理検討し
た上で，アメリカのEdith Brown Weissが提起した地球権利を引照している。直接の参照
文献は汪勁ほかが翻訳出版した『公平地対待未来人類──国際法，共同遺伝與世代間衡平』
（法律出版社，2000年）だが，これは，1989年に出版されたIN FAIRNESS TO FUTURE GENER-
ATIONS: INTERNATIONAL LAW, COMMON PATRIMONY, AND INTERGENERATIONAL EQUITY の中国語
版である。

第13章　環境法　　331

参考文献

日本語

奥田進一編著 2014『中国の森林をめぐる法政策研究』成文堂。

片岡直樹 1992「中国農村の水利紛争とその処理の法的仕組について――ある行政訴訟事件を手掛かりに」黒木三郎先生古稀記念論文集刊行委員会編『現代法社会学の諸問題（下）』民事法研究会。

片岡直樹 2014「中国環境法の現状と課題――改正『環境保護法』が示すもの」『環境法研究』2号。

北川秀樹編著 2008『中国の環境問題と法・政策――東アジアの持続可能な発展に向けて』法律文化社。

北川秀樹編著 2012『中国の環境法政策とガバナンス――執行の現状と課題』晃洋書房。

北川秀樹編著 2015『中国乾燥地の環境と開発――自然，生業と環境保全』成文堂。

金振 2014「中国気候変動政策の評価のありかたについて」『環境法研究』2号。

櫻井次郎 2011「中国における環境公害訴訟の現状」『中国21』Vol. 35。

櫻井次郎 2014「中国の公害環境訴訟」『環境法研究』2号。

染野憲治 2014「中国のPM2.5問題と大気汚染対策」『環境法研究』2号。

高見澤磨 1998『現代中国の紛争と法』東京大学出版会。

中国環境問題研究会編『中国環境ハンドブック2005-2006年版』蒼蒼社，2004年。同『2007-2008年版』（2007年），同『2009-2010年版』（2009年），同『2011-2012年版』（2011年）。

平野孝編 2005『中国の環境と環境紛争――環境法・環境行政・環境政策・環境紛争の日中比較』日本評論社。

傅喆 2012「中国における生態補償の取り組みと今後の課題――とくに流域生態補償の基本的な動向紹介を中心に」『一橋経済学』6巻1号。

堀井伸浩編 2010『中国の持続可能な成長――資源・環境制約の克服は可能か？』アジア経済研究所。

中国語

別濤編著 2014『環境汚染責任保険法規匯編』法律出版社。

陳臻・楊衛東・周章貴主編 2014『能源與環境法律政策新観察（2013-2014）』法律出版社。

韓徳培主編 1990『中国環境法的理論與実践』中国環境科学出版社。

胡剣波・高麗 2012「論我国核汚染刑法規制的完善」『法学雑誌』2012年9期。

胡云騰主編・最高人民法院研究室編著 2014『最高人民法院最高人民検察院環境汚染刑事司法解釈理解與適用』人民法院出版社。

環境保護部環境監察局編 2015『《中華人民共和国環境保護法》四个配套弁法学習読本』

中国環境出版社。

環境保護部環境応急指揮領導小組弁公室編 2015『突発環境事件典型案例選編（第 2 輯）』
　　中国環境出版社。

環境保護部政策法規司編 2015『新編環境保護法規全書』法律出版社。

金瑞林主編 2013『環境與資源保護法学〔第 3 版〕』高等教育出版社。

金自宁・薛亮編著 2014『環境與能源法学』科学出版社。

精華大学環境資源與能源法研究中心課題組編著 2008『中国能源法（草案）専家建議稿與
　　説明』精華大学出版社。

李林・田禾主編 2014『法治藍皮書　中国法治発展報告　No.12』社会科学文献出版社。

呂忠梅 2014「論生態文明建設的綜合決策法律机制」『中国法学』2014 年 3 期。

彭守約・孫向明・陳漢光 1985『教学参考書環境保護法資料選編』武漢大学出版社。

農牧漁業部能環弁・北京市農業局環保處 1986『農業環境保護政策法規選編』農牧漁業
　　部農村能源環境保護弁公室・北京市農業局環保處。

全国人大環境與資源保護委員会法案室編 2008『《中華人民共和国循環経済促進法》立法
　　資料概覧』中国民主法制出版社。

冉冉 2015『中国地方環境政治　政策與執行之間的距離』中央編譯出版社。

王燦発主編 2015『中国環境訴訟典型案例與評析』中国政法大学出版社。

王燦発主編 2016『新《環境保護法》実施情況評估報告』中国政法大学出版社。

汪勁主編 2011『環保法治三十年：我們成功了嗎──中国環保法治藍皮書（1979-2010）』
　　北京大学出版社。

王立主編 2014『環保法庭案例選編（二）』法律出版社。

王樹義 2014「論生態文明建設與環境司法改革」『中国法学』2014 年 3 期。

王秀梅 2003『破壊環境資源保護罪』中国人民公安大学出版社。

吳家明・朱遠軍 2015「検討與修正──環境刑事司法之現状分析與対策思考」中華環保
　　聯合会主辦『中国環境法治　2014 年卷（下）』法律出版社。

奚曉明主編 2014『環境資源典型案例選編與評析（民事卷）』人民法院出版社。

奚曉明主編 2015a『最高人民法院関于環境民事公益訴訟司法解釈理解與適用』人民法院
　　出版社。

奚曉明主編 2015b『環境資源審判指導　総第 1 輯』人民法院出版社。

項安安 2014「環境権與人権──従《環保法》修訂案談起」中国人民大学書報資料中心
　　『複印報刊資料　生態環境與保護』2015 年 4 期（原載は『環境與可持続発展』2014
　　年 5 期）。

叶名怡 2010「2009 年侵権法治及展望」李林主編『法治藍皮書　中国法治発展報告 No.8』
　　社会科学文献出版社。

徐祥民主編 2013『中国環境法制建設発展報告　2012 年卷』人民出版社。

徐祥民主編 2015『中国環境法学評論　第 11 卷』社会科学文献出版社。

徐以祥・劉海波 2014「生態文明與我国環境法律責任立法的完善」『法学雑誌』2014 年

7 期。

余耀軍・張宝・張敏純 2014『環境汚染責任——争点與案例』北京大学出版社。

張璐主編 2015『環境與資源保護法学〔第 2 版〕』北京大学出版社。

張剣虹 2012『中国能源法律体系研究』知識産権出版社。

張宝 2015「環境法学説與案例研究」徐祥民主編『中国環境法学評論　第 11 巻』社会科
　　学文献出版社。

趙淑莉・韓小錚・秦承華・陳敏敏・傅徳黔 2012「近年来我国環境汚染事件浅析」中国
　　人民大学書報資料中心『複印報刊資料　生態環境與保護』2012 年 9 期（原載は『環
　　境與可持続発展』2012 年 3 期）。

趙永康 1989『環境糾紛案例』中国環境科学出版社。

中国環境與発展国際合作委員会編 2005『給中国政府的環境與発展政策建議』中国環境
　　科学出版社。

中国環境與発展国際合作委員会秘書処編 2015『中国環境與発展国際合作委員会環境與
　　発展政策研究報告 2014』中国環境出版社。

周珂主編 2015『環境與資源保護法〔第 3 版〕』中国人民大学出版社。

周訓芳 2015「生態環境保護司法体制改革構想」『法学雑誌』2015 年 5 期。

朱海忠 2013『環境汚染與農民環境抗争』社会科学文献出版社。

朱厚玉 2014『我国環境税費的経済影响及改革研究』人民出版社。

第14章

労 働 法

山下 昇

序

　労働法は，労働者の権利を保護するための法体系である。中国でも，憲法42条（労働の権利と義務），43条（休息の権利），48条2項（男女同一労働同一賃金）等の人権規定を具体化し，保障することを目的として，労働立法が制定されている。同時に，労働法は，企業経営上に生じる労使間のトラブルを適切に解決したり，最低限の労働条件の遵守を企業に求めることを通じて，企業間・国家間の公正な競争を促したりするためのルールであり，国家の経済活動を支える重要なインフラといえる。その意味では，いわゆるビジネス法として（田中 2011，村尾 2007，萩野・馬場 2008，董保華・立花 2010，高橋 2015，梶尾 2007），または，国家の経済政策のサポートシステムとしての側面もある。実際に，改革開放後の中国における労働法の整備は，外資導入を契機として進められ，経済成長とともに展開してきた。特に，労働者と使用者との個別的な労働関係をめぐる法領域（いわゆる個別的労働関係法）では，労働契約制度を中核とした法規制が形成されている。

　歴史的に見ると，1956年に「社会主義の基本的完成」を宣言して以来，生産手段は公有化され，プロレタリア階級の代表たる中国共産党が指導的地位を固め，労働者は，労働力の提供者であると同時に生産手段の所有者となった。労働者は搾取から解放され，社会労働に積極的に参加し，労働に応じた分配（「按労分配」）を受けることとされた。建前の上では，「失業」は克服され，完全雇用が実現されたのである。そして，労働者の労働の場を確保するため，労働力の配置は国家が独占的に管理し，各企業に分配していった（統一分配制

度) が，同時に，計画経済実施の手段としても機能していた。つまり，技術者が比較的少なかった頃には，限られた技術者を重点産業に効率的に分配する必要があり，緊迫した国際関係の中で，内陸部に，大規模な産業建設を進める際，各地から労働力を集めるためにも，この制度は有効であった。さらに，社会主義計画経済時代の企業は，労働者とその家族を政治的に統合する装置としても機能していた。制度的に見れば，政治の理念と経済の理念が，あるいは，社会主義国としての理念的要請と発展途上国としての産業発展推進という現実的な要請が，ある程度合致していた。当時の労働制度は，「プロレタリア独裁」と「計画経済」によって規定された労働管理制度であり，具体的には，厳格な雇用保障，一企業完結的な労働生活，企業の高福祉といった特徴を有していたといえよう。

　こうした歴史的な展開は，現在の労働法制にも強い影響を残している。つまり，中国の労働法は，独自の社会経済体制 (社会主義市場経済) に伴う問題を内包しており，端的にいえば，先進諸国では労働組合と使用者との間の関係を規整する法領域が整備されているが，こうしたいわゆる集団的労働関係法が，中国では十分に整備されていない点である。その背景には，資本主義諸国では，労働者集団と企業との間での利益対立を前提として，集団的労働関係法が形成されている一方で，中国は，市場メカニズムを導入しつつも，労働者を国家の主人公とする社会主義体制を堅持しており，そこでは，形式的にみれば，資本主義諸国におけるような労使の利益の対立・矛盾は想定されていないことが指摘でき，その結果，集団的な労使紛争の解決手続が整備されていない (制度の欠如)。加えて，労働組合 (工会) が労働者集団の利益を適切に代表する主体性を，少なくとも，現状では備えていないことも指摘できる (主体の欠如)。そして，憲法や法律において，明文上，ストライキ権が保障されていない点にも大きな特徴がある (山下 2012b)。

　一般に，労働法は，個別的労働関係法と集団的労働関係法という 2 つの法領域を中核として形成される (他に労働市場法や労働紛争解決手続法などもある)。このうち，個別的労働関係法は，法律による厳格な労働基準 (賃金，労働時間，安全衛生等) の規整を行う労働保護法と，解雇や労働条件変更などの労働契約の法規整や解釈を行う労働契約法の領域に分けられる。中国の労働立法は，個別的労働関係法の発展と集団的労働関係法の未成熟という特徴を有するが，以下では，中国の労働法について，こうした特徴を指摘しつつ，主要な論点

に関する到達点とその課題について論じることとする。

　なお，中国労働法の入門書として，山下・龔敏 2010 があり，また，中国労働法に関する邦語文献を網羅的にまとめたオランゲレル 2016b は，中国労働法の学習に非常に有益である。中国法のテキストでいえば，西村 2008 では，労働法についての専門の章・節を設けていないが，高見澤・鈴木・宇田川 2016 では「第 7 章　市民生活と法」の中で「2　労働法」として，また，小口・田中 2012 では「第 9 章　会社法」の中で「VI　労働法」として扱っているので，労働法に関する概説として，初学者には参考になると思われる。

第 1 節　労働法の整備と雇用システムの変容

1　中華人民共和国建国前後の労働法

　中華人民共和国建国前の労働法制については，向山 1968 を除けば，必ずしも十分な研究があるわけではない。中華民国時代の労働関係の資料について，復刻の動きがあるものの (陳湛綺 2010，李文海 2005，国家図書出版社 2011)，改革開放以前の時期を含めて，資料自体が不十分であるといえよう (中国社会科学院中央档案館 1994，中国社会科学院中央档案館 1998，張希坡 1993)。

　また，中華人民共和国建国前後の労働法は，国家体制の違いもあって，基本的に断絶しているといえるが，最低労働基準等の労働法の根幹部分においては，引き継がれたところもないわけではない。例えば，1932 年制定の修正工廠法 (工場法) では，1 日 8 時間労働時間制を定め (8 条)，同年制定の修正労資争議処理法では，調停 ([調解]) と仲裁の手続や政 (行政) 労使の三者の代表からなる委員会を定めるなど (8 条〜35 条)，1950 年以降制定された法令でも，同様の定めが置かれている (陳湛綺 2010，山下 2003)。

　こうした 20 世紀前半の中国大陸の労働法制については，日本だけでなく，中国国内でも，必ずしも十分に研究が進んでいるとはいえない状況といえよう。

　社会主義計画経済下の中国の雇用システムは，概ね 1950 年代に形成されたが，特に「固定工」制度と呼ばれ，いったん企業に配置された労働者は，例外的な場合を除いて，その従業員としての身分を失うことはなかった。労働者は，「鉄飯碗」といわれるように，普通に働いていれば，終身にわたり (定年退職後も)，企業による生活保障の恩恵を受け，解雇されることはなかった。

「単位」（企業）を中心とした共同体的性格が極めて強い雇用システムであった。

　また，「中華人民共和国工会法」（以下「工会法」という）は，建国直後の 1950 年 6 月に制定され，中華人民共和国において最も古い法律の 1 つであった（その後，1992 年に「工会法」は改めて制定されることになり，2001 年に大幅に改定されて現在に至っている）。工会（労働組合）は，その運動を通じて，建国前後から中国社会に組織を拡大していった（鄒沛・劉真 1993，中華全国総工会 1995）。中国の労働組合については，既に先行研究があるが（石井 2007），現代的な課題でもある。

2　中国的雇用システムの形成と変容

(1)　「労働法」制定前の労働法制

　改革開放後の労働立法は，概ね 1994 年制定の「中華人民共和国労動法」（以下「労働法」という）と 2007 年制定の「中華人民共和国労動合同法」（以下「労働契約法」という）を契機として，時期区分が可能であろう。

　1978 年 12 月に改革開放政策に転じて以降，中国は，国営企業制度や金融制度など，様々な改革を行ってきたが，固定工制度を改革することもその中の重要な柱であった。そこで，当初，外資系企業に限定して労働契約（原語は［労動合同］という）制度を実施していたが，1986 年に，国営企業における労働契約制度実施に関する 4 つの暫定規定が公布され，国営企業にも一般的に適用することとした。労働契約制度の導入は，強固な終身的身分保障（国家による仕事の配分から退職後の生活保障も含めて）と年功的な賃金制度を改め，当事者の合意による採用と労働条件（賃金等）決定および一定事由の下における解雇（雇用調整）の実施を可能にするものであった。

　この時期は，公有制企業と非公有制企業とを区別した労働立法が行われ，また，労働法を行政法としての「経済法」の一部と理解する考え方が根強く主張されていた。当時の労働法学の代表的なテキストは，関懐 1983，関懐 1987，関懐 1993 であり，労働法学の歴史や基本原則等の総論の後に，所有制別の法律体系で労働法の法規整が論じられている。

(2)　「労働法」の時代

　そして，1994 年には，「労働法」が制定され，その関連規定が公布された。

「労働法」は，労働契約制度を前提としたものであり，固定工制度から脱却し，労働契約制度への全面的な転換を図ることとなった[1]。何より，所有制の区別なく，統一的な労働法制を志向した法律であった。同時に，国有企業の企業内福利として発展してきた社会保障制度の抜本的な改革が必要となり，1999年には，国有企業改革や労働契約制度の全面実施に伴って，失業保険や年金制度をはじめとした社会保障制度の大改正が行われた。

「労働法」の制定を契機に，労働法のテキストや解説書が多数刊行されることとなった。まず，袁守啓1994や関懐1995が「労働法」の啓蒙書的な役割を果たし，全国の主要大学での労働法の講義テキストとして，李景森・賈俊玲1995，李景森・王昌碩1996，王全興1997があり，関懐1996は，新たな内容で，所有制別ではない，統一的な労働法全体の記述となった。内容は，「労働法」の規定の解説を中心に，労働法の基本原則や諸外国の動向を紹介するなど，比較的オーソドックスなものである。

これに対して，馮彦君1999や董保華1997，董保華1999といったテキストには，上記のスタンダードなテキストとは異なった，やや個性的な内容が随所にみられる。例えば，董保華1997では，西欧諸国の労働法(社会法)の形成が「私法の公法化」(私法的「雇用契約」に対して刑事罰や行政監督などの公法的規制を加えるもの)であるのに対して，中国の労働法は，もともと行政法(公法)としての「経済法」から労働契約を基盤とした「私法」への移行と捉え，「公法の私法化」と呼ぶ。こうした捉え方は，将来的に，中国で民法典を編纂する際，労働契約(ないし雇用契約)といった契約類型を，民法典上どのように位置付けるか，あるいは民法典の体系に組み込まずに，「労働契約法」の内容を拡充して独自の発展を遂げるかといった議論において，影響を与える可能性がある。同様に，常凱1995も労働問題を独自の視点から論じている(後に，「労権」の概念で体系的にまとめたものが，常凱2004である)。特に，集団的な労働関係に関して，この時期には珍しく，積極的な議論を展開している。

そして，この時期から，「学説」的な対立が徐々に形成される。その代表的な論者が，北京(中国労働関係学院(旧中国工運学院)・中国人民大学・首都経済貿易大学)の常凱教授と上海(華東政法大学)の董保華教授であり，政治の中心である北京と経済の中心である上海との労働法に対する理論的スタンスの違いがあり，「労働契約法」の制定にあたっての両者のバトル(論争)は非常に激しかったといわれる。

(3) 「労働契約法」の時代

「労働法」では，労働契約に関する原則的規定が定められていたものの (第3章「労働契約と労働協約」はわずか 20 カ条から構成)，不十分な内容であった。また，労働紛争も増加の一途をたどっていた。そこで，労働契約法の制定に向けて，2005 年に，第 1 次の草案が作成・審議され，その後，第 4 次草案を経て[2]，2007 年 6 月に「中華人民共和国労働合同法」が制定された[3]。また，同年 8 月と 12 月には，「中華人民共和国就業促進法」と「中華人民共和国労働争議調解仲裁法」(以下「労働仲裁法」という) が制定されており，2007 年の諸立法を契機として，紛争解決の実践も含めて，労働契約をめぐるルールの発展・展開に向けた新たな段階に入った。

特に，ルール (ないし権利) の明確化と紛争解決手続の整備を通じて，潜在的に存在していた労働紛争が，労働紛争仲裁委員会への申立の増加として顕在化した。また，個別労働紛争の増加だけでなく，集団的な労働紛争が，紛争解決機関に持ち込まれるものだけでなく，事実上のストライキとして，各地で顕在化するに至っている (図 14-1 参照)。

(4) 中国的雇用システムの特徴と労働法

1990 年代前半から，市場経済化の進展に伴い，固定工制度から労働契約制度への転換が立法を通じて進められてきた。中国の労働法は，一方では，労働条件保護の機能を持つものの，他方では，労働力の流動化を促進する規制緩和の機能も併せ持っている。典型的には，解雇制度の法定化であり，労働契約を通じた採用 (労働契約締結) と労働条件決定の自由化であり，また，労働者派遣の法定化 (「労働契約法」57 条以下) も含まれる。

第 2 節　労働保護法制

1　労働者と使用者の概念

中国語一般にいう「労働者」とは，農業労働者を含めた最も広義の概念であり，労働能力を有し，労働に従事して生活手段の原資として適法な収入を得ている公民をいう。そして，「労働法」が定める「労働者」とは，「労働法」適用対象企業 (国有企業，集団所有制企業，私営企業等) の「管理下で労働に従事しこれに応じた報酬を得ている自然人」であり，通常，労働契約を使用者と

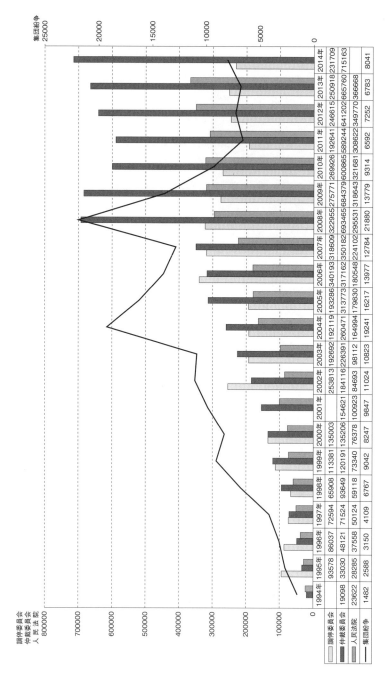

図14-1 各紛争機関における労働紛争受理件数

の間で締結している。中国では，［工人］，［職員］などの用語があり，「工人」とは，一般に，企業において体力労働に従事する労働者であり（農業に従事する労働者は含まない），「職員」とは，企業で事務・管理的業務に従事する労働者や技術者を指す。これら「工人」と「職員」をあわせて「職工」と呼ぶことが多く，「労働法」上の「労働者」の概念に含まれる。これに対して，党・国家機関・軍隊の公職の要員（「幹部」）や公務員，「事業単位」（公益目的のために，国家機関が開設しあるいは国有資産を利用して開設したもので，教育・科学技術，衛生等の活動に従事する組織であり，大学・研究所等の教育機関や病院等の医療衛生機関等）で就労する者には「労働法」が適用されない（山下 2014b）。このように「労働法」が適用される「労働関係」と，公的機関と公務従事者との関係を指す「人事関係」は明確に区分されている（もともとは労働社会保障部と人事部が所管していたところ，2008 年 3 月 31 日に人事部と労働社会保障部を統合して，現在の人力資源社会保障部（人社部）が正式に発足した）。

　以上のような典型的な「労働者」（あるいは公務員）のほかに，中国でも，多様な形態の労務提供契約関係が存在し，例えば，請負や委任の形式で，特定の企業との間で専属的に「労務」を提供している場合がある（中国の請負については，田思路 2010）。こうした非「労働契約」関係にある者には，「労働法」・「労働契約法」等の規整は及ばず（例えば，労働時間規制や労災補償等），民事上の対等な主体間に適用される民事法規が適用され，また，「労働仲裁法」による紛争解決手続を利用することができない（龔敏 2012，山下 2014b）。また，実習の一環として現場労働に従事する「実習生」についても，最低賃金等の規制を回避する手段に用いられる場合がある（山下 2012c）。こうした労働法規制の適用を免れるために，形式的に「労働契約」以外の契約形態で労務提供を受ける企業も多く，典型的には，労務提供中の災害について，労災補償等の適用が争われることが少なくない。この「労働者」該当性をめぐる問題は，近年，裁判例が急増している一方で[4)]，まだ十分な検討が行われておらず，同時に，日本を含めて，諸外国でも共通した労働法上の課題であり，比較法的研究が望まれる領域といえよう。

　また，「労働法」上の「使用者」は，「雇用単位」と呼ばれ，国有企業，集団所有制企業，農村集団経済組織，農民共同出資企業，私営企業，外資系企業等の「企業」及び個人経済組織，民弁非企業等が含まれる。

2 労働者の人権保障と雇用平等

「労働法」12条では，就業に関して，民族，種族，性別，宗教信仰による差別を受けないことを定めていた。2008年制定の「就業促進法」では，女性の採用にあたって労働契約条項に結婚や出産育成の制限を定めることを禁じたり (27条)，感染症を理由とする採用差別を禁止したりしたほか，農村労働者は都市労働者と平等の権利を享受すること，農村労働者に対する差別的制限を設けてはならないことを規定している (31条)。特に，戸籍 (中国の戸籍制度については，西村 2008 第9章 (西島和彦) を参照) に関しては，中国が抱える「農民工」問題への対応であり，中国社会総体の今後の改革基調を示すものと指摘されている (菊池 2009)。

また，1988年施行の「女性従業員労働保護規定」が2012年に改正され，「女性従業員労働保護特別規定」として施行され，深夜業規制の強化，産前産後休業の拡充，セクハラ予防等の改正が行われた。こうした女性労働をめぐる法制に関しては，オランゲレル 2010 や畢凡 2012 が詳しい。

さらに，農民工問題に加え，パートタイム (非全日制) 労働や労働者派遣の拡大 (鄒庭雲 2009，鄒庭雲 2013) に対して，非正規就業における格差・差別問題も大きな社会問題として，研究者の関心を集めており (周偉・李薇薇・楊聡・何霞 2008，石美遐 2007，何平・華迎放 2008)，この問題は，経済のグローバリゼーションの中で，世界各国で共通した課題となっている。

3 賃 金

賃金の規制について，「労働法」は「同一労働同一報酬」(46条) を定めるほか，最低賃金の規制があり (同法48条)，1995年施行の「賃金支払暫定規定」で賃金支払の法規制を置いている。また，「企業破産法」等により，企業破産した場合などの賃金債権の履行確保措置を定める。ただし，農民工に対する賃金未払問題は，なお深刻であり，行政による監督や賃金支払の履行確保措置など問題も多い (森下 2011，森下 2012b)。

加えて，中国では，労働者集団 (労働組合または労働者代表) と企業との間で，集団的な交渉を踏まえて，賃金を決定する仕組みを推進している。しかし，実態としては，企業による一方的な決定の側面が強く，交渉は形骸化しているといわれる (森下 2012a)。

第 14 章　労働法　　　343

　このように，賃金に関する規制は，労働条件の中でも特に労働者の関心が
高く，非常に重要な研究領域である。特に，集団的な労働条件決定にあたっ
て，中国の特色を十分に踏まえた法規制が必要であり，今後の大きな研究課
題である。

4　労働時間・休憩・休日・休暇

　「労働法」36 条は，法定労働時間として，1 日 8 時間・1 週間 44 時間を超
える労働を禁止している。これに対して，1995 年 3 月 25 日に改正 (同年 5 月
1 日施行) された「国務院の労働者の労働時間に関する規定」(「国務院関於職工
工作時間的規定」，以下「労働時間規定」という) 3 条は，1 日 8 時間・1 週 40 時間
とすることを定めており，法定労働時間規制としては，1 日 8 時間・1 週 40
時間となっている。ただし，一定の要件の下で，労働時間の算定を弾力的な
いし柔軟に算定する仕組みが採用されている。こうした労働時間をめぐる最
低基準自体は，既に先進諸国と同水準に近付きつつある。

　また，時間外労働の規制については，労働者の同意の下で，1 日 3 時間，1
カ月 36 時間を超えない範囲で認められるが，実際にはこれを超える時間外労
働も珍しくない。時間外労働については，50% 増しの割増賃金の支払が義務
付けられている (山下 2012a)。一見すると，労働時間規制は整備されているよ
うに思われるが，そもそも規制の対象となる「労働時間」の概念については，
法律上の規定もなければ，学説上もほとんど議論されていない。実際には，
準備や後片付けの時間などを非労働時間として取扱ったり，違法な長時間労
働の実態があったりするなど，「労働時間」をめぐる研究は，喫緊の課題と
いっていい[5]。中国でも「血汗工廠」と呼ばれる長時間の過重労働が問題と
なっている。また，中国の労働法においては，「休憩」に関する規制が存在し
ない。この点は，立法的解決を含めて，重要な課題である。

　「労働法」38 条は，休日 (「休息日」) の最低保障として，労働者に少なくと
も毎週 1 日の休日 (24 時間連続の休息) を与えることを定め，同法 40 条と 2007
年改正「全国祝祭日休暇弁法」(「全国年節及記念日放暇弁法」) では，法定の公
民全体の休日となる祝日を定める。この他，「労働法」51 条は，結婚・葬儀
休暇，親族訪問休暇 (「探親暇」) などの有給 (賃金控除を禁止する) の独自の休暇
制度を定めている。そして，同法 45 条は，国家が年次有給休暇 (「帯薪年休暇」)
制度を実施することを定めていたが，2007 年 12 月 7 日に「労働者有給休暇

条例」（［職工帯薪年休暇条例］，以下「年休条例」という）が定められ，5〜15日の有給休暇が付与されている（山下 2012d）。

5　労働安全衛生と労災補償

　中国国内の全ての企業が労災保険の適用事業であり，それに加入しなければならない。企業には，労働者に支払う賃金総額に保険料率を乗じた額を納付する義務があるが，労働者には保険料の納付義務がない。労災保険基金による給付が認められるのは，労災と認定される場合である。中国では，主に以下の場合の傷病を労災と認定している。① 勤務時間内に，勤務場所における業務による事故で負傷した場合，② 勤務時間の前後に，勤務場所で準備や片付けの作業をする際に負傷した場合，③ 職業病に罹患した場合，④ 出張期間に業務が原因で傷害を受けた場合，⑤ 通勤途中での交通事故の場合，などである。このほかに，勤務場所において，勤務時間内に急死または 48 時間以内で死亡した場合，公益活動において負傷した場合など，いくつかの例外を設けることを通じて，比較的広い範囲で労災保険の適用が認められている（叶静漪・魏倩 2012）。

　こうしてみると，通勤災害や過労死への対応など，現代的な課題にも，法的に対応しているようにもみえるが，労災保険に加入していない場合や，請負契約等で就労している者に対する災害の補償が問題となることがあり，民事上の安全配慮義務についても，まだ十分に議論が成熟していないといえる。

第3節　労働契約法制

1　労働契約の締結プロセス——採用・試用

　「労働契約法」では，労働契約を書面で締結することを定めている（10条）。労働契約において，労働契約の期間，職務内容，勤務地，労働時間，休憩休暇，賃金，社会保険，安全衛生等の必要記載事項を明記しなければならず（17条），書面の労働契約を締結せずに，実際の労務提供が開始された場合，1カ月以内に書面の労働契約を締結しなければならない（同条2項）。1カ月を超えて書面の労働契約を締結しない場合，使用者は，労働者に対して，2倍の賃金を支払わなければならない（82条1項）。さらに，1年を超えて書面の労働契約を締結しない場合，期間の定めのない労働契約が成立したものとみなさ

れ (14条3項)，使用者は，2倍の賃金の支払いも求められる (82条2項)。こうした厳格な要式性とそれに対する違反への制裁は中国の労働法の大きな特徴である。

こうした書面性の要件は，1994年の「労働法」においても定められており，労働契約の内容をめぐって，事後的な紛争を回避するためのものであるが，違反に対する制裁が不十分であったことから，実態としては，書面がない場合もあった。そこで，2007年の「労働契約法」では，違反に対する制裁を強化したのである。しかし，労働契約の書面化や後述の就業規則の使用者による制定によって，必ずしも内容的に合理性のない条項 (覇王条項とも呼ばれる) が盛り込まれることがあり (例えば，トイレの時間・回数の厳格な制限等)，書面化をめぐる問題も少なくない (龔敏 2009)。

労働契約の期間に応じて，試用期間の上限規制がある。すなわち，3カ月以上1年未満の契約の場合，1カ月以内，1年以上3年未満の契約の場合，2カ月以内，3年以上及び期間の定めのない契約の場合，6カ月以内とされている。試用期間中は非違行為があった場合や身体的・能力的適格性を欠く場合を除き，解雇してはならないが，そうした事情が認められれば，即時に解雇されるため，地位が不安定となる。

そして，「労働契約法」12条によれば，労働契約は期間の定めのあるもの，期間の定めのないもの，一定の業務の完成をもって期間の定めとするものの3つの類型がある。中国の大きな特徴は，一般的に，期間の定めのある労働契約が多く，正規労働者でも，通常，有期労働契約を締結していることである。期間の長さについて規制はないが，同法14条1項では，① 労働者が当該使用者の下で10年以上勤続している場合，② 法定退職年齢まで10年未満の場合，③ 労働契約を2回更新した場合，労働者は期間の定めのない労働契約の締結を使用者に求めることができ，更新回数の規制が設けられている。特に，③ による規制により，有期労働契約の反復更新に制限が設けられ，期間の定めのない労働契約への誘導が図られている。この無期契約への誘導の政策は，既に施行から8年ほどが経過しているものの，その実態や裁判例の状況などは十分に研究されておらず，大きな課題といえよう。

2　労働契約上の権利・義務と就業規則

就業規則 (内部労働規則) について，「労働契約法」4条は，使用者の就業規

則の整備義務を定めており，特に，賃金，労働時間，休憩休暇，労働安全衛生，保険福利，従業員の教育訓練，職場規律及び労働ノルマの管理など，労働者の切実な利益に直接関連する規則あるいは重大な事項を制定又は変更あるいは決定するときは，従業員代表大会あるいは従業員全体の討論を経て，労働組合又は従業員代表と協議して確定しなければならないとしている（就業規則については，オランゲレル 2012，山下・龔敏 2010）。また，就業規則や重大な決定事項については，使用者は，これを公示し，または労働者に周知させなければならない。

そして，就業規則の作成・変更にあたってだけでなく，就業規則が具体的に運用・適用される中で，労働組合又は従業員が不適当と認めるときには，使用者に申し入れ，協議を通じて改善を求める権利を有するとされ，労働者側にも就業規則の変更について，イニシアティヴが与えられている（もちろん，最終的に変更するのは使用者である）。また，労働行政部門は，就業規則について監督する権限が与えられており（74条），規則内容が法令に違反する場合には，是正を命じうる（80条）。

なお，労働契約においては，服務期間と秘密保持・競業制限の特約を定めることができる。服務期間とは，特殊な教育訓練に使用者がその費用を提供した場合に，一定の継続勤務期間を合意し，その期間満了前に退職する場合に違約金を定めるものである（22条）。違約金は，服務期間の履行期間に応じて逓減される。秘密保持・競業制限の特約については，それに相当する経済補償金の支払いが求められ（23条），競業制限の特約を締結できるのは高級管理人員等に限られ，期間は2年までとされる（24条）。違反した場合には，労働者は違約金を支払わなければならないが，22条と23条の場合を除いて，違約金の定めをすることは禁止されている（25条）[6]。そして，使用者は，労働者の同意がなければ，時間外労働を命じることはできず（31条），また，労働者は危険な業務への従事を拒否できる（32条）。

3 労働契約の変更・人事異動

当事者の合意により，労働契約を変更することができる（35条）。就業規則が最低基準を定めるものであるから，労働契約の内容を就業規則よりも不利益に変更することは認められない。他方で，労働契約に定めのない部分については，就業規則の変更を通じて，労働条件を変更することも可能と考えら

れる。

　就業場所や職務内容は，労働契約の必要記載事項であり，その変更となる配転や出向は，個別的な合意を通じて労働契約内容を変更しなければならない。また，中国の労働者は勤務地の変更を伴う転勤を避ける傾向があるといわれる (山下・龔敏 2010)。他方で，労働者が私傷病により従前の業務に従事できない場合や能力や適格性の欠如により業務を遂行できない場合に，使用者は労働者を解雇できるが，解雇する前に他の業務への配転を検討しなければならず (40 条)，この場合，配転を命じることができると考えられ，これを労働者が拒否した場合には，解雇事由に該当することになる。

4　懲　戒

　労働者に対する懲戒処分は，1982 年国務院公布の職工賞罰条例に依拠していたが，「労働契約法」施行により，同条例は廃止されることになったため，現在，使用者は就業規則で懲戒の事由と種類を定め，懲戒処分をすることができる。ただし，実態として，上記条例に規定された処分類型を参考にして「警告」，[記過]，[記大過]，「降格」，[開除] (懲戒解雇) などを定めている。労働規律は，「労働契約法」4 条で就業規則記載事項の 1 つとなっている。また，労働者に重大な労働規律違反行為がある場合，使用者はそれを理由に懲戒解雇をすることができる。ただし，何が「重大」な違反行為であるかについては，必ずしも明確ではない (彭光華 2009，オランゲレル 2012)。

5　解　雇

　中国では，法律上，解雇は，特定事由がある場合にのみに認められている (山下 2009)。すなわち，2007 年制定の「労働契約法」39 条は，即時解雇が認められる事由として，① 試用期間中に採用条件を満たさないことが明らかになったとき，② 重大な就業規則違反があったとき，③ 職務上の過失や私利を図った不正行為により使用者に重大な損害をもたらした場合，④ 刑事責任を追及された場合，⑤ 二重就職により業務に重大な影響を与えたとき[7]，⑥ 詐欺・強迫の手段で労働契約を締結・変更させられたとして労働紛争仲裁委員会又は裁判所で当該契約が無効と認定されたとき，の 6 つを定めている[8]。なお，①〜④ の解雇事由は，1994 年制定の「労働法」25 条でもほぼ同様に定められており，従来解雇事由とされていた。

さらに，「労働契約法」40条（「労働法」26条も同旨）は，30日前までの予告を要する解雇が認められる場合について，① 業務外の傷病により治療期間を経てもなお従前の業務または使用者が再配置した別の業務に従事できないとき，② 労働者が職務に不適格で，教育訓練や配置転換をしても，職務を遂行できないとき，③ 労働契約締結時に依拠した客観的状況に重大な変化が生じ，労働契約を履行することができなくなり，当事者が協議しても，労働契約内容の変更について合意できないときには，使用者は，30日前までに書面で予告するか，1カ月分の賃金を支払うことにより，解雇できると定めている。

また，経営上の理由による解雇（いわゆる整理解雇）について，「労働契約法」41条は，① 企業が破産法の規定に基づき清算される場合，② 生産経営に重大な困難が生じた場合，③ 企業が生産転換，重大な技術革新又は経営方式の変更によって，労働契約を変更した後に，人員削減をしなければならない場合，④ その他労働契約締結時に依拠した客観的状況に重大な変化が生じ，労働契約を履行することができなくなったときに実施される解雇であって，人数の要件として，20人以上又は20人未満ではあるが企業の総従業員数の10%以上の労働者を人員削減する場合には，次のような手続を課している。すなわち，使用者は，30日前までに労働組合又は従業員全体に対して状況を説明し，意見聴取を経た上で，人員削減の方法を労働行政部門に報告しなければならないとして，一定規模の大量解雇に対して，特別な手続を用意している（戦東昇 2017）。

ただし，40条や41条所定の解雇の正当事由がある場合について，法所定の解雇事由がある場合でも，① 業務上の傷病により労働能力の一部又は全部を失ったと認められたとき，② 業務外の傷病により所定の治療期間にあるとき，③ 女性労働者が産前・産後・育児休業期間にあるとき，④ 法令に定めるその他の事由があるとき，⑤ 危険を伴う作業に従事している者で離職前の検診・診断を受診していない者又は職業病に罹患している疑いで診断を受診している者，⑥ 当該企業での勤続年数が15年を超え法定の定年年齢まで5年未満の者については，40・41条の規定に基づき解雇してはならないとされている（42条）。39条所定の即時解雇事由がある場合あるいは合意解約（36条）には，この制限は及ばない。

歴史的にみれば，社会主義計画経済下において，厳格に解雇を禁止する労働制度をとってきたところ，市場経済化に伴い，正当な事由がある場合に，

例外的に解雇を認める法制に転換したものである（山下 2003）。一見すると，詳細で厳格な解雇規制法を持つ国であり，日本とは異なり，正当事由説に立脚している。そして，上記の解雇についての規定は，期間の定めの有無にかかわらず，言い換えると，期間の定めがあっても，上記解雇事由に該当する場合には，基本的に，期間の定めのない労働契約と同様に，解雇することができるとするものである（山下 2015）。

　なお，日本の労働契約法は，不当解雇の法的効果として，無効となると定めており，解雇訴訟は，基本的に，裁判所において，労働契約上の地位の確認を求める訴訟となる。他方，中国では，使用者が，法所定の解雇事由がないのに，労働者を解雇した場合（あるいは使用者が違法に契約を終了させた場合），労働者は，労働契約の継続履行を求めることができ，また，労働者がそれを望まない場合あるいは労働契約の履行が不可能になっている場合には，使用者は，経済補償金[9]の2倍の額を支払わなければならない（「労働契約法」48条，87条）。要するに，違法解雇等の場合，労働者には，労働契約の履行継続か，2倍の経済補償金を受領して退職するかの選択が認められることになるが（山下 2012e），こうした仕組みは中国の大きな特徴であろう。

6　退職とその法律関係——退職（辞職）・定年

　労働契約は期間の満了によって終了する。また，労働契約は当事者の合意によって終了させることができる（36条）。労働者は，30日前までに書面で予告することにより，辞職することができる。試用期間中は3日前の予告で足りる（37条）。これは，期間の定めの有無にかかわらず適用されるものであり，辞職理由の制限はなく，労働者には，一方的な退職の自由が保障されている。そして，使用者は，教育訓練に関する服務期間と秘密保持・競業制限に関する特約に違反する場合を除いて，労働者に対して違約金を求めることはできない（25条）。こうした中国における辞職権の保障は，一方では評価されるものの，なお，あまりにも退職の自由が広く認められており，期間の定めがあるにもかかわらず，特段理由もなく，予告さえすれば辞職でき，解雇権と辞職権のバランスが取れていないとの指摘もある（馮彦君 1999）。

　そして，38条によれば，① 使用者が労働契約で定める安全衛生や労働条件基準を提供しない場合，② 賃金をすみやかに全額支払わないとき，③ 法所定の労働者の社会保険料を納付しなかったとき，④ 就業規則や法令の規定に違

反して，労働者の権利・利益に損害を与えたとき，⑤詐欺・強迫の手段で労働契約を締結・変更させられたとして仲裁委員会又は人民法院で，当該契約が無効と認定されたとき，⑥法令に定めるその他の事由があるときには，労働者は，即時に労働契約を解約することができる。解約である以上，告知（通知）自体は必要だが，暴力・強迫又は違法に人身の自由を制限する方法で労働を強制されている場合などには，労働者は即時解約ができ，使用者に通知する必要はない。

第4節　集団的労働関係法制

1　労働組合

「工会法」2条では，労働組合（工会）は「従業員が自主的に組織した労働者階級の集団組織」であり，「従業員の利益を代表し，法により従業員の適法な権益を保護する」とされている。日本と異なり，管理職を含むほとんどの正規従業員が加入するのが一般的である。工会を「労働組合」と訳する場合もあるが，本章では，そのまま工会と表記する。全国統一組織「中華全国総工会」をトップ（指導機関）として，各地の総工会と各産業組合の全国組織を通じて，企業や行政機関に組織を有しており，総工会系の工会以外の労働者組織は認められていない。

2　団体交渉

中国では，交渉を通じた労働条件決定システムへの移行を試みており，「労働協約規定」56条は，団体交渉を通じて労働協約を締結することを定めるとともに（4条），企業に対して，正当な理由なく，工会あるいは職代会からの団体交渉の申込みを拒否してはならないと規定し，また，「工会法」53条でも，正当な理由なく団体交渉を拒否した場合に，地方（県級以上）政府が是正命令を発することを定めている。すなわち，明確に団体交渉権を規定しているわけではないが，工会や職代会の団交申入れに対する企業の応諾義務（正当な理由のない交渉拒否の禁止）を課すことを通じて，反射的に，団体交渉の実効性の確保を図っている（ただし，工会や職代会を通じたものに限定されている）。

3 労働協約 (集団契約)

　中国の ［集体合同］ は直訳すれば，集団契約であり，賃金，労働時間，休憩休暇，労働安全衛生，保険福利等の事項について，労働組合と使用者との間で締結するものとされるが，厳密には，日本の労働協約とは異なり，労働組合がない場合には，従業員の代表者と使用者との間で締結される (「労働契約法」51 条)。集団契約の草案は，従業員代表大会又は従業員全体で討議し，採択するとされ，労働行政部門に届出を行い，15 日以内に異議がなければ，効力を生じるとされている (54 条)。また，その効力は，従業員全体に及び，労働条件の最低基準として機能する (55 条)。

4 団体行動──争議行為と組合活動

　市場経済化の進展に伴う労使の利益不一致も顕在化している。そこで，交渉の切り札となるのがストライキ権である。「1975 年憲法」と「1978 年憲法」においては，ストライキ権が定められていた (その権利が行使されたというわけではない) が，現行の「1982 年憲法」では削除されており，一般的には，ストライキ (「罷工」) 権は認められないと解されているが，これに対して，ストライキ権を認める見解も強く主張されている (常凱 2003)。

　また，工会は総工会系に限られており，共産党の指導下に置かれた工会が，現実に，組織の意思決定としてストライキを起こすことは考えにくい。現在頻発する集団的な労務提供の拒否とデモ活動は，工会組織のコントロール外で突発的に発生し，個々の労働者が自発的に参加しているものである (常凱 2014)。

第 5 節　労働紛争解決手続法

1 個別的労働紛争解決手続

　労使紛争の解決手続として，「中華人民共和国労働争議調解仲裁法」(以下「労働仲裁法」という) は，調停 (［調解］) と仲裁の解決手続を定めている (彭光華 2010，山下 2014a)。調停は，企業内に組織される調停委員会を通じた協議・和解のシステムであり，企業内の調停委員会は，労働者代表と企業代表で構成され，前者は工会メンバーまたは労働者の推挙する者であり，後者は企業の

責任者が指定した者とされる。つまり，企業内の初期段階の紛争解決機関としての性格を有する。

仲裁は，労働行政部門代表，工会代表，企業側代表 (政労使) で組織される労使紛争仲裁委員会 (以下「仲裁委員会」という) の下で行われる紛争解決手続である。労使紛争の解決は，原則として，三者構成メカニズム ([三方機制]) による共同解決を目指している (「労働仲裁法」9条)。ここでは，工会代表は労働者側の代表と位置付けることができる。ただし，実際の紛争解決手続としての仲裁は，三者構成の仲裁委員会の下に設置された仲裁機構が実務を担当しており，具体的な仲裁手続を担当するのは仲裁員とされている。そして，実務を担う仲裁機構は，現実には，労働行政部門の一部であり，仲裁員についても，一定の資格要件が求められているが (同法20条)，その多くは，労働行政機関の公務員である。したがって，実質的には行政の役割が顕著な手続であり，三者構成のうち労使が現実的な役割を果たす余地は小さいといえる。

また，仲裁委員会は，最終的には判定的な仲裁による解決を図るが，その前段階で，当事者間の和解を促進し，調停による解決を優先することとし (調停前置)，和解できない場合には，仲裁裁決を出す[10]。なお，仲裁申立の費用は，無料とされている。

2 集団的労働紛争の解決手続

労働協約をめぐる労働紛争解決手続について，「労働法」84条は，紛争を2つの類型に分けて定めている (山下 2012c)。第1に，労働協約の締結に起因して紛争が発生し，当事者が協議して解決できないとき，現地の人民政府労働行政部門は関係者を組織し協議して解決することができる。第2に，労働協約の履行に起因して紛争が発生し，当事者が協議して解決できないときに，当事者は，労働紛争仲裁委員会に仲裁の申立を行うことができる。大雑把にいえば，前者は利益紛争であり，後者は権利紛争ということができる。

前者について，「労働協約規定」では，「団体交渉 ([集体協商]) の過程の中で紛争が生じ，当事者双方の協議で解決できない場合，当事者一方あるいは双方は，書面により労働保障行政部門に協調解決の申請をすることができ，申請がない場合でも，労働保障行政部門が必要と認めたときは，協議して解決することができ」(49条)，労働保障行政部門は，工会と企業組織の三方面 (政・労・使) の人員を組織し，共同で労働協約紛争の協調解決を行うとして

いる (50条)。また，履行過程における紛争については，同様の規定が「労働契約法」56条や「工会法」20条にも定められており，当事者は，労働協約所定の権利等が実現されていない場合に，その履行を求めて仲裁の申立ができる。

結

実務上，中国の労働法に対する関心は極めて高いといってよいだろう。一方で，研究というレベルではどうか。日本における中国労働法研究は，残念ながら，到達点と呼べるべき内容を十分に伴っているといえるものではないように思われる。言い換えると，研究領域としては，未開の領域が広く残されており，さらなる研究が求められる。

例えば，本章で述べたように，1900年代初頭から1970年までの労働法制，労働法の適用対象者としての「労働者」の概念 (請負契約・労務契約との相違)，賃金決定をめぐる法規制，労働時間・休憩時間の規制，安全配慮義務，無期契約への転換政策の実効性といった各論的な問題に加え，社会主義体制という中国特有の視点からの集団的労働関係法制の構築といった大きな課題が残されている。

注

1)　山下 2003 参照。
2)　「労働契約法」の審議過程については，山下 2014b 参照。
3)　「労働契約法」の内容・制定経緯等については，オランゲレル 2007，李長勇 2008，山下 2008 参照。
4)　中国法官学院案例開発中心編『中国法院 2015 年度案例 (雇員受害賠償糾紛)』(中国法制出版社，2015 年)，同『中国法院 2015 年度案例 (労働糾紛)』(中国法制出版社，2015 年) では，多数の「労働関係」の成否をめぐる裁判例が掲載されており，実務上大きな問題となっている。
5)　とはいえ，日本でも，戦後制定された労働基準法において，「労働時間」の概念は，1つの重要な論点であったものの，その概念について，最高裁が判例法理を確立したのは，2000年に至ってからであり，約50年にわたって，曖昧なままであった。三菱重工長崎造船所事件・最一小判平 12・3・9 判例時報 1709 号 122 頁参照。
6)　競業避止特約の問題については，張丹 2012 参照。
7)　二重就職について，中国では厳格に制限されてきた。「労働契約法」91条でも，他の使

用者との間の労働契約を解除・終了していない労働者を採用し、他の使用者に損害を与えた場合には、労働者とその労働者を採用した使用者は連帯して責任を負うとされている。ただし、69条1項では、非全日制労働者（パートタイム労働者）の場合には、先に締結した労働契約の履行に影響を及ぼさない範囲で、2つ目の労働契約の締結が認められている。

8) このほか、特別規定により、非全日制労働者については、使用者による即時解雇が認められており、経済補償金の支払も義務付けられていない（「労働契約法」71条）。

9) 経済補償金の金額は、勤続年数1年につき、1カ月分の賃金相当額で、6カ月以上1年未満の期間については1年として算定する。当該労働者が、同地域の平均賃金の3倍以上の賃金である場合には、経済補償金の算定基礎は、同地域の平均賃金の3倍相当額とし、経済補償の上限は、12カ月分までに限定される（47条2項）。経済補償金については、山下2012e、オランゲレル2016a参照。

10) ①報酬、労災医療費、賠償金等に関する紛争で、その額が最低賃金の12カ月分以下の場合、②労働時間、休憩・休暇、社会保険等に関する基準の実施に関する紛争については、仲裁が終局裁決となるが（同法48条）、労働者側はこれらの紛争についても15日以内に裁判所へ訴えを提起することができ（同法49条）、裁判所への提訴が制限されるのは、原則として使用者側のみとなる。

参考文献

日本語

石井知章 2007『中国社会主義国家と労働組合』御茶の水書房。

石井知章 2010『現代中国政治と労働社会』御茶の水書房。

オランゲレル 2007「中国における労働契約法の概要」『労働法律旬報』1661号。

オランゲレル 2010「中国市場経済下の女性労働と法」『労働法律旬報』1730号。

オランゲレル 2012「就業規則の法的意義と職場規律違反の労働者の法的責任」『労働法律旬報』1779号。

オランゲレル 2016a「中国法における解雇の金銭解決」『季刊労働法』252号。

オランゲレル 2016b「中国労働法文献研究」『季刊労働法』253号。

梶尾幸雄 2007『中国ビジネスのリーガルリスク』日本評論社。

菊池高志 2009「中国における労働市場政策の法」『季刊労働法』224号。

龔敏 2009「中国における書面労働契約制度と労働契約論の課題」『季刊労働法』224号。

龔敏 2012「中国労働法上の『労働者』と『使用者』」『労働法律旬報』1771号。

常凱 2003「中国におけるストライキ権」『法政研究』69巻3号。

常凱著／鈴木賢訳 2014「中国における集団的労働紛争の類型及びその処理に関する法規整」『北大法学論集』64巻6号。

鄒庭雲 2009「中国における労働者派遣の法規制とその課題」『季刊労働法』224号。

鄒庭雲 2013「中国における労働契約法の改正」『季刊労働法』241号。

戦東昇 2017「中国における整理解雇の法規制とその課題」『季刊労働法』256号。

高橋孝治 2015『ビジネスマンのための中国労働法』労働調査会。

第 14 章　労働法

田中信行 2011『最新中国ビジネス法の理論と実務』弘文堂。

張丹 2012「中国における退職後の競業避止特約」『労働法律旬報』1779 号。

塚本隆敏 2007『中国の労働組合と経営者・労働者の動向』大月書店。

塚本隆敏 2012『中国の労働問題』創成社。

田思路 2010『請負労働の法的研究』法律文化社。

董保華・立花聡 2010『実務解説「労働契約法」』中央経済社。

萩野敦司・馬場久佳 2008『「労働契約法」の実務』中央経済社。

畢凡 2012「中国『女性従業員労働保護特別規定』の成立とその特色」『労働法律旬報』
　　1782 号。

彭光華 2009「中国における懲戒権」『季刊労働法』224 号。

彭光華 2010「中国における労働紛争処理システムの現状と課題」『日本労働法学会誌』
　　116 号。

彭光華 2015「中国における従業員参加と団体交渉」『法政研究』82 巻 2・3 号。

御手洗大輔 2015『中国的権利論——現代中国法の理論構造に関する研究』東方書店。

向山寛夫 1968『中国労働法の研究』中央経済研究所。

村尾龍雄 2007『「労働契約法」の仕組みと実務』日本経済新聞出版社。

森下之博 2011「中国における最低賃金制度の現状と課題」『季刊労働法』235 号。

森下之博 2012a「中国における集団的賃金決定システムの現状と課題」『労働法律旬報』
　　1762 号。

森下之博 2012b「中国における賃金の概念と賃金支払をめぐる法規制」『労働法律旬報』
　　1771 号。

山下昇 1999「中国における下崗——国有企業の人員合理化策に関する研究」『日本労働
　　研究雑誌』469 号。

山下昇 2002「《中華人民共和国工会法》における労働三権」『社会体制と法』3 号。

山下昇 2003『中国労働契約法の形成』信山社。

山下昇 2008「中国労働契約法の内容とその意義」『日本労働研究雑誌』576 号。

山下昇 2009「中国における労働契約の解約・終了の法規制」『季刊労働法』224 号。

山下昇 2012a「中国における労働時間・休憩休日・時間外労働の法規制」『労働法律旬
　　報』1762 号。

山下昇 2012b「中国における集団的労働紛争の実態とその解決手続の課題」『季刊労働
　　法』236 号。

山下昇 2012c「中国における農民工の集団的労働紛争への対応」『日本労働研究雑誌』
　　623 号。

山下昇 2012d「中国における休暇・休業の法規制」『労働法律旬報』1771 号。

山下昇 2012e「中国における労働法違反に対する使用者への制裁」『労働法律旬報』1779
　　号。

山下昇 2014a「中国における労使紛争処理制度」『アジア法研究』7 号。

山下昇 2014b「中国における労働法の適用対象」『法政研究』81 巻 3 号。

山下昇 2015「中国の解雇法理の研究」『法政研究』82 巻 2・3 号。

山下昇・龔敏 2010『変容する中国の労働法』九州大学出版会。

叶静漪・魏倩 2012「中国における労災法制の変容」『労働法律旬報』1762 号。

李長勇 2008「中国『労働契約法』に関する一考察」『季刊労働法』222 号。

中国語

常凱主編 1995『労働関係・労働者・労権』中国労働出版社。

常凱 2004『労権論』中国労働社会保障出版社。

陳湛綺 2010『民国時期労動問題与労動法令彙編（一）（二）』全国図書館文献縮微複製中心。

董保華 1997『“労工神聖” 的衛士——労働法』上海人民出版社。

董保華 1999『労働法論』上海世界図書出版社。

馮彦君 1999『労働法学』吉林大学出版社。

関懐主編 1983『労働法学』群衆出版社。

関懐主編 1987『労働法学〔修訂本〕』群衆出版社。

関懐主編 1993『労働法学〔第 3 版〕』群衆出版社。

関懐主編 1995『中国労働法講座』改革出版社。

関懐主編 1996『労働法学』法律出版社。

国家図書館出版社 2011『民国文献資料叢編・社会部広報両種全 5 巻』国家図書館出版社。

何平・華迎放 2008『非正規就業群体社会保障問題研究』中国労働社会保障出版社。

李景森・賈俊玲主編 1995『労働法学』北京大学出版社。

李景森・王昌碩主編 1996『労働法学』中国人民大学出版社。

李文海主編 2005『民国時期社会調査叢編（都市（労工）生活巻）（上）（下）』福建教育出版社。

石美遐 2007『非正規就業労働関係研究』中国労働社会保障出版社。

王全興 1997『労働法』法律出版社。

袁守啓主編 1994『中国的労働法制』経済日報出版社。

張希坡 1993『革命根拠地的工運綱領和労働立法史』中国労働出版社。

中国社会科学院中央档案館 1994『中華人民共和国経済档案資料選編・労働工資和職工福利館（1949–1952）』中国社会科学出版社。

中国社会科学院中央档案館編 1998『中華人民共和国経済档案資料選編・労働工資和職工福利館（1953–1957）』中国物価出版社。

中華全国総工会 1995『中華全国総工会七十年』中国工人出版社。

周偉・李薇薇・楊聡・何霞 2008『禁止就業歧視的法律制度与中国的現実』法律出版社。

鄒沛・劉真 1993『中国工人運動史話（一）〜（五）』中国工人出版社。

英　語

Brown, Ronald C., 2011, *Understanding Labor and Employment Law in China*, Cambridge University Press.

研究の手引き

　本書が提示した論点で気になるものがあれば，まずは本書が挙げる文献を見て欲しい。

　また，はしがきで述べたように，本書は，西村幸次郎編『現代中国法講義〔第3版〕』（法律文化社，2008年），小口彦太・田中信行『現代中国法〔第2版〕』（成文堂，2012年），高見澤磨・鈴木賢・宇田川幸則『現代中国法入門〔第7版〕』（有斐閣，2016年）について既読であることを前提としている。これらについては本文だけではなく，文献紹介や情報検索の手引きの部分についても参照されたい。

　研究の手引きとして，坂野正高・田中正俊・衛藤瀋吉編『近代中国研究入門』（東京大学出版会，1974年）には，滋賀秀三「清朝の法制」と浅井敦「現代の中国法」とがある。その後継書たる岡本隆司・吉澤誠一郎編『近代中国研究入門』（東京大学出版会，2012年）には，西英昭「法制史」がある。滋賀秀三編『中国法制史 ―― 基本資料の研究』（東京大学出版会，1993年）の高見澤磨「中華人民共和国法制資料」も参照されたい。外国法研究の観点からは，田中英夫・野田良之・村上淳一・藤田勇・浅井敦『外国法の調べ方 ―― 法令集・判例集を中心に』（東京大学出版会，1974年）があり，その後継書たる北村一郎編『アクセスガイド外国法』（東京大学出版会，2004年）がある。近現代法の通史としては，高見澤磨・鈴木賢『中国にとって法とは何か ―― 統治の道具から市民の権利へ』（岩波書店，2010年）がある。これらの手引きが参考文献として挙げているものを自分なりに整理し，目を通すところから研究が始まる。

　また研究活動や執筆そのものの手引きとしては，澤田昭夫『論文の書き方』（講談社学術文庫，1977年），板寺一太郎『法学文献の調べ方』（東京大学出版会，1978年），九州大学大学院法学研究院『中国人留学生のための法学・政治学論文の書き方』（中国書店，2015年）などがあり，一読されたい。

　文献調査ではなく実地調査が必要な場合もある。これについては高見澤磨「中国の法制度を調べる」（佐藤誠編『地域調査法を学ぶ人のために』世界思想社，1996年）を参照されたい。

現代中国全体について一定の見通しをもちたい場合には，岩村三千夫・野原四郎『中国現代史〔改訂版〕』(岩波新書，1964年)（その当時の中国側公式史観を知るには好適である），中嶋嶺雄『増補　現代中国論——イデオロギーと政治の内的考察』(青木書店，1971年)（文化大革命期において現代中国を批判的に論じた），姫田光義・阿部治平・笠原十九司・小島淑男・高橋孝助・前田利昭『中国近現代史 (上) (下)』(東京大学出版会，1982年)（文化大革命及びその後の動乱を経た後に冷静に中国を見つめ始めた時期の成果），毛里和子『現代中国政治——グローバルパワーの肖像〔第3版〕』(名古屋大学出版会，2012年)（書名が示す事象をバランスよく論じた代表的成果），高原明生・丸川知雄・伊藤亜聖編『東大塾社会人のための現代中国講義』(東京大学出版会，2014年)（各分野を論じている）などがある。実務家向けのものとしては，森川伸吾・住田尚之・谷友輔・岩井久美子・金子広行『中国法務ハンドブック』(中央経済社，2013年) がある。

上に挙げたものについては，論文作成開始前に少なくとも一読し，とくに重要と思われることは，紙媒体のカードでもノートでもよいし，パソコン上での整理でもよいが，自らの覚えとして備えることを勧める。

はしがきで述べたように本書は浅井敦 (1931年～2012年) の記念事業としての側面がある。浅井の研究範囲は広く，また，中国に関する情報が少ない中でいかに中国に肉薄するか，という点においても学ぶところが多い。ここに浅井の略年表と業績を挙げて，出版の意図を示すとともに，研究の手引きとしてのいくつかの著作を挙げる。

浅井敦 (あさい あつし) 略歴

1931 年 7 月	愛知県に生まれる
1954 年 3 月	愛知大学法経学部卒業
1956 年 3 月	愛知大学大学院法学研究科修士課程 (公法学専攻) 修了
1956 年 4 月	愛知大学法経学部助手
1958 年 4 月	東京大学社会科学研究所助手
1962 年 4 月	愛知大学法経学部助教授
1968 年 4 月	愛知大学法経学部教授
1976 年 6 月	法学博士 (早稲田大学)
1983 年 4 月	愛知大学国際問題研究所所長 (1987 年 3 月まで)
2002 年 3 月	愛知大学法学部・大学院中国研究科退職
2012 年 12 月	逝　去

その著作は多い。その中でも，上記の「現代の中国法」(坂野ほか編『近代中国研究入門』東京大学出版会，1974年) 及び田中英夫・野田良之・村上淳一・藤田勇・浅井敦『外国法の調べ方』(東京大学出版会，1975年) は研究を志すならば必読である。中国法情報が極めて限られていた中でいかに事の本質に肉薄するか，という気迫をも味わうべきである。『現代中国法の理論』(東京大学出版会，1973年) は，標題が示すように，中華人民共和国法に内在する特有の原理を導き出そうとした作品である。文化大革命時の成果であるため，その後明らかになった文革までの中国の姿との乖離がある。時代背景をくみとりつつ，同時代の中国法を研究する困難さを知るために読むべき先行研究である。平野龍一・浅井敦編『中国の刑法と刑事訴訟法』(東京大学出版会，1982年) は1979年制定の刑法及び刑事訴訟法の研究書としては必読であり，当時の研究の到達点を示すものである。『中国憲法の論点』(法律文化社，1985年) は書名が示すとおり中国憲法についての専著である。浅井は，中国法研究者であるとともに憲法学者であり，鈴木安蔵の憲法学を継ぐものであった。また，鈴木安蔵の『憲法概論』(勁草書房，1953年) 等の著作は，中国憲法を理論的に理解するための参考となる。岩波文庫の『世界憲法集』は現在は高橋和之編の新版 (2007年1刷発行) となっているが，それ以前は宮澤俊義編の第2版 (1976年)，第3版 (1980年)，第4版 (1983年) であり，中華人民共和国憲法の翻訳・解説 (それぞれ1975年憲法，1978年憲法，1982年憲法) は浅井が担当していた。なお，初版は1960年刊行であるが，そこでは1954年憲法の翻訳を小岩井浄が行っている。

　上記略歴及び文献紹介については，浅井敦先生を偲ぶ会事務局編『浅井敦教授の略歴・著作目録』(2013年6月2日)，浅井敦「中国法研究の歩みを振り返る」(愛知大学現代中国学会編『中国21』35号〔特集・中国法の諸相〕，東方書店，2011年) を参照した。

索　引

ア　行

浅井敦　55, 70
アヘン戦争　58
案結・事了・人和　18
安全配慮義務　344
安置教育　277
案例指導制　11
違憲審査制　65, 67, 72, 74, 75
維権律師　46
遺贈　167
遺贈扶養取決め　166, 167
一把手　29, 46
一国両制　89
一審通常手続　218
一般組合企業　179
一般的不法行為主義　136
一般予防　269
委任関係説　190
違法婚姻　158
違法収集証拠排除　283, 297, 301
依法治国　25, 26, 37, 75
違約金条項　131
医療損害責任　134
因果関係　323, 324
インスティテューション方式　139, 145
インターネット安全法　44
売掛金債権　133
英米式編纂　128
閲巻難　292
エネルギー分野　313, 317
えん罪　284, 293, 302, 304
応訴管轄　212
王利明　127, 131
大きな総則　143
親子関係確認　161
親の配慮権［父母照顧権］　161, 162
オランダ新民法典　140

カ　行

改革開放　59, 98
解雇　347
外国単独出資企業　178, 179
外国単独出資企業法　179
外国仲裁の承認　17
外資系企業　178
会社企業　179
会社債権者　193
会社司法解釈（四）　185
改正　8
各級人民法院刑事事件裁判手続総括　282
学潮　59
郭道暉　61, 69, 70
革命中心史観　58
学問の自由　46
過失推定責任の原則　135
過失責任原則　134
家庭内暴力　154, 155, 159, 164
家庭内暴力防止法　155
可撤銷婚姻　158
可罰性　264, 266
株式　182
株式会社　179
株主総会　183
株主代表訴訟　185
株主の原告適格　185
株主の権利　183
簡易手続　208, 218
関於裁判文書引用法律，法規等規範性法律
　　文件的規定　5
関於全面推進依法治国若干重大問題的決定
　　247
関於廃除国民党〈六法全書〉和確定解放区司
　　法原則的指示　4
管轄　208
管轄権異議　223

索　引　363

環境汚染刑事事件　319, 321
環境汚染責任　134
環境汚染責任保険　318, 327
環境汚染の集団事件　322
環境汚染犯罪　319
環境汚染民事訴訟　323
環境行政公益訴訟　325
環境権　327
環境権利侵害　317
環境公益訴訟　321, 322, 324, 325
環境資源審判廷　325
環境訴訟　323, 325
環境紛争　323, 329
環境保護税法　327
環境保護分野　313
環境保護法（試行）　312, 313, 328
環境保護法　313, 315, 321, 324, 327, 328
環境民事公益訴訟　321, 324, 326
寛刑化　269
関係破綻説　164
監護　162, 168
監護権　160
監護制度　155, 160, 162
監査役　192
監査役会　191
監査役会主席　192
慣習　13
慣習法　13, 157
感情破綻説　163, 164
韓大元　66, 74
鑑定　216
監督　285
観念的競合　263
カンボジア王国民法典　141
慣例　16
関連関係　196
企業　177
企業法　176, 180
基金会　92
議決権　184
気候変動　316, 327, 328
議事規則　8
記者証　44

規章　6, 8
議事録　184
基層住民自治　84
起訴免除　288
北川善太郎　128
規範性文件　4
規範的文書　262
既判力　215
基本国策　33
基本法律　315
旧ソビエト民法　124
旧ソ連の経済法理論　129
教育刑主義　269
共益権　183
業界団体　85, 86
業界調解　246
協議離婚　168
共産主義青年団　102
行政管理秩序に違反した行為（「秩序違反」）
　258
行政刑法　256
行政行為　6
行政拘留　296
行政訴訟法　6, 72
行政調解　232, 239, 246, 248
行政的独占　199
競争法　197
共同綱領　123
挙証期限　216, 217
挙証責任　288, 289
居所指定住居監視　303
居民委員会　84, 90
禁止令　277
近代的民法典　143
近代立憲主義　56, 62
耦合　268
区際法　168
具体行政行為　6
組合企業　179
クリーンエネルギー　316
軍事刑法　256
軍人職責違反罪処罰暫定条例　270
計画経済体制　123

計画出産　32, 112, 153, 155, 159, 161
計画的商品経済　126
経済契約　129
経済契約法　125
経済補償金　349
刑事違法性　264, 266, 268, 276
形式的（手続的）当事者概念　214
形式的要件　157, 158
形式的要件と実質的要件　157
刑事事件の処理における違法証拠の厳正な
　　排除の若干の問題に関する規定　301
刑事事件の処理における違法証拠の排除の
　　若干の問題に関する規定　297
刑事制裁の多様化　277
刑事責任　255
刑事訴訟活動において法律扶助活動を展開
　　することに関する連合通知　302
「刑事訴訟法」適用に関する解釈　272,
　　283
刑事訴訟法の実施における若干の問題に関
　　する規定　283
刑事のえん罪・でっち上げ・誤判事件の防
　　止業務メカニズムの樹立・健全化に関
　　する意見　299
刑事法律扶助　290
継承編　169
継承法　151, 155, 157, 165–167, 169
継親子／継親子関係　160, 162, 165
継続的職務質問　296, 297, 303
刑罰　269
刑法改正法（8）の時間的効力の問題に関す
　　る解釈　275
刑法・刑事訴訟法の適切な実施を断固とし
　　て保証することに関する指示　286
契約自由の原則　130
契約正義　131
契約法典　129
結果要件　194
決議の取消しの訴え　184
決議の無効確認の訴え　184
決裁　293
決裁［審批］制度　287
結社の自由　92

検察建議　223–225
原子力　315
憲政　75
建設用地使用権　133
厳打　257, 277
厳打闘争　34, 41
憲法　7, 282, 334
憲法解釈論　65, 67, 68, 72
憲法監督　72, 73
憲法的権利　57, 67, 68, 70, 72, 74
憲法の司法化　73
憲法保障　72, 73
権利と義務の一致の原則　64, 166
言論の自由　45, 56, 72
故意・過失　267
公安機関刑事事件処理手続規定　283
公安機関継続的職務質問適用規定　303
公安局長　35
合意管轄　211
行為要件　194
勾引　296
交易習慣　15
公益訴訟　209, 214, 215
工会　350
工会法　350
合議制　212
拘禁処分　295
拘禁の必要性　296
公示の原則　132
公聴会　8
口頭召喚　296, 297
口頭審理　221, 222
紅頭文件　32
公判　302
公判の実質化　293
公判前会議［庭前会議］　304
江平　141
公平責任　136
公平分担ルール　136
公民　91
公民社会　14, 91
公民の基本的権利〔および義務〕　55–57,
　　60, 62–65, 67–69, 72

勾留　296

勾留逮捕［逮捕拘留］条例　282

コーポレート・ガバナンス　182

国際私法　167

国際商事慣習　16

国際動産売買契約に関する国連条約　128

国際連合人権委員会　60

国法　25, 30

国務院部門規章　6

国有企業　30

国有財産　124

個人企業　179

個人工商業者　179

個人人格の平等　124

個人単独出資企業法　179

国家分裂罪　88

国権　59

固定工　336

子どもの権利条約　161

子どもの最善の利益〔の原則〕　161

子どもの適法な権利利益を保護する原則
　161

個別的類型化主義　136

個別的労働関係法　334

個別立法積上型／個別立法積上主義
　128, 145

コミュニティ内矯正［社区矯正］　277

五毛党　45

婚姻家庭　169

婚姻家庭法　151, 154, 155, 161, 169

婚姻家庭法（法学専家建議稿）　154

婚姻家庭法（親属法）　169

婚姻家庭法草案試擬稿　154

婚姻所得共通制　160

婚姻成立の実質的要件　158

婚姻適齢　158

婚姻登記　157

婚姻登記条例　156, 167

婚姻登記補完　158

婚姻の無効［無効婚姻］　158

婚姻法　151, 153–161, 169

婚姻法司法解釈（1）　156, 158, 165

婚姻法司法解釈（2）　156, 157, 163

婚姻法司法解釈（3）　156, 160, 161, 163

婚外子［非婚生子女］　161

婚後夫婦財産共通制　164

婚内子［婚生子女］　161

サ　行

サービス契約　130

罪過　267

罪刑均衡原則　258, 261

罪刑法定原則／罪刑法定主義　258, 263,
　274, 275

債権総則／債権総則編　127, 129, 138, 141

財産法　140

再審　208, 209, 216, 224

再審事由　223

再審手続　222, 225

再審の決定　223

再審の申立て　223

再生可能エネルギー　313

罪責刑均衡原則　272

裁定　221, 222

最低資本金制度　194

裁判　302

裁判監督〔手続〕　207, 222, 284, 289, 302

裁判官の独立　287

裁判権　284, 285

裁判組織　286

裁判体　286

裁判の独立　213, 220

裁判文書の公開　220

裁判離婚　163

再法典化　137

罪名　277

罪名変更　291

差別問題　39

3階層論　263, 267, 275

参照　6, 12

三大立法　153

3特徴説　264

私営企業　178

私営企業暫定条例　178

自益権　183

死緩　271, 277

366 索　引

事業者　197
事業者集中　198
事業単位　26, 28, 42, 341
死刑　90, 271, 277
死刑許可権　277
死刑再審査手続　274
死刑事件の処理における証拠の審査判断の
　　若干の問題に関する規定　297
事件審査承認制度　286
事件登録［立案］　283
時効　143
自己決定権　71
自己負罪的供述の強要禁止　289
指示伺い　286, 293
事実婚　157, 158
市場支配地位　198
自然環境保護　312, 317, 328
自然資源保護　313, 328
自然人　124, 267
自訴　283
持続可能な発展　313
自治条例　88
実親子関係　160, 161
執行　207, 208, 209
執行延期２年付死刑［死刑緩期二年執行］
　　271
執行監督　225, 226
執行措置　225
執行手続　222, 225
執行難　225, 277
執行役　186, 189
実質的妥当性　263
実質的要件　158
執政党　25
実体的当事者概念　214
指導　11
指導性案例　11
児童の権利に関する条約　161
事物［級別］管轄　211
司法　284, 285
司法解釈　10, 30, 32, 261
司法機関　285, 295
司法助理員　239

司法審査制　66, 72
司法責任制　288
司法調解　246
私法の公法化　338
司法の独立　57, 87, 284, 285
司法不信　241
市民社会　14, 48, 49, 57, 91
市民的及び政治的権利に関する国際規約
　　257
事務管理　127
社会関係　264, 276
社会効果　38
社会主義市場経済体制　129
社会主義法治理念　40
社会主義法治理論　34
社会主義法律体系　41
社会組織　41, 48, 49
社会団体　27, 49, 92
社会調解　234
社会的危害性　255, 261, 263, 264, 268, 272,
　　274, 277
社会的危害性中心論　255
社会扶養費　33
社区　84
修改　8
習慣　13
習慣做法　16
習慣法　14
従業員代表取締役　187
従業員代表監査役　192
就業規則　345
就業制限　346
就業促進法　342
住居監視　303
集合動産抵当権　133
自由心証主義　216, 217
終身責任追及　318
修正　8
集団所有制企業　178
集団的労働関係法　335
修訂　8
重複訴訟　218, 219
重複訴訟の禁止　219

収容審査　296
収養法　155, 157, 161, 167
主観的悪性　265, 272
主刑　269
主権　60
主体要件　194
出産権　159
出廷難　303
取得時効　140, 143
省エネルギー　313, 314
渉外的家族関係　167
渉外民事関係法律適用法　16, 167
召喚　296, 303
試用期間　345
上級管理職　186
消極的一般予防　269
証拠　208, 216, 220
証拠規定　208, 217
証拠材料　292
証拠の種類　216
証拠の証明力　216
少殺政策　270
使用者　341
上場会社　195
少数株主権　183
章程　7
証人出廷・証言　216, 218
消費者協会　239, 240
上訴　238, 242
条約　17
書記　83
所有形態別企業　177, 178
初査　295
女性従業員労働保護特別規定　342
職権主義　216, 226, 283
処分権　222
人格権編　127
人格権法　126
人格の尊厳　70, 71
進化論　58
信義誠実の原則　131
親系　159
人権　55–65, 67–72, 74–76

人権活動家　244
親権／親権制度　154, 155, 159–162
「人権」入憲　63
人権白書　56, 59, 61, 63, 65, 71
人権派弁護士　39, 48
人権法　56, 62
人口・計画出産法　155
人工授精による子　161
真実供述義務　288, 289
人身関係 (身分関係)　151, 159, 168
人身権　126
人身の自由　70
親属　154, 169
親族制度　159
親属法　151, 154, 161, 169
親族訪問休暇　343
信託関係説　190
新中国民法第 3 次草案　124
新中国民法第 4 次編纂　126
人的危険性　272
親等　158, 159
親等・親属・親権概念　160
人犯　288, 289
審判　302
審判委員会　286, 287
審判対象　291
審判の独立　282, 284, 286
信訪　232, 233, 237, 241–249
人民検察院刑事訴訟規則 (試行)　283
人民検察院組織法　282
人民検察院の拘禁必要性審査の事件規定
　　(試行)　296
人民参審員制度　213
人民代表大会　87
人民団体　27
人民調解　234–240, 246–249
人民調解委員会　230
人民調停　210, 232
人民法院改革綱要　11
人民法院審判委員会制度の改革および改善
　　に関する実施意見　275, 286
人民法院・人民検察院の活動の一層の強化
　　に関する決定　285

人民法院組織法　282
人民民主主義独裁　62
森林法　330
森林法（試行）　312, 313
数罪の中で無期懲役以上の刑を言い渡した
　　事件について如何に併合罪を実施する
　　かに関する通知　273
ストライキ権　351
斉玉苓　66
斉玉苓事件　73
政策　4
政策の法源性　259
政策は法の魂　257
生産（経営）請負　105
請示　9
誠実信用の原則　209, 210
政治的司法　42
政治的敏感性　56, 57
製造物責任　136
生存権　60, 71, 72, 77
生態環境保護　328, 330
生態破壊　312, 323, 324
正当理由説　163
政法委員会　29, 34–36, 286, 287
政法機関　38, 40
政法工作　34
政法部門　37
精密司法　284
生命権　71, 72
整理解雇　348
清理工作　9
責任形態別企業　177, 179
積極的罪刑法定原則　260, 267
絶対的不確定刑　259, 260
節約能源法　313, 314
説理　11, 18
善意取得制度　132
全過程録音録画　299, 304
全国人民代表大会　72
全国人民代表大会常務委員会　72, 73, 77
全人民所有制企業　178
全人民所有制工業企業法　178
専属管轄　211

選択性執法　41
宣伝部　42
全能政府　27
専門人民法院　211, 212
占有保護請求権　133
抓獲　296
宗族　152
相続権　155, 166
総則思考　145
遡及処罰の禁止　259
即時解約　350
訴訟外調停離婚　163
訴訟時効　140, 143
訴訟における調停離婚　163
訴訟離婚（裁判離婚）　168
孫志剛　67
孫志剛事件　66, 71, 73
村民委員会組織　90

タ　行

大気汚染防治法　316, 320, 329
体系思考　143
対口管理　29
対口指導　34, 42
対口部　35
第5次民法典編纂　124
第三者　214
第三者取消しの訴え　215
退職の自由　349
大清新刑律　258
大清民律草案　123
大調解　233, 239, 246, 249
逮捕　296
台湾　90
台湾法　168
宅地使用権　133
脱法典化　137
多元的紛争解決システム／多元的紛争解決
　　メカニズム　240, 246–249
多発犯罪の量刑指導意見　271
多様性を残した統合　128, 146
団体交渉　350
単位　267, 337

単一制　83, 88

単行条例　89

団体行動　351

単独株主権　183

治安管理処罰　276

治安管理処罰条例　99

治安管理処罰法　265

地役権　133

秩序違反　276

知的財産権編　127

地方政府規章　6

地方性法規　6

地方保護主義　223

注意義務　190

中央軍事委員会　85

中外合作経営企業　178

中外合資経営企業　178

中外合資経営企業法　178, 179

中華人民共和国労働法　337

中華全国総工会　350

中華民国刑法　257

中華民国民法典　123

中国型民法総則　144

中国環境與発展国際合作委員会　327

中国共産党の指導　60, 75

中国的人権観　60

中国特色社会主義法律体系（中国的特色の
　　ある社会主義法体系）　82

中国の権利宣言　125

中国の人権状況　56

仲裁　232, 233, 246–249

仲裁委員会　352

忠実義務　190

抽象行政行為　6

調解　232, 237, 240, 246, 249

懲戒処分　347

調書中心主義　282, 292

調停　208, 210

調停委員会　351

調停優先　210

懲罰的損害賠償制度　134

懲罰と寛大の結合の政策　265

懲罰と教育の結合の原則　269

直接訴訟　191

賃金支払暫定規定　342

陳情処理部門　106

通常手続　218

土屋英雄　59

定式約款　131

定時総会　184

低炭素　316

翟国強　66, 67, 74

適法性　256

典　15

天安門事件　29, 59

転勤　347

典型案例　11

天賦人権〔論〕　58, 63

ドイツ　67

党委　287

統一戦線　84, 85

統一的契約法典　126

統一分配制度　334

党員　287

党管媒体　42

党規　25, 33

登記効力要件　132

登記婚主義　157

登記離婚（協議離婚）　163

党グループ［党組］　287

党建　30

党国体制　26, 28, 32

当事者主義　216, 226

当事者追行主義　283

当事者適格　214

当事者能力　214

党組織　30, 45, 49

党天下体制　30, 40

党内法規　5

党の指導　25, 26, 29, 30, 34, 37, 42, 46, 82, 83

党の政策　32

党の領導　286–288, 293

瀆職による権利侵害犯罪事件の登録基準に
　　関する規定　299

独占禁止法　197

独占的協定　198

370　　　　　　　　　　　　索　引

独任制　212
特別行政区　88
特別決議　184
特別予防　269
独立した請求権のある第三者　214, 215
独立した請求権のない第三者　214, 215
独立取締役　195
杜鋼建　59
都市管理　99
都市集団所有制企業条例　178
土地　90
土地請負経営権　133
土地改革法　153
土地使用権　131
土地［地域］管轄　211
取り消すことのできる婚姻［可撤銷婚姻］
　158
取締法規論　130
取締役　186, 188
取締役会　186
取締役会会長　187, 189
取締役会秘書役　196
取締役の欠格事由　188
取締役の任期　188
取引安全の保護　132

ナ 行

7つの語るべからず　46
軟法　317, 318, 320, 321, 329
二元的帰責原則　135
21世紀型民法像　146
二重の管理体制　48
偽・粗悪商品生産・販売刑事事件の処理に
　おける法律の具体的運用の若干の問題
　に関する解釈　261
日本国憲法　69, 70
年次有給休暇　343
農業による環境汚染　328
農村集団所有制企業条例　178
農村土地承包経営糾紛調解仲裁法　233,
　240

ハ 行

灰色無罪　289
配偶者権　154, 159
罰金の「予納」　277
発展権　60
ハバーマス　91
パブリックコメント　283
判決　221, 222
判決事前審査制　36
判決理由　221
犯罪概念　263, 264, 268, 274
犯罪関連職業への従事禁止　277
犯罪構成　265, 267, 274
犯罪構成理論　263, 266, 268
パンデクテン型／パンデクテン方式
　137, 145
判例　19
被告人　288
批示　9
比照　10
非訟手続　226
人の法　139
一人っ子政策　33, 77
一人有限責任会社　194
非犯罪化　258, 274
比附　10
非法人組織　144
秘密保持　346
ファイナンス・リース契約　130
夫婦財産共通制　164
夫婦〔夫妻〕財産制　154, 159, 163, 164, 168
付加刑　269
複合的一元化システム　287
服務大局　249
婦女権益保障法　155
婦女連合会　239, 240, 248
不正競争防止法　197
普通議決　184
物権概念　131
物権的請求権　132
物権と債権の峻別　139
物権法　126

索　引　　　　371

物権法定主義　132
不当利得　127
不法行為責任法典　134
不法行為法　142
父母照顧権　162
プライバシー権　135
プラグマティックな民法典　138
不利益変更禁止　222
プロテスト　223, 224, 289
文化大革命（文革）　70, 97, 153
北京の春　59, 63
別産制　164
弁護権　290
弁護士協会　46, 47, 240, 244, 246
弁護士事務所　47
弁護士制度　28
保安処分　277
法院調解　232
法規性文件　5
法条競合　263
法人格否認の法理　193
法治　74, 75, 238, 242, 247
法定義務　190
『法定刑以下に減軽』して処罰するを如何に
　　理解し，把握するかの問題に関する電
　　話答復　273
法廷財産制　159, 160
法定証拠主義　217
法定相続　166, 168
法定相続（無遺言相続）　166
法定相続人　166, 167
法廷調査　220
法定夫婦財産制　160, 164
法定労働時間　343
法的形式論理　261, 263, 275
法的答責性　40
法適用の統一　223
法典時代　146
報道の自由　57
法による国家統治　142
法の実効性　41, 42, 44, 49
法の下の平等原則　258
法律　259

法律監督　207–209, 222, 224–226
法律監督機関　285, 295
法律行為　139
法律主義　259
法律職業〔資格〕試験　34, 40
法律適用法　167, 168
法律扶助制度の整備に関する意見　290
「邦連式」（英米式）編纂　137
ポケット罪［口袋罪］　260
浦志強　47
香港　88
香港法　168

マ　行

馬錫五の裁判方式　38
マカオ　88
マカオ法　168
未決拘禁　290, 294
未成年人保護法　155, 161
3つの至上　38, 249
プラグマテックな民法　128
民間　14
民間糾紛　234, 236
民間組織　85, 86
民間紛争　235, 239, 248
民事権利　144
民事執行活動　225, 226
民事責任　144
民事訴訟の証拠に関する若干規定　208
民事訴訟法の適用に関する解釈　209
民事単行法　125
民事法律行為　145
民主集中制〔の原則〕　9, 72
民商一元主義　130
民商法合一主義　123
民族　88, 93
民族区域自治法　88
民族自治法規　157
民慣　265
民辨非企業単位　92
民法・経済法論争　125
民法婚姻家庭編（親属法）　169
民法草案　132

民法総則／民法総則編　139, 142, 155, 160, 161, 169

民法通則　125, 151, 155, 167, 168

民法通則の再編　143

民法典編纂　123

無過失責任の原則　135

無効婚姻　158

無効婚姻・可撤銷婚姻　158

無罪　289

無罪推定〔原則〕　288, 289

無法可依　38, 41

村　84

明確性原則　259

メディア　42–44

面会交流　165

黙秘権　288

ヤ 行

約定財産制　159

野生動物保護法　328, 330

唯一テーゼ　266, 268

遺言相続　167

遺言相続・遺贈　166

遺言の方式　167, 168

有限組合企業　179

有限責任会社　179

有罪率　284

有法不依　41

ユニドロワ国際商事契約原則　130

養子法［収養法］　161

養親子／養親子関係　160–162, 165, 168

預金契約　130

4つの基本原則　25

4級二審制　100

4要件論　268, 276

ラ 行

利益変更禁止　222

離婚経済補償制度　164

離婚後扶養費給付制度　164

離婚生活困難支援制度　164

離婚損害賠償制度　164

立案　219

立案審査制　219

立案登記制　219

立案難　219

立憲主義　57, 75, 76

立法解釈　257

立法学　5

立法活動計画　31

立法法　5, 67, 74

李歩雲　61, 64, 65, 68, 75

劉涌　300

量刑　271

量刑ガイドライン　271

量刑格差　262

量刑均衡原則　272

量刑情状　272, 277

梁慧星　127, 131, 141

量刑枠　262, 272–274

領導　11, 285

緑色民法典草案　137, 139

林来梵　74

臨時総会　184

類推解釈　261

類推解釈禁止　259

類推適用　256, 259

ルーズリーフ式の編纂　137

労権　338

労災保険　344

労働改造　269

労働矯正　99, 260, 276, 296

労働協約　351, 352

労働協約規定　350

労働組合　102, 335, 350

労働組合法　153

労働契約制度　338

労働契約の期間　344

労働者　339

労働者派遣　339

労働争議調解仲裁法　233, 240

労働仲裁法　339, 351

老年人権益保障法　155

ワ 行

和解　247

和諧社会　237, 242, 249
割増賃金　343

英数字

ADR（裁判外紛争解決手続）　233, 235
"Law in Action"　296
"Law in Books" と "Law in Action" の
　　ギャップ　282, 297, 301
NGO　39, 41, 48

Practice(s)　16
Usage　16
1950 年婚姻法　153, 157, 163, 164
1980 年婚姻法　153, 155, 157–159, 161, 163,
　　164
2001 年改正婚姻法　154, 155, 157–160,
　　163–165, 169
2002 年民法典草案　142

執筆者一覧 (執筆順)

高見澤 磨 (たかみざわ おさむ)
1958 年生まれ。1991 年東京大学大学院法学政治学研究科博士後期課程単位取得満期退学。1994 年博士 (法学)。現在, 東京大学東洋文化研究所教授。〔主要著作〕『現代中国の紛争と法』(東京大学出版会, 1998 年), 『中国にとって法とは何か——統治の道具から市民の権利へ』(共著, 岩波書店, 2010 年), 『現代中国法入門〔第 7 版〕』(共著, 有斐閣, 2016 年)。

鈴木 賢 (すずき けん)
1960 年生まれ。1990 年北海道大学大学院法学研究科博士後期課程単位取得退学。1990 年博士 (法学)。現在, 明治大学法学部教授・北海道大学名誉教授。〔主要著作〕『現代中国相続法の原理——伝統の克服と継承』(成文堂, 1992 年), 『中国にとって法とは何か——統治の道具から市民の権利へ』(共著, 岩波書店, 2010 年), 『現代中国法入門〔第 7 版〕』(共著, 有斐閣, 2016 年)。

石塚 迅 (いしづか じん)
1973 年生まれ。2002 年一橋大学大学院法学研究科博士後期課程修了。2002 年博士 (法学)。現在, 山梨大学生命環境学部准教授。〔主要著作〕『中国における言論の自由——その法思想, 法理論および法制度』(明石書店, 2004 年), 『言論の自由と中国の民主』(訳書〔胡平著〕, 現代人文社, 2009 年), 『憲政と近現代中国——国家, 社会, 個人』(共編著, 現代人文社, 2010 年)。

但見 亮 (たじみ まこと)
1969 年生まれ。2004 年早稲田大学大学院法学研究科博士後期課程単位取得退学。現在, 一橋大学大学院法学研究科准教授。〔主要著作〕『陳情——中国社会の底辺から』(共著, 東方書店, 2012 年), 『入門 中国法』(共著, 弘文堂, 2013 年), 『中国の法と社会と歴史 (小口彦太先生古稀記念論文集)』(共編著, 成文堂, 2017 年)。

王 晨 (おう しん)
1963 年生まれ。1991 年京都大学大学院法学研究科博士後期課程単位取得退学。1996 年博士 (法学)。現在, 大阪市立大学大学院法学研究科教授。〔主要著作〕『社会主義市場経済と中国契約法』(有斐閣, 1999 年), 『グローバル化のなかの現代中国法〔第 2 版〕』(共著, 成文堂, 2009 年), 『市場社会の変容と金融・財産法』(共著, 成文堂, 2009 年)。

國谷知史 (くにや さとし)
1953 年生まれ。1986 年早稲田大学大学院法学研究科博士後期課程単位取得満期退学。現在, 新潟大学人文社会・教育科学系教授。〔主要著作〕『変貌する東アジアの家族』(共著, 早稲田大学出版部, 2004 年), 『入門 中国法』(共著, 弘文堂, 2013 年)。

執筆者一覧

周 剣龍 (しゅう けんりゅう)
1961 年生まれ。1991 年一橋大学大学院法学研究科博士後期課程単位取得満期退学。1993 年博士 (法学)。現在，獨協大学経済学部教授。〔主要著作〕『株主代表訴訟制度論』(信山社，1996 年)，『中国における会社・証券取引法制の形成』(中央経済社，2005 年)。

徐 行 (じょ こう)
1981 年生まれ。2010 年北海道大学大学院法学研究科博士後期課程単位取得満期退学。2010 年博士 (法学)。現在，東京大学東洋文化研究所助教。〔主要著作〕「現代中国における訴訟と裁判規範のダイナミックス──司法解釈と指導性案例を中心に (1)～(5・完)」(『北大法学論集』62 巻 4 号・6 号，63 巻 6 号，64 巻 2 号・3 号，2011-2013 年)。

宇田川幸則 (うだがわ ゆきのり)
1969 年生まれ。1996 年北海道大学大学院法学研究科博士後期課程中退。修士 (法学)。現在，名古屋大学大学院法学研究科教授。〔主要著作〕「中国における精神損害に対する金銭賠償をめぐる法と実務 (1)～(3・完)」(『北大法学論集』47 巻 4 号・5 号，48 巻 2 号，1996-1997 年)，『現代中国法入門〔第 7 版〕』(共著，有斐閣，2016 年)。

坂口一成 (さかぐち かずしげ)
1976 年生まれ。2005 年北海道大学大学院法学研究科博士後期課程単位取得退学。2006 年博士 (法学)。現在，大阪大学大学院法学研究科准教授。〔主要著作〕『現代中国刑事裁判論──裁判をめぐる政治と法』(北海道大学出版会，2009 年)，「中国におけるえん罪と刑事裁判の正統性──公正をめぐる『党の指導』と『裁判の独立』」(『アジア法研究』6 号，2013 年)，『中国の法と社会と歴史 (小口彦太先生古稀記念論文集)』(共著，成文堂，2017 年)。

片岡直樹 (かたおか なおき)
1953 年生まれ。1983 年早稲田大学大学院法学研究科博士後期課程単位取得満期退学。1998 年博士 (法学)。現在，東京経済大学現代法学部教授。〔主要著作〕『中国環境汚染防治法の研究』(成文堂，1997 年)，『中国環境ハンドブック　2011-2012 年版』(共編著，蒼蒼社，2011 年)，『レクチャー環境法〔第 3 版〕』(共著，法律文化社，2016 年)

山下 昇 (やました のぼる)
1971 年生まれ。2002 年九州大学大学院法学研究科博士後期課程修了。2002 年博士 (法学)。現在，九州大学大学院法学研究院教授。〔主要著作〕『中国労働契約法の形成』(信山社，2003 年)，『変容する中国の労働法』(共編著，九州大学出版会，2010 年)，『判例労働法入門〔第 5 版〕』(共編著，有斐閣，2017 年)。

要説　中国法

2017 年 9 月 25 日　初　版

［検印廃止］

編　者　高見澤 磨・鈴木 賢
たかみざわ おさむ　すずき けん

発行所　一般財団法人　東京大学出版会

代表者　吉見俊哉

153-0041 東京都目黒区駒場 4-5-29
電話 03-6407-1069　Fax 03-6407-1991
振替 00160-6-59964

印刷所　研究社印刷株式会社
製本所　牧製本印刷株式会社

© 2017 Osamu Takamizawa and Ken Suzuki *et al.*
ISBN 978-4-13-031190-8　Printed in Japan

JCOPY 〈(社)出版者著作権管理機構 委託出版物〉
本書の無断複写は著作権法上での例外を除き禁じられています．複写される場合は，そのつど事前に，㈳出版者著作権管理機構（電話 03-3513-6969，FAX 03-3513-6979，e-mail:info@jcopy.or.jp）の許諾を得てください．

近代中国研究入門

岡本隆司・吉澤誠一郎 編　　　　　　　A5　3200 円

東大塾 社会人のための現代中国講義

高原明生・丸川知雄・伊藤亜聖 編　　　A5　2800 円

現代中国の歴史　両岸三地 100 年のあゆみ

久保・土田・高田・井上 著　　　　　　A5　2800 円

中国問題　キーワードで読み解く

毛里和子・園田茂人 編　　　　　　　四六　3000 円

英米法総論　上・下

田中英夫 著　　　　　　A5　上―3500 円／下―3800 円

概説 フランス法　下

山口俊夫 著　　　　　　　　　　　　A5　8200 円

ロシア法

小田 博 著　　　　　　　　　　　　A5　5800 円

ここに表示された価格は本体価格です。ご購入の
際には消費税が加算されますのでご了承ください。